国家出版基金项目
"十二五"国家重点图书出版规划项目

孙中山全集

第二卷
文集

尚明轩 主编

人民出版社

总 目 录

第一卷　专论
　　前言
　　凡例
　　目录
　　正文

第二卷　文集
　　凡例
　　目录
　　　论著
　　　传记与回忆
　　　序跋
　　　祭悼
　　　祝词
　　　其他
　　　译著
　　　遗嘱
　　正文

第三卷　文告　规章
　　凡例
　　目录
　　　　文告
　　　　通电
　　　　启事(含声明、讣告等)
　　　　其他
　　　　规章
　　正文

第四卷　函札(上)
　　凡例
　　目录
　　正文

第五卷　函札(下)
　　凡例
　　目录
　　正文

第六卷　文电
　　凡例
　　目录
　　正文

第七卷　演说

凡例

　　　目录

　　　正文

第八卷　　谈话

　　　凡例

　　　目录

　　　正文

第九卷　　公牍(上)

　　　凡例

　　　目录

　　　正文

第十卷　　公牍(中)

　　　凡例

　　　目录

　　　正文

第十一卷　　公牍(下)

　　　凡例

　　　目录

　　　正文

第十二卷　　人事任免(上)

　　　凡例

目录
　　正文

第十三卷　人事任免（下）
　　凡例
　　目录
　　正文

第十四卷　外文著述
　　凡例
　　目录
　　正文

第十五卷　题词遗墨
　　凡例
　　目录
　　正文

第十六卷　索引　传略
　　凡例
　　目录
　　　索引
　　　传略
　　后记

凡　　例

一、本全集共收录孙中山现有著述11500余篇，按文体性质分类（含有多种性质的，据其主要倾向归类），依时间顺序编次，据类别和篇幅列卷。

二、日期与编次。底本有写作日期的，按原日期。无写作日期的，按最后发表日期，或通过考证予以判明；写作日期无从考证的，列于该类之末。著述日期统一采用公历，标于标题下方圆括号内。各卷原则上按时间顺序编次；卷内存在分类的，按各类时间顺序编次。

三、分类与列卷。根据类别和篇幅，分22类，列15卷：第一卷，专论（收录集中反映孙中山政治思想的5种著述）；第二卷，文集（含论著、传记与回忆、序跋、祭悼、祝词、译著、遗嘱等）；第三卷，文告规章（含文告、通电、启事、规章等）；第四、五卷，函札；第六卷，文电；第七卷，演说；第八卷，谈话；第九、十、十一卷，公牍；第十二、十三卷，人事任免；第十四卷，外文著述；第十五卷，题词遗墨。索引和传略单独列卷，为第十六卷。

四、底本的选择。优先采用原始文件、影印件和初刊本；充分吸收现有各种图书报刊的文献成果，如中国社会科学院近代史研究所中华民国史研究室、广东省社会科学院历史研究室（所）、中山大学历史系孙中山研究室合编《孙中山全集》（中华书局1981—1986年出版），秦孝仪主编《国父全集》（台北近代中国出版社1989年版）。发表在不同图书报刊的同内容文献,有歧义之处的,经考证后取其一说,其余在注释中简要介绍;诸说并存的,选择最佳版本;文字内容虽有出入但各具特色的,原则上选择底本来源较权威者为主文,其余作为"同题异文"附录于后。

五、标题。原有标题的,一般保留,个别编者酌改;原无标题的,编者酌拟。标题文字以国家现行文字规范为准。标题中的人名一律统一为现行惯称,文中不另做说明。

六、注释。每篇著述,文末均注明所据底本。文内酌加的注释,均为页下注。人物有多个字、号、别名的,地名有多种译法的,原则上在该卷首次出现时加注,其后不注。【　】内的文字,系编者为避免上下文表意脱节或缺省所加的说明。

七、校勘与标点。文内明显的错漏,编者均予以校勘:订正讹字,置于〔　〕内;增补脱字,置于〈　〉内;衍文加［　］;有疑误、难以确定的,用〔?〕表示;字句残缺或难以辨认的,用□表示。校勘、考释和外文翻译等,部分吸收前人成果,本全集一般不做具体说明。标点符号原则上执行国家现行规范。底本无标点或有标点但与国家现行规范不符的,均重新标点。

八、本全集中文为简体字横排,底本的繁体、古体和异体字,原则上统一为简体字,特殊含义者例外。第十四卷"外文著述",参考秦孝仪主编《国父全集》(台北近代中国出版社1989年版)编排。全集中插图及题词遗墨,一般据底本影印;质量较差的,适当修版或据原图重新绘制。

九、受时代局限,有的著述中使用的词语及字词用法和个别观点在今天看来欠妥,但因是原文固有,均不做改动。

目 录

论 著

兴利除害以为天下倡（一八八九年）························ 3
农功（一八九一年前后）································ 5
上李鸿章书（一八九四年春）···························· 8
拟创立农学会书（一八九五年十月六日）·················· 17
中国之现状与未来（译文）（一八九七年三月一日）·········· 19
中国法制改革（译文）（一八九七年七月）·················· 34
与杨衢云等致港督卜力书（译文）
　（一九〇〇年七月十七日至二十日间）···················· 43
敬告同乡书（一九〇三年八月）·························· 45
支那保全分割合论（一九〇三年九月二十一日）············ 48
驳保皇报书（一九〇四年一月）·························· 53
支那问题真解（译文）（一九〇四年八月三十一日）·········· 57
　附录　中国问题的真解决（另一译文）·················· 62
《民报》发刊词（一九〇五年十一月二十六日）············· 69
论惧革命召瓜分者乃不识时务者也（一九〇八年九月一日）·· 70
平实开口便错（一九〇八年九月十一日）·················· 73
平实尚不肯认错（一九〇八年九月十五日）················ 76
中国铁路计划与社会主义（译文）（一九一二年十月十日）··· 78

附录　中国之铁路计划与民生主义（另一译文）……………… 83
钱币革命（一九一二年十二月三日）……………………………… 89
致日本首相大隈重信劝助中国革命函（一九一四年五月十一日）… 93
复社会党国际执行局请协助中国实现社会主义函（译文）
　（一九一五年十一月十日）………………………………………… 96
中国存亡问题（一九一七年）……………………………………… 99
八年今日（一九一九年十月十日）………………………………… 148
中国实业如何能发展（一九一九年十月十日）…………………… 150
三民主义（一九一九年）…………………………………………… 152
地方自治实行法（一九二〇年三月一日）………………………… 162
平白的话（译文）（一九二〇年四月三日）……………………… 166
致日本陆军大臣田中义一谴责日本对华政策并劝其改变函
　（一九二〇年六月二十九日）……………………………………… 169
内政方针（一九二〇年十一月）…………………………………… 171
军人精神教育（一九二一年十二月十日）………………………… 174
中华民国建设之基础（一九二二年）……………………………… 200
致犬养毅纵论国际局势并请日本助成中国革命及承认苏联函
　（一九二三年十一月十六日）……………………………………… 204
发扬民治说帖（一九二三年底）…………………………………… 209

传记与回忆

自传（一八九六年十一月）………………………………………… 213
伦敦被难记（译文）（一八九七年初）…………………………… 215
我的回忆（译文）（一九一一年十一月中下旬）………………… 247
一八九五年广州起义的缘由与经过（译文）
　（一九一一年十二月八日）………………………………………… 256
中国革命史（一九二三年一月二十九日）………………………… 260

序　跋

《支那现势地图》跋(一八九九年十二月二十二日) …… 273
《三十三年之梦》序(一九〇二年八月) …… 274
《太平天国战史》序(一九〇四年) …… 275
《支那革命实见记》序(一九〇八年七月) …… 276
《新国民》杂志序(一九一二年六月二十四日) …… 277
《民意报》周年纪念祝词(一九一二年十二月二十日) …… 278
《英国政府刊布中国革命蓝皮书》序(一九一二年十二月二十一日) …… 278
《铁路杂志》题词(一九一二年) …… 279
政务讨论会杂志出版祝词(一九一三年二月) …… 280
《国民月刊》出世词(一九一三年三月中旬) …… 280
《战学入门》序(一九一四年六月) …… 282
《同盟演义》序(一九一七年四月三十日) …… 284
《建设》杂志发刊词(一九一九年八月一日) …… 285
《战后太平洋问题》序(一九一九年九月) …… 285
《精武本纪》序(一九一九年十月二十日) …… 286
《实业旬报》创刊祝词(一九一九年) …… 287
为《大光报》年刊题词(一九二〇年一月) …… 287
《社会观》序(一九二〇年三月一日) …… 289
合肥阚氏重修谱牒序(一九二〇年四月上旬) …… 289
《余健光传》序(一九二〇年五月七日) …… 290
《新疆游记》序(一九二〇年七月二十六日) …… 291
《中华民国宪法史》前编序(一九二〇年八月) …… 292
澳洲雪梨《国民党恳亲大会纪念册》序(一九二一年三月十九日) …… 292
《黄花岗烈士事略》序(一九二一年十二月) …… 296
刘成禺著《洪宪纪事诗》叙辞(一九二二年三月) …… 297

附录 《洪宪纪事诗》原序(一九二一年四月) …… 298
《孙大总统广州蒙难记》序(一九二二年十月十日) …… 298
《五修詹氏宗谱》序(一九二三年一月) …… 299
周柬白辑《全国律师民刑新诉状汇览》序言(一九二三年十月) …… 300
《新闻学大纲》序(一九二三年十一月) …… 301
越南中法学生杂志题词(一九二三年十二月) …… 302
张鹏云编《英汉习语文学大辞典》序(一九二三年) …… 303
祝澳洲《雪梨民报》出世词 …… 303

祭　悼

祭明太祖文(一九一二年二月十五日) …… 307
谒明太祖陵文(一九一二年二月十五日) …… 308
祭蜀中死义诸烈士文(一九一二年二月二十二日) …… 309
祭革命死义诸烈士文(一九一二年三月一日) …… 309
吴禄贞烈士追悼词(一九一二年三月十四日) …… 311
祭武汉死义诸烈士文(一九一二年三月十七日) …… 312
祭江皖倡义诸烈士文(一九一二年三月二十日) …… 312
祭黄花岗七十二烈士文(一九一二年五月十五日) …… 313
对咸马里将军的赞词(译文)(一九一二年十一月六日) …… 314
史坚如烈士墓碑文(一九一三年七月) …… 314
祭陈其美文(一九一六年六月十九日) …… 315
祭陈其美及癸丑以来殉国烈士文(一九一六年八月十三日) …… 316
祭黄兴文(一九一六年十二月十三日) …… 317
祭黄兴文二件(一九一六年十二月二十二日) …… 318
陈母倪节孝君墓碑铭并叙(一九一七年一月一日) …… 320
祭黄兴文(一九一七年四月十四日) …… 321
祭陈其美文(一九一七年五月十二日) …… 321

焦心通先生暨崔太君行状书后(一九一八年三月)……322

致祭程璧光诔词(一九一八年四月二十八日)……322

祭黄花岗七十二烈士文(一九一九年三月二十九日)……323

山田良政君建碑纪念词(一九一九年九月)……324

祭刘建藩文(一九二〇年九月十四日)……325

与唐绍仪等祭朱执信文(一九二一年一月二十三日)……326

挽朱执信文(一九二一年一月二十三日)……327

祭黄花岗七十二烈士文(一九二一年五月六日)……328

祭蒋母王太夫人文(一九二一年十一月二十三日)……329

祭林修梅文(一九二一年十二月十八日)……330

祭黄花岗七十二烈士文(一九二二年四月二十五日)……330

祭伍廷芳文(一九二二年十二月十七日)……331

重修安庆烈士墓祭文(一九二三年三月十二日)……332

祭黄花岗七十二烈士文(一九二三年五月十四日)……332

祭居母胡太夫人文(一九二三年六月一日)……333

祭开国讨袁护国护法各役诸先烈文(一九二三年十月十日)……334

祭尚天德文(一九二三年十一月十日)……334

追悼列宁祭文(一九二四年二月二十四日)……335

祭黄花岗烈士文(一九二四年五月二日)……335

祭夏重民文(一九二四年六月十六日)……336

祭伍廷芳文(一九二四年六月二十三日)……337

祭巴富罗夫文(一九二四年七月二十三日)……337

伍廷芳葬礼祭文(一九二四年十二月六日)……338

伍廷芳墓表(一九二五年一月)……338

祝　　词

祝参议院开院文（一九一二年一月二十八日） ………………… 343
中华民国四周年国庆纪念大会祝词（译文）（一九一五年十月十日）…… 344
国会非常会议开幕祝词（一九一七年八月二十五日） …………… 345
澳洲国民党恳亲大会纪念词（一九二〇年四月三日） …………… 345
菲律宾碧瑶爱国学校祝词（一九二一年一月二十三日） ………… 346
中国国民党全美洲同志恳亲大会祝词（一九二一年二月） ……… 347
美利滨分部党所落成并开恳亲大会训词（一）（一九二一年十二月） …… 348
美利滨分部党所落成并开恳亲大会训词（二）（一九二二年一月一日）…… 349
欢迎苏俄军舰祝词（一九二四年十月八日） …………………… 350

其　　他

教友少年会纪事（一八九一年六月） …………………………… 353
与梁士诒等联名主张琼州改设行省理由书（一九一二年） ……… 354
游普陀山志奇（一九一六年八月二十五日） …………………… 358
勉中国基督教青年书（一九二〇年四月三日） ………………… 359
褒扬张俞淑华文（一九二五年二月五日） ……………………… 360
论诚 ……………………………………………………………… 361
谈练习演说的要点 ……………………………………………… 361

译　　著

赤十字会救伤第一法（一八九七年六月中旬前） ……………… 365

遗　嘱

国事遗嘱（一九二五年三月十一日） ……………………………… 425
家事遗嘱（一九二五年三月十一日） ……………………………… 426
致苏联遗书（一九二五年三月十一日） …………………………… 426
　附录　致苏维埃社会主义共和国联盟中央执行委员会书（译文）… 427

论　　著

兴利除害以为天下倡

——致香山县籍退休官员郑藻如书①

（一八八九年）②

窃维立身当推己以及人，行道贵由近而致远。某留心经济之学十有余年矣，远至欧洲时局之变迁，上至历朝制度之沿革，大则两间之天道人事，小则泰西之格致语言，多有旁及。方今国家风气大开，此材当不沦落。某之翘首以期用世者非一日矣，每欲上书总署，以陈时势之得失。第以所学虽有师承，而见闻半资典籍；运筹纵悉于胸中，而决策未尝施诸实事：则坐而言者，未必可起而行。此其力学十余年，而犹踌躇审慎，未敢遽求知于当道者，恐躬之不逮也。

某今年二十有四矣，生而贫，既不能学八股以博科名，又无力纳粟以登仕版，而得之于赋畀者，又不敢自弃于盛世。今欲以平时所学，小以试之一邑，以验其无谬，然后仿贾生〔山〕③之《至言》、杜牧之《罪言》，而别为孙某《策略》，质之交〔当〕世，未为迟也。伏以台驾为一邑物望所归，闻于乡间，无善不举，兴蚕桑之利，除鸦片之害，俱著成效。倘从此推而广之，直可风行天下，利百世，岂惟一乡一邑之沾其利而已哉?!

呜呼！今天下农桑之不振，鸦片之为害，亦已甚矣！远者无论矣，试观

---

① 郑藻如，广东香山县（今中山市）濠头乡人，曾任清朝津海关道和出使美国、日斯巴尼亚（西班牙）、秘鲁三国大臣等职，1886年后病休居乡。当时孙中山是香港西医书院学生，此文曾在1892年的澳门报纸上发表。

② 底本未说明写作时间。孙中山生于1866年，在此文自称"今年二十有四"，当时中国人以虚岁计算年龄，据此推算，应为1889年所作。

③ 贾山，汉朝人，文帝时成《至言》，借秦为喻，言治乱之则；而"贾生"通常指汉初之贾谊。

吾邑东南一带之山，秃然不毛，本可植果以收利，蓄木以为薪，而无人兴之。农民只知斩伐，而不知种植，此安得其不胜用耶？蚕桑则向无闻焉，询之老农，每谓土地薄，间见园中偶植一桑，未尝不滂勃而生，想亦无人为之倡者，而遂因之不进〔广〕耳。不然，地之生物岂有异哉？纵无彼土之盛，亦可以人事培之。道在鼓励农民，如泰西兴农之会，为之先导。此实事之欲试者一。

　　古者怪〔圣〕人为民驱其虫蛇禽兽而处之中土，而民乃得安熙于无事。今夫鸦片，物非虫蛇，而为祸尤烈，举天下皆被其灾，此而不除，民奚以生？然议焚议辟，既无补于时艰；言禁言种，亦何益于国计。事机一错，贻祸无穷，未尝不咎当时主持之失计也。今英都人士倡禁鸦片贸易于中国，时贤兴敌烟会于内，印度教士又有遏种、遏卖、遏吸，俱有其人，想烟害之灭当不越于斯时矣。然而懦夫劣士，惯恋烟霞，虽禁令已申，犹不能一时折枪碎斗。此吾邑立会以劝戒，设局以助戒，当不容缓；推贵乡已获之效，仿沪上戒烟之规。此实事之欲试者二。

　　远观历代，横览九洲，人才之盛衰，风俗之淳靡，实关教他〔化〕。教之有道，则人才济济，风俗丕丕，而国以强；否则返此。呜呼！今天下之失教亦已久矣，古之庠序无闻焉，综人数而核之，不识丁者十有七八，妇女识字者百中无一。此人才〈安得〉不乏，风俗安得不颓，国家安得不弱？此所谓弃天生之材而自安于弱，虽多置铁甲、广购军装，亦莫能强也！必也多设学校，使天下无不学之人，无不学之地。则智者不致失学而嬉；而愚者亦赖学以知理，不致流于颓悍；妇儒〔孺〕亦皆晓诗书。如是，则人才安得不罢〔盛〕，风俗安得不良，国家安得而不强哉！然则学校之设，遍周于一国则不易，而举之于一邑亦无难。先立一兴学之会，以总理共〔其〕事。每户百家，设男女蒙馆各一所，其费随地筹之，不给则总会捐助。又于邑城设大学馆〈一〉所，选蒙馆聪颖子弟入之，其费通邑合筹。以吾富庶之众，筹此二款，当无难事。此实事之欲试者三。

　　之斯三者，有关于天下国家甚大，倘能举而行之，必有他邑起而效者。将见一倡百和，利以此兴，害以此除，而人才亦以此辈出，未始非吾邑之大幸,而吾国之大幸也。某甚望于台驾有以提倡之,台驾其有意乎?兹谨拟创办节略,另缮呈览,恳为斧裁而督教之,幸甚。

据《孙总理致郑藻如书》,载《濠头月刊》第十四、十五期合刊(广东中山县一九四七年十月)

农　功①

（一八九一年前后）②

古之言曰:上农夫食九人,其次食七人,最下食五人。同此土田,同此树艺,而收获之多寡迥乎不同者,农功之勤惰为之也。故水潦出于天,肥硗判于地,而人力之所至,实足以补天地之缺陷,而使之平。昔英国挪佛一郡本属不毛,后察其土宜遍种萝卜,大获其利。伊里岛田卑湿,嗣用机器竭其水,土脉遂肥。撒里司平原之地既枯且薄,自以鸟粪培壅,百谷无不勃茂。犹是田也,而物产数倍,是无异一亩之田,变为数亩之用。反硗确为沃壤,化瘠土为良田,地利之关乎人力,概可知矣。

且地之肥瘠,何常之有?万里中原,沟渠湮废,粟麦而外,物产无多,地之肥者变而瘠矣。扬州之赋上下,今则畎浍纵横,桑麻翳荟,神京廪给,悉仰南方,地之瘠者变而肥矣。三古农书不可考已,今所传者,如《齐民要术》、《农桑辑要》、《农政全书》,亦多精要。大抵文人学士博览所资,而犁云锄雨之俦,何能家喻而户晓?况劳农劝相,虚有其文,补助巡游,今无其事,民亦因循简陋,聊毕此生。盖官民之相去远矣。

---

① 底本未署孙中山的名字。据戴季陶、陈少白记述,孙中山生前曾谈及,郑观应《盛世危言》曾采用其两篇文稿。与孙中山认识较早的冯自由,则明确指出《农功》一文为孙中山所作。孙与郑同属香山县籍,当时已有交往。以此判断,本文最初当是由孙中山执笔,再经郑观应酌加修改后辑入《盛世危言》。

② 原文未注明写作时间。经学者考证,《农功》的写作时间应晚于1889年《兴利除害以为天下倡》,而辑有此文的《盛世危言》五卷本编成于1892年春,初刊于1893年,则又可知《农功》的写作应早于1892年春。故将此文酌定为1891年前后所作。

泰西农政,皆设农部,总揽大纲。各省设农艺博览会一所,集各方物产,用考农功与化学诸家,详察地利,各随土性,种其所宜。每岁收成,自百谷而外,花木果蔬,以至牛羊畜牧,胥入会,考察优劣,择尤异者奖以银币,用旌其能。至牲畜受病,若何施治;谷蟊木蠹,若何预防;复备数等田样,备各种汽车,事事讲求,不遗余力。先考土性原质,次辨物产所宜,徐及浇溉粪壅诸法,务欲各尽地利,各极人工。所以物产赢余,昔获其一,今且倍蓰十百而未已也。

西人考察植物所必需者,曰燐,曰钙,曰钾。燐为阴火,出于骨殖之内,而鸟粪所含尤多。钙则石灰是已,如螺蚌之壳,及数种土石,均能化合。而钾则水草所生,如稻藁茶蓼之属。考验精密,而粪壅之法,无微不至,无物不生。迩有用电之法,无论草木果蔬,入以电气,萌芽既速,长成更易。则早寒之地,严霜不虑其摧残;温和之乡,一岁何止于三熟。是诚巧夺天功矣!其尤妙者,农部有专官,农功有专学,朝得一法,暮已遍行于民间;何国有良规,则互相仿效,必底于成而后已。民心之不明,以官牖之;民力之不足,以官辅之;民情之不便,以官除之。此所以千耦其耘,比户可封也。

然而良法不可不行,佳种尤不可不拣。地属高亢,则宜多种赤米。赤米即红霞米,松江谓之金城稻,色红性硬,最为耐旱。四月布种,七月即收,今北地多有种之者。若卑湿之田,则宜种耐水之稻。稻之利下湿者为稴,稴种有黏有不黏,黏者为糯,又谓之秫,不黏者为秔。氾胜之云:三月种秔,四月种秫,最为耐水。暹罗稻田一至夏间,有黄水由海中来,水深一尺,苗长一尺,水深一丈,苗长一丈,水退之后,倍获丰收,此低田之所宜也。其余花果草木,皆当审察土宜,于隙地广行栽种。如牛羊犬豕之属,皆当因地制宜,教以牧畜。庶使地无遗利,人有盖藏。惟小民可与乐成,难与图始,非得贤牧令,尽心民事以教导而倡率之,未易遽有成效也。

稽古帝王之设地官、司徒之职,实兼教养。孔子策卫,曰富之、教之。其时为邑宰者,劝农课耕①,著有成效。近世鲜有留心农事者。惟泰西尚有古

---

① 光绪二十年(1894年)刻本《盛世危言》作"蚕绩蟹筐"。

风,为民上者,见我所无之物,或有其物而美不如人,必穷究其所以然,故效法于人,蕲胜于人。年来意大利、法兰西、印度、锡兰所种丝茶,反浸浸乎胜于中国。曩有宁波税务司康必达见我养蚕未善,不能医蚕之病,往往失收,曾倩华人到外国学习,尽得其法;并购备机器,欲在沪仿行,格于当道,未准。其机器尚存格致院中。今粤东有肄业西学者,留心植物之理①,曾于香山试种莺粟,与印度所产之味无殊。犹恐植物新法未精,尚欲游学欧洲,讲求新法,返国试办。惟恐当道不能保护,反为之阻遏,是以跢踱未果。

我国似宜专派户部侍郎一员,综理农事,参仿西法,以复古初。委员赴泰西各国,讲求树艺农桑、养蚕牧畜、机器耕种、化瘠为腴一切善法,泐为专书,必简必赅,使人易晓。每省派藩臬道府之干练者一员,为水利农田使,责成各牧令于到任数月后,务将本管土田肥瘠若何,农功勤惰若何,何利应兴,何弊应革,招徕垦辟,董劝经营,定何章程,作何布置;决不得假手胥役生事扰民,亦不准故事奉行,敷衍塞责。如果行之有效,开辟利源,使本境居民日臻富庶,本管道府查验得实,乃得保以卓异,予以升迁。仅仅折狱催科,只得谓之循分供职。苟借此需索供应,骚扰闾阎,别经发觉,革职之外,仍重治其罪。重赏严罚,以兴事功功,天下之民,其有豸矣。盖天生民而立之君,朝廷之设官,以为民也。今之悍然民上者,其视民之去来生死,如秦人视越人之肥瘠然,何怪天下流亡满目,盗贼载途也。以农为经,以商为纬,本末备具,巨细毕赅,是即强兵富国之先声,治国平天下之枢纽也。日鳏鳏然忧贫患寡,奚为哉?

或云年来英商集巨款,招人开垦于般岛,欲图厚利;俄国移民开垦西北,其志不小。我国与彼属毗连之地,亦亟宜造铁路,守以重兵,仿古人屯田之法。凡于沙漠之区,开河种树,山谷闲地,遍牧牛羊,取其毳以织呢绒、毡毯。东南边界则教以树棉种桑、缫丝制茶之法。务使野无旷土,农不失时,则出货愈多,销路自广。而且东南各省,皆宜树棉,西北各省更宜牧畜。棉花为纺织所必需,除种土棉外,更须试种洋棉,洋棉以美国南海岛种为最佳,西人

---

① 光绪二十年(1894年)刻本《盛世危言》此句作"今吾邑孙翠溪西医颇留心植物之理"。

尝用此花一磅纺丝,长至一千尺,是为上品,大概土棉质硬丝短,不能织极细之布,洋棉质软丝长,经机器不致中断,所织之布细纫异常。余尝刊有美国种植棉花法一书分送乡人,并购美国花子在沪栽〔栽〕种,确较土花丝长。惟其性畏寒,一见霜则叶陨花枯,必须考究天气水土相宜之处,方可播种,附志之以告留心种植者。①

据郑观应辑著《增订盛世危言正续编》卷三《农功》(学术出版社影印)

上李鸿章书②

（一八九四年春）

宫太傅爵中堂钧座：

敬禀者：窃文籍隶粤东,世居香邑,曾于香港考授英国医士。幼尝游学外洋,于泰西之语言文字,政治礼俗,与夫天算地舆之学,格物化学之理,皆略有所窥；而尤留心于其富国强兵之道,化民成俗之规；至于时局变迁之故,睦邻交际之宜,辄能洞其阃奥。当今光气日开,四方毕集,正值国家励精图治之时,朝廷勤求政理之日,每欲以管见所知,指陈时事,上诸当道,以备刍荛之采。嗣以人微言轻,未敢遽达。比见国家奋筹富强之术,月异日新,不遗余力,骎骎乎将与欧洲并驾矣。快舰、飞车、电邮、火械,昔日西人之所恃以凌我者,我今亦已有之,其他新法亦接踵举行。则凡所以安内攘外之大经,富国强兵之远略,在当局诸公已筹之稔矣。又有轺车四出,则外国之一举一动,亦无不周知。草野小民,生逢盛世,惟有逖听欢呼、闻风鼓舞而已,夫复何所指陈？然而犹有所言者,正欲于乘可为之时,以竭其愚夫之千虑,

---

① 本段据文意,当为郑观应所注,因光绪二十年(1894年)刻本《盛世危言》自"农不失时"句下,仅有"则出入有节,种造有法,何患乎我国之财不恒足矣！"

② 此文开始写于是年1月,先后经陈少白和上海格致书院院长王韬等作文字润色。定稿后,6月偕陆皓东赴天津向清朝直隶总督李鸿章投书,未获接见。

仰赞高深于万一也。

窃尝深维欧洲富强之本,不尽在于船坚炮利、垒固兵强,而在于人能尽其才,地能尽其利,物能尽其用,货能畅其流——此四事者,富强之大经,治国之大本也。我国家欲恢扩宏图,勤求远略,仿行西法以筹自强,而不急于此四者,徒惟坚船利炮之是务,是舍本而图末也。

所谓人能尽其才者,在教养有道,鼓励以方,任使得法也。

夫人不能生而知,必待学而后知,人不能皆好学,必待教而后学,故作之君,作之师,所以教养之也。自古教养之道,莫备于中华;惜日久废弛,庠序亦仅存其名而已。泰西诸邦崛起近世,深得三代之遗风,庠序学校遍布国中,人无贵贱皆奋于学。凡天地万物之理,人生日用之事,皆列于学之中,使通国之人童而习之,各就性质之所近而肆力焉。又各设有专师,津津启导,虽理至幽微,事至奥妙,皆能有法以晓喻〔谕〕之,有器以窥测之。其所学由浅而深,自简及繁,故人之灵明日廓,智慧日积也。质有愚智,非学无以别其才,才有全偏,非学无以成其用,有学校以陶冶之,则智者进焉,愚者止焉,偏才者专焉,全才者普焉。盖贤才之生,或千百里而见一,或千万人而有一,若非随地随人而施教之,则贤才亦以无学而自废,以至于湮没而不彰。泰西人才之众多者,有此教养之道也。

且人之才志不一,其上焉者,有不徒苟生于世之心,则虽处布衣而以天下为己任,此其人必能发奋为雄,卓异自立,无待乎勉勖也,所谓"豪杰之士不待文王而犹兴也"。至中焉者,端赖乎鼓励以方,故泰西之士,虽一才一艺之微,而国家必宠以科名,自〔是〕故人能自奋,士不虚生。逮至学成名立之余,出而用世,则又有学会以资其博,学报以进其益,萃全国学者之能,日稽考于古人之所已知,推求乎今人之所不逮,翻陈出新,开世人无限之灵机,阐天地无穷之奥理,则士处其间,岂复有孤陋寡闻者哉? 又学者倘能穷一新理,创一新器,必邀国家之上赏,则其国之士,岂有不专心致志者哉? 此泰西各种学问所以日新月异而岁不同,几于夺造化而疑鬼神者,有此鼓励之方也。

今使人于所习非所用,所用非所长,则虽智者无以称其职,而巧者易以饰其非。如此用人,必致野有遗贤,朝多幸进。泰西治国之规,大有唐虞之用意。其用人也，务取所长而久其职。故为文官者，其途必由仕学院，为武官者，其途必由武学堂，若其他，文学渊博者为士师，农学熟悉者为农长，工学练达者为监工，商情谙习者为商董，皆就少年所学而任其职。总之，凡学堂课此一业，则国家有此一官，幼而学者即壮之所行，其学而优者则能仕。且恒守一途，有升迁而无更调。夫久任则阅历深，习惯则智巧出，加之厚其养廉，永其俸禄，则无瞻顾之心，而能专一其志。此泰西之官无苟且、吏尽勤劳者，有此任使之法也。

故教养有道，则天无枉生之才；鼓励以方，则野无郁抑之士；任使得法，则朝无倖进之徒。斯三者不失其序，则人能尽其才矣；人既尽其才，则百事俱举；百事俱举矣，则富强不足谋也。秉国钧者，盍于此留意哉！

所谓地能尽其利者，在农政有官，农务有学，耕耨有器也。

夫地利者，生民之命脉。自后稷教民稼穑，我中国之农政古有专官。乃后世之为民牧者，以为三代以上民间养生之事未备，故能生民能养民者为善政；三代以下民间养生之事已备，故听民自生自养而不再扰之，便为善政——此中国今日农政之所以日就废弛也。农民只知恒守古法，不思变通，垦荒不力，水利不修，遂致劳多而获少，民食日艰。水道河渠，昔之所以利农田者，今转而为农田之害矣。如北之黄河固无论矣，即如广东之东、西、北三江，于古未尝有患，今则为患年甚一年；推之他省，亦比比如是。此由于无专责之农官以理之，农民虽患之而无如何，欲修之而力不逮，不得不付之于茫茫之定数而已。年中失时伤稼，通国计之，其数不知几千亿兆，此其耗于水者固如此其多矣。其他荒地之不辟，山泽之不治，每年遗利又不知凡几。所谓地有遗利，民有余力，生谷之土未尽垦，山泽之利未尽出也，如此而欲致富不亦难乎！泰西国家深明致富之大源，在于无遗地利，无失农时，故特设专官经略其事，凡有利于农田者无不兴，有害于农田者无不除。如印度之恒河，美国之密士，其昔泛滥之患亦不亚于黄河，而卒能平治之者，人事未始不可以补天工也。有国家者，可不急设农官以劝其民哉！

水患平矣，水利兴矣，荒土辟矣，而犹不能谓之地无遗利而生民养民之事备也，盖人民则日有加多，而土地不能以日广也。倘不日求进益，日出新法,则荒土既垦之后,人民之溢于地者,不将又有饥馑之患乎?是在急兴农学,讲求树畜,速其长植,倍其繁衍,以弥此憾也。顾天生人为万物之灵,故备万物为之用,而万物固无穷也,在人之灵能取之用之而已。夫人不能以土养,而土可生五谷百果以养人;人不能以草食,而草可长六畜以为人食。夫土也,草也,固取不尽而用不竭者也,是在人能考土性之所宜,别土质之美劣而已。倘若明其理法,则能反硗土为沃壤,化瘠土为良田,此农家之地学、化学也。别种类之生机,分结实之厚薄,察草木之性质,明六畜之生理,则繁衍可期而人事得操其权,此农家之植物学、动物学也。日光能助物之生长,电力能速物之成熟,此又农家之格物学也。蠹蚀宜防,疫疠宜避,此又农家之医学也。农学既明,则能使同等之田产数倍之物,是无异将一亩之田变为数亩之用,即无异将一国之地广为数国之大也。如此,则民虽增数倍,可无饥馑之忧矣。此农政学堂所宜亟设也。

农官既设,农学既兴,则非有巧机无以节其劳,非有灵器无以速其事,此农器宜讲求也。自古深耕易耨,皆藉牛马之劳,乃近世制器日精,多以器代牛马之用,以其费力少而成功多也。如犁田,则一器能作数百牛马之工;起水,则一器能溉千顷之稻;收获,则一器能当数百人之刈。他如凿井浚河,非机无以济其事;垦荒伐木,有器易以收其功。机器之于农,其用亦大矣哉。故泰西创器之家,日竭灵思,孜孜不已,则异日农器之精,当又有过于此时者矣。我中国宜购其器而仿制之。

故农政有官则百姓劝,农务有学则树畜精,耕耨有器则人力省,此三者,我国所当仿行以收其地利者也。

所谓物能尽其用者,在穷理日精,机器日巧,不作无益以害有益也。

泰西之儒以格致为生民根本之务,舍此则无以兴物利民,由是孜孜然日以穷理致用为事。如化学精,则凡动植矿质之物,昔人已如〔知〕其用者,固能广而用之,昔人未知其用者,今亦考出以为用。火油也,昔日弃置如遗,今为日用之要需,每年入口为洋货之一大宗。煤液也,昔日视为无用,今可炼为药品,炼为颜料。又煮沙以作玻器,化土以取矾精,煅石以为田料,诸如此类,不胜缕书。此皆从化学之理而得收物之用,年中不知裕几许财源,我国倘能推而仿之，亦致富之一大经也。格致之学明，则电风水火皆为我用。以风动轮而代人工，以水冲机而省煤力，压力相吸而升水，电性相感而生光，此犹其小焉者也。至于火作汽以运舟车，虽万马所不能及，风潮所不能当；电气传邮，顷刻万里，此其用为何如哉！然而物之用更有不止于此者，在人能穷求其理，理愈明而用愈广。如电，无形无质，似物非物，其气付于万物之中，运乎六合之内；其为用较万物为最广而又最灵，可以作烛，可以传邮，可以运机，可以毓物，可以开矿。顾作烛、传邮已大行于宇内，而运机之用近始知之，将来必尽弃其煤机而用电力也。毓物开矿之功，尚未大明，将来亦必有智者究其理，则生五谷，长万物，取五金，不待天工而由人事也。然而取电必资乎力，而发力必藉乎煤，近又有人想出新法，用瀑布之水力以生电，以器蓄之，可待不时之用，可供随地之需，此又取之无禁，用之不竭者也。由此而推，物用愈求则人力愈省，将来必至人只用心，不事劳人力而全役物力矣。此理有固然，事所必至也。

机器巧，则百艺兴，制作盛，上而军国要需，下而民生日用，皆能日就精良而省财力，故作人力所不作之工，成人事所不成之物。如五金之矿，有机器以开，则碎坚石如齑粉，透深井以吸泉，得以辟天地之宝藏矣。织造有机，则千万人所作之工，半日可就；至缲废丝，织绒呢，则化无用为有用矣。机器之大用不能遍举。我中国地大物博，无所不具，倘能推广机器之用，则开矿治河，易收成效，纺纱织布，有以裕民。不然，则大地之宝藏，全国之材物，多有废弃于无用者，每年之耗不知凡几。如是，而国安得不贫，而民安得不瘠哉！谋富国者，可不讲求机器之用欤。

物理讲矣，机器精矣，若不节惜物力，亦无以固国本而裕民生也。故泰西之民，鲜作无益。我中国之民，俗尚鬼神，年中迎神赛会之举，化帛烧纸之资，全国计之每年当在数千万。此以有用之财作无益之事，以有用之物作无用之施，此冥冥一大漏卮，其数较鸦片为尤甚，亦有国者所当并禁也。

夫物也者，有天生之物，有地产之物，有人成之物。天生之物如光、热、电者，各国之所共，在穷理之浅深以为取用之多少。地产者为五金、百谷，各国所自有，在能善取而善用之也。人成之物，则系于机器之灵笨与人力之勤惰。故穷理日精则物用呈,机器日巧则成物多,不作无益则物力节,是亦开财源节财流之一大端也。

所谓货能畅其流者,在关卡之无阻难,保商之有善法,多轮船铁道之载运也。

夫百货者,成之农工而运于商旅,以此地之赢余济彼方之不足,其功亦不亚于生物成物也。故泰西各国体恤商情,只抽海口之税,只设入国之关,货之为民生日用所不急者重其税,货之为民生日用所必需者轻其敛。入口抽税之外,则全国运行,无所阻滞,无再纳之征,无再过之卡。此其百货畅流,商贾云集,财源日裕,国势日强也。中国则不然。过省有关,越境有卡,海口完纳,又有补抽,处处敛征,节节阻滞。是奚异到〔遍〕地风波,满天荆棘。商贾为之裹足,负贩从而怨嗟。如此而欲百货畅流也,岂不难乎?夫贩运者亦百姓生财之一大道也,百姓足,君孰与不足;百姓不足,君孰与足?以今日关卡之滥征,吏胥之多弊,商贾之怨毒,诚不能以此终古也。徒削平民之脂膏,于国计民生初无所裨。谋富强者,宜急为留意于斯,则天下幸甚!

夫商贾逐什一之利,别父母,离乡井,多为饥寒所驱,经商异地,情至苦,事至艰也。若国家不为体恤,不为保护,则小者无以觅蝇头微利,大者无以展鸿业远图。故泰西之民出外经商,国家必设兵船、领事为之护卫,而商亦自设保局银行,相与倚恃。国政与商政并兴,兵饷以商财为表里。故英之能倾印度,扼南洋,夺非洲,并澳土者,商力为之也。盖兵无饷则不行,饷非商则不集。西人之虎视寰区,凭凌中夏者,亦商为之也。是故商者,亦一国富强之所关也。我中国自与西人互市以来,利权皆为所夺者,其故何哉?以彼能保商,我不能保商,而反剥损遏抑之也。商不见保则货物不流,货物不流则财源不聚,是虽地大物博,无益也。以其天生之材为废材,人成之物为废物,则更何贵于多也。数百年前,美洲之地犹今日之地,何以今富而昔贫?是贵有商焉为之经营,为之转运也;商之能转运者,有国家为之维持保护也。谋富强者,可不急于保商哉!

夫商务之能兴,又全恃舟车之利便。故西人于水,则轮船无所不通,五洋四海恍若户庭,万国九洲俨同阛阓。辟穷荒之绝岛以立商廛,求上国之名都以为租界,集殊方之货宝〔实〕,聚列国之商氓。此通商之埠所以贸易繁兴、财货山积者,有轮船为之运载也。于陆,则铁道纵横,四通八达,凡轮船所不至,有轮车以济之。其利较轮船为尤溥,以无波涛之险,无礁石之虞。数十年来,泰西各国虽山僻之区亦行铁轨,故其货物能转输利便,运接灵速;遇一方困乏,四境济之,虽有荒旱之灾,而无饥馑之患。故凡有铁路之邦,则全国四通八达,流行无滞;无铁路之国,动辄掣肘,比之瘫痪不仁。地球各邦今已视铁路为命脉矣,岂特便商贾之载运而已哉。今我国家亦恍然于轮船铁路之益矣,故沿海则设招商之轮船,于陆则兴官商之铁路。但轮船只行于沿海大江,虽足与西人颉颃而收我利权,然不多设于支河内港,亦不能畅我货流,便我商运也。铁路先通于关外,而不急于繁富之区,则无以收一时之利。而为后日推广之图,必也先设于繁富之区,如粤港、苏沪、津通等处,路一成而效立见,可以利转输,可以励富户,则继之以推广者,商股必多,而国家亦易为力。试观南洋英属诸埠,其筑路之资大半为华商集股,利之所在,人共趋之。华商何厚于英属而薄于宗邦?是在谋国者有以乘势而利导之而已。此招商兴路之扼要也。

故无关卡之阻难,则商贾愿出于其市;有保商善法,则殷富亦乐于贸迁;多轮船铁路之载运,则货物之盘费轻。如此,而货有不畅其流者乎?货流既畅,则财源自足矣。筹富国者,当以商务收其效也。不然,徒以聚敛为工,捐纳为计,吾未见其能富也。

夫人能尽其才则百事兴,地能尽其利则民食足,物能尽其用则材力丰,货能畅其流则财源裕。故曰:此四者,富强之大经,治国之大本也。四者既得,然后修我政理,宏我规模,治我军实,保我藩邦,欧洲其能匹哉!

顾我中国仿效西法,于今已三十余年。育人才则有同文、方言各馆,水师、武备诸学堂;裕财源则辟煤金之矿,立纺织制造之局;兴商务则招商轮船、开平铁路,已后先辉映矣。而犹不能与欧洲颉颃者,其故何哉?以不能举此四大纲,而举国并行之也。间尝统筹全局,窃以中国之人民材力,而能步武泰西,参行新法,其时不过二十年,必能驾欧洲而上之,盖谓此也。试观日本一国,与西人通商后于我,仿效西法亦后于我,其维新之政为日几何,而今日成效已大有可观,以能举此四大纲而举国行之,而无一人阻之。夫天下之事,不患不能行,而患无行之之人。方今中国之不振,固患于能行之人少,而尤患于不知之人多。夫能行之人少,尚可借材异国以代为之行;不知之人多,则虽有人能代行,而不知之辈必竭力以阻挠。此昔日国家每举一事,非格于成例,辄阻于群议者。此中国之极大病源也。

窃尝闻之,昔我中堂经营乎海军、铁路也,尝唇为之焦,舌为之敝,苦心劳虑数十余年,然后成此北洋之一军、津关之一路。夫以中堂之勋名功业,任寄股肱,而又和易同众,行之尚如此其艰,其他可知矣。中国有此膏肓之病而不能除,则尧舜复生,禹皋佐治,无能为也,更何期其效于二十年哉？此志士之所以灰心,豪杰之所以扼腕,文昔日所以欲捐其学而匿迹于医术者,殆为此也。然而天道循环,无往不复,人事否泰,穷极则通,猛剂遽投,膏肓渐愈。逮乎法衅告平之后,士大夫多喜谈洋务矣,而拘迂自囿之辈亦颇欲驰域外之观,此风气之变革,亦强弱之转机。近年以来,一切新政次第施行,虽所谓四大之纲不能齐举,然而为之以渐,其发轫于斯乎？此文今日之所以望风而兴起也。

窃维我中堂自中兴而后,经略南北洋,孜孜然以培育人材为急务。建学堂,招俊秀,聘西师而督课之,费巨款而不惜。遇一艺之成,一技之巧,则奖励倍加,如获异宝。诚以治国经邦,人才为急,心至苦而事至盛也。尝以无缘沾雨露之濡,叨桃李之植,深用为憾。顾文之生二十有八年矣,自成童就傅以至于今,未尝离学,虽未能为八股以博科名,工章句以邀时誉,然于圣贤六经之旨,国家治乱之源,生民根本之计,则无时不往复于胸中；于今之所谓西学者概已有所涉猎,而所谓专门之学亦已穷求其一矣。推中堂育才爱士之心,揆国家时势当务之急,如文者亦当在陶冶而收用之列,故不自知其驽下而敢求知于左右者,盖有慨乎大局,蒿目时艰,而不敢以岩穴自居也。所谓乘可为之时,以竭愚夫之千虑,用以仰赞高深,非欲徒撰空言以渎清听,自附于干谒者流,盖欲躬行而实践之,必求泽沛乎万民也。

窃维今日之急务,固无逾于此四大端,然而条目工夫不能造次,举措施布各有缓急。虽首在陶冶人才,而举国并兴学校非十年无以致其功,时势之危急恐不能少须。何也？盖今日之中国已大有人满之患矣，其势已岌岌不可终日。上则仕途壅塞，下则游手而嬉，嗷嗷之众，何以安此？明之闯贼，近之发匪，皆乘饥馑之余，因人满之势，遂至溃裂四出，为毒天下。方今伏莽时闻，灾荒频见，完善之地已形觅食之艰，凶裰之区难免流离之祸，是丰年不免于冻馁，而荒岁必至于死亡。由斯而往，其势必至日甚一日，不急挽救，岂能无忧？夫国以民为本，民以食为天，不足食胡以养民？不养民胡以立国？是在先养而后教，此农政之兴尤为今日之急务也。且农为我中国自古之大政，故天子有亲耕之典以劝万民，今欲振兴农务，亦不过广我故规，参行新法而已。民习于所知，虽有更革，必无倾骇，成效一见，争相乐从，虽举国遍行，为力尚易，为时亦速也。且令天下之人皆知新法之益，如此则踵行他政，必无挠格之虞，其益固不止一端也。

窃以我国家自欲行西法以来，惟农政一事未闻仿效，派往外洋肄业学生亦未闻有入农政学堂者，而所聘西儒亦未见有一农学之师，此亦筹富强之一憾事也。文游学之余，兼涉树艺，泰西农学之书间尝观览，于考地质、察物理之法略有所知。每与乡间老农谈论耕植，尝教之选种之理、粪溉之法，多有成效。文乡居香山之东，负山濒海，地多砂碛，土质硗劣，不宜于耕；故乡之人多游贾于四方，通商之后颇称富饶。近年以美洲逐客，檀岛禁工，各口茶商多亏折，乡间景况大逊前时，觅食农民尤为不易。文思所以广其农利，欲去禾而树桑，通〔迨〕为考核地质，知其颇不宜于种毕，而甚宜于波毕。近以愤于英人禁烟之议难成，遂劝农人栽鸦片，旧岁于农隙试之，其浆果与印度公土无异，每亩可获利数十金。现已群相仿效，户户欲栽，今冬农隙所种必广。此无碍于农田而有补于漏卮，亦一时权宜之计也。他日盛行，必能尽夺印烟之利，盖其气味较公土为尤佳，迥非川滇各土之可比。去冬所产数斤，凡嗜阿芙蓉之癖者争相购吸，以此决其能夺印烟之利也必矣。印烟之利既夺，英人可不勉而自禁，英人既禁，我可不栽，此时而申禁吸之令，则百年大患可崇朝而灭矣。劝种罂粟，实禁鸦片之权舆也。由栽烟一事观之，则知农民之见利必趋，群相仿效，到处皆然，是则农政之兴，甚易措手。其法先设农师学堂一所，选好学博物之士课之，三年有成，然后派往各省分设学堂，以课农家聪颖子弟。又每省设立农艺博览会一所，与学堂相表里，广集各方之物产，时与老农互相考证。此为办法之纲领也，至其详细节目，当另著他编，条分缕晰，可以坐言而起行，所谓非欲徒托空言者此也。

文之先人躬耕数代，文于树艺收〔牧〕畜诸端，耳濡目染，洞悉奥窔；泰西理法亦颇有心得。至各国土地之所宜，种类之佳劣，非遍历其境，未易周知。文今年拟有法国之行，从游其国之蚕学名家，考究蚕桑新法，医治蚕病，并拟顺道往游环球各邦，观其农事。如中堂有意以兴农政，则文于回华后可再行游历内地、新疆、关外等处，察看情形，何处宜耕，何处宜牧，何处宜蚕，详明利益，尽仿西法，招民开垦，集商举办，此于国计民生大有裨益。所谓欲躬行实践，必求泽之沾沛乎民人者此也，惟深望于我中堂有以玉成其志而已。

伏维我中堂佐治以来，无利不兴，无弊不革，艰巨险阻犹所不辞。如筹海军、铁路之难尚毅然而成之，况于农桑之大政，为生民命脉之所关，且无行之之难，又有行之之人，岂尚有不为者乎？用敢不辞冒昧，侃侃而谈，为生民请命，伏祈采择施行，天下幸甚。

肃此具禀，恭叩钧绥。伏维垂鉴。

文谨禀

据《上李傅相书》，载《万国公报》月刊第六十九、七十册（上海光绪二十年九、十月）（广东香山来稿）

拟创立农学会书①

（一八九五年十月六日）

间尝综览古今，旷观世宙，国家得臻隆盛、人民克享雍熙者，无非上赖君

---

① 此文原标题为《拟创农学昌言》，为兴中会员区凤墀（基督教会牧师，曾在德国柏林大学任教）执笔。当时孙中山正积极筹备武装起义，倡立农学会含有掩护革命活动的作用。

相之经纶,下藉师儒之学术,有以陶熔鼓舞之而已。是一国之兴衰,系夫上下之责任,师儒不以独善自逶,君相不以威福自雄,然后朝野交孚,君民一体,国于是始得长治久安。我中国衰败至今,亦已甚矣！用兵未及经年,全军几至覆没,丧师赔款,蒙耻启羞,割地求和,损威失体,外洋传播,编成谈笑之资,虽欲讳之而无可讳也。追求积弱之故,不得尽归咎于廊庙之上,即举国之士农工商亦当自任其过当〔焉〕。

盖观泰西士庶,忠君爱国,好义急公,无论一技之能,皆献于朝,而公于众,以立民生富强之基。故民间讲求学问之会,无地不有,智者出其才能,愚者遵其指授,群策群力,精益求精,物产于以丰盈,国脉因之巩固。说者徒羡其国多善政,吾则谓其国多士人,盖中华以士为四民之首,外此则不列于儒林矣。而泰西诸国则不然,以士类而贯四民。农夫也,有讲求耕植之会;工匠也,有讲求制器之会;商贾也,有讲求贸易之会。皆能阐明新法,著书立说,各擅专门,则称之曰农士、工士、商士,亦非溢美之词。以视我国之农仅为农、工仅为工、商仅为商者,相去奚啻霄壤哉？故欲我国转弱为强,反弱〔衰〕为盛,必俟学校振兴,家弦户诵,无民非士,无士非民,而后可与泰西诸国并驾齐驱,驰骋于地球之上。若沾沾焉以练兵制械为自强计,是徒袭人之皮毛,而未顾己之命脉也,恶乎可？意者当国诸公,以为君子惟大者远者之是务,一意整军经武,不屑问及细事耶？果尔,则我侪小民,正宜筹更〔及〕小者近者,以称小人之分量矣。

某也,农家子也,生于畎亩,早知稼穑之艰难。弱冠负笈外洋,洞悉西欧政教,近世新学靡不博览研求。至于耕植一门,更为致方〔力〕。诚以中华自古养民之政,首重农桑,非如边外以游牧及西欧以商贾强国可比。且国中户口甲于五洲,倘不于农务大加整顿,举行新法,必至民食日艰,哀鸿遍野,其弊可预决者。故于去春,子身数万里,重历各国,亲察治田垦地新法,以增识见,定意出己所学,以提倡斯民。伏念我粤东一省,于泰西各种新学闻之最先,缙绅先生不少留心当世之务,同志者定不乏人,今特创立农学会于省城,以收集思广益之实效。首以翻译为本,搜罗各国农桑新书,译成汉文,俾开风气之先。即于会中设立学堂,以教授俊秀,造就其为农学之师。且以化学详核各处土产物质,阐明相生相克之理,著成专书,以教农民,照法耕植。再开设博览会,出重赏以励农民。又劝纠集资本,以开垦荒地。此皆本会之要举也。至于上恳国家立局设官,以维持农务,是在当道者。"先天下之忧而忧,后天下之乐而乐",范文正抱此志于未达之时,千载下犹令人神往。今值国家多难,受侮强邻,有志之士正当惟力是视,以分君上之忧,安可自外生成,无关痛痒,为西欧士民所耻笑哉!古有童子,能执干戈以卫社稷,曾见许于圣门。某窃师此义,将躬操耒耜,以农桑新法启吾民矣。世之同情者,谅不以狂妄见摈,而将有以匡其不逮也欤!

如有同志,请以芳名住址开列,函寄双门底圣教书楼或府学宫步蟾书屋代收,以便届期恭请会议开办事宜。是为言。

香山　孙文上言　〈十月六日〉

据高良佐《总理业医生活与初期革命运动》(转录广州《中西日报》光绪二十一年八月十八日①原文),载《建国月刊》第十四卷第一期(南京一九三六年一月二十日)

中国之现状与未来(译文)②
——革命党吁请英国善持中立

(一八九七年三月一日)

一般人都认为中国之现状及其未来的展望,殊难令人满意。但是,以我所见,尚没有欧洲人能充分认清中国腐败之程度及其深远影响,已使中国在列国中遭受谴责,并视为是一种危险;也没有欧洲人能够认识中国复兴的潜力,及其人民由内部奋起自救的可能趋向。

---

① 光绪二十一年八月十八日,即公元纪年1895年10月6日。
② 底本原注:本文是编者科林斯(Edwin Gollins)先生和孙中山合作编著专书之一部分,孙先生负责陈述事实和意见,科林斯则负责选辑孙氏讲述之资料,并加编辑整理。

我愿引述一些唯独中国人方能真正了解,也唯有作详细解说其意义始克清楚的事例,说明中国之积弱不振,其根源乃是起自道德方面的。然而,中国人之无能且又不愿开发其国内广大的资源及抵抗国外强权之侵略,也并非是中国人与生俱来的特性,而纯是起自后天人为的因素。这种后天人为的因素,正是革命党所极力反对并主张革除的。

中国人民和中国政府不易被改变之事实,常被忽视;然而,身居皇位和政府军政要职者,则均属异族,这些事实,在我们对中国人民之行为和特性予以评断时,应予以适当的估价;尤其当我们对内部作根本改革——一如革命党所期望者——之可能性予以测度时,更须如此。这一点只是我顺便提及;不过当我们欲对中国官员生活情况——我即将予以描述——予以了解时,此点却值得注意。

倘若不能把目前极度腐败的满清政府彻底推翻,并建立一个纯由中国本部人民自行统治,但在初期数年内藉重欧洲国家的建设与协助的良好政府,则任何改良政治的理想,均无法实施。仅仅把诸如修筑铁路或其他属于欧洲物质文明的产物介绍到中国(纵使某些人对李鸿章之所谓新政深信不疑,认为事属可行),势必因此产生勒索、欺骗和侵吞的新机会,将会使情况变得更糟。当我举出过去失败的一些具体例证,并根据我个人的知识和经验,对这些事实细节加以详细得可能近乎令人厌烦及震惊的描述时,当可使人们获得较清楚的概念,证明这绝非夸大其词。

由于中国之成文法律内容甚妙,大部分法律条文之滥用,都能假借执行法律的名义而被技巧地掩饰,这也无怪乎一些在中国仅作短暂居留的英国人,由于消息供应者有意掩饰真象,致其所知所闻非常有限了。诚然,有些英国人也知道真象,但是他们之中大部分人为了达到个人的企图和目的,有时便与不肖的中国人沆瀣一气,成为腐化的中国官吏集团之一份子,他们甚至比中国官僚集团还要坏。我可以很容易地举出许多这类人的姓名。在我从事学医以前,我自早年便曾与中国官场频繁交往,一如过去十年中我的许多朋友之步入宦途一样,我的好友们曾急切地希图为我谋取官爵。以往这些经验,使我有许多机会和有力的动机,对于现在所写作的这个题目进行研究。

中国人民长期忍受着四种极大的痛苦：即饥馑、洪患、瘟疫以及生命和财产之不安全，这已是普通的常识。但是这些痛苦——即使就前三种而言，都是可以防止且由来有因的。事实上，这些痛苦的起因只有一个——也是所有中国弊病的最重要的起因，那就是普遍且惯常的腐化风气，它直接影响饥馑、洪患和瘟疫之产生，其为害并不亚于长年发生的盗匪与流寇。

官场的腐化和中国的瘟疫、饥荒及洪水泛滥成灾等悲惨现象，从表面看来，似乎并无明显的关连，事实上却是因果相关。固然我们不必坚持这些痛苦都是政治腐化必然产生的结果；有时也可能是由于气候因素所造成；甚至可能是人民本身的怠惰或无知所引起，但毫无疑问的，官吏腐败乃是引起这些灾难的主要原因。同时，不可讳言的，怠惰和无知也是造成官吏们腐化的重要原因。

就以黄河泛滥成灾之例为证：清廷设有河道总督，下辖许多僚属。他的一项特别任务便是维护河岸的安全，他时常巡视两岸的堤岸，必求其牢固无虞，以防灾变发生。这些官员实际上并无固定俸给可领①，但他们却往往不惜耗费巨资以购取这一职位。因此，每当黄河决堤必须重修时，他们无不用尽方法勒榨百姓，中饱私囊。他们所切望的反倒是洪患的到来，而绝非在事前对于动辄可以吞噬广大土地和逾万生命的洪患预作防范。他们甚至为了满足贪婪的私欲，而丧尽天良地利用人为方法制造洪患；但是上帝却似乎有意顾惜苍生，往往不如他们所愿。若无足够的雨量来造成两岸之泛滥，他们就动用人力去毁损堤防以制造灾变，这是他们图利的手段之一。其方法：譬如当这些官吏从国库支领了为数可观的修堤费用后，却一面克扣工资，一面虚报工额，又如浮报材料费用等等。由于洪患发生及随之而起的饥馑，造成遍地严重的灾情，俟政府及慈善家的赈款经过官吏之手到达灾民的手中时，却早已被七折八扣，所剩无几了。可是说也奇怪，最后这些官吏却因修堤救灾有功，而获得升迁的奖励。

---

① 底本原注：下文将提到几乎所有清廷官吏都觉得最好不要支领那些数额极其有限的薪饷，宁可仍旧将它存放在财库中，以备因案抵缴罚薪之用。

这种事也许难以置信,但在中国境内却是家喻户晓。中国民间曾流传一种说法:治河及防洪之最佳善策,便是将职司治河之官吏全部斩首,而让黄河随其自然。

中国的饥荒,并非由于人口过剩,亦非因自然因素造成粮食不足所引起。通常都是由于税赋(厘金)负担过重,以及缺乏交通设施转运不便等问题所造成。这些事实足以说明满清政府及其官吏之腐化败坏现象。

以目前广西一带正闹饥荒情形而论。广西原是中国盛产稻米的一个富饶省份,有许多余粮可供输出。但是现在这个谷仓地带却是田园荒芜,农业不振。官吏之横征暴敛,使农民不愿作超出自身实际需用量的生产。同时,片面的所谓"自由贸易",也使得地方人民受害不浅。因为在准许从安南和暹罗自由输入稻米的对外贸易条约签订之前,广东省所需的食粮全系依赖广西供应。但是现在外米可以自由进口,而广西的米谷由于须要负担高的税额,便使该地的米价高涨,因而尽失广东的市场,广西本地的农民遂不得不抑制米谷的过量生产了。但事实上,广西本地米的生产成本,还低于进口的外米,这就是不合理的税负(厘金)摧残了广西的农民,厘金乃是造成当地的饥荒的主要原因。

尤有进者,有时某一省区正闹饥荒,而其邻近省区却是五谷丰收。但是灾区的饥民却因缺乏铁路甚至其他适当的运输设施,而无法从仅距数里之遥的丰收地区获得粮食补给。虽然在以后的篇幅中,我还会进一步讨论这个问题,但此处我必须说明的是:交通之不发达,并非如一般人所想像的,是出之于乡民的迷信,而是由于官吏腐败,清廷对于改革的畏惧,以及对于投资的运用不当,风险过多所造成。中国境内水陆交通之未能发达及运输困难的原因,可从我个人亲身经历的这一个典型例子中得到解释。

有一次,我在广东北江的韶关停留,打算乘船到另一个城市英德,两地相距约三十至四十哩之远,普通船资约需五至六两钱(十五至十八先令)。但是尽管我出价至二十两钱(约三镑),所有的船主仍坚拒绝我上船,因为他们担心中途被水警截留施行勒索。此处,我必须加以补充说明,即所有船主都有义务随时协助政府官员沿河输运囚犯,他们往往要等到押送的官兵和囚犯回程时,方能启碇返航,这就造成了许多可供勒索的机会。警吏不必径行开口要钱,他们只消命令船主不得任意将船开行,直到囚犯被递解回到原处,才准船只返航,即使这段期间没有一个犯人被递解回去,船主仍须照等不误,于是船主除非用大笔红包向警吏行贿请求准予返航,否则便得遥遥无期地等上一个月甚至数个月,直到载得犯人之后,方准回航。航主对这种陋规之畏惧,可由下述事实证明:即当我费力说服他们我是英德县令的至好,必可摆脱警吏的纠缠时,就有一个船主愿意自动减收船费至四两钱(十二先令),载我到英德县城。

经营货船的商人,常跟关卡警吏打通关节,而免于这类的勒索;但他们仍须付上如变相红包的沉重税金,这种负担有时严重地瘫痪了他们整个对内对外的贸易。

表面上,这些税额并不太高,但事实上一项货物却要不断地缴上许多附税,而每道关卡都是集各种贿赂恶行之大成,我们便不难想象一项货品到达消费者手中要昂贵到什么程度。以佛山和广州相距仅十二哩之地为例,其间有一征收关税的正式关卡,但至少另有四至五个检查站,驻守的官吏除非得到满意的红包,否则他们便会借检查之名,故意捣毁货品,并利用拖延、扣留和其他无理的借口来苛扰商民,使得饱受刁难的商民无利可图。譬如,一罐玻璃瓶装的油料虽已付税,但假若付税证明只注明了油税已付,那么货主便可能被控以企图走私玻璃器皿,而以蒙蔽海关罪名被拘禁,直到付了贿款方能被释。

水陆交通的不便固然造成饥荒,但是对欧贸易亦带来了极大的痛苦和损失。中国目前在沿海及长江沿岸的一些通商口岸,虽属商业鼎盛,但其贸易仅限于邻近地区,外国商品难以深入内陆。假若以从伦敦到布莱顿(Brighton)这一段运输路线为例,每件商品不仅要缴纳多次关税,货主还要遭受逮捕之虞,以及经过四至五个中途检查站层层剥削之苦,商人的苦况真不难想象了。再就自广州到韶关这段二百哩行程为例,看看一批英国商品在中国这种关税制度下,将要遭遇何种情况。首先当这批商品自广州进口时,须缴付百分之五的关税;接着当商品运离广州时,尚须缴付广州海关当局规定的厘金;到了十二哩外的佛山又须缴税,继续下行三十哩到遂南(Sinam),仍须照例缴税;至三、四十哩外北江沿岸的陆宝(Lupau),及最后目的地的韶关,又得分别缴上两次税金。除了这五道正式关卡依例收税外,中途尚有无数个检查站,商人非得付上相当的红包,否则无法轻易过关。因此这批外货到了中国内地时,价格起码已超出了原价的百分之一百,而且除非这批外货确为民生必需品,方能顺利脱售。

尽管情形如此,中国仍不失为英国货品的良好市场,一旦这些苛捐杂税和层层索贿的不良关税制度一律取消之后,英国对华贸易的前途岂不大有可为?

洪患和饥荒发生的原因,人为因素重于自然因素这一事实,同样可证诸于中国境内瘟疫之发生。一般而论,中国的气候可谓温和宜人,乡间的人民也有良好的健康体质。在一般城镇所以会有瘟疫发生,应该归咎于严重地缺乏保健设施或官方之预防诊疗机构。中国全境内的每个乡区,一向都不感受瘟疫的威胁;唯有当那些人口拥挤、极端污秽、而水源又污染不堪的城镇首先发生瘟疫后,才会蔓延到乡间。

对于城镇环境卫生不良起因于官吏腐化一事,可用水源之供应这一例证来说明。欧洲人所谓饮水供应此一概念,在中国境内实际上并不存在。以广州和上海两个城市为例,这两地的建设情况要好过任何其他地方,但其下水道中之污物,却任其流到河里,而当地居民又直接自河中取用饮水。十年前,在广州曾有一中国公司成立,准备建设水厂以供应市民清洁之用水,并静候官府的批准。但是当道者是一贪求无厌的官员,却因要索一笔巨大的贿款不成,而丝毫不顾及这个计划对于免除市民遭受瘟疫的威胁有莫大助益,便径予驳回了,遂使这个公司建厂的计划为之流产。几年前,广州有一本地商人亦曾计划设立一肥料公司,计划投资清理全市的废物并制作肥料。这项计划获得许多市民的热烈赞助,他们举行会议推选代表,表示愿意出资负担将来的清洁费用,同时公司本身也将由出售肥料获取利润,无疑地,这是一个颇有希望的行业,但是却又因付不起馈赠官府当局的巨额红包,计划再度告吹。

这些不单是为着私益,并且与公共健康密切相关为民兴利的工商企业,都动辄受到贪官污吏的阻挠,更遑论那些纯属私人生利事业受到百般敲诈勒索的命运了。这也莫怪乎资本家们眼见对人民财产、生命和公共健康安全负有保护之责的官府之如此作为,心生畏惧,不敢有所投资而裹足不前了。

官府腐败,生命财产缺乏保障之不良后果,自然是盗匪之横行不法。但大部分之沦为盗匪者,都是退伍的兵士,他们仍有枪械,但都挨饿不堪,且远离家乡数千里之遥。政府原先虽曾拨款资遣这些退伍的兵士,好让他们有路费还乡。但这些资遣费用往往被上级军官侵吞了,退伍的士兵无以为生,便惟有四出结伙抢劫了。有些匪徒甚至还受到官府的包庇,只要他们不在防区附近出没劫掠,便可相安无事。若非篇幅所限,我会详细举例说明这种怪事。但我实在不暇细说,因我还得述及许多别的情况。唯一我须指出的是:有些最凶悍的盗匪竟是现职的军人,他们出动抢劫时便翻穿军服,一旦被追捕时,就又马上把军服正面换穿过来,遂无人敢再招惹他们。不论在城镇或乡村,富裕人家都备有自卫武力。至于大厂家、农庄主人及客轮船东,不仅须向政府照例付税,还须向匪首缴付年金,以求得到保护及免于伤害。驻防城市的官兵,往往是势力猖獗的匪徒的魁首。最近在广州发生了一桩抢案,当警吏头目及其部下率众抢劫地方上一家丝织工厂,总督事后审理本案时,妙的是他惩治的对象,并非这帮匪徒,而是为受害者请愿的领袖。

政治腐化情况即是如此普遍而又根深蒂固,遂致弊端丛生。欲作局部和缓进的改革实无可能,除非对当前的政治制度作根本的改变,绝无法冀望有一较好的远景。因为在目前满清这一政权之下,任何政府官员想要独善其身,势不可能,唯有被迫走上同流合污一途,或是根本脱离宦途。由于他不得不接受贿赂俾便有余力孝敬他的上司,遂使他身不由己地与其长官及僚属上下勾结违法乱纪了。

当我继续引证一些官场生涯的实例及不同的步入仕宦之途的门径后,无疑的将更有助于对满清官场腐败情形之了解。

步入宦途及升迁之道有四种情形:即通过考试、服务军职、有杰出的勋绩并被承认,及购买官爵。

第一种凭借考试致宦,是最古老、也是最清白和最好的方式。在早年,即使在满清统治中国之初期,一般说来,中国的文官考试都是公正无私的,官员亦无舞弊营私情事。但是近些年来,考试制度也已腐败变质了,有些学问虽属不恶但操守不良的主考官,假借各种不同名义的考试机会,牵引他的门生通过考试,并借此图利,这早已不是奇闻了。

应试的考生通过自己的县城的第一试后,便取得了秀才资格,他必须等待三年,方可继续参加第二道在省城以至于第三道在京城举行的考试。俟其通过第二试时,便取得了举人资格,同时也有了任官的资格。但在这时,他若不馈赠相当的红包,那么任凭他是何等的杰出,充其量也只能谋得一项卑微的官职;不然便是在家中仍旧度他的平民生活。当然,他还有资格继续参加在京城举行的第三道考试,这就是所谓的殿试。参与这项考试的考生,由皇帝分成三类:第一类是翰林院士,留在京城任职;第二类是进士,分发到各省区任官;第三类因成绩不佳,不予录用。第三类考生不是仍旧回乡过平民生活,便是另择前述舞弊途径以谋取一官半职。第二类考生则都成了北京都城以外各地方县令或其他官员人选。他们会很快地被分发到各个省份,再由省城当局授以县令或任何其他适当的官职。

当他们一到省城时,便须向总督(或巡抚)及其属僚行贿。因为可能同时会有许多其他同科的进士分发在一起,因此这些有限的职位被往往只颁封给那些出高价行贿者。即使当时没有别的竞争对手,这些等待封官的进士仍须向总督行贿,若不如此,后者可能无限期地延搁对他的任命,纵使皇帝颁了特别的敕令给他一项任官资格,也无济于事。有显赫身世的进士虽可运用一些影响力,但地方上的总督只消如此敷衍一番:某某仍太年轻,经验太少;或某某只能暂时充任副职,俟其有相当行政经验后方予补实。若有人顺利地获得颁封官职,此后便逐年按考绩升迁或黜降,总督握考核奖惩大权,自然可以肆意图利。官员的考绩好坏与否,悉以其所献红包多寡而定。任何拒绝行贿的官员,往往难逃"不宜任职"的考绩评定,而遭革职的噩运,连上诉的机会都不容有。在这种情形下,厌恶官场腐败现象的正直之士,便只有引退而去；而一些官场小人却凭借金钱贿赂而扶摇直上，飞黄腾达。

晋升较高的官职，例须向皇帝晋见，但此举却须付上相当的花费。因为他须先买通皇室的内侍人员，方可得到皇上赐见的宠遇。李鸿章最后一次晋京时付上巨额的红包，是人所周知的一项秘密。然而有两项我切身注意的例证，也许可帮助英国读者更确切地了解清廷政治腐败丑陋不堪的情形。

有一身为恭亲王密友的江苏巡抚，想凭借其高贵身分，不愿向内侍人员送礼即径入宫门，当他见到这位亲王时，恭亲王惊问："你几时进来的？通报上既无你的名字，我不能允许你的晋见。"于是这位巡抚不得不走出宫门，并付出较惯例多一倍的红包给内侍人员后，方被接见。更显著的是发生在名将左宗棠身上的一个故事。他曾平定新疆中亚一带的回乱，为清廷收复了有一半中国版图大小的失地。皇帝对他极为礼遇，特下诏要在宫廷接见他，当他到了宫廷外，内侍向他索贿八万两，为左氏所拒，遂使他无从获得通报，一直留在北京延搁达数月之久以期待进宫。俟皇帝再次发出谕令时，左氏始获入宫。当皇帝问他为何迟迟不来晋见时，左氏便把缘由报告皇帝，并且说他已把所有的家财捐作军饷，再无余力向内侍馈赠红包。他要求皇帝怜恤他的困厄，免受馈赠的勒榨。皇帝却回答说："这是个由来已久的规矩，即使总督和大将军亦不例外，例须馈赠红包。"但是左氏的确无力纳贿，只得靠他的朋友为他募钱，另由皇后为他捐赠了半数。

拉拉杂地谈了不少，或许已超出本题，但由此亦可看出清廷当局对官场腐败现象的态度。

当然新近升迁的官员，要想蒙得皇上的赐见和颁赐爵禄，更非厚加馈赠红包给宫廷的内侍不可。官等升得愈高，所需馈赠的数目也就愈大。虽然名义上，朝廷会颁赐俸禄给每一位新任命的官员，但实际上却从无固定的俸禄可得。每次朝廷的俸饷转到省库之前，已遭层层克扣，省库的实际所得仅不过原数之百分之三十到四十。这些有限的俸饷虽然远较他为保持官位所需付出的花费为少，但他们并不在意，因他们尽可从别处贪取金钱。任何一位官员也很容易受到朝廷罚薪一年的惩治。他须全数缴纳罚薪，除非他能证明去年入库的薪饷迄未动用，方能以此抵缴。因此，一位规定每年领俸相当一百英镑的官员,被罚薪一年时,由于他实际只领得原数之百分之三十到四十,故尚须倒贴相当六十或七十英镑。

因此,这些名义上虽有薪俸甚至还有所谓"养廉"费的官员,不论是文职或武职,实际上却并无所得。他们多少类似英国餐馆中的侍役,工作没有工资,任随主人的意思酌予津贴,而主要系靠赚取小费维持生活。

当各省的新任地方首长——即所谓道台等类官职自朝廷接受封官回到各省之后,他便紧接着开始压榨他的属下和百姓,不仅借此来弥补他任官时所付出的花费,并借这些剥削别人得来的钱财,养活自己,及无数的家族、戚友、党羽和其他依附他过活的人,同时,也开始为他三年后可能升级之所需费用,预作准备。

假若有些人之步入宦途,的确是凭借着科举考试制度这种较纯正、艰苦及狭隘的途径而来,那末还有没有其他较有利的途径,将其导入仕宦之途呢?

服务军职也许是升迁较易的一条路。

李鸿章日后的飞黄腾达即是经由此途。当他通过科举考试的第三关后,既未被分封到地方上任官,亦未留在翰林院担任京官,他却是径自还乡,借着曾国藩父亲之助投奔军旅,数月之后,升任福建省道台。若是按照正常的升迁年资,担任这项职务需经六年之久。但他还未至福建履新之前,约一月左右,他又迅即被升任为江苏抚台。正当他担任曾国藩将军的幕僚时,江苏总督适被刺殒命,李鸿章又被荐升这项职位。曾国藩对李氏虽甚宠遇,并为了荐举他升官而上了奏折向皇帝陈情,但一当他差人把奏折送出之后,旋又觉得不妥,认为这样未免过分宠幸李氏,因为通常由道台升任为抚台至少需要九年。于是他又赶紧派人想把奏折收回。可是为时已晚,李鸿章已预料到可能会发生这事,已暗中关照传送奏折的官差尽速的送出了。

靠着英人戈登将军(General Gordon)和其他外人之助,李鸿章成功地自太平军手中收复了江苏,并立刻接任了总督之职。李氏平步青云扶摇直上既是如此之快,所以我才在此作了较详尽的叙述。当我在中日甲午战争爆发前夕正停留天津,那时曾亲眼看到有许多文武官员自全国各地赶来向当时权倾一时的宰相李鸿章晋见,在蒙允晋见之前,无不需要馈赠巨额红包给他的僚属。

当某人的军职将发表时,被任命者亦需视其所被任命职位之高低,付出相当的红包给发布派令的上级衙门的官员。此人一旦上任后,便也照样向他所管辖的僚属收取贿赂。以上所说的是已经有了军职的人藉著行贿以谋取更高的军职,但是还有许多意想不到的方式亦同样可以取得军职。例如有些一生从未上过战场的人升任到相当上校的阶级,并不足为奇。我愿意就我亲身目睹的事情,提出一个例子:

我家乡有个年轻人,早年投身军旅,凭借英勇战绩升任到相当准将的地位。他有位弟弟在一间鸦片烟馆当厨子,兄弟数年难得见面。但是这位青年军官在每次立了战功之后,总是把他弟弟的名字冒列进去,并虚构他兄弟的战功。这样过了一些日子以后,一天,他那位从未当过军人、终日沉缅于鸦片烟灯旁的弟弟,竟在官报上发现了自己的名字;更使他奇怪的,是他已被任命相当于上校阶级的官职。

满清军队中的军官有相当的厚利可图,他们可以在自己管辖的部队中虚列许多员额而冒领军饷。即使如李鸿章之声名较好的军队,其一般军官皆尚称诚实优秀,但其军队编制中实际员额事实上只有百分之七十而已,至于其他地方的军队,实际员额更往往只有百分之四十至五十左右,其余尽属虚额。一旦遇到军队检阅的日子,这些军官则会想办法临时雇人来受检。军官除了吃空缺以外,尚有其他图利的手段。例如他们可以浮报购买军队粮食服装的费用而中饱私囊,于是政府发给士兵们每个月五两钱的饷金,士兵们真正到手的不超过一两钱。在战争期间,军队往往需要招募大批士兵征战,但是战事一结束后就被遣散,由于这些被遣散的兵士没有足够的川资还乡,于是这些武装的散兵游勇被迫沦为盗匪,流窜全国各地,平时驻守的军队因为粮饷菲薄,训练不精,不过是虚有其表罢了。然而由满洲人自己统率的满洲籍军队,粮饷待遇却甚优厚,他们并不作战,只是戍守重要城市以防范中国人的反抗活动。他们戍守的营区与中国百姓隔绝,但仍不时受到人民的攻击。满洲籍的军队与中国汉人军队冲突的事,也时有所闻,但是满籍兵士的暴行,却从未受到公正的惩治,一向被当作无罪开释,满人与汉人之不睦自是必然之事。

凭借军职升迁之涵义,与购买官爵借以图利之意思,并无二致。试看下述之另一事实,即可更加明了。在中国军队中的将领,大都有凭空捏造一大批升迁名单的陋习,因此许多已发表的职务,实际上并非真有其人担任,但此一虚悬的职位,却随着虚构的人名不断地获得调整升迁。将领们往往视有意购买此一虚悬职位之人出价之高低,出售官职图利。有些不欲久任军职者,亦可与人换用姓名,而把职位出售给对方顶替。因此,所谓"军职升迁"与捐资购取官位,并无明显的区别。这是军旅中之一般现象。

第三种进身仕宦的方式,即所谓"特殊功绩"升迁的方式,可说更是虚假,不必多加赘词。因为几乎无一例外地,主其事的官吏均以此作为维持生活及收纳贿赂之主要财源,除非他们所荐举的所谓有"特殊功绩"之辈是自己的亲属或党羽,否则悉以对方出价多寡而定。

第四种升迁方式,便是在法律许可之下,名正言顺地使用金钱或捐献换取官职。甚至位秩显赫如曾任驻美公使的张某也并非经由考试,而是以金钱买官,步入宦途。

当清廷财政拮据需要筹募金钱以应急需时,便有"捐官"之举,一般人均可凭价购买官职。此外,有时政府成立一官方机构,主其事者,也是常借出售其职位作为图利之途径。譬如有一官方之制造有限公司之职员,与多人集资合购此一肥缺后,再将利益均分。另有些人先行借钱周转以购取这个公司的职位,再逐年以所赚得之钱价付本息。

凭金钱买官以步入宦途,固然比经由考试致仕所付出的费用要大,但是两者将来升迁的机会却都相等,其原因已如上述。

吾人更须了解的是:满清官场之贿赂公行,牵朋引戚的族阀主义,厚颜无耻的贪赃枉法、鬻官售爵等情形,绝非偶然的,抑非产生在个别的环境及互不相涉的情况下,而是个普遍存在的事实。在现代中国官场,不论是担任文职或武职的人要想长保官位,不分其职位的高低,其唯一的办法便是随波浮沉,同流合污。反之,要想洁身自好的唯一办法,便是毅然决然地自官场引退。

由于满清官场如此腐败,容不下任何一位操守清廉的官员,是故期望注入新血以使情况好转实无可能,亦无法冀望藉教育加以改变;因为一般满清政府之官吏不仅自身昏庸愚昧,他们更试图使一般百姓也变得愚昧无知。有些官吏不仅蠢得不会阅读和书写,甚至有些即使通过科举考试而被任官的人,由于以在〔往〕只会死读八股文章,故对世界情势、本国之需要与未来,以及平日由刀吏执行之法律,亦均完全懵然不解。

以上所叙述有关满清军队的情况以及其内部浮滥的现象,或可有助于我们了解中国之成为列强刀上之俎及其所以会迅即败于日本之手,并非中国人缺乏勇气或无爱国精神,实系满洲统治者无可救治之腐败制度有以致之。我在此顺便提及中国试图重建海军努力之失败,由于清廷延聘主其事之英国海军上将朗氏,其为人廉洁不苟,无法忍受当时恶劣之腐败风气,及对他阴谋排斥和连串的侮辱,终被迫愤然辞职。官员的腐败如何影响中国对抗强权之侵略行动,可以从下述发生在中日甲午战争即将爆发前我的一位年轻的海军军官朋友之遭遇获得说明。他在前不久愤然离开海军时告诉我,有一次他被迫在冒充为弹药的数吨煤渣之收据上签字。我还要补充的是,清廷海军军官实际上系享有专营走私之利益,藉着这种非法营业,不啻可以坐享暴利;南方的海军舰队,据我所知,几乎无一不在经营载运客货及走私之勾当。

在英国似乎有人想像中国即将开始复兴;当李鸿章和其左右一批人若被说服开始修造铁路、电讯设备以及引进欧洲的海陆军制度,并启发中国人之民智及输入西洋之机械文明时,中国广大的天然资源即可能获得开发。这正如有些人以为向那些未开化之土著传授使用雪飞耳出品之刀叉的技术,即可使食人肉之野人变成素食民族。

我举出一两个具体的例子,或可减少这方面无谓的争论。

欧洲的新技术在过去三十年中曾陆续引进中国。天津、福州和上海等地都先后建立了兵工厂和船坞;天津和南京两地也都设有陆、海军学堂;电报线路遍及国境;天津和山海关之间筑有铁路;官营及商营的输运沿着海岸及内河航行;然而以上种种都不足以期望为中国带来任何方面的现代化之进步。在兵工厂中没有真正的工作可做,倒有一大批冗员被闲置着。工厂各部门的专门领班、技师等人待遇既苦,对于他们熟悉的作业技术及管理知识,亦无任何发言的权利,整座工厂却尽被一些不学无术、只图升官却从不利用时间充实进修之高级官员把持操纵。这些并不想久安于其位之官员常常下达无理的指示,并强令僚属遵行,于是生产的唯一成果,便是徒然浪费原料;但这情形也并不多见,因为直接向国外进口武器弹药更有厚利可图。

电信事业最初政府曾批准交由商人经营,以后政府收回自营。此后所有电信事业之经营管理人员皆由官派,并令由自身的戚友充当要职,每年的营收情形从此亦不再公布。电信修护是项颇能赚钱的技术行业,但是自从由官方监造电信工程后,工人已无利可图。有一件使外国人吃惊的现象是——他们发现在乡间的电线杆比同时购进竖在城市中的电线杆的长度,要短得多。由于亲眼目睹我才了解其原因,那是因为经营电信的官员在买到电线杆后,就立刻把每根线杆锯去数尺,并把锯下的木料出售图利。外人都以为中国境内电信和铁路交通不发达的主要障碍,应归咎于中国人的迷信和保守,事实并非如此。当湖南最初建设电信时,当地百姓立刻把电线杆和电线拆毁,于是乎外人都认为当地居民因有强烈的排外情绪而反抗这一新事业。但是真正的原因并非如此,实由于督造电信工程的官员不付给工人足够的工资,于是工人起来暴动,并毁坏他们所兴建的工程。真正排外的是清廷官吏,而非中国人民;是满洲人,而非土生中国人;且是曾靠英国人协助击败太平军的满清官吏,策动反基督教的屠杀和暴行,但事后他们却把一切责任推卸给无辜的老百姓。周汉(Chow Han)这位著名的排外运动的煽动家,任职道台,因排外积极而被清廷的官吏视为一位最伟大的英雄人物。天津铁道局原先的经营情形为人所乐道,它拥有相当的运输量,但自被腐化的官府当局接收后,由于经营者只顾贪污舞弊,不久即宣告破产。中国的投资家因为晓得这些弊端,都不愿投资类此的事业。目前正在兴筑的几条铁路,虽系令由俄国和中国人所投资,但我们不难预知将来这些铁路的产权将由何国人所据有。

关于轮船航运公司〔招商局〕（Steam Navigation Company）这项事业，原由著名的商人唐金〔景〕星①（Tong-King-Sing）经营，与官方不生任何关系，其业务似颇发达。随后政府将其收归己有，就如它将任何其他生利事业逐一据有一样，当然这个轮船公司亦如其他政府企业一般，同样变得腐化了，其主持人常需花钱购买职位。由此显而易见的是，除非将官场腐败现象完全根绝，否则中国决无法藉西方物质文明之引进，获得改变。官场之腐败风气，已一年更甚一年，十年前引为惊奇的一些腐败现象，现在早已司空见惯。即在不久前，清廷官职之颁封，尚无固定的红包价格。但是，最近前两广总督李瀚章（李鸿章之弟〔兄〕）已将其治区的官职，分别订定了价钱。

中国人民接受改变的时机已届成熟，有许多正直之士愿意献身政坛；军队既是这般腐化，纵使对革命党寄予同情者尚未达至相当的程度，满清政府却已不足依恃他的军队了。革命党所感忧心者，莫过于顽梗的满洲籍军队或自私短视外人之横加干涉。的确，我撰写本文目的之一，是向英国人民证明，革命党一旦获得成功，将对整个欧洲，尤其对英国是一有利之举，并且证明最近常提到的保护中国现政权的政策是完全错误的（例如《评论》杂志八月号曾讨论此一政策）。有些论者主张英国应倾全力保护现政权使免于遭受内外方面的攻击，他们所疏于认识的是满洲人及依赖现政权维生的清廷官员，危害中国境内其他民族的利益。假若把中国交由真正的纯中国人统治，让他们去巩固自己的国家，则中国未来的和平，将使其与世界诸国开展友好的关系。

欲详细叙述革命党的目标和理想，势需另撰一篇文章。本文的主旨乃是说明英国和其他列强之善持中立，是帮助革命党将现有政治结构改变为脱离腐化，及使随时可能解体的贸易获得全面改进的不可缺少的助力。当中国境内自然资源之开发将增进全球之富足，政治军事之改革使其有力抵御任何强权——甚至俄国之侵略，以防其陷入如土耳其横遭瓜分之噩运时，

---

① 即唐廷枢（1832—1892），广东香山人，景星是其字。1873 年受李鸿章委托任轮船招商局总办。

将可使欧洲诸国避免产生严重之困扰。

据秦孝仪主编《国父全集》第二册（台北近代中国出版社一九八九年版）（译自伦敦《双周论坛》(Fortnightly Review)，原标题为"China's Present and Future—the Reform Party's Plea for British Benevolent Neutrality"）

中国法制改革（译文）①

（一八九七年七月）

在目前中国所有政府部门当中，最急需彻底改革者莫如司法制度——如果它还配称是一种制度的话。该部门藏污纳垢，其肮脏程度不亚于奥吉恩牛圈②；其腐败透顶，令市民几乎无一幸免。要扫除这种贪污腐败，则非彻底革新整个官僚制度不可。若要革新整个官僚制度，则除了结束满清（又称鞑靼）王朝对中国的统治，别无他法。

本文将列举事实，证明中国上下均无法治可言：私刑、贿赂、明目张胆的敲诈勒索、犹如内战般的农村械斗。凡此种种，皆是人民在走投无路的情况下，用以自保身家性命的手段。至于地方官、法官③等等，则只会自肥与媚上，层层进贡，直至皇室。在这种情况下，民事诉讼就变成是公开的贿赂竞赛；刑事案件则变成是不由分说、严刑拷打的代名词——罪名都是莫须有。

上述是如实的、毫不夸张的中国法制概况。笔者已另文④说明，目前中

---

① 此为孙中山居留伦敦期间所作，同为计划中与柯林斯合著专书的一部分。1897年7月在伦敦《东亚》季刊发表时，由孙逸仙和柯林斯共同署名。

② 奥吉恩(Augean)牛圈，见希腊神话。牛粪堆积如山，臭气熏天。——译者

③ 原文为 magistrates and judges，前者还可译成地方官，后者则只能译作法官。但当时中国还没有法官这种现代专业，法官都是由地方官如县令、府尹等兼任。即使是号称专职司法的清代臬司，他们本身也并没有专业的法律知识。看来，作者是为了迎合英国读者的阅读习惯才这样写。下同。——译者

④ 此指《中国之现状与未来》，见本书上篇。——译者

国统治者的存在,以及他们填补司法空缺的整套理论与实践,和司法人员之仕途与生计等等,均有赖于现存制度的一成不变。由此可见,除非改朝换代,否则司法改革将无法进行。而企盼在社会上、商业上、政治上、市政上,及其他方面提高公正与清廉水平以保身家性命者,也属徒然。

欧洲人的身家性命均有保障,逍遥自在地过活。他们很难想像,在别的地方竟然存在着如此骇人听闻的惨况。笔者将以铁一般的事实,并列举亲见亲闻,以充实上述概况。有扰清兴之处,敬请读者原谅。

除了贪污,中国积弊的另一大根源,就是人们普遍地被鞑靼专制暴君的虚伪和外表的强大所慑服,而变得奴颜婢膝。这同时也是在执行刑事法过程当中,出现严重问题的根源。按古例,只要法官确信某人有罪,则在该疑犯高呼冤枉的凄厉声中,仍可判刑。满洲人则假仁假义,宣布未经疑犯本人认罪之前,不得判刑。这样做,表面上是行仁政,其实是为屈打成招大开方便之门。说穿了,是把古例倒行逆施,即先刑后判。

其结果是,目前整个有关刑事的司法制度,都脱离不了酷刑:即不由分说,也不管有无证据,先打一百大板,然后再开始审讯。

中国人对此有何看法?披上文明伪装的野蛮司法,蒙骗不了多少人。人们说:"生不入衙门,死不进地狱。"

不单有罪的人受刑被罚。在目前那统治集团控制下的中国,一个无财无势的人,一旦无辜被控轻犯,其命运肯定可怕过财雄势大的真正重犯。有财的重犯可以逍遥法外。赤贫的轻犯可以无辜入狱。谚云:"尽管罪该斩首,也可用双足抵偿①。"

举个例说,数年前有某病人向我求医。他说他的膝盖和脚踝僵硬难当。我对他进行诊视时,发觉他从肩到肘,自臀到膝,四肢伤痕累累。我问他,关节如何变僵?伤痕从何而来?他回答说:"曾被诬为海盗,后虽无罪释放,但在审讯过程中有三次已被死神召唤,结果又让活下来。"让他活下来,目

---

① 在英语用词上,手、足可以是价格非常昂贵的代名词。这里所说的用双足抵偿,是指用大量金钱行贿以换取无罪释放之意。——译者

的是为了能对他继续严刑逼供。

要治好这种早已僵化的关节,看来是无望的了。但该病人的病例和他的故事却深深地吸引着我,使我继续为他进行护理了一段时间,以便深切了解他所受过的酷刑,对他的身体会产生什么影响,以及听全他的故事。这个故事,我现在就在本文复述一遍,让读者能了解到在中国执"法"(?)①究竟是怎么回事。无辜被控者,又能惹来怎样的无妄之灾。

我发觉,该病人双脚所有的关节,不是肿涨〔胀〕了就是变了形。有些踝骨已经完全黏结成一块。膝骨组则已肿大到了或黏结成了不能个别辨认的程度。如果在一个终于无罪获释者的身上,能留下如此怵目惊心的伤痕的话,这个审讯又是怎么回事?

该病人是一个船夫。某天清晨,他在河边走路时,突然遇到一队兵勇。该队兵勇不由分说,硬把他拉到新会县令那里受审。受审时,他还来不及开口,屁股已挨了两百大板。跟着县官命他从实招供。招认什么呢?他如堕入五里雾中。

县官喝道:"大胆海贼,还不招供!"

答曰:"小人乃一介船夫,从未为贼,也从未有过丝毫越轨行为。"

"嘿!"县官说:"不招认就让他跪铁链!"

船夫双手被锁在木枷②上。双膝被迫跪在两卷尖利的铁链上。整个身体和木枷的重量就积压着双膝。跪了一夜另半天,再被带到县官面前。

县官问:"受够了没有?招认不招认?"

答曰:"小人从未犯法,从何招认?"

县官说:"他所受的仍不足以令其招供,给他压杠杆!"

这样,船夫双手再次被上枷。双膝被平放在地上,膝上压以一条杠杆。两名大汉各站在杠杆一头,你上我下、我上你下地玩跷跷。船夫剧痛得马上失去知觉,也不知道那跷跷究竟玩了多长时间。恢复知觉后再被关在牢里

---

① 作者将"法"加上引号,后接一个问号,意思是说,在当时的中国,西方人心目中的法制并不存在。——译者

② 原文是 wooden framework(木架),其专有名词应为 cangue,即枷。——译者

十天。稍事喘息后,又被带到县官面前审讯。结果仍不得要领。

县官再换一种严刑逼供。船夫的双手被吊起来。足踝即遭板球棒般的硬棍敲打,以致每根踝骨都被打碎。受刑过程中,船夫并未失去知觉,但奇痛难当。致使他虽然准备自诬,以便结束这场煎熬,但已痛得口舌不灵。结果,又被关进牢里十多天。

再被审讯时,县官似乎比以往更留心审问,多问了些问题,而不马上动刑。但阶下囚仍然照实供称他只不过是一介船夫,并声称自己是"老街坊",尽人皆知其品性良好。

但县官不仅不召来人证,反而下令绑着船夫的大拇指和大脚趾。然后把他吊起来,脸朝下。他本已筋疲力尽,经这么一吊,悬空之时立刻不省人事。如此这般,又避过一次逼供。但次晨,在牢中恢复知觉时,已虚弱不堪。

休审三周。县官估计船夫已恢复得可以承受最后一次审问。于是船夫再次被带到公堂——不,应该说是地狱。这次县官也不多说,只是厉声警告船夫,促他赶快招供。船夫仍拒绝自诬。结果"地狱的程序"又开始了。四根"柴枝"①(我的病人如此称呼它们的)被绑在船夫的手臂和大腿上,然后就点上火,让它们燃烧。

我应该补充说,这些所谓"柴枝",其实是由压缩的锯木屑、木炭碎和其他材料做成的锥形物品。点燃后,烧得很慢,却发出炽热,燃尽方息。能抵受这种酷刑者,万中无一,故不供认者鲜有。但很奇怪,他似乎难受得马上又失去知觉,对那漫长的剧痛一无所觉。再次逃过一场逼供。

酷刑未奏效,县官不得已把他释放了。因为在中国,如果嫌疑犯不认罪,官方是不能判刑的。加以船夫是名穷光蛋,酷刑也榨不出任何油水来。如果长期把他监禁,又太破费。干脆把他逐出衙门算了。

船夫在如此酷刑折磨之下还能够活下来,而又不自诬,是罕有的例子。我曾请教过很多年长的官吏,有些更是当过多年县官的,每年审讯过好几千嫌疑犯。但他们都从未遇过类似的例子。

---

① 原文是 four pieces of stick,如译为四根"棍子",则嫌体积太大。——译者

除了上述几种酷刑以外,还有各式各样的其他酷刑。虽然多是不见经传者,却在大江南北盛行。这些不合法的、至少是不规则的酷刑不胜枚举。在这里姑且再举一个不寻常的例子,因为这个事例给我留下了极其深刻的印象,是促使我走上拯民于水火的改革道路的原因之一。谈谈这个事例,就足以说明压迫我们的人,是如何像魔鬼般地草菅人命,以残忍自娱。

有一次,我到某县衙拜访县官。他邀我共同观摩一种"新发明"的刑讯,美其名曰"白鸟再造①"。犯人被剥光衣服后,全身贴上两吋宽、六吋长的纸条。如此装扮过后,疑犯看来就像只白鸟。接着,各纸条被点火燃烧。只要身体不起疱,便可把纸条燃而复贴,贴而复燃。最后,疑犯全身被擦遍浓盐水。其痛楚之烈,非笔墨所能形容。

目睹这种惨状,我心中的痛楚不亚于受害者。情不自禁之余,藉故暂退,于无人处咽泪水。

稍后,施刑的衙役来告:"擦盐水这个主意真妙!既令疑犯痛楚难当而自招,又可避免由于烧伤而引起败血症②。"

当这种既不合法又不规则的酷刑导致死亡时,或许会给当官者带来麻烦。但这种情况,只有上司发觉出了人命而追究,或死者的亲属花钱凭势上诉时,才会出现。而这种情况是极为罕见的,因为越轨官吏总是有后台撑腰。

正如上述,按大清律例③,若犯人不认罪,则不能判刑。这种规定的原意,是为了避免形成严刑迫供这种陋习。但是,一种常见的现象是,被屈打成招的犯人,在其被判死刑后,就会否认控罪。于是上司就发还县官重审。县官认为不能故技重施,就不断地创新酷刑。上述的所谓"白鸟再造",就是这类创新的一种。说来也奇怪,犯人竟然如此愚蠢,不认识到立刻招认可免除林林总总、比死更惨的苦楚。

---

① 原文是 transformation,译为"改造"、"再造"均可。——译者
② 原文是 blood poisoning,在医学上的专有名词是 septicaemia,中译应作败血症。——译者
③ 原文作 Chinese law,此词嫌太泛。译为"大清律例"似更符合孙中山的原意,且可避免误会。大清律例,英文作 Qing Code。——译者

诱捕我进入中国公使馆的人,曾经对我说过:"你否认曾谋反是没用的,徒招酷刑。"此话不假。中国人都很清楚,一旦惹上官司,第一个念头不是清白或有罪的问题——那是无关痛痒的——而是有否足够的金钱,去买个公道。或者,是否有足够的权势使自己无罪获释。尽管是罪证确凿的犯人,也可以使财或用势而获释。相反地,无财无势的人,尽管清白如雪,还是尽早招认为妙。

当我被囚禁在钵兰大街①中国公使馆时,因为与外界隔绝,所以丝毫不知道我能获释的可能性②。因此,我狠下决心:从船上跳海③!葬身于英伦海峡、或地中海、或印度洋、或中国海。如跳海失败,而不幸遭押抵达广州的话,我已决意马上招认,以免却头一轮毒打。尽管如此,我恐怕难免仍会遭酷刑迫供同党的名字。出卖同志,我是宁死不干的。我情愿抵受惨绝人寰的酷刑,也不会出卖同志。

我们必须紧记,上述的恐怖事例,都不是在犯人被判有罪以后所应得的惩罚。而只是在被捕以后和判罪以前,所遭到的鞑靼统治下特有的审判方式。其在法律程序的先后来说,只相当于西方的肇事人在警察局作证词,和跟进的陪审团聆讯这样的阶段。

至于真正被判罪后所遭到的惩罚,更是野蛮不堪。尤其是对政治犯的惩罚!不过,这就需要另文叙述了。

审讯时的严刑逼供,与获罪后的恐怖刑罚,丝毫阻吓不了坏人作案。因为,有财有势者即使犯了法,仍可逍遥法外。而真正清白的人,则仍免不了酷刑与枉死。

据估计,每个县城每年约处决一百到两百名犯人。光是广东省就有七

---

① 原文为 Portland Place,是一条很宽敞的大街。以往有译作"波德兰区"者,不确。全句是:When I was imprisoned by the Chinese Legation in Portland Place……这样的一句话,伦敦人能看得懂,因为公使馆就在钵兰大街49号。——译者

② 孙中山于1896年10月23日被释放。其实,自18日康德黎到英国外交部告发以后,他已获释在望。只因他被囚禁而不知情,文中才这样写。——译者

③ 此处指如果公使馆成功地把孙中山偷运上船,密运回中国的话,他就准备投海自尽。——译者

十二个县城。以此类推,全国每年被贪官污吏处死的人肯定很多。而这批死者,很可能大部分是无辜的。有些是无辜代人受过。有些是无辜被屈打成招。有些是无辜因富惹祸——因为某大官欲侵吞他的财产,而罗织罪名诬告他。

如果某人向封疆大吏或朝廷打小报告,说某地有若干人数的作奸犯科者——比如说是海盗吧,该地的高官就会被责成如数拘捕与正法。如果小报告说有二十、五十、一百甚至一千名不法分子,该官也得如数正法。滥竽充数,在所不计。因为确犯有能耐逍遥法外,该官就迫得找无辜者当替死鬼。若某地有人公开闹事,高官则往往乘机大捞一笔。其办法是,把当地有财有势的人出具名单,然后按户敲诈。顺我者生,逆我者亡。广东水师提督方耀,就是个中能手。此人贪得无厌,而且嗜杀成性。他经常以这种手段掠劫富人,滥杀无辜。即使像中国那样酷吏横行、见怪不怪的国家,方耀的行径仍然令人发指。

相信读者还记得,大约在六年前,汽船"纳摩雅"号(Namoa)从香港沿着中国海岸北驶的时候,突然被藏身在船上的海盗夺船。船长与四人被杀。船被洗劫。总督①下令追捕四十人,由方耀执行。方耀只抓到十八名海盗,却捕杀了二十二名无辜者来补足。再举一个例子:大约在十年前,距离香港约五十英里的惠州地区有一个征收厘金的关卡,被一伙盐枭打劫,抗衡中有卡员被杀。卡官却把此事上报为造反,结果官兵云集。盐枭早已逃之夭夭,当地居民却成了代罪羔羊。四座大农乡被夷为平地。乡民不分男女老幼,数千人被屠杀。尤有甚者,因连坐法而引致不少无辜的人被抄家灭族。如果某人是政治犯,则不但要抄家,连远房亲戚亦遭杀戮。而且要挖祖坟,暴尸骨。即使抓到的政治犯已经死亡,仍要碎尸万段。

除了在正规司法制度下种种合法或非法的刑罚以外,近年更涌现了所谓"军法从事"。准此办理,大批所谓"肃罪特使"便横行乡里。他们操生杀大权,不由分说,滥杀无辜。方耀正是这种特使。据估计,每年由他未讯即

---

① 此指两广总督李瀚章。——译者

戮的冤魂,约有一千之众。正因为这样,近年广东省和长江流域各省的文官,已懒得升堂审讯。他们索性把所有刑事犯交给营务处①,就地正法。犹记某天,笔者曾往该提督行辕拜访他。当天傍晚,笔者目睹约有十二名新犯被带过堂,以便翌晨斩首。他们当中有不少人,边走边高呼:"大人开恩!"师爷即斥曰:"住口!汝等若是良民,则不会对簿公堂了!事到如今,万事俱定,休想宽大!"笔者问师爷,该人等是否已经讯定,并已判刑。师爷答曰:"该等人犯均由乡绅掳解,无疑皆为确犯。不必再费神审讯,通通军法从事可也。"诸如此类的事例,已不必置评。平铺直叙也已能充分说明,在鞑靼统治下的中国,"司法"与"刑罚"是怎么一回事。

酷刑虽烈,却无法抑制累累罪案。即以广东为例,每年至少有数千人头落地,罪名不外是贼匪或海盗。但数以千计的、名符其实的海盗和劫匪,却横行无忌。以致行商坐贾,地主厂商,都情愿向其买通,而不愿向贪官求助。其实,此类贪官只会鱼肉良民,却绝对不敢与真正的梁山好汉交锋。

残酷的现实是,在中国遇事休想得到法律保护。结果是无法无天。在穷乡僻壤尤其如此。若求助于官府,则不单劳民伤财,也保证不了罪犯不会买通官府,而逍遥法外。这种例子,光是笔者所目睹的就为数不少。

就以澳门附近的乡村为例吧。该处经常有拦路打劫的盗匪出没。村民如抓到这种盗匪,过去的做法是动用公款,买通香山县令,要求将其绳之以法。但后来,县令却乘机双管齐下,既向村民、也向盗匪的家属同时敲诈。待双方都被榨干后,盗匪却往往莫明其妙地溜之大吉。对村民来说,送官究治既劳民伤财,又遏抑不了盗匪。于是把心一横,干脆把抓到的盗匪,马上私自将其活埋。因为盗匪均为外地人,将其偷偷地活埋了也神不知鬼不觉。若把他砍了头,而弃尸荒野,反会招来官府无休无止的勒索。村民的这种做法,对陌生人来说固然是危险之至。但却能有效地使拦路的强盗消声匿迹。

这种私刑,同时也用来对付其他罪行。偶尔错杀良民,在所难免。但

---

① 原文是 military court,即军事法庭。——译者

是,在贪官横行的情况下,村民为求公道,只能出此下策。

至于民事诉讼,也不比刑事案件好多少。当两村或两族的人民发生争执时,在英国当然是法庭见面,在中国就会变成械斗。械斗的规模不亚于局部内战。因为双方都会各邀匪帮当雇佣兵。这种械斗,在中国无日无之。

上述几个例子,概括了目前的中国,在满洲人统治下司法与公道究竟是怎么回事。该等官僚,草菅人命,宰杀一千人无异于踩死数百蚂蚁。如果中国像土耳其一样与欧洲近在咫尺的话,各个信奉基督教的国家,早已联手将那个比缅甸的锡袍(Thebaw)王更残酷、比古代暴君更苛刻的统治集团摧毁。

不久前,在福州附近有十二名英国传教士被害,男女老幼无一幸免。但此惨剧,似乎已被英伦诸岛的人民淡忘了。不单如此,英国政府和举国上下似乎仍未认识到,他们所赞许和支持的大清律例,是害群之马,是人类的耻辱。如果英国能认识到这一点,则少年中国改革党(Reform Party of Young China)在其努力把中国司法制度欧洲化的过程中,至少能希望免受干扰。

> 据黄彦编注《孙中山著作丛书·辛亥革命前重要论文》(广东人民出版社二〇〇七年版),黄宇和译自 Sun Yat Sen and Edwin Collins,"Judicial Reform in China",*East Asia* (London), Vol. 1, No. 1, July 1897(孙逸仙、柯林斯《中国法制改革》,载伦敦《东亚》季刊第一卷第一期,一八九七年七月)

与杨衢云等致港督卜力书(译文)①

(一九〇〇年七月十七日至二十日间)

中国南方志士谨上书香港总督大人台前：

窃士等十数年来，早虑满政府庸懦失政，既害本国，延及友邦，倘仍安厥故常，呆守小节，祸恐靡既。用是不惮劳悴，先事预筹，力谋变正，以杜后患。不期果有今日之祸。当此北方肇事，大局已摇，各省地方势将糜烂，受其害者不特华人也。天下安危，匹夫有责，先知先觉，义岂容辞！士等睹此时艰，亟思挽救，窃恐势力微弱，奏效为难；政府冥顽，转圜不易；疆臣重吏，观望依违；定乱苏民，究将谁属？深知贵国素敦友谊，保中为心，且商务教堂，遍于内地。故士等不嫌越分，呈请助力，以襄厥成，愿借殊勋，改造中国，则内无反侧，外固邦交，受其利者又不特华人已也。一害一利，相去如斯，望贵国其慎裁之。否则恐各省华人望治心切，过为失望，势将自谋，祸变之来，殆难逆料，此固非士等所愿，当亦非贵国之所愿也。

时不可失，合则有成。如谓满政府虽失政于先，或补给于后，则请将其平素之积弊及现在之凶顽，略为陈之：朝廷要务，决于满臣，紊政弄权，惟以贵选，是谓任私人。文武两途，专以贿进，能员循吏，转在下僚，是谓屈俊杰。失势则媚，得势则骄，面从心违，交邻惯技，是谓尚诈术。较量强弱，恩可为仇，朝得新欢，夕忘旧好，是谓渎邦交。外和内狠，匿怨计嫌，酿祸伏机，屡思报复，是谓嫉外人。上下交征，纵情滥耗，民膏民血，叠剥应需，是谓虐民庶。

---

① 此政见书由孙中山领衔，与兴中会骨干杨衢云、陈少白、谢缵泰、郑士良、邓荫南、史坚如、李纪堂等八人联名。起草人为陈少白等，经何启等译成英文后递交。底本说明此件写于1900年由日过港舟中，按孙中山是年曾两度过港。第一次是6月17日，但只在香港水域停留约一小时，主要是与杨衢云等策划惠州起义事。第二次是7月17日到达，原计划由卜力介绍与李鸿章会见，但李于18日经港北上，拒见孙，孙中山等候至20日始离港赴日。该书的起草、翻译等当在此期间。

锻炼党罪,杀戮忠臣,杜绝新机,闭塞言路,是谓仇志士。严刑取供,狱多瘐毙,宁枉毋纵,多杀示威,是谓尚残刑。此积弊也。至于现在之凶顽,此后尚无涯涘,而就现在之已见者记,则如:妖言惑众,煽乱危邦,酿祸奸民,褒以忠义,是谓诲民变。东乱既起,不即剿平,又借元凶,命为前导,是谓挑边衅。教异理同,传道何罪,唆耸民庶,屠戮逞心,是谓仇教士。通商有约,保护宜周,乃种祸根,荡其物业,是谓害洋商。睦邻遣使,国体攸关,移炮环攻,如待强敌,是谓戕使命。书未绝交,使犹滞境,围困使署,囚禁外臣,是谓背公法。平匪全交,乃为至理,竟因忠谏,惨杀无辜,是谓戮忠臣。启衅贪功,觊觎大位,不加诛伐,反授兵权,是谓用偾师。裂土瓜分,群雄眈视,暗受调护,漠不知恩,是谓忘大德。民教失欢,原易排解,偏为挑拨,遂启祸端,是谓修小怨。凡此皆满政府之的确罪状,苟不反正,为祸何极!我南人求治之忱,良为此矣。

士等深知今日为中外安危之所关,满汉存亡之所系,是用力陈利弊,曲慰同人,南省乱萌,借兹稍缓,事宜借力,谋戒轻心,上国远图,或蒙取录。兹谨拟平治章程六则呈览,恳贵国转商同志之国,极力赞成,除去祸根,聿昭新治,事无偏益,利溥大同。惟是局紧机危,时刻可虑,望早赐复,以定人心,不胜翘企待命之至。

计开:

一、迁都于适中之地。

如南京、汉口等处,择而都之,以便办理交涉及各省往来之程。

二、于都内立一中央政府,以总其成;于各省立一自治政府,以资分理。

所谓中央政府者,举民望所归之人为之首,统辖水陆各军,宰理交涉事务。惟其主权仍在宪法权限之内,设立议会,由各省贡士若干名以充议员,以驻京公使为暂时顾问局员。

所谓自治政府者,由中央政府选派驻省总督一人,以为一省之首。设立省议会,由各县贡士若干名以为议员。所有该省之一切政治、征收、正供,皆有全权自理,不受中央政府遥制。惟于年中所入之款,按额拨解中央政府,以为清洋债、供军饷及宫中府中费用。省内之民兵队及警察部,俱归自治政府节制。以本省人为本省官,然必由省议会内公举。至于会内之代议士,本由民间选定;惟新定之始,法未大备,暂由自治政府择之,俟至若干年始归民间选举。以目前各国之总领事,为暂时顾问局员。

三、公权利于天下。

如关税等类,如有增改,必先与别国妥议而行。又如铁路、矿产、船政、工商各业,均宜分沾利权。教士、〈教堂、〉①旅店,一律保护。

四、增添文武官俸。

内外各官,廪禄从丰,自能廉洁持躬,公忠体国。其有及年致仕者,给以年俸,视在官之久暂,定恩额之多少。若为国捐躯,则抚养其身后。

五、平其政刑。

大小讼务,仿欧美之法,立陪审人员,许律师代理,务为平允。不以残刑致死,不以拷打取供。

六、变科举为专门之学。

如文学、科学、律学等,俱分门教授,学成之后,因材器使,毋杂毋滥。

据[日]平山周编著,商务印书馆编译所译订《中国秘密社会史》②(上海商务印书馆一九一二年版)

敬 告 同 乡 书

(一九〇三年八月)

同乡列公足下:

向者公等以为革命、保皇二事,名异而实同,谓保皇者不过借名以行革命,此实误也。

天下事,名不正则言不顺,言不顺则事不成。夫常人置产立业,其约章契券犹不能假他人之名,况以康梁之智而谋军国大事、民族前途,岂有故为

---

① 据胡汉民编《总理全集》校补。
② 原书名为《支那革命党及秘密结社》,东京1911年11月日文版。

名实不符而犯先圣之遗训者乎？其创立保皇会者，所以报知己也。夫康梁，一以进士，一以举人，而蒙清载湉特达之知、非常之宠，千古君臣知遇之隆未有若此者也。百日维新，言听计从，事虽不成，而康梁从此大名已震动天下。此谁为之？孰令致之？非光绪之恩，曷克臻此！今二子之遁逃外国而倡保皇会也，其感恩图报之未遑，岂尚有他哉！若果有如公等所信，彼名保皇，实则革命，则康梁者尚得齿于人类乎？直禽兽不若也！故保皇无毫厘之假借，可无疑义矣。如其不信，则请读康有为所著之《最近政见书》。此书乃康有为劝南北美洲华商不可行革命，不可谈革命，不可思革命，只可死心踏〔塌〕地以图保皇立宪，而延长满洲人之国命，续长我汉人之身契。公等何不一察实情，而竟以己之心度人之心，以己之欲推人之欲，而诬妄康梁一至于是耶？

或曰：言借名保皇而行革命者，实明明出诸于梁启超之口，是何谓诬？曰然，然而不然也。梁之言果真真诚无伪耶？而何以梁之门人之有革命思想者，皆视梁为公敌、为汉仇耶？梁为保皇会中之运动领袖，阅历颇深，世情寝熟，目击近日人心之趋向，风潮之急激，毅力不足，不觉为革命之气所动荡，偶尔失其初心，背其宗旨。其在《新民丛报》之忽言革命，忽言破坏，忽言爱同种之过于恩人光绪，忽言爱真理之过于其师康有为者，是犹乎病人之偶发呓语耳，非真有反清归汉、去暗投明之实心也。何以知其然哉？夫康梁同一鼻孔出气者也，康既〔即〕刻心臣服，以表白其保皇之非伪，而梁未与之决绝，未与之分离，则所言革命焉得有真乎？夫革命与保皇，理不相容，势不两立。今梁以一人而持二说，首鼠两端，其所言革命属真，则保皇之说必伪；而其所言保皇属真，则革命之说亦伪。

又如本埠保皇〈报〉之副主笔陈某①者，康趋亦趋，康步亦步，既当保皇报主笔，而又口谈革命，身入洪门，其混乱是非、颠倒黑白如此，无怪公等向以之为耳目者，混革命、保皇而为一也。此不可不辨也。今幸有一据可以证明彼虽口谈革命，身入洪门，而实为保皇之中坚，汉族之奸细。彼口谈革命者，欲笼络革命志士也；彼身入洪门者，欲利用洪门之人也。自弟有革命演

---

① 陈某，指《新中国报》副主笔陈仪侃。

说之后,彼之诈伪已无地可藏,图穷而匕首见矣。若彼果真有革命之心,必声应气求,两心相印,何致有攻击不留余地?始则于报上肆情诬谤,竭力訾毁,竟敢不顾报律,伤及名誉,若讼之公堂,彼必难逃国法。继则大露其满奴之本来面目,演说保皇立宪之旨,大张满人之毒焰,而痛骂汉人之无资格,不当享有民权。夫满洲以东北一游牧之野番贱种,亦可享有皇帝之权,吾汉人以四千年文明之种族,则民权尚不能享,此又何说?其尊外族、抑同种之心,有如此其甚者,可见彼辈所言保皇为真保皇,所言革命为假革命,已彰明较著矣!

由此观之,革命、保皇二事决分两途,如黑白之不能混淆,如东西之不能易位。革命者志在扑满而兴汉,保皇者志在扶满而臣清,事理相反,背道而驰,互相冲突,互相水火,非一日矣。如弟与任公私交虽密,一谈政事,则俨然敌国。然士各有志,不能相强。总之,画清界限,不使混淆,吾人革命,不说保皇,彼辈保皇,何必偏称革命?诚能如康有为之率直,明来反对,虽失身于异族,不愧为男子也。

古今来忘本性、昧天良、去同族而事异种、舍忠义而为汉奸者,不可胜计,非独康梁已也。满汉之间,忠奸之判,公等天良未昧,取舍从违,必能审定。如果以客帝为可保,其为万劫不复之奴隶,则亦已矣。如冰山之难恃,满汉之不容,二百六十年亡国之可耻,四万万汉族之可兴,则宜大倡革命,毋惑保皇,庶汉族其有豸乎!

书不尽意,余详演说笔记中,容出版当另行呈政。此致,即候
大安不既

弟孙逸仙顿

据杨刚存《中国革命党在檀小史》,载郑东梦主编《檀山华侨》(檀山华侨编印社一九二九年版)(本文原载一九〇三年八月火奴鲁鲁《檀山新报》(又名《隆记报》))

支那保全分割合论

（一九〇三年九月二十一日）①

今天下之大事，无过于支那之问题矣。东西洋政家筹东亚之策者，其所倡皆有保全、分割之二说。

西洋之倡分割者曰：支那人口繁盛，其数居人类三分之一。其人坚忍耐劳，勤工作，善经商，守律法，听号令。今其国衰弱至此，而其人民于生存争竞之场，犹非白种之所及；若行新法、革旧蔽〔弊〕，发奋为雄，势必至凌白种而臣欧洲，则铁木真、汉拿比之祸，必复见于异日也。维持文明之福，防塞黄毒之祸，宜分割支那，隶之为列强殖民之地。

倡保全者曰：支那为地球上最老之文明国，与巴比伦、加利地诸古国同时比美，而诸国者已成圻墟，只留残碑遗址，为学古者考据之资；惟支那岿然独存，经数千年，至今犹巍乎一大帝国，其文明道德自必有胜人者矣。且其人民为地球上最和平之种族，当最强盛之时亦鲜有穷兵黩武、逞威力以服人者，其附近小邦多感文德而向化。今虽积弱不振，难以自保，然皆朝廷失措有以致之，其汉民之勤忍和平亘古如斯，固未尝失德也。凡望世界和平、维持人道、奖进文明者，不可不保全此老大帝国。助之变法维新，为之开门户，辟宝藏，以通商而惠工，则地球列国岂不实蒙其福哉。

东人之倡保全者曰：支那为日本辅车唇齿之邦，同种同文之国，若割裂而入于列强，则卧榻之侧他人鼾睡，将来列强各施其保护税法之政策，如佛之于安南，米之于飞岛②，必将今日自由争竞之极大商场尽行圈锁。日本位于亚东，环海而国，仿如英国之于欧西，已有地狭人稠之患，他日赖以立国者

---

① 据日本学者狭间直树等考订，此文最初发表于1901年12月20日出版的《日本东邦协会会报》第82号，后重新发表于留日江苏同乡会主办、光绪二十九年八月一日（即1903年9月21日）在日本东京出版的《江苏》杂志第六期上。此处所标时间系《江苏》杂志第六期出版日期。

② 飞岛，今译作菲律宾，本卷中还有非律宾、飞猎宾等不同译法。

亦必如英国以工业商务为根本，设使支那分割，岂啻唇亡齿寒，是直锄吾根本、伤吾命脉，支那一裂，日本其必继之。为日本计，是宜保全支那，而保全支那即自保也。若他国有怀并吞之心、肆分割之志者，吾日本当出全力以抗之。

倡分割者曰：清国政治颓败，官吏贪污，上下相蒙，人不爱国。故有数百万里之土地，四万万之人民，开禁通商数十年于兹，得接欧米文明先于日本，然犹不能取法自强，而独顽锢因循，虚张自大，至今一败再败，形见势绌。其国运如失柁之舟，其执政若丧家之狗，而其满朝举动则倒行逆施，弃地贿俄，投虎自甘。我虽欲保全之，而分割势成，祸由自取，虽有贤达莫如之何者也。今列强已尽划其国土为势力圈，分割之局已定，保全之机已去。为日本计，莫若因时顺势与俄结盟，让之东并满、蒙，西据伊、藏，我得北收朝鲜、南领闽浙，以扩我版图，张我国势，则大陆分割我犹获得一隅，病夫遗产我亦均沾一分。若暗于时机，昧夫形势，徒托保全之名，适见其迂远而无当也。

西洋政家之言，其得失是非，姑置勿辩，今请将东洋政家之说推而论之。二说各有所见：言保全者若衷于事理，言分割者似顺于时势。然以鄙意衡之，两无适可。今欲穷源竟委，推求其所以然，则不能不分别国势、民情两原因而详考之。就国势而论，无可保全之理也；就民情而论，无可分割之理也。何以言之？支那国制，自秦政灭六国，废封建而为郡县，焚书坑儒，务愚黔首，以行专制。历代因之，视国家为一人之产业，制度立法，多在防范人民，以保全此私产；而民生庶务，与一姓之存亡无关者，政府置而不问，人民亦从无监督政府之措施者。故国自为国，民自为民，国政庶事，俨分两途，大有风马牛不相及之别。政府与人民之交涉，只有收纳赋税之一事，如地主之于佃人，惟其租税无欠则两不过问矣。

至满胡以异种入主中原，则政府与人民之隔膜尤甚。当入寇之初，屠戮动以全城，搜杀常称旬日，汉族蒙祸之大，自古未有若斯之酷也。山泽遗民，仍有余恨；复仇之念，至今未灰。而虏朝常图自保以安反侧，防民之法加密，汉满之界尤严。其施政之策，务以灭绝汉种爱国之心，涣散汉种合群之志，事事以刀锯绳忠义，以利禄诱奸邪。凡今汉人之所谓士大夫甘为虏朝之臣妾者，大都入此利禄之牢中，蹈于奸邪而不自觉者也。间有聪明才智之士，其识未尝不足以窥之,而犹死心于虏朝者,则其人必忘本性、昧天良者也。今之枢府重臣、封疆大吏殆其流亚,而支那爱国之士、忠义之民,则多以汉奸目之者也。策保全支那者,若欲借此失本性、昧天良之汉奸而图之,是缘木求鱼也。而何以知其然哉?试观今日汉人之为封疆大吏如已死之刘、李①者,非所谓通达治体、力图自强者乎?然湖广总督治内土地十四万余哩,人民五千五百万有奇,两江总督治内土地十五万七千余哩,人民六千五百万有奇,而总督于其治内有无限之权,税可自征,兵可自练,已俨然一专制之君主矣。且其土地人民已有为列强中多所未及者,而日本则以十四万哩之土地,四千三百万之人民,称雄于亚东矣。若以李、刘图强之心,凭江湖有为之具,固未尝不可以发奋为雄,齐驱列国;乃救亡防乱之不给,功业相反者抑又何也?以民心之不附,治效之无期也。刘、李固汉人大吏中之铮铮者,已如是矣;若今之以待就木者、乳臭未蠲者,则更无足齿也。而谓汉人大吏中有可为保全之资者,其足信哉!

至于满人则更无望矣,非彼之不欲自全也,以其势有所必不能也。凡国之所以能存者,必朝野一心,上下一德,方可图治。而满人则曰:"变法维新,汉人之利,满人之害。"又曰:"宁赠之强邻,不愿失之家贼。"是犹曰:支那土地宁奉之他人,不甘返于汉族也。满人忌汉人之深如此矣,又何能期之同心协力,以共济此时艰哉!况夫清廷屡下变法维新之诏矣,然审其言行,有符合者乎?无有也。不察者徒见其小有举动,如遣数十学生而来游学,聘十余武员以为教习,便相庆以为清国之转机在此、变法在此。而殊不知二三十年以来,其遣学生、聘武员者不屡行之乎,其成效顾安在哉!而今又有此者,不过甫受再创之余,徒摭拾以为粉饰,是犹病瘫痪之人震之以电气,稍致其手足之辗动耳,断不能从此复原也。策东亚时局者,慎母〔毋〕以此而惑其观世之智,而以虏朝尚有转圜之望也。

况北京破后,和议告成,满洲一地已非鞑靼之游牧场矣。虽日本出而抗争,露人佯为一时之迁就,然密约旋废旋立,将有抗不胜抗之时也。不观乎

---

① 刘、李,分别指刘坤一、李鸿章。

昔年东清铁路之密约乎？初传之日，天下莫不骇异，欲与抗议者奚只一国。无何，露人旋变其手腕，而收旅顺、据大连，而列国则以为固然，无复有异议者矣。今之要求，何异于昔之密约？不独此也，将来露之收蒙古、举新疆，天下亦若视为固然矣。甘于弃地，日就削亡者，清国之趋势也。所谓以国势而论，无可保全之理者此也。

然则就支那民情而论，有无可分割之理者，此又何说？夫汉人失国二百六十余年于兹矣，图恢复之举不止一次，最彰彰在人耳目者莫如洪秀全之事。洪以一介书生，贫无立锥，毫无势位，然一以除虏朝、复汉国提倡汉人，则登高一呼，万谷皆应，云集雾涌，裹粮竞从。一年之内，连举数省，破武昌，取金陵，雄据十余年。后以英人助满，为之供给军器，为之教领士卒，遂为所败。不然，则当时虏之为虏，未可知也。

支那之民，自外人观之，似甚涣散之群，似无爱国之性，因其临阵则未战先逃，办事则互相推避，以为无可振作也；不知其处于虏朝之下则然耳。吾有一言断之曰：若非利禄之所使，势力之所迫，汉人断无有为虏朝出死力者。非止此也，特达之士多有以清廷兵败而喜者。往年日清之战，曾亲见有海陬父老，闻旅顺已失、奉天不保，雀跃欢呼者。问以其故，则曰："我汉人遭虏朝涂毒二百余年，无由一雪，今得日本为我大张挞伐，黎其庭，扫其穴，老夫死得瞑目矣。"夫支那人爱国之心，忠义之气，固别有所在也，此父老之事即然矣，此岂外人之所能窥者哉！满朝以杀戮威汉人，至今此风不少息。各省定制，衙门之外又有所谓营务处者，可以不照刑律而杀人。又有所谓清积案之官，可以任意枉杀。屠戮之惨，波及妇孺；洗剿之广，常连数村。汉人含恨已深，敢怒不敢言，郁勃之气，积久待伸。今正幸其削弱，恶迹昭彰，邻国离心，天下共弃。爱国之士，忠义之民，方当誓心天地，鼓武〔舞〕国人，磨励待时，以图恢复。则汉人者，失国二百余年，犹不忘恢复之心，思脱异种之厄，〈其坚忍之志气，爱国之性质，固有异于人者矣〉①。况今天下交通，文明渐启，光气大开，各国人民唱自由之义、讲民主之风以日而盛，而谓支那人无观

---

① 据秦孝仪主编《国父全集》第二册《支那保全分割合论》补入。

感奋发思图独立者乎！既如是矣，而谓其肯甘受列强之分割，再负他国之新轭，而不出死力以抗者，恐无是理也！

且支那国土统一已数千年矣，中间虽有离折〔析〕分崩之变，然为时不久复合为一。近世五六百年，〈经元、明、清三代，〉①十八省土地几如金瓯之固，从无分裂之虞。以其幅员之广，人口之多，只闽粤两省语言与中原有别，其余各地虽乡音稍异，大致相若，而文字俗尚则举国同风。往昔无外人交涉之时，则各省人民犹有畛域之见；今则此风渐灭，同情关切之感，国人兄弟之亲，以日加深。是支那民族有统一之形，无分割之势。若以一国逞盖世之威武，托吊民罚罪之名，入而废易其朝主，厚抚其人民，并吞而独有之，以宪法而统治之，或有可行之理也；虽然，得失其能偿乎，于人道文明为有功乎，未敢言也。若要合列国分割此风俗齐一、性质相同之种族，是无异毁破人之家室，离散人之母子，不独有伤天和，实大拂乎支那人之性；吾知支那人虽柔弱不武，亦必以死抗之矣。何也？支那人民，为虏朝用命虽亦有之，然自卫其乡族，自保其身家，则必有出万死而不辞者矣。观于义和团民，以惑于莫须有之分割，致激成排外之心而出狂妄之举，已有视死如归以求倖中者矣。然彼等特愚蒙之质，不知铳炮之利用，而只持白刃以交锋。设使肯弃粗呆之器械，而易以精锐之快枪，则联军之功恐未能就效如是之速也。然义和团尚仅〈山东、〉②直隶一隅之民也，若其举国一心，则又岂义和团之可比哉！自保身家之谋，则支那人同仇敌忾之气，当有不让于杜国③人民也；然四万万之众，又非二十万人之可比也。分割之日，非将支那人屠戮〔戮〕过半，则恐列强无安枕之时矣。此势所必至，理有固然也，杜国、飞岛，可为殷鉴。所谓以民情而论，无可分割之理〈者〉非此哉！

或曰：诚如卓论，以支那之现势而观，保全既无其道，分割又实难行，然则欲筹东亚治安之策以何而可？曰：惟有听之支那国民，因其势，顺其情而自立之，再造一新支那而已。其策维何？则姑且秘之，吾党不尚空谈，以俟

---

① 据秦孝仪主编《国父全集》第二册《支那保全分割合论》补入。
② 据秦孝仪主编《国父全集》第二册《支那保全分割合论》补入。
③ 杜国，指杜兰斯哇(Transvaal)，今译德兰士瓦，在南部非洲。

异时之见诸实事,子其少安待之!

据逸仙《支那保全分割合论》,载《江苏》第六期(东京一九〇三年八月一日),另查对中国国民党中央文化传播委员会党史馆藏一般档案041/7

驳保皇报书

(一九〇四年一月)

阳历十二月二十九日,檀埠保皇报刊有《敬告保皇会同志书》,此书出于该报主笔陈仪侃之手,而托他人之名,欲间接而驳仆日前之书也。书中所载,语无伦次,义相矛盾,可知作者于论理学(Logic)一无所知,于政治学(Political Science)更懵然罔觉。所言事实,多有不符;所引西事,牵强附会。本不欲推求详辨,然其似是而非之理最易惑人,故逐条驳之,以塞毒焰而辟谬论。

彼开口便曰"爱国",试问其所爱之国为大清国乎,抑中华国乎?若所爱之国为大清国,则不当有"今则驱除异族谓之光复"之一语自其口出。若彼所爱之国为中华国,则不当以保皇为爱国之政策。盖保异种而奴中华,非爱国也,实害国也。

彼又曰:"中国之瓜分在于旦夕,外人窥伺,乘间即发。各国指认之地,照会政府不得让与别人"云云。曾亦知瓜分之原因乎?政府无振作也,人民不发奋也。政府若有振作,则强横如俄罗斯,残异〔暴〕如土耳其,外人不敢侧目也。人民能发奋,则微小如巴拿孖〔马〕,激烈如苏威亚,列强向之承认也。盖今日国际,惟有努〔势〕力强权,不讲道德仁义也。满清政府今日已矣,要害之区尽失,发祥之地已亡,浸而日削百里,月失数城,终归于尽而已。尚有一线生机之可望者,惟人民之发奋耳。若人心日醒,发奋为雄,大举革命,一起而倒此残腐将死之满清政府,则列国方欲〔钦〕我敬我不暇,尚何有窥伺瓜分之事哉?既识引管子之"作内政以寄军令",何以偏阻汉人行革命而复祖邦?今日之作内政,从何下手?必先驱除客帝复我政权,始能免其今日签一约割山东、明日押一款卖两广也。彼满清政府不特签押约款以割我卖我也,且为外人平靖地方,然后送之也。广东之新安县、广州湾已然之事也,倘无满清之政府为之助桀为虐,吾民犹得便宜行事,可以拼一死以殉吾之桑梓。彼外国知吾民之不易与,不能垂手而得吾尺寸之地,则彼虽贪欲无厌,犹有戒心也。今有满清政府为之鹰犬,则彼外国者欲取我土地,有予取予携之便矣。故欲免瓜分,非先倒满洲政府,则无挽救之法也。乃彼书生之见,畏葸存心,不识时势,不达事体,动辄恐逢人之怒。不知我愈畏缩,则彼愈窥伺;我能发奋,则彼反敬畏。岂有逢人之怒之理哉?如其不信,吾请陈仪侃日日向外人叩头,日日向外人乞怜,试问能止外人之不照会清朝以索地否?清国帝后今日日媚外人矣,日日宴会公使及其夫人矣;媚外人之中又与俄为最亲暱矣,然而据其发祥之地者则俄也。不逢人之怒,莫过于今日之清帝后,以仪侃之见解,则必能免于瓜分矣,信乎?否乎?

既知中华亡国二百六十年矣,不图恢复,犹竭力以阻人之言恢复、言革命,是诚何心哉?彼固甘心以殉清朝之节,清亡与亡,清奴与奴,洵大清之忠臣义士矣,其如汉族何?而犹嚣嚣然执"毋宁"二字以骂人为白奴,是真强辞夺理矣!

彼曰:"革命之说,原本大《易》。"又曰:"中国固始终不能免于革命。"其言是矣,其乃何以又曰"中国今民智为萌芽时代"?夫大《易》者,中国最古之书。孔子系辞,称汤武革命,顺乎天也。岂由汤武至于今,经二十余朝之革命,而犹得谓之萌芽时代耶?

其所引法国三大革命曰:"经卢骚①、达尔文、福禄特尔诸大哲提倡建设。"而不知达尔文乃英人,当法国第一次革命之时,彼尚未出世;当第二次革命之时,彼尚未成学;当第三次革命之时,彼尚未闻名于世。其第一出版之著作名曰《生物本源》,出版在一千八百五十九年。当时英国博物家尚多非其说之不经,十余年后始见重于英之学者,又十余年后始见称于世人。今该主笔特书大书曰:"达尔文有与提倡法国三次革命之功。"彼所指之达尔文,或是达尔文之前身乎?想该主笔必精通三世书矣,否则何以知之耶?又云:"法国死于革命者一千二百万人。"该主笔尝讥吾人之革命不起于京师,

---

① 卢骚,今译作卢梭。

想亦熟闻法国之三大革命皆发于巴黎矣。而巴黎之外,无死于革命者。试问巴黎当时人口几何,作者知之乎?且巴黎虽经三次之革命,而未遇扬州十日之事,无广州洗城之惨。就使巴黎全城之民皆死于革命,三次计之,亦不足此数。毋乃该主笔以一人轮转数十次计之乎?若此,则非吾所敢知也。

彼既曰:"革命之结果,为民主政体也。"胡又曰:"有建设者谓之有意识之破坏,无建设者谓之无意识之破坏,彼等是否有建设,吾不敢知"云云。夫革命〈者〉,破坏也;民主政体者,建设也。既明明于革命之先,定为民主政体矣,非意识如〔为〕何?曰"政",曰"体",非建设为何?该主笔以一手之笔,一时之言,其矛盾有如是,斯亦奇矣!

彼又尝谓中国人无自由民权之性质,仆曾力斥其谬,引中国乡族之自治,如自行断讼、自行保卫、自行教育、自行修理道路等事,虽不及今日西政之美,然可证中国人禀有民权之性质也。又中国之民向来不受政府之干涉,来往自如,出入不问;婚姻生死,不报于官;户口门牌,鲜注于册;甚至两乡械斗,为所欲为:此本于自由之性质也。彼则反唇相稽曰:"此种野蛮之自由,非文明之自由也。"此又何待彼言?仆既云性质矣,夫天生自然谓之"性",纯朴不文谓之"质";有此野蛮之自由,则便有自由性质也,何得谓无?夫性质与事体异,发现于外谓之"事体",禀赋于中谓之"性质";中国民权自由之事体,未及西国之有条不紊,界限轶〔秩〕然,然何得概谓之无自由民权性质乎?惟中国今日富于此野蛮之自由,则他日容易变为文明之自由。倘无此性质,何由而变?是犹琢玉,或其石具有玉质,乃能琢之成玉器,若无其质,虽琢无成也。

彼又曰:"中国人富于服从权势之性质,而非富于服从法律之性质。"试问无权势可以行法律乎?今如檀岛,若政府无权势以拘禁处罚于犯法之人,其法律尚成为法律乎?夫法律者,治之体也,权势者,治之用也,体用相因,不相判也。今该主笔强别服从法律与服从权势而为二事,是可知彼于政治之学毫无所知也!

彼又曰:"立宪者,过渡之时代也;共和者,最后之结果也。"此又可见彼不知立宪为何物,而牵强附会也。夫立宪者,西语曰 Constitution,乃一定不易之常经,非革命不能改也。过渡者,西语曰 Transition,乃变更之谓也。此二名辞皆从西文译出,中国无此成语也。该主笔强不知以为知,而妄曰

Constitution 乃 Transition 时代，一何可笑也。推彼之语，必当先经立宪君主，而后可成立宪民主，乃合进化之次〈序〉也。而不知天下之事，其为破天荒者则然耳，若世间已有其事，且行之已收大效者，则我可以取法而为后来居上也。试观中国向未有火车，近日始兴建，皆取最新之式者。若照彼之意，则中国今日为火车萌芽之时代，当用英美数十年前之旧物，然后渐渐更换新物，至最终之结果乃可用今日之新式火车，方合进化之次序也。世上有如是之理乎？人间有如是之愚乎？今彼以君主立宪为过渡之时代，以民主立宪为最终之结果，是要行二次之破坏，而始得至于民主之域也。以其行二次，何如行一次之为便耶？夫破坏者，非得已之事也，一次已嫌其多矣，又何必故意以行二次？夫今日专制之时代也，必先破坏此专制，乃得行君主或民主之立宪也。既有力以破坏之，则君主民主随我所择。如过渡焉，以其滞手〔乎〕中流，何不一掉〔棹〕而登彼岸，为一劳永逸之计也。使该主笔若不知民主为最终之结果，其倡君主立宪犹可说也；乃彼既知为美政，而又认为最终之结果，胡为如此矫强支离，多端辩难也？得毋以此事虽善，诚为救中国之良剂，但其始不倡于吾师，其终亦不成于吾手，天下上等之事必不让他人为之，故必竭力阻止，以致不成而后已，是重私心而忘公义也。

彼又曰："会外人何以图羊城、谋惠州，而利用洪门之势力？"不知革命与洪门，志同道合，声应气求，合力举义，责有应尽，非同利用，如彼等欲暗改洪门之宗旨，而令洪门之人以助其保救大清皇帝也。

又仆前书所指以满洲之野番，尚能享皇帝之权，而彼则曰"岂不见各国宪法之"云云。仆所指乃当今清国专制之皇权，而彼引各国宪法以答，真强为比例，拟于不伦矣！

彼又曰："所谓保皇者，自我保之，主权在我，非彼保我也，不得为满奴"云云。此真梦梦也。今光绪皇帝俨然在北京，日日召见臣工，日日宴会公使，有时游颐和园，有时看西洋戏，何尝受彼之保？其言之离事实，何相远之甚也！

彼又曰："今则驱除异族，谓之光复旧物，不得谓之革命。"此拾人之唾余，知其一不知其二者也。其书中最得力者，为托某氏之言曰："弟前十年故为彼会中人，今已改入保皇会矣"云云。其是否属实，姑毋容辩，但据其所述誓词，则知彼非门外汉，亦升堂而索入于室也。不然岂有下乔木而入幽谷者哉？不观其他之入保皇会者乎，多以保皇为借名而误入者也。

该主笔又从而引申其说曰："蒙古与满洲且不辨"云云。仆等虽目不识丁，而地舆之学，敢信尚不至此。惟见彼有"蒙满东三省诸地在俄人势力范围"云云，蒙者蒙古也，满者满洲也，岂于蒙满之外更有一东三省乎？该主笔自称深通于五洲大势，何以于彼大清国之形势，尚有此言也？可知其平日荒唐谬妄，强不知以为知，夜郎自大，目中无人，真不值识者一哂。

仆非文士，本不欲与八股书生争一日之长，兴笔墨之战；但以彼无根之学，以讹传讹，惑世诬民，遗害非浅，故不得已而驳斥之。倘彼具有天良，当知惭愧，早自悔悟，毋再现其丑也。又其人存心刻忍，观其所论《苏报》之案，落井下石，大有幸灾乐祸之心，毫无拯溺扶危之念，与保皇会友日前打电求救之意亦大相反背。其手段之酷，心地之毒，门户之见，胸度之狭，于此可见一斑。今特揭而出之，以质诸世之公论者。

据杨刚存《中国革命党在檀小史》，载郑东梦主编《檀山华侨》（檀山华侨编印社一九二九年版）（本文原载火奴鲁鲁《檀山新报》）

支那问题真解（译文）①

（一九〇四年八月三十一日）

今日全球之视线，集于远东。其近因为日露之战争，而其远因，亦以争为亚细亚主人翁者，思伸其最后之势力于支那也。欧人营领土于亚非利加，其大势已定，无复余〈事〉，故必更寻新地以施其殖民之政策。而支那久有"东方病夫"之称，以世界最良沃之大地，适投欧人之所好。虽亚米利加②对

---

① 英文原标题为"The True Solution of the Chinese Question"。1904年7月开始撰写，8月31日完稿，9月在美国发表。

② 亚米利加，America 的音译，今译美国。

于万国政策,表其孟罗主义,然谓其手段异于他国则可,谓其甘放弃权利则不可也。夫飞猎宾既受治于美,为支那近邻,支那之国情必不能相掩饰。且支那为美绝大之商场,美而不欲输出其工商各品于他国则已;苟其不然,则供美人贸易之资源,无有出于支那之右者。然则所谓远东问题,不能不特别注意于此国。

此问题中有无数利益冲突,故其解决甚难。即日露战争之结果,由种种方面思之,或有解决之道。由支那观之,则此时已处冲激之旋涡,而战争之止,且莫知所从。盖彼不过两国最高权之问题,而其他若英、美、德、法诸国将如何收其利益?其条件复杂,属于将来之解决,不能与战争为终始也。

吾辈欲研究其解决之点,必当察其困难之原因。或有从表面观亚细亚之内政,以为满洲政府腐败黑暗至于极点,故所为实足扰世界上势力平均之局者。其说虽怪,而不能谓其无据,由日露战争观之而益信。盖日露战争非无可阻止之机,而满洲政府不能调和其间,且于冲突之初延引外力之侵入,而若自以为得计者也。

吾辈所谓满洲政府,盖与支那政府有别。支那今日固无政府,而两者界说实不能混,如直以满洲政府当之,则是法律上误定之名词耳。此言也,非极熟于支那之内政,鲜不以为怪。盖其间当取证于历史之观念,苟为述满洲之小史,则未有不释然者。

当满洲人之未入支那,不过黑龙江畔之野蛮游牧,常寇支那北方平和边境。乘明季内乱,长驱入关,据有燕京,如北狄之蹂躏罗马,其时则千六百四十四年也。支那人尔时不愿为之隶属,各谋反抗。而满洲人强欲压制,遂不得不为种种残忍之政策:鞭笞丁壮,及于老弱;火其居,夺其产;逼之从其服制。由剃发令之下,总其所杀戮以亿万计。其后更用多方野蛮伎俩,演流血惨剧,支那人乃不能不忍隐服从。然而满洲人更欲愚支那之民智,使其永永服事,凡支那文人著作有涉于满洲侵略暴虐事实者,皆焚毁绝灭,使后世无所考。又禁止支那人私结社会,干与国事。久之,支那人始消灭其爱国精神,而忘其寄于他人之宇下矣。

夫满洲生殖至今,其种人不及五百万,而支那则有四万万之众。故彼常惧所征服者一旦光复其祖国,勉思抵制,则不免用防御家贼之政策。此其对待支那人之大目的也。

外人往往谓支那人有排外思想,不乐交通。盖缘往者海岸未许通商,而生此缘说,则亦未尝熟支那之历史耳。历史盖予吾辈以可征之据,谓支那往昔常与外人交际,对于外国商人及其传教者未始有不善之感情。试取西安府景教碑读之,则知当七世纪外人已传教至支那,且欢迎佛教以入支那者为汉明帝,而国民亦热心信仰,迄于今世犹极庄严,为支那三大教之一。至于外国商人,亦得旅行于内地,自汉晋以来,史不绝书。降至明季,其相徐光启舍身以奉天主教,其挚友耶教徒利马窦亦至北京,受国人之崇敬,则支那人此时绝无排外思想可知矣。

至满洲兴盛而政策渐变,禁全国与外人通,放逐传教师于境外,戮民人之私奉外教者,著之为厉禁;士人迁徙于他国者,处以死刑。何者?满洲人恐支那人日与外人交接,吸其文明,而丕变夫故习,故极其权力之所至,鼓舞以排外思想。曩者千九百年拳匪之乱,即满洲人极端排外之结果也。今日举世所共知者,排外之党魁非他人,其天潢贵胄也。而所谓支那闭关主义者,亦不过行于彼愚民罔利之满洲一部,而不能例于多数之支那人也。故外人游历中国所著日记,皆常言支那人愈远官吏,则对外人之感情愈厚。

自拳匪变后,人人以为满洲政府得此时机,或遂更张国政。然徒见夫朝旨旁午,屡言变革,而不知仅为玩弄之具文,聊以欺元元之视听耳。盖满洲者断无有变其旧政之理,设其果变,则损彼实多。何也?支那人而群知改革之义,则满人将不能复亨〔享〕前兹所占之实权。且以贪鄙冥顽之官吏,专以迎合满人为宗旨,持其强力,放肆无忌。即如驻美公使,禁支那侨民开爱国会等,犯者幽其宗属于本国,或置极刑。以此野蛮举动,而出于所谓尝受教育之公使梁成〔诚〕①。其他种种传说,莫非逢合政府,冀得信任。凡满人所置官吏如此,安望其能辅之以变革耶?

---

① 梁诚(1864—1917),12岁留学美国,回国后任职于总理衙门。1903年至1908年任驻美公使。

吾辈享鞑虏政府毒虐已二百六十余年,而其最惨酷重要者,则有十端①:

(一)虏据政府以自利,而非以利民。

(二)阻止民人物质、思想之进化。

(三)驭吾人如隶圉,而尽夺一切之平等权及公权。

(四)侵害我不能售与之生命权及财产自由权。

(五)容纵官吏以虐民而朘削之。

(六)禁制吾人之言论自由。

(七)定极不规则之税则,而不待民人之认可。

(八)用极野蛮之刑以对囚犯,逼供定罪。

(九)不由法律而可以割夺吾人之权利。

(十)放弃其责任为吾人所托生命财产者。

我辈虽有种种不平,而犹欲勉与周旋,乃终不可得。是以支那人翻然欲改前失,建设东亚之平和,以为世界之平和,必当思适宜之方法以达其目的。所谓"欲得平和不可不以决裂者,亦时机掁逼之而出"者也。全国民之革命已熟,如千九百年惠州之举事,千九百二年广州之暗潮,其影响皆不细;而广西之运动者,尤日增势力。支那内地新闻杂志、新书出版,多共和政体之观念,此为学术界之变迁。

更进言之,如致公堂(支那爱国会)者,普通所知其为支那人自救之社会,其目的皆在于反清复明。此等有政治思想之秘会,建立已垂二百余年,其会友有十万人以上布于支那南方。支那人在此邦加盟于此会者,得有百分之八十。大抵支那人之持革命观念者,可分为三种:第一种占最多数,而不能过露宗旨,惧罹官吏之毒害;第二种以种族之思想,欲起而反抗满人;第三种则为有特别高尚之思想者。此三种人之手段不同,而渐次求达其目的,必得异日最良结果,是知满洲政府之推倒不过时日之问题而已。

于此有不完全之理想焉,以为支那地大物博,大有可为之资格,若一旦醒其渴睡,则世界必为之震惊;倘输进新文明于国内,将且酿法兰坎斯坦事

---

① 据英文原稿,实有十一端,原文(六)之后漏译"禁制吾人之结社自由"一端。

故;现时最巧之政策,皆以共亡支那为目的,如倡"黄祸"论者是也。虽然,倡此义者其自谋非不忠,然无论由何方面观之,皆不能自完其说。夫一国之望他国亡灭,已离于道德之问题,而为政治上之狡策。况支那人为最平和勤勉、最守法律之民族,非强悍好侵略之民族也。其从事于战争,亦止自卫。使外人果能始终去其机械之心,则吾敢谓世界民族,未有能及支那人之平和者也。更试由经济上观之,则支那而建设文明之政府,其利益不仅在于本邦,将旁及于世界。可使全国与外人通商,可使铁路推广敷设,可使天然物产日益发达,可使民族高尚其资生之程度,可使外来物品销售愈多,而万国商业必百倍于畴昔。如此而犹以为祸,则是国民对于他国民将以孤立为长策,而与贫而愚者为邻,愈于与富且智者邻矣,有是理耶? 然则此主义当坠地,而所谓黄祸者适得其反也。

外人之对于支那者有二政策,而曾不相容:其一主张支那瓜分,其一辨〔辩〕护支那独立。由前而观,则露西亚①用之以有今之巨创,其主义为不祥;由后而观,则旧政府未去,必久而后能达其目的。然满清朝家宛如将倾之宅,其基址全坏,设有人强支以木欲保其不圯,吾恐非徒无益,且速之倾也。支那历代兴亡之历史如个人然,由生而长、而全盛、而衰老、而死亡;满洲政府在前世纪已为衰老时代,及今则其去死亡不远矣。如有发慈爱之念,表支那独立之同情,而犹思扶植满洲之祚,吾知其亦必无成也。

现时方生之问题,既扰世界之平和,必便更造文明之新政府以代其旧政府,则不止有益于支那,而他国之助之者亦蒙其利。夫使受高等教育之士翩于国中,自足以建设新政府而有余。且能使新政府小心翼翼,改良满洲往日专制政体,变为支那共和之政体。则当此普通人民渴望维新,拯之于水火,因利而善导之,燎火于政治之原,可由此而遂逐满洲政府。盖能者之建设伟大,有非寻常所可推测。如千九百年拳匪之乱,二万联军而陷取北京,吾人苟倍此数,不患不克,奚况爱国党之响应有千百倍于此者。抑更由屡次经验,而知满洲精兵在于战地均非吾人之敌,即如广西起事,亦其证也。彼距

---

① 露西亚,今译俄罗斯。

海岸甚远,军用品之转输不易,舍夺敌人之兵食外无他策,而能支持三载,屡败各省之兵。然则,孰谓倡议建设者之必不能扑满而去之也！支那人大目的已达,不止建新纪元之国家,而更可分其文明于全世界之人类。普通之平和,固可随之而苏复；社会主义经济主义之理想的世界,亦将现于实际。故吾人舍救护支那之外无责任。此问题为世界利益冲突所掩,而必犯难以求成,避无益之牺牲,挽回外力之错认与其淆混。

吾辈之希望美人表此同情,视希望世界一般文明人为尤切。盖以美为日本文明先导,为基督教之国民,为他日我新政府之师范。殆犹于拉花热德①其人者乎,吾谨为支那民族祷也！

据中国国民党中央文化传播委员会党史馆藏一般档案
048/4

附录　中国问题的真解决(另一译文)②

今日全世界的眼光,都注目于远东。此中原因,不但因目前日俄战争的关系,或者因为将来中国到底要做列强在亚洲争雄的主要角逐地。那斐洲地方能够得到的权利,做欧洲列强相争夺的焦点的地方,现今完全解决了,所以必须另行觅到一块新的地方,以达到他领土的增加,与殖民地的扩张。吾们中国早已有远东病夫的名号,当然是欧洲人野心垂涎的地方。虽然,像美国在国际政治中,他的传统的政策,比较在后,和其他各国不同,但是也不见得公正无偏的。第一,他把菲列宾群岛并吞起来,而隶属于美国人管辖之下,使合众国和中国变做最近的邻国,那末他们可以专心用力于中国的事

---

① 拉花热德(Marie Joseph Motier La Fayette, 1757—1834),今又译拉斐德、拉法耶特、拉斐特,法国资产阶级革命家,1777年志愿参加北美独立战争并担任将军,以实际行动帮助美国人民的民族解放斗争。

② 底本原标题为《革命潮译文——中国问题的真解决——》。末注"十七、十、十、瞿世镇译"。

件。第二，因为中国是销售美国货的一个大市场，倘使美国要伸张他的商业和工业到全世界各地，那末中国必定被他们做第一个注目的国家。因此所谓远东问题关于美国是特别重要的。

这个问题既然这样重要，他的解决方法也很不容易，因为有许多彼此冲突的利害关系在里面，虽然好像有许多问题，在最近日俄战争的结果中间可望解决了，但是我们中国人看起来，这回日俄战争所引起的纠纷，委实比较所解决的事件要生出好多。这是什么话呢，因为这回战争，就说他能够把一切问题解决了，但是他们所解决的，至多也不过这两国中间的特权问题罢了。那末对于大不列颠的利益怎样呢，对于法兰西的利益怎样呢，对于德意志的利益怎样呢，对于合众国的利益怎样呢，看到这几种问题，可知这战争的离开解决，还是很远。

所以要把这全部分的问题得到一个满意的解决，那末吾们必须要寻出那许多困难事件的根源。关于亚洲事件最显明的知识，而为各人所知晓的，就是这满洲政府弄到贫弱无用的地步，并且牵动全世界现存政治的均势。这句话好像有些怪异，但倒也不是全无根据的，他明白的证据，吾们只要看最近的日俄战争便够了。倘使满洲政府不是绝对的贫弱无能，这战事或可免去，因为这次战争，不过为着许多能引起在中国问题里面使两国权力间互相发生冲突的起点罢了。

吾们叫满洲政府，而不叫他为中国政府，是很有意思的。因为这个时候，中国人还极不相当的名称。这件事情，对于不熟悉中国情形的人，不免要奇怪起来了。但实在是一种事实——一种历史上的事实。因为要使这般人明白此事的缘故，吾们现在须把满清朝代的成立，做一个简短的报告。

在满洲人没有同中国人接触以前，他们简实是一个游牧蛮族，散布在亚莫尔河的四野，他们好几次来劫掠沿居边境上和平的中国人。在明朝末年，中国有极大的内乱，他们就趁着这大好机会，急来侵占北京，这样恐怕和蛮人的侵掠罗马帝国同一行径，此事是在一千六百四十四年。中国大都不愿服从这外人的羁勒，所以对于侵占他的人们，曾经明白表示这极坚决的反抗。那野蛮的满洲人，因为要使这种中国人屈服的缘故，曾经惨酷的屠杀了数百万平民，不问他是战士和不是战士，老的和少的，妇女和孩童，一概放火烧去他们的房屋，和搜索他们的家室，并且强迫人家遵照他们的风俗习尚，为着不听从他们留发辫而被杀戮的，估计已有数万人。后来又经过了几次流血和虐待的事，中国人便到底屈服在满洲统治之下。

　　渐次，满人又取一种手段，使被征服的人民都变做无知无识，把关于他们对待中国的事实，和侵掠的书籍与文学，尽量烧灭，他们又严禁人民的结社集会。细察他的用意，是要消灭中国人的爱国精神，使他们渐渐地忘掉他们自己是在外人统治下的一个卑贱的人民。查满洲人的人口数，现在不过五百万人，而中国人差不多有四万万，因此他们很觉惊骇，恐怕将来中国人或者有奋发而恢复他祖国的一天，所以现在他们仍旧做那从前的戒备方法，防患在先，这就是满人所施于中国人的政策。

　　西方的人，有一个很普通的误解，他们看中国人在天性上是抱闭关思想的一个民族，不愿和外界有什么交接的；后来为了枪炮的强制，刚才开放沿海少数的口岸，和外人通商。这种误解，都是不明了中国历史的缘故。照史册所载，可以证明从最古的时候，直到现代，中国人和他邻近的各国，常常往来，不见得对于外国商人和传教的教士有稍微劣根性发现。就是远在纪元后十七世纪的时候，已经有外国传教的教士，在民间宣传他福音的工作，这件事详载在西安府的景教徒匾额上，很可以给吾们做一个有价值的考证。再有佛教，也是被汉朝的帝王引导到中国来的，而人民也很欢迎这种新的宗教。从此以后，对于宗教，没有不是这样。所以现今在中国有三种主要的宗教，这不单是对于传教士是这样的，就是商人也可通行全国各地。像最近的明朝时候，中国人中，依旧没有排外的精神，当那个时候，总督徐光启——他自己信奉天主教，和他的至友利玛窦——基督教传教士，并且还大受一般人民的尊崇。

　　到了满清成立，就忽然变更他的政策，禁止全国对外通商，驱逐教士，杀死本国的基督教徒，不许中国人搬住在中国领土的外边，不然就要处死。然而这是什么缘故呢，他的主要原因，就是满人恐怕外人来干涉他们的司法，防止外人煽动人民来仇恨他们。这种情状，使得中国人好多时候屈服在他们底下的民族性，到此又将发觉了。满人所养成的排外精神到了极点，便发生一千九百年的拳匪之乱,这运动中的主要人物,都是一班皇族中人。现在对于这件事,人家都已明白了。那末可以知道中国的闭关政策,不过是一部分满人自私自利的结果,实在不可以代表全中国人民的天性的。中国人民和官场习气,大不相同,他们对着外人,没有不友爱的;这是在中国旅行的外人所常常看见的实在情形。

在拳匪战争的后来,有的相信,满清政府也许在这个时候把他的国家改良一下,起初和他们偶然发出的改良文告,一般地相信,但此不过他们拿来做缓和民众激烈运动的具文罢了。实在改良国家一件事,在他们满人手里,是绝对不可能的。为什么呢,因为改良是和他们有害的,倘使改良了后,他们便将要被中国人民并吞起来,而失去现在所享的许多权利和特殊的利益。所以不但没有改良,而且政府的黑暗,更加厉害,那愚笨贪污的官僚,至今还很信任。这班顽固的〈朽〉腐①的无事可为的官僚,只晓得怎样把贿赂取悦满人,来坚固他们的位置,并且在贸易上握得大权。近来驻在华盛顿的中国公使,发出一道禁令,要禁止在美国的中国人民参加爱国集会,否则要把他们在国内的亲族,加以格杀之刑。吾们把这件事,便可作一个很显明的证据。讲到这样一个野蛮的命令,而竟然从一个受过教育的中国公使梁诚所发出,那无非是要献媚于满洲政府,希望保存他公使的位置罢了。从此看来,吾们要使满洲政府和他属下的改良,还有什么希望呢。

吾们人民,在他们蛮族统治下的二百六十年里面,曾经受了许多的虐待。现在把重大的记在下面:

一、那鞑靼人的政府,一切举动,只顾他们自己的利益,而不顾被治的人的利益。

二、他们阻碍吾们在智识和物质上的发展。

三、他们看待吾们,是一个下等的民族,不许吾们享同等的权利和特典。

四、他们剥夺吾们天然得到的人生权利、自由和财产。

五、他们常常施行官场的贿赂行为,和从容受贿的人。

---

① 原文在"腐"字上有一空格,今据英文原文(rotten)补"朽"字。

六、他们禁止言论自由。

七、他们不征求吾们的许可,而征收很烦重和不法的捐税。

八、他们于审讯一个可以申辩的罪犯时候,常常施以各种很野蛮的暴刑,强迫地使他供出本身确是犯罪的证据。

九、他们往往不经过法律的手续,就来剥夺吾们的权利。

十、他们在保护一切人民的生命财产失职的时候,能得不受法律的惩戒。

大概这许多虐待,吾们曾经好几次求他们改革,到底没有结果。从此看来,吾们中国人要革除这种虐待,并且造成远东和全世界的和平,必须决定采取适当的方略,达到上面所述的几种目的。这种方略,就是话〔说〕,可以和平的,吾们就以和平对他,否则吾们须把武力相待了。

现今全民族已达到革命的成熟期了,这是看了一千九百年惠州的起义,和一千九百零二年广东的攻战,就可知道的;又有广西的运动,至今还在那里发展着;中国的新闻纸和最近出版物里面,也已经充满了民治的思想。此外,还有那致公堂是中国的一个爱国的秘密结社,国内的人,大概都知道的。这会的宗旨,是要把清朝——满洲人——推翻,而重新建设一个明朝——中国人。这个政治团体,创立以来,已经二百多年,现今已有党员几千万人,大约散布在中国的南方,中国人中十分之八都属于这同盟会。这种欢喜革命思想的中国人,可以粗分为三个阶级:第一个阶级,人数是在三个中最多,容着因官厅的压迫而不能得到一个满意的生活的。第二,就是一般用激进中伤的手段,而打倒满人的。第三,那就是运用高尚的思想,和超绝的理想,来从事鼓吹的人们。这三种重要分子,都以有力而爽快的方法,分头合作,所以最后必定能达到所希望的结果。吾们现在敢下一断语,倾覆满清政府,不过是时间上的问题罢了。西方人中,对于中国大都相信这句话,他们以为中国人倘使拥有极多的人口,和无穷的富源,一朝警醒,采取西方的方法和理想,也许做全世界的雄霸了;倘使列强各国时常把提高和启发中国人为思想,那末中国人不难创设一个复仇的国家。所以列强各国应当采取最稳妥的政策,就是竭力压制中国人。这主要的意思,大约就是惊动西方人的黄祸了。但是这句话,虽然很可以耸动观听。而细察起来,可知为荒诞不经的。

讲到一个国家指望他国家的倾覆，他的是非问题，不在道德，而完全关系政治方面的。中国人是天然生成一个勤恳和平、遵守法律的人民，他们决不是一个好斗的民族，所以他们不得已而有时发生战争，也是完全出于保卫自己的缘故。他们只求列国给以相当的训练，和满足的愿望，那末中国人将要做全世界和平的主宰。倘使列国和他们不加干涉，他们就可证明为全世界最和平的人民。更以经济为论点，中国如果觉醒了，建设了文明政府以后，不但中国人得了利益，推而至于全世界，也能够受到他的利益的。那时候全国开放，对外通商，建造铁路，开发富源，人民便比从前富裕；而他们的生活程度，也从此提高，供给外人的货物，必定增多，而国际贸易的数量，将要比现在高出一百多倍。这难道还是祸害么。大概民族的对于民族，本来和个人没有不同，倘于经济上说起来，吾们若是有个穷苦无知的邻舍，不如有一富裕有知的邻舍，较为好些。明察这一点，那黄祸一句话，便立刻倒地了。并且吾们也可安稳地把黄祸的话改做黄惠了。

　　列强各国对于中国，有两种矛盾的政策，一种就是专心做那分割而开拓殖民地，还有代辩领土完全而开拓殖民地，又有一种是代辩中国的领土完全和独立的。主张前一种政策的，吾们可一望而知是含着危险和祸害，恐怕和俄罗斯的开拓东三省做殖民地，是同一情形的。讲到主张后一种的政策的，吾们可以证实他们看这现存的昏庸政府，必定不能实现他的目的去永久地保存他。因为今日的满清政府，差不多像一间倾倒的房子，他全部分的构造，都已腐烂，他的基础，也已虚空。照这样一个将要倾倒的房子，究竟有谁能够把好多的木材，支撑在四壁的外面，而不使他坍倒么，吾们恐怕反而使他快些倾倒罢了。中国历代的寿命，照历史所载，差不多和个人没有两样的，也有生存和灭亡的情形。现今鞑靼人的统治权，在最近世纪的开场，早已发现破裂，到死亡的时期，恐怕不远了。所以吾们以为假使列强各国主张中国领土的完全独立，这个意思，是保护这摇荡将倾的满清帝国，那虽是一件仁义的事情，吾们也不得不认为不应该的。

　　现在倘使要解决这火急的问题，还要撤除全世界的乱源而转入和平之境，必须另行组织一个新的文明政府，来替代这个老朽的，那是很明白的了。

倘使这样，那末中国不但可以解决他自己，或者能够救济这许多国家，和中国同样受着列强各国主张他们独立和领土完全的种种扰乱的。讲到建造一个新政府的工作，现在有许多受过教育的能人在吾们国里，足够担任这件事，并且也早已规划出一个周密的计划了。把这个不合时宜的鞑靼帝国，要改造为中华民国，单看大多数的民众，也很欢迎接受这个新的制度，还在把望着改良的一件事，早日实现，以解除他们现在的困苦生活。现今的中国，仿佛是一个国民大运动的晚上，只要等火光一迸，便一溜烟似的驱逐这鞑靼族到吾们的区域之外了。吾们这个工作，本来不是轻易的一回事，但是也不会是绝对不可能的，单看一千九百年的拳匪战争，他们联军不过以二万人众，就可攻破他蛮族的抵抗，而直取北京的城市。因之吾们无须怀疑的，只要把那二倍或三倍的人数，就可和联军得到一个同样的效果。再进一步说，吾们还可在爱国志士的中间，要选出百倍或千倍以上的人数，那也不是难事。又据最近的经验，吾们知道这鞑靼的军队，决不是吾们的劲敌，这也不必避讳的，近来广西省爱国志士的起事，就是一个显著的证据。他们离开敌军的阵地，非常远隔，而又没有军械和弹药的供给，他唯一的方法，完全强夺敌军所用的军械和弹药罢了。但志士们在最近的三年中间，连续地和他们决战，到底把帝国所派出征服志士们的各处军队，一队一队的打破了。这样看来，那末倘使稍有些实力和得到源源不绝的重要供给，那还有什么人敢说中国人不能打倒满清的权力的吗？在中国革命目的达到之后，那时不单是吾们灿烂的国家开一新纪元，就是全人类也得到一个光明的局面，全世界的和平，必定将要跟着中国的革命实现出来。在这光明世界的社会和经济活动上，也将开一个梦想不到的瑯环福地。

若要把中国解放，那完完全全是吾们自己的责任。但是这个问题，因为近今已包含着全世界的利害关系，所以吾们因为要把吾们的成功确定，因为要使吾们的运动利便，因为要免去无意识的牺牲，和防止列强各国的误会和干涉起见，不得不略举大要以告诉在我全世界的人们之前。而更特别地希望合众国的人民，在道义和物质两方面，给我以同情和援助，实在因为你们是西方文化的先锋，并且吾们很愿望〔意〕跟随着你们来建造一个崭新的政府。总而言之,你们实在是自由和民治的雄杰了。吾更希望得到许多像辣斐德一般的义勇之士,在你们的中间。

据吴拯寰编《孙中山全集续集》(上海三民图书公司一九二九年版)

《民报》发刊词

(一九〇五年十一月二十六日)

近时杂志之作者亦夥矣。姱词以为美,嚣听而无所终,摘埴索涂不获,则反复其词而自惑。求其斟时弊以立言,如古人所谓对症发药者,已不可见,而况夫孤怀宏识、远瞩将来者乎?夫缮群之道,与群俱进,而择别取舍,惟其最宜。此群之历史既与彼群殊,则所以掖而进之之阶级,不无后先进止之别。由之不贰,此所以为舆论之母也。

余维欧美之进化,凡以三大主义:曰民族,曰民权,曰民生。罗马之亡,民族主义兴,而欧洲各国以独立。洎自帝其国,威行专制,在下者不堪其苦,则民权主义起。十八世纪之末,十九世纪之初,专制仆而立宪政体殖焉。世界开化,人智益蒸,物质发舒,百年锐于千载,经济问题继政治问题之后,则民生主义跃跃然动,二十世纪不得不为民生主义之擅场时代也。是三大主义皆基本于民,递嬗变易,而欧美之人种胥冶化焉。其他旋维于小己大群之间而成为故说者,皆此三者之充满发挥而旁及者耳。

今者中国以千年专制之毒而不解,异种残之,外邦逼之,民族主义、民权主义殆不可以须臾缓。而民生主义,欧美所虑积重难返者,中国独受病未深,而去之易。是故或于人为既往之陈迹,或于我为方来之大患,要为缮吾群所有事,则不可不并时而弛张之。嗟夫!所陟卑者其所视不远,游五都之市,见美服而求之,忘其身之未称也,又但以当前者为至美。近时志士舌敝唇枯,惟企强中国以比欧美。然而欧美强矣,其民实困,观大同盟罢工与无政府党、社会党之日炽,社会革命其将不远。吾国纵能媲迹于欧美,犹不能免于第二次之革命,而况追逐于人已然之末轨者之终无成耶!夫欧美社会之祸,伏之数十年,及今而后发见之,又不能使之遽去。吾国治民生主义者,发达最先,睹其祸害于未萌,诚可举政治革命、社会革命毕其功于一役。还视欧美,彼且瞠乎后也。

翳我祖国,以最大之民族,聪明强力,超绝等伦,而沉梦不起,万事堕坏;幸为风潮所激,醒其渴睡,旦夕之间,奋发振强,励精不已,则半事倍功,良非夸嫚。惟夫一群之中,有少数最良之心理能策其群而进之,使最宜之治法适应于吾群,吾群之进步适应于世界,此先知先觉之天职,而吾《民报》所为作也。抑非常革新之学说,其理想输灌于人心而化为常识,则其去实行也近。吾于《民报》之出世觇之。

据《民报》第一号《发刊词》(东京一九〇五年十一月二十六日)

论惧革命召瓜分者乃不识时务者也①

(一九〇八年九月一日)

自精卫先生《民报》第六号《驳革命可以召瓜分》一论出,言中外之情势原原本本,使中国人士恍然大悟,惧外之病为之一除。近又有申论革命决不致召瓜分一长编,并革命决不致召瓜分之实据,及汉民先生《驳某报惧召瓜分说》②,透言列强之政策了如观火,使读者快慰不已。所引土耳其、么洛哥二国近事为证,尤足征铁案如山,非惧外媚满者所能置辩也。

土耳其者,号为近东之病夫。其所征服各异种之地,数十年来已为列强所攫夺,或据为领土,或扶以独立,是故土国在欧洲之领土已被瓜分殆尽。仅存马士端尼亚③一省(为马其顿民族生息之邦)亦被列强干涉,各派政官、

---

① 本文于1908年9月1日发表于新加坡《中兴日报》,署名"南洋小学生",为孙中山笔名。
② 原题为《驳〈总汇报〉惧革命召瓜分说》,连载于新加坡《中兴日报》1908年8月19日至22日。
③ 马士端尼亚(Macedonia),今译马其顿。

警察于其地,该地主权行将非土耳其之有矣。乃土耳其革命党,则就列强已入而干涉之地以起事,一举而擒土皇之大将,土兵遂叛而归革命党。当时各国并不以革命而干涉,且以革命而止干涉,作壁上观。及土皇退让,革命成功,各国且撤其政官,退其警察,任革命党之自由行动;今更致庆于土民,颂之以能发奋为雄矣。

么洛哥者,无名之国也。初入法国之势力范围,继为列强之公共地,已成俎上肉久任欧洲之烹宰矣。法兰西、西班牙二国既派警察不已,再遣陆军,尽握海口,又入重地。么民不甘与孱王俱死、与主权同亡,乃发奋为雄,以拒外兵,以覆昏主。内外受敌,危险莫测,而么民不畏也;惟有万众一心,死而后已。其初也,败而愈愤,退而复进。其继也,有败有胜,或进或退,纠缠不已,久无解决。各国当局心焉忧之,恐此旋涡蔓延而成欧洲列强之势力冲突。乃忽一日,飞电传来,曰:"么洛哥革命军覆么王鸭都亚斯全军于马剌居时,么王或遁或擒,尚未得知。"欧洲各报一得此音,皆喜出望外,有从而论之(照译)。《自由西报》曰:"亚刺芝斯刺(西班牙南岸之邑,欧洲列强会议解决么洛哥问题之地也。)之盟约未干,么国则陷于困难之丛,而全欧随之纠缠无已;今此电音则略示其结果之涯岸矣,诚安慰之好音也!夫么洛哥之两党,其一(保王党)为列强外交上所承认,其一(革命党)为么民有识者所归心,二者各拥重兵、相顾不发者已久,惟各派员运动各地人民以争胜,而吾人昔尝意料之冲突今卒来矣。若此电音果确,则幸数已归于果敢有为之武黎哈佛(革命党首领)矣。以其主义乃得多数回徒之赞成,而鸭都亚斯之放纵卑劣久为回徒所共弃者也。在马剌居时旧都之战之结果,则武黎哈佛已由覆灭鸭都亚斯之军队,而树其声威于么民;而鸭都亚斯之自身或擒或遁,已一败涂地矣。此一战也,当能解决么洛哥之政权之所归宿矣。今旧王之权力已被敌人蹂躏至此,断难收拾余烬而恢复其位矣。么洛哥今已得其道,以自行解决其国内之问题,而列强当从此为之释然如脱重负矣。回思前者,旧王与革命军当为互相却退之战略,旷日持久,两不相下,几有使此问题永无解决之忧者。今幸矣,纷扰之事长此与鸭都亚斯之权力同去矣!法国所处艰难情形已略为解轻,将来更能解轻者,则得胜之武黎哈佛行即位之典于飞士京城,而接见欧洲列强之外交官并领事之时也。当此事既行之后,则彼之权力必得亚剌芝斯剌①会盟列国之公认,而法国现负之责任亦由是释减矣。要之,么洛哥之国势昔为欧洲列强危险暴飓之旋涡者,可从此尽息,而化作宁静之场矣!"

观于此论,可知欧洲之舆论,列强之政策矣。因势力之冲突,乃有以干涉他国政事,为负重任矣;有以他国人民能解决己国问题,为释然矣;有以他国问题纠缠日久,不能解决,为忧心如焚矣。中国问题之纷乱而不能解决者,自欧势东渐已百余年于兹,故有远东病夫之号也。今者,近东病夫之土耳其瓜分问题已由革命而解决,无名之么洛哥干涉问题亦由革命而解决。(近日电音云:德国行文促各国之承认革命党首领武黎哈佛为么洛哥新王,而法兰西、西班牙二国已承认之,而并议退兵回国。)中国岂异于是哉?!

拜读精卫先生革命可杜瓜分之论,不禁五体投地,神圣奉之,遂择译数节以质吾师。吾师曰:"此真中国人之先知先觉者。惟在吾西国,则此等言论已成为明日黄花。盖自日本败中国之后,西人见如此地广民众之国,乃败于撮〔蕞〕尔弹丸之日本,各国之野心家遂大倡瓜分中国之议,谓:'支那人乏于爱种爱国之心,而富于服从媚异性质。以满洲数百万之蛮族,犹能征服之而宰制之二百余年,况吾欧洲之文明强盛乎?倘列强有欲为中国之主者,中国人民必欢迎恐后。近闻中国士人有在上海求捐俄国功名者,此可为证也。'(见德国某报)于是,俄、德遂试行其瓜分之政策于胶州、旅顺矣;然不见中国人民之欢迎,只见其仓皇失措,于是颇生疑忌,不敢立肆其蚕食鲸吞之志。无何,而扶清灭洋之义和拳起矣,其举虽野蛮暴乱,为千古所未闻,然而足见中国人民有敢死之气。同时又有革命军起于南方,举动文明,毫无排外,更足见中国人民有进化之机矣。各国于是已尽戢其野心,变其政策,不倡瓜分,而提议保全支那之领土,开放支那之门户。惟俄尚恋恋于满洲之野,故卒遇日本之一击。近数年来,西土人士,无贤不肖,皆知瓜分中国为必不能行之事;倘犹有言此者,世必以不识时务目之。不意中国人士至今尚扼

---

① 本文前段译为"亚剌芝斯剌",此处译为"亚剌芝斯剌",今仍依原文。

于拳变以前之言,真可谓不识时务者矣!兹有精卫先生为言以启之,亦发聩振聋之一道也。"吾不禁有感于师言,故述录之,以赠惧革命召瓜分者,想亦精卫先生之所许也。

据中国国民党中央文化传播委员会党史馆藏一般档案048/1

平实开口便错

（一九〇八年九月十一日）

《总汇新报》新记者平实,一登台则陈其履历曰:"我行年三十余矣,奔走国事者亦十余年。"精卫先生曾讽之以报馆非官衙,何容自陈履历? 而吾辈读者,以为出世三十余年之壮夫,奔走国事十余年之志士,虽彼自道"于时局变迁、社会情形不敢云研之精而知之深",然于平常事理、普通知识当能不至如勤如勇之无知也。乃日来所为各文真有如精卫先生所云每况愈下者,然尤莫过于十四日之《论革命不可强为主张》一编之开口便错也。

其言曰:"时势者,自然也。圣人英雄者,善应时势者也。革命者,时势自然之所趋,圣人英雄顺时势之自然起而应之者也。所谓自然者何? 即人民大多数之所趋,如十一征而无敌于天下,非尽汤之力也,人民归心也;八百诸侯不期而会,非武之力为之也,天下归心也;十三议会共举华盛顿,华盛顿辞之再三而不获,非华盛顿之力为之也,十三州人民归心也。此三者皆自然也。"

其特错大错者,以时势与自然为一也。夫时势者,人事之变迁也;自然者,天理之一定也。吾在小学堂,闻之吾师曰:世界之学有二大类,其一曰自然科学,其一曰人事科学。自然科学者,如天算、地文、地质、物理（声光电热力等学）、生物（动物、植物二学）、化学是也。人事科学者,如社会学、心理学、伦理学、政治学、法律学、经济学、历史学是也。又闻之中国常语有曰:"人事补天工,人事夺天工。"天工者,自然也。如是时势与自然之有区别,虽小学之生徒、常人之见识皆能知也。彼今引三事谓皆为"自然",以证其说,此真不可思议之奇谬也!

夫汤之十一征而无敌于天下,为人民之归心也,而人民何以归心于汤?以夏桀之残暴也。而夏桀之残暴,非自然也;夏桀可以残暴,亦可以仁圣,倘使桀能承其祖德,如大禹之为仁圣,则人民必仍归心于桀,而不归心于汤矣。武之八百诸侯不期而会,为天下之归心也,而天下何以归心于武?以商纣之无道也。而商纣之无道,非自然也;商纣可以无道,亦可以有道,倘使商纣能承其祖德,如成汤之有道,则天下必仍归心于纣,而不归心于武。美大陆十三州殖民地之离英独立,以英之苛税也。而英之苛税,非自然也;英可苛税,亦可薄税,倘使英王佐治第三能俯顺舆情,尽除苛税,则美国至今仍为英之殖民地,而必不离英独立。(论者有"十三州人民归华盛顿"之说,真不通之极也。夫华盛顿为十三州国民之一分子,其受任出而统兵,是各尽其能以行义务,虽职有等差而分皆平等,同心一致以赴公义,固无所谓谁归心于谁也,此精卫先生所谓国民革命者是也。又谓"华盛顿辞之再三而不获",此显是论者脑中带有专制国虚伪之遗传,而自行杜撰者耳。按吾在小学堂得之师长指授,有华盛顿之笔记并美国各名家之历史,皆载有当美民抗英之始,华盛顿在费城为大陆会议员,任军事议长,由此被举为十三州义军之统帅;华盛顿被举之时,毫无推辞,惟率直而言于同人之曰"吾深恐有陨厥职",又却辞不受俸禄,惟取其一身之实费而已。吾今请问论者,"辞之再三而不获"一说出于何处?)此三者皆为历史之陈迹,纯然人事之变迁,并非如日月之经天、山河之丽地,何得谓为"自然"?

意者奔走十余年国事之人,志在扶清灭汉,而持之无其故,言之不成理,谬想天开,不知从何处觅得"自然"二字,附入于时势之下,以为今日之时势,满人之握中国四万万人之主权、宰制四万万人之死命者,实天数也。天数者自然也,故今日时势,以满制汉亦自然也,自然者非人事得而改更,故曰"革命不可强为主张"。以革命之事"非大圣人、大英雄不能为,虽有大圣人、大英雄,时势不可为,亦不能为",是可以排汉族之革命,而奠大清国于万年无道之长基矣!

呜呼！论者之心，亦良苦矣！惜其为说不能抵小学生之一击也，岂能惑世哉？今吾语尔：时势者非自然也，自然是自然，时势是时势，时势者纯乎人事之变迁也。革命者，大圣人、大英雄能为，常人亦能为。尔既知人心之所归，则时势之可为，尔有何据知吾汉族之四万万人为尽归心于满清者？以吾所见，除尔一二汉奸外，断无归心于满清者。今即以南洋证之：南洋各埠数年前华侨不知有革命之事业，只知捐功名、买翎顶，以为唯一之报国义务。自康有为到此为传奉诏求救，人始言保皇矣。后有革命主义之传布，人皆如大梦初觉，其始之言保皇者，今皆言革命矣；其以有故而不敢言革命者，然亦皆不言保皇矣。以南洋今日之革命风潮，比之前数年为如何？尔虽初到未悉，亦可一访即知也。南洋一隅已如此，则中国十八省可知。且就清政府近日之恐怖革命，则可见内地革命思潮之高涨，当亦不逊于南洋矣。于此可证人心之趋向也。

中国人受专制之祸二千余年，受鞑虏之祸二百余年，人心几死，是犹醉梦者，虽饥渴亦不知饮食也，不有唤起之，则醉梦者必长此终古矣！今幸有主张革命者出而唤起同胞，使之速醒，而造成革命之时势；将见醒者愈多，则革命者亦愈众。尔所谓"革不革一顺夫国民之心而已"，则四万万同胞必然大醒，则人人必以革命如饮食之不可无者。（精卫先生云"与饮食同一平常"，彼转语则以"平常为自然"，且谓人矛盾，真属胡闹卑劣。）尔时尔平实又当如何？吾恐尔必欲以大圣人、大英雄自居，如查厘李及结士辈之欲倾陷华盛顿矣，或又如杨度等之互相水火矣！

平实又曰："吾尝谓革命不是奇事，是难事、大事。以革命为奇事者，不知公理也；以革命非难事、大事者，不知时势也，不度德不量力也，均为无识，敢以质之。"此以知公理、识时势自矜矣！而末句颇近谦让，有如猩猩学言，略似人声矣，惟未知何所指而为是言也。主张革命者固未有以革命为非难事、大事者，无乃以已所为之事皆不欲为其难，故见人所为之事必以为人以之非难、非大者耶？何其以鸥鷃而测凤凰也！吾今有一问，要平实答我：革命为善事乎？抑恶事乎？如平实能言革命为恶事，并引据以证之，则吾不尔责；否则事之无论如何难、如何大，倘其事不为恶，则断无有不可主张之理也。尔之排斥革命,无理由可说,不过以为难事、大事而已,更见尔为卑劣中之最卑劣者。尔宜悔改,去邪归正,毋多言而多错也!

<small>据新加坡《中兴日报》一九〇八年九月十一日《平实开口便错》①,转录自《中华民国开国五十年文献第一编第十五册:革命之倡导与发展(七)——中国同盟会》(台北正中书局一九六五年版)</small>

平实尚不肯认错

(一九〇八年九月十五日)

平实以时势为自然,我引科学以证其谬,尚不肯认错,哓哓不已,乱谛无谓,引孔孟天命之说以文饰,无怪彼等以满人侵夺中国亦为天命之自然,而甘心媚之也。

夫孔孟,古之圣人也,非今之科学家也。且当时科学犹未发明也,孔孟所言有合于公理者,有不合于公理者。尔平实诚泥古而不通今,若如尔必尽守孔孟之言,则孔子有曰"不在其位,不谋其政",又曰"庶人不议",尔今又何偏要谋满人之政而上书乞求开国会,以为庶人之议耶?尔谓孟子言时势,以为"莫之为而为者天也,莫之致而至者命也",则尔又何必曰"今为救亡图存时代"?夫天欲以此时代而亡尔所爱戴之满清矣,尔便可委心任运以听其亡可也,何救为?

尔问:"天与人事果能截然区别乎?"我答尔曰:自然与人事,固绝对之不同也。尔谓:"以至浅之理明之,夏葛冬裘,昼兴夜寝,何莫非因天时之自然以为人事?"既知因天时以为人事,则天时、人事固有不同矣,尔何以又偏以之为一耶?如曰殷因于夏,便可谓殷、夏为同一耶?何其不通之甚也!尔又引老庄,谓:"合天地人皆以自然为归。"尔以人为自然,则以人事亦为自然乎?此即尔之大错特错点也。

---

① 署名"南洋小学生"。

夫人之初生，穴居野处，饥食自然之果实，渴饮自然之泉源，此所谓自然人；今南洋之海岛犹有存者。熙熙嗥嗥，无思无为，如中国古语所谓"无怀氏之民"、"葛天氏之民"也。此自然人之时代，固无所谓理乱兴衰之时势也。及其进化也，由猎而牧而耕而织，于是有夏葛而冬裘，暑扇而寒火，则人事进化矣。其进化之程度愈高，则离天然愈远；及至历史之时代，则人事渐繁，而理乱兴衰之事毕现，然后乃有"时势"之名称。时势者，人事变迁之态度，西名曰 Circumstance，日本人译之为"周遭之情状"，而自然则曰 Nature，二者固绝然不同也。

平实又引赫胥黎之《天演论》以自饰，尔不怕为赫胥黎所笑乎？试问尔：赫胥黎所著之书共有几种？赫胥黎所主张之学说为如何？即尔所奉之《天演论》之译本，其原意有无为译者所牵强附会？尔能一一答我乎？

尔云："将人群家国之事，无不纳于天演自然之中。"尔于天演下加多"自然"二字，以为尔之说可完，而不知"天演"二字之原文为 Evolution。此字有数意，兵式操演之"演"，亦名曰 Evolution。译者①乃海军学生出身，惯于操演之事，先入为主，故译 Evolution 为"天演"。而平实今欲文其错，并加以"天演自然"四字为一名辞，以辩其"人事即天然为不错"。其实，Evolution 在赫胥黎之书应译为"进化"乃合，译为"天演"则不合；以进化一学，有天然进化、人事进化之别也。若曰天然"天演"、人事"天演"则不合也，因人事进化与天然进化有相因的，亦有相反的也。

平实更有大谬不通者，无过于"即以字义论'时'字，属天乎？属人乎？"一语。夫"时势"二字乃一名辞也，今强拆一字出来，有是理乎？譬之弄骨牌曰"打天九"，今设有人强将"天九"二字拆之曰，"天者天也，九者数也，打天九即打天数也"，岂不可笑！我向以尔平实为一新闻记者，原来尔是一个拆字先生。我误矣，我误矣！从此不与尔辩论是非矣！

据中国国民党中央文化传播委员会党史馆藏一般档案 048/2

---

① 译者，指严复。

中国铁路计划与社会主义(译文)①

(一九一二年十月十日)

余此次游历北部,阅数星期之久。至通都大邑,与父老子弟诸姑姊妹相接,乃愈知吾国此后必将有统一、兴盛、自立之一日。向持悲观之评论者颇不乏人,谓必南北分崩而成二国。然余于南方既知之有素,今者考察北方,耳目所及,益知吾国之团结为一国,且能永久为一国也。

吾国之地由东至满洲,由沪至西界,实自为一国,自成一种②。凡此意义,当国人航海留学之时已晓然无疑,其后负笈担簦者相属于道,于吾国为巨大民族之故,益能完全领会。久之而更能阐发真理,还饷祖国。而我人咸喻其意,奋发景从,莫可阻遏。至余之此想,实于此次北游观察事物,获有奇特之证据也。当是时,余曾以共和政体国家与民国之关系进之国人,而见国人对于已成之事、将来之局,颇欣欣然有喜色。故益自信统一、伟大中华之民国异日必能成立,余之此言固有可操左券者也。且中华民国之成立必将历久长存,又尝以此诏之国民矣。前清政尚专制,以君治民;今共和成立,民自为政,乃事理之所应尔,亦全国所公认,热忱勃发有过于鄙人所料者,窃自慰也。此次游踪所至,若张家口,若太原,若济南,若山海关,彼都人士之对于新政府类皆欢欣鼓舞,希望吾国之统一强盛,余敢以此决之矣。在国人心目中,皆知满清政策欲使各省自分畛域,涣其势力,而中央不至为所掎扼,故其执政者几疑吾国永无联合之日。乃不转瞬间,而亿兆人民能令群策群力

---

① 本文是孙中山为武昌起义周年纪念,应上海英文报纸 The China Press(《大陆报》)所请而作。中译文在该报中文版上同时发表。The China Press 英文版所载标题为"Sun Yat-sen on Railways and Socialism in China",惜原文迄今未见。除此最早译文外,另有南京中国国民党中央执行委员会宣传部于17年后出版《总理关于国庆纪念的遗教》一书时重译者(陆达节辑《孙中山先生外集》据此转录,但有遗漏),两者文字差异较大。见附录。

② 据《总理关于国庆纪念的遗教》所载《中国之铁路计划与民生主义》译文,"种"译作"民族"。

以驱除专制者,则已熟审满人所为,故能以猛烈手段对付君主,逮至今日,尤莫不知省见之必当蠲除矣。

余至太原,尝倡论统一民国、泯灭省界、欢迎外人及他省人之说,闻者咸击掌称快,此亦可征其热诚而足令人注意者。窃谓国人深知兴国之大端,端赖实业,而吾国之完全成立,实惟发展隐藏于地之物产是赖。且当视练兵为有济也,国人于此亦甚赞成。以余所见,袁总统为人刚毅,堪以镇抚时局,而建设足为列强承认之稳健政府。自此游后,益以确知吾国必将一跃而列于头等矣。

余生平持论,每注意于国中之生计发达,世多知之。吾国物产丰饶,所有待者交通而已。夫大国成立之始必需交通,吾国亦何莫不然,故铁道之关系前途最为重要。诚以铁路既建,足使国民交接日亲,消除省见,举妒嫉之思想、反对之计划,凡足以阻碍进步者皆能廓而清之。且其便利产品也,不啻以缩地之方,将大市场移至出产物之门外,使增销路;农作物之种植亦必因此利便,而增值倍蓰也。吾人更可开矿以辟富源,其利之溥显而易见,更无俟赘言也。

近顷袁总统以筹划全国铁路商款路款、创设大公司之事相属,此举之于我国发达关系甚重。然若工程、若经费,其钜大繁难未更偻指,特审度既久,故愿肩此巨责耳。虽然余之地位,恐犹不免为世人所误会。敢申明之:夫余于今日固已脱离政界,仅受任而代表政府承办某事,自顾貌躬,有类奉命承办某件之包工人。政府欲办某事而令余办之,正如令包工人承办无异,故余自当设法以报命也。

顾经费无出,不得不利用洋款。然私心窃计,则必私人或公司之愿与路局直接商榷,而与中央政府无涉者,乃可告贷。盖必如是,而始为纯然商业,且可轶出政治、外交之范围。苟或循照旧章借款筑路,则国际之交际即已牵入,是则吾人所以欲避外交而免镠辘之故也。余所特设之中央铁路公司将自行借款,向中央政府及实在借款者担负责任。如是而吾人与政府均不向外国政府负责,更宜于从事之初划清界限,则自无外人干涉之虑矣。

揆此计划,固将有大造于吾国矣。惟此事之能否实行,某路之应否筑造,当候国人全体之决定耳。余所拟筑之路将如钢剑密布,纵贯全国,苟不加审度而惟事反对,使此已定之计划破坏无余,殊可惜耳。夫以我国幅员之大,而欲于此后十年成二十万里之铁道,闻者或当致疑,而余审度有年,知其决然可行而始定此计划。国民明达,诚宜为之赞襄,果得其助,自易易耳。吾人试一思之,筑路利益何可胜言,有此快捷安稳之交通,不仅有俾商业,即行政前途亦当获益匪浅。此又环球各国所尝以之自励者。且凡路线所及,人物荟萃,丰享裕大,必为发育昌盛之先声,而幸福亦必与之皆进也。

余之于此,实已筹之至审。将于此十年间敷设二十万里,虽造端宏大,措置为艰,第举例以明之,则此事亦必可成。夫大革命亦一伟举也,若在前二十年或十年,时机未至,即未能达其目的;乃起义未久而百端就绪,数月之间推倒专制,复仇之速令人惊愕不置。故举革命以譬造路,虽兹事体大亦属可行,诚以吾国本为大国,而实足以肩任大事者也。

筑路办法厥有三端,如京汉、津浦等路:一、利用外资;二、创设中西合资公司;三、准外国人筑造,惟订明四十年后交还我国政府。此之三策,以末策为最善。亦知国人闻之,或将相顾惊骇。而世界各国则不然,盖皆利用此策而获享殊效;则行之吾国,亦能收效。国人于铁路之建筑,一有外人关涉,即谓损碍主权,然此实有所误会也。试征之美国,其大铁道系之贯通,极端者率假外资以建之。彼当未采矿产以前,其最先所成辄藉外资挹注,而固未尝受害,富强至今。前事可师,不当攘臂而起乎?美国若无铁路,今果当作何景象耶?国人于此倘亦因循阻挠,则其景象当亦如是而已。

余计划之详虽未确定,至其大要,固已熟筹之矣。此策若行,则国中密布干路,自此端以至彼端,伊犁之人可与山东之人相晤,奉天之人可与广东之人相见,而云南之视太原亦当亲如兄弟。吾人倘深度己力,悉心体会,前途正未可限量也。且自此以往,省界之冲突渐将消灭,将来之交通自增利便,至方言之融解、国语之统一亦意中事耳。

今之所定,将自沪筑干路以达伊犁,自粤至喀什噶尔则更筑一干线,自粤至藏亦筑一干线取道于滇。至若扬子江流域,本为国中之商业中枢,自宜增筑路线。且时至他日,甘肃之兰州府必成要隘,则以应有十三线悉聚纽于其地也。至各省会垣亦将各成铁道之中枢,以其路线四达,由会城所引伸者当可有八九线耳。或者不察,虑〔而〕有铁路充斥之虑,此则殊不免有所误会矣。试一自计疆域之广袤,果当作何计划耶?且国境之大若是,余策果行,实犹有可供筑路之余地。而数十年后,通国商业发达异常,恐亦尚须增筑也。

余之此策果能完全行之,则商务之兴盛,财产之增益,贸易之畅旺,足以振兴物产,皆可断言。且犹有最要之一着,即足以使举国统一联合是也。统一联合诚国家存立之道,果能如是,将成世界大国,而不至为列强所轻侮、倡言瓜分,于以固邦本,于以御外侮,诚不难耳。

夫吾国之发育物产,与国人之欲享幸福,实出于一。惟当前此数年,迟迴审顾,未敢骤倡此议。及游文明各国,而见其致力于推广工商事业,辄召资本家与劳动者之竞争,为之详尽体察,始知其推广事业止以保持其竞争也。又尝见弱者之穷迫强者之奋争,以求朝夕之果腹。更见近世之工党肆扰,肆其野蛮手段以谋自赡,有如上古时代之强暴。实则数年以来,资本家实藉劳动者之工作大有所获,而匠佣则迫于穷途以求获其应得之权利,是则彼所竞争未始无理,而世界各都皆有此等事实也。吾人目睹法国铁路工人之罢工,奥国矿工、电车工之罢工,美国矿工、御者、栈佣等之罢工,英国矿工、船坞工人之罢工,德国矿工及其他工人之罢工,莫不由实业主义进步之故。乃回顾吾国罢工之事几无所闻,则以国人勤慎致力农事,而无贫富悬绝、互相仇视之举耳。

余平居亦尝窃计,罢工竞争之事果可使之见于吾国耶?吾国罢工之举,绝无仅有。譬之以此国投诸实业旋涡之中,凡有仁心者孰不徘徊审顾,而忍出此耶?夫实业主义为吾国所必需,盖文明进步必藉乎此,非人力所能阻遏,则其行于吾国也必矣。吾人今日亟须增殖物产,其法维何,殊足令人熟思耳。近世进步资本主义之天然推论〔演〕,姑不置述,以其对于劳动者常主不平之待遇耳。间尝熟思审虑,忽得外国已得解决此题之策,其策为何?社会主义是已。至此主义未适于用,则以各国提倡之人均失其中。推究其故,盖对于主佣家所获之利,当以何法使之平均,尚未得有把握耳。

此策也,行之于新进之吾国,实有可依次进行之机。亟宜循实业主义之进步而除其劣点,绝其萌芽,自可决为无上上之良策。故余所主者为社会主义之说,然绝非如无意识之反对者,坚持均产主义也。惟欲行一法,使专用体力者可按公理以互获利益而已。夫均产之说荒谬绝伦,社会主义之解释必如余言而后可。盖余所企望者,工人可得充分之佣值也。吾人尽力办事,此后事事维新,可使吾国民生、政治均推崇民主政体,使人人互相倚赖、〈互〉相信任、互[想]相爱悦耳。亦知此等理想未易推行,然必亦致力于此,庶于所悬之鹄稍有引近耳。

由此行之,产品增益将来不可胜数,而若奴隶之役使、劳佣之工作亦可减至最少之时刻矣。且一切财产所待人开采者,人人均得按比例以沾其利益,于所作之工获其结果,可得优待。而又可于工作之暇致力他事,且足以陶养心志,得间休息,自求应享之幸福。而我国之劳工、贫人,实不若各国之享此幸福也①。果能循是以行,人人有机会以与于生计之竞争,而得充分之自由,此则余所愿见者矣。夫余之力主社会统系者,因欲推行一策,将引起人民对于己国有直接之兴趣,且须其对于己国之生产亦皆致力从事也。

余更欲国家于应有之赋税及国有之财产,得以如量而取之。所以主铁路、电车、电灯、瓦斯、自来水、运河、森林各业,均归国有。而矿税、地租亦为国家所应有者。国课之源有三大宗,今述如下:

一、征地价税。此非单次之税,吾国行之甚易。今姑简述其法,则可以城邦之地,按其购值征之。先询其值于地主,俟其开报分别抽税,且订明国

---

① 《总理关于国庆纪念的遗教》对此句所译意思相反:"但在他国,劳工与穷苦之人,尝无享受之权利耳。"

家需用时可以照值向购。

二、征铁路税。美国铁路所入约美金七百兆元,惜为私人所有,果能以充国家行政费,恐当有所余也。我国铁路之必能获利,尽人皆知,他日若渐收为国有,斯其所入可充国用而有余矣。

三、征求矿税。

此三者虽已兴办之久,暂不同要可成。不日可征收之源,其余公共兴办之业①如自来水、电厂、瓦斯厂、森林,当可次第兴办。

上列各款,以之充行政经费自当绰有余裕。至其羡余可充教育之用,盖教育亦国家所必需。此外,慈善如养老恩俸、收养聋跛,更可从容措办。推而言之,青年宜养成之,衰老宜安抚之,固亦吾人所宜致力者也。

吾新中国之民,今得生息休养于开明政治之下,凡千百年所受专制之压力皆已扫除净尽。用敢一言以告曰:此后吾人自当同享幸福,其要点在戮力同心而已。

据上海《大陆报》(The China Press 中文版)一九一二年十月十日张蔺云译《孙逸仙纵论中国铁道暨社会主义》("共和纪念册"第五、六页)

附录 中国之铁路计划与民生主义(另一译文)

余自此次游历北部,遍访各大都会,并与各界人士接触,益信中国当成为统一、独立与兴盛之国家,确系将来必然之事实。向来持悲观论调者,每臆料中国将由南北分裂而成二国。但余素知南方情形,今又亲莅北部,现信中国仍为整个之单一国家,且将永远如是也。中国自广州北至满洲,自上海

---

① 本段以上文字显有错漏、误植,致造成文意欠通。《总理关于国庆纪念的遗教》的译文是:"上述之三种收入,大抵可以即时征收,且极便利。其他尚待开发之税源,则有各种公共兴办之事业……"

西迄国界,确为同一国家与同一民族。此种事实,直至中国学生留学外国之时,始有完全之认识。故首知中国为伟大之单一国者,乃留学外国之学生。彼等发现此种事实,并举以告知国人。国人本其智力与热诚,已完全了解此种意义。现在余游历北部之观察,更给余以铁证,确知此种见解之正确无讹。当余游历各地之时,已努力向人民解释创立民国之理由,与新制度下政府与人民之关系,人民对于已成之事实与将来之希望,皆已认为满意。故余敢断言,将来必有一伟大、统一、永久之中华民国出现,且民国现已存在矣。余乃昭示人民,谓当满清时代,政府与人民皆由专制君主管辖,今则专制君主业已驱逐,政府由人民主持,此乃事理之当然。而人民所表示之同情与热望,实有出余意料之外者。游踪所至,西北及张家口,西达太原,并历山海关与济南,无处不发现人民有同样之态度,即对于新事业之同情的感觉,与对于强大统一之中国的希望是也。

统一将告完成,国人心目中皆知满清之政策,欲使各省自分畛域,以致革命势力涣散,不能反抗满清政府。依当局者之意见,中国在此种情形之下,永无统一之可能。然而中国之统一竟告成功,专制者卒被驱逐。国人已洞悉满清政府之所为,并采取剧烈之手段,以反抗专制政治。迄于今日,国人已知各省间之异见可以完全蠲除矣。当余在山西省向人民提议蠲除省见促进统一之时,该省人民莫不表示极端之热诚,欢欣赞许。及余建议欢迎与他省与他国人士提携之意见,人民亦皆乐从。国人现已确知中国之将来全赖天然之富源,且能竭力以响应国家之宣言,深信吾国家之巩固,所恃于自然宝藏之开发者,实较甚于庞大军备之组织也。余信袁世凯系一有力量之人物,能制驭现局,建设巩固之政府,可邀世界列强之承认。自此次游历北地,与北方人士接触,余益信中国将成为世界上之一等国家矣。余对于中国之经济发展深具热诚,中国物产无不丰富,惟待开发而已。中国亦与各大国发展之情形相同,所急切需要者,乃交通之便。故目前关系吾国前途之最大者,莫如铁路之建筑。因铁路能使人民交接日密,祛除省见,消弭一切地方观念之相嫉妒与反对,使不复阻碍吾人之共同进步,以达到吾人之最终目的。且路线敷设以后,则物产之价值势必增涨数倍。

因此种路线，不啻将昔日市场与生产者遥远之距离，缩短于咫尺之间也。至地下蕴藏之采掘，金属物产之开发，其利益之丰厚，乃显而易见者，固不待赘言者也。

近袁总统以全国铁路设计，筹措必需路款，并组织中央铁路公司，以督办路政之重任相属。余对于铁路建筑工程，与运用上之复杂情形，及经济方面，已加一番研究，知此事关于国家前途之发展者甚大，故敢毅然担任之。但余办理此事之地位，恐不免引起误会。须知余实未受政府之任何职位，不过受命于政府，以代办一定之事业耳。余之地位，乃与包工人相等，承揽一定之工作以完成之。政府因欲兴办一定事业，嘱余完成其事，即与对包工人之嘱托相同。余将努力以实现政府此种嘱托。为完成伟大之工作起见，自非利用外资不可。但余意以为应由投资之私人或公司，与吾铁路局直接交涉，而与中央政府不发生关系。此种纯粹商业性质之办法，可使全盘事业脱离国际的与他种的政治范围。盖建筑铁路之经费，如仍依旧例借贷而得，则外交问题即不免牵涉其间。故吾人兹愿摆脱外交上之一切纠辕也。依余之计划，即可避免此种烦恼。中央铁路公司将自行筹措借款，对于中央政府与投资人担负责任，如是则吾人与政府皆不向外国政府负责。吾人将于创办之初，划清界限，以杜绝外来之干涉。至于此种路线之应否建筑，与此种关系于全国幸福之计划，应否聿观厥成，端赖全国人民之公意，乃为此种纵贯全国的铁路系统之最后决定。若徒事无理之反对，则适足以破坏全盘之计划而已。在今后十年之内，敷设〈二十万里之铁路，乃为完全可能之事。经过数月审慎研究之后，余乃决定此项计划。如国人能尽其应尽之责，予以赞助，则此计划必能实现。国人应知铁路之敷设〉①，其利益实浩大而易睹，此种有效的、安稳的、敏捷的交通建设，岂但有益于商业，亦且有裨于政治前途也。今世界之大国，无一不得到此同样之教训。盖无论何处，铁路常为国家兴盛之先驱，人民幸福之源泉也。

余现拟进行之计划，规定于今后十年之内，敷设二十万里之铁路，此成

---

① 此处据秦孝仪主编《国父全集》增补。

〔诚〕巨大之企图,但余敢申言其必能实现也。按此次革命事业之本身,即为一巨大之工作。在二十年以前,甚至在五年以前,革命之发难与成功,似乎都不可能。但革命力量培植既洁〔深〕,吾人卒能奋臂而起,以敏捷之手段,于数月之间,竟即推翻专制,脱离桎梏。故今之计划虽大,乃确可实现者。因中华民族为一伟大之民族,必能完成伟大之事业也。

关于建筑铁路之办法有三:一、利用外资,如京汉、津浦线等是也。二、集中外人之资本,创设铁路公司。三、任外国资本家建筑铁路,但以今后四十年归还该项路线于中国政府为条件。在此种办法之中,以第三种办法为最善。此在中国虽为创见,而在他国则已司空见惯矣。且利用此项办法者,无处不奏伟大之成效也。中国如能利用此项办法,其成功自必伟大。吾人须屏除一种错误之见解,勿以为外人一旦羼入此种事业,则必破坏国家之主权,妨害吾人之自由,盖实际上并不如是也。此同一之办法,曾在各处施行,固皆不曾妨害其国家之主权。譬如美国连贯国疆极端之铁路系统,大部分皆由外资敷设。在美国之富源未开发以前,早期敷设之铁路,事实上亦不得不利用外资也。但美国并未因此受害,且因此获巨利,臻于富强之域。故今日有利于中国之事,亦莫如铁路之敷设。吾人试测想,如美国不敷设铁路,则今日将成何景象乎?因此吾人须相信,中国如不敷设铁路,则其国家落后之情状,将长此不变也。余所拟敷设铁路之计划,其细目虽未厘定,但就大体言之,则吾人已知进行之头绪矣。今后将敷设无数之干线,以横贯全国各极端,使伊犁与山东恍如毗邻,沈阳与广州语言相通,云南视太原将亲如兄弟焉。迨中国同胞发生强烈之民族意识,并民族能力之自信,则中国之前途,可永久适存于世界。盖省区之异见既除,各省间不复时常发生隔阂与冲突,则国人之交际日增密切,各处方言将归消灭,而中国形成民族公同自觉之统一之国语必将出现矣。

从上海至伊犁,将敷设干线一条。另一条由广州至喀什噶尔。又另一条由广州至西藏,取道云南。扬子江流域本为中国最重要之商业中心地,将为此种新路线所横截。且甘肃之兰州,将有十三条铁路汇合于此,形成一极重要之交通中枢,此世人必为惊异者也。

各省之省会均将成为铁路中心,路线将由此种重要之城市向各方分射而出。从每一省会出发之路线,将多至八、九条不等。由此观之,似乎中国之铁路过多,但吾人须不忘全国地域之广阔也。即此计划完全实现之后,中国尚有增筑铁路之余地,将来全国商务之发展,必需更多之路线也。完成目前之铁路计划,即所以促进商业之繁盛,增加国富,市场因以改良而扩大,生产得藉奖励而激增。尤其重要者,则为保障统一之真实,盖中国统一方能自存也。一旦统一兴盛,则中国将列于世界大国之林,不复受各国之欺侮与宰割。今时机已至,中国将能自立以抵御外来之侵略矣。

夫人民之幸福,与中国物质上之开发,关系如此之巨,令余不敢轻议者已有年矣。在文明世界各国之中,尝见劳资争执不已。此等争执,原由工商界之力图扩张,驱迫使然,迄今依然未已。又尝见弱者之穷迫,强者之奋斗,以求足食。尤可异者,近时贸易联合会之时滋纷扰,出其几类原始时代之野蛮手段,以为工人要求生活费。实则在过去数年中,世界各处,已有可惊可愤激之象。工人不分巧拙,咸为境遇所迫,不得不出此以求遂其所欲。余平心思之,资本家所获甚丰,皆由工人之劳力而来,工人争其所应得之权利,亦理所当然也。余等所见各国之罢工,如法之路工,奥之矿工及电工,美之煤矿工、汽车夫、旅馆侍役以及其他各工,英之船工、矿工,德之矿工与他工,盖皆直接受实业主义进步之影响者也。其在中国,则此等罢工之事实未曾见,人民安于农业,贫富之间并无此等互相仇视之纷扰现象。余每自问,此种可怖之情形亦将见于中国乎?夫中国亦将自行投入实业漩涡之中。盖实业主义为中国所必需,文明进步必赖乎此,非人力所能阻遏,故实业主义之行于吾国也必矣。吾人今日务必开发富源,其法维何?须深长思之耳。近世资本主义之天然演进,对于劳动者常与以不平之待遇,故吾人当力避之。间尝熟思深虑以求解决此问题之策,其策维何?民生主义是已。至于此主义未能适用之故,则以其他诸国类皆矫枉过正,不能使劳资间得一调和之点,而收利益平均之效果也。此策行之于新进之吾国,自宜及早图之。随实业主义之进步,努力以避免其恶劣之结果,故余主张民生主义。

惟民生主义之意义维何？吾人所主张者，并非如反动派所言，将产业重行分配之荒谬绝伦。但欲行一方策，使物产之供给，得按公理而互蒙利益耳。此即余所主张之民生主义的定义。余将使劳工得其劳力所获之全部。将来中国之实业，建设于合作的基础之上。政治与实业皆民主化。每一阶级，皆依赖其他阶级，而共同生活于互爱的情形之下。此种思想，固难达到，但吾人当努力以求理想之实现，以改良社会之情状，使臻于完善之域也。依照此种计划，生产将日益增加，以最少限度之穷困与奴役现象，以达到最高限度之生产。对于待开发之产业，人人皆得按其应得之比例，以分沾其利益，享受其劳力结果之全部，获得较优良之工作状态，并有余暇之机会，可以思及其他工作以外之事件。如此，劳工必能知识日进，获得充分之娱乐与幸福。此种娱乐与幸福，本为一切人类所应享。但在他国，劳工与穷苦之人，常无享受之权利耳。故在一个民族之中，须给人民全体以生活之机会，并与以完全之自由。此即余之希望。

余所以主张民生主义制度者，盖欲用一种制度，使国民对于国事发生直接之兴趣，愿全国人民皆享受其生产之结果。余更愿国家对于直接管辖之税源，得到其所产利益之全部。凡铁路、电车、电灯、瓦斯、自来水、运河、森林各业，均应收归国有。地产收入与矿产收入，为国家收入之渊源。按国家之收入共分三种：第一，为地价税（并不作单税征收），此最易施行于中国。简略言之，即使城市之土地，呈报价格，惟声明国家得按价收买之，且即照价课税。第二，为铁路收入。据称美国之铁路收入，现有流入私人收入之趋势，其数额达七〇〇，〇〇〇，〇〇〇金元之巨，足以抵付美政府之政费而有余。在中国，吾人亦知铁路之利益。因此种铁路，将由政府直接管辖，故其全额收入，将供政府之使用。第三，为矿业收入。上述之三种收入，大抵可以即时征收，且极便利。其他尚待开发之税源，则有各种公共兴办之事业如自来水、电厂、瓦斯、森林等是也。综上述之各种收入，将供给国家政费之需要而有余，然后举其余额，以兴办教育及最要之慈善事业，如养老恩俸、收养残废跛瞎之人。吾人应注意青年之养育与衰老羸弱者之安抚。新中国之人民，今得生存于开明政治之下，解除数百年之专制压迫，而目睹将来愉快之黄金时代矣。当今之所急需者,惟在国人之同心合作而已。

据陆达节辑《孙中山先生外集》(中华书局一九三二年发行)

钱 币 革 命

(一九一二年十二月三日)①

　　北京大总统、国务院、参议院、各省都督、省议会、全国国民暨各报馆鉴:窃闻遇非常之变,当出非常之方以应之。今者俄人乘我建设未定,金融恐慌,而攫我蒙古,以常情论之,我万无能抵抗之理,在俄人固知之素,而审之熟,故甘冒不韪行之。我国人皆知蒙亡国亡,与其不抗俄屈辱而亡,孰苦抗俄而为壮烈之亡,故举国一致,矢死非他也。以文观之。民气如此,实足救亡,惟必出非常之策,事乃有济。非常之策维何?请为我政府国民言之:第一行钱币革命,以解决财政之困难。今日我之不能言战者,无过于财政困难,自南北统一后,则谋借外债,以救我金融之恐慌,然至今六国之借款无成,若一有战事,则更复无望。然则就财政上言之,无论有战无战,财政问题之当解决,必不容缓也。文于谋革命时,已注重于此,定为革命首要之图。乃至武昌起义,各省不约而同,寖而北军赞和,清帝退位,进行之顺适,迥出意表,故所定方略,百未施一。民国大定后,财政虽困,以为皆可以习惯之常理常法以解决之,便不欲以非常之事而惊国人也。不图借债无成,而俄祸又起,存亡所关,不能不出非常之策以应之也。钱币之革命者何?现在金融恐慌,常人皆以为我国今日必较昔日穷乏,其实不然,我之财力如故,出产有加,其所以成此贫困之象者,则钱币之不足也。钱币维何?不过交换之中准,而货财之代表耳。此代表之物,在工商未发达之国,多以金银为之,其在工商已发达之国,财货溢于金银千百万倍,则多以纸票代之矣。然则纸票者

---

① 此件为通电,发于上海。按1912年12月4日《致梁士诒电》中有"昨电救亡第一辑"之语,可断此电发于12月3日。

将必尽夺金银之用,而为未来之钱币,如金银之夺往昔之布帛刀贝之用,而为钱币也。此天然之进化,势所必至,理有固然,今欲以人事速其进行,是谓之革命,此钱币革命之理也。其法维何？即以国家法令所制定纸票为钱币,而悉贬金银为货物,国家收支,市廛交易,悉用纸币,严禁金银,其现作钱币之兑金银,只准向纸币发行局兑换纸币,不准在市面流行,如此则纸币一出,必立得信用,畅销无阻,则财用可通矣。但纸币之行用,无论古今中外初出时甚形利便,久之则生无穷之流弊,必至归天然淘汰而后止。此其原因,则纸币之本质价廉而易制,不比金银之本质价昂而难得,故纸币之代表百货也,其代表之性质一失,则成为空头票,若仍流行于市面,则弊生矣。而金银之代表百货也,其代表之性质虽失,而本质尚有价值,尚可流行市面而无弊,此两物代表百货之功用同,而性质不同,故流行之结果有别,昔人多不知此理,故无从设法防其流弊。今我人既明此理,则防弊之法无难,其法当设两机关,一专司纸币之发行,一专司纸币之收毁,纸币之功用,既为百货之代表,则发行之时,必得代表之货物或人民之担负,而纸币乃生效力。今如国家中央政府,每年赋税应收三万万元,税务处既得预算之命令,即可如数发债券于纸弊〔币〕发行局,该局如数发给纸币,以应国家度支。至期税务处当将所收三万万元租项之纸币,缴还纸币消毁局,取消债券。如是发行局于得税务处之债券,如数而发出纸币。此等纸币以有人民之担负,成为有效力之纸币,名之曰生币,及税务处于所收税项如数缴赎债券之纸币,为失效力之纸币,因代表赋税之功用已完,名之曰死弊〔币〕,故当毁之也。如收税之数溢于预算之数,则赢余之纸币效力尚在,可再流转市面无碍也。以上为国家赋税保证所发之纸币。至于供社会通融之纸币,则悉由发行局兑换而出,当纸币之存在发行局,为未生效力之币。必需以金银或货物或产业兑换之,乃生效力。如是纸币之流于市面,悉有代表他物之功用,货物愈多,则钱币因之而多,虽多亦无流币。发行局发出纸币而得回代价之货物,其货物交入公仓,由公仓就地发售,或转运他方发售,其代价只收纸币,不得收金银,此种由公仓货物易回之纸币,因代表之货物去其效力,立成为死票,凡死票悉当缴交收毁局毁之。如此循环不息,则市面永无金融恐慌之患,而纸币亦永无流币之忧,一转移间而全国财源可大活动,不必再借外债矣。如国家遇有非常之需,只由国民代表议决预算表,如数责成国民担任。或增加税额,或论口输捐,命令一出,钱币发元〔行〕局便可如数发出纸币,以应国家之用,按期由税务局收回纸币,此款便可抵消。若论口捐输,每人二元,全国之数八万万元,若收金银,则必无此数,若收纸票,则必易行,因政府已将所定额先期发出,行用市面,泉源已加多此数,人民或以工取,或以货易,求之市面,必能左右逢源。非若金银之只有此数,一遇减少,必成恐慌,中国人或更埋之地中,外国人必然输之海外。如此则紧急正需金银之时,而金银因之愈乏,适成穷上加穷,而各国银业奸商遂从而垄断之。人民虽激于义愤,欲报效国家,然如苦无金钱,爱莫能助,徒唤奈何耳!此吾中国现在之境况也。若行钱币革命,以纸币代金银,则国家财政之困难立可抒,而社会之工商事业,亦必一跃千丈。由此观之,纸币之行用有方,流弊不生既如彼,而利益之大又如此;况值非常之变,非先解决财政问题,必不能言战。乃有热血之士,徒责政府之无能,而不为设身代想,殊不共谅当局人为难之甚也!当此强邻逼处,实行瓜分之秋,非徒大言壮语所能抵御,非有实力之对待不可,是宜政府与人民同心同德,协力进行钱币革命,以救今日之穷。在政府当速行立法:一、筹备设立铸币局,制出一元、十元、百元、千元四种之纸币;五毫、一毫之银币,五仙、一仙之铜币以辅之。其本位可仿日本,以金为定制,出若干之时,便可发命令颁行,限期将市面现银之币收换,过期有仍用旧币者,加数没收充公,并严罚其授受之人。二、筹备设立公仓工厂,以便人民以货换币,或以工换币之地。三、筹备设立纸币收毁局。此各种机关立法必臻妥善,方可无弊。在人民当一面遍国设立救穷会,鼓吹其道,以助政府实行钱币革命。此事成功之后,金银既贬为货物,则金银出口毫无影响于经济界。因我不以此物为钱币,纵全国无金银,我之经济事业亦能如常活动。况我既行纸币,则财货必流通。工商必发达,出口货必多于入口货,而外货不能相敌,必有输其金银珠宝以为抵者。金钱一物我既不以为钱币,只有作为器皿,或贮之外国,以供全国之借贷,而我为债主,以享其利子而已,此钱币革命之结果也。总之,一经此次革命之后,我之财政,立可活动。第二谋不败之战略,以抗强邻,而保领土。语曰能战而后能和,惟我今日不能战,故俄敢公然侵我领土,若徒然与之办交涉,与之言仲裁,悉归无效。必也,照第一策先行解决财政问题,然后乃能言战,而战必期于不败,乃能言和。不败之道若何? 必备屡战屡败而气卒不挠,乃能求最终之一胜,语有之,知己知彼,百战百胜。今俄有常兵百万,战时兵五百万,我现有练兵五十万,民兵无量数。就俄之现势而观,六个月之内必难出至五十万之兵,而我则于此期之内,可出五十万于外蒙北满,六个月之后,又可加新练之兵五十万。然以此而敌俄,在第一年之战胜负未可知,惟第二年我当出兵二百万,意料中当逐俄出满蒙之野,而复我黑龙江沿海州之侵地。然万一仍败,则第三年当出兵四百万,若犹不能得利,则第四年当出兵六百万,则未有不胜者也。在此期内俄必有财政之恐慌,革命之起义,与我可乘之隙者甚多。若彼犹不屈服,则期第五年之大举,必出兵至八百万或至千万,必直抵莫斯科圣彼得堡而后已。或疑此作战之计划,为万不能行之事,不知此乃以常理而言耳。若出以非常之方,则未有不能行者也。近世战斗之力,每以金钱为限,吾先既已行钱币之革命,则不受金钱之限制矣。而以四万万人之人工物力,而供给千万之兵五年之饷,实绰绰有余也。证之以南非杜柯二国,以四五十万人口之国,能出兵五六万以抗英,支持三年之久,而谓我不能出千万之兵,作五年之战,有是理乎? 又证之以太平天国与满清战,为期至十五六年,而两方前后合计皆出兵千余万。五六十年前中国国内之战,已有三倍之长期,三倍之兵数,而当时人工物力尚能给之,无待取助于外债,而谓今日,则不能乎,无是理也。况今日乃举国一心,生死与共,大尽〔异〕于昔之人心惟是自相残杀者。今日民国成立已一年,而列国互相阻难,无一国肯首先公式承认,而蒙古一域之独立,俄乃首先承认之,各国不以为难,此非故为瓜分之余地乎? 与其俯首而听人之瓜分,何如发奋一战以胜强俄,而固我国基于万代之为愈也。况当此民气正盛,国体方新,战有必胜之道,不战为必亡之阶,孰利孰害不待智者之决也。纵以常理论之,今日战亦亡,不战亦亡,与其屈于霸道强权而亡,不如一殉人道公理而亡。一战不独不亡,而更可扬国光,卫人道,伸公理于世界也。望我政府、我国民,当仁不让,毅然以非常之方,应非常之变,先行钱币革命,而后定作战之计划,民国幸甚,全球幸甚。

孙文叩

据上海《民立报》一九一二年十二月六日、七日《孙中山之救亡策》

致日本首相大隈重信① 劝助中国革命函

(一九一四年五月十一日)

大隈伯爵首相阁下:

窃谓今日日本,宜助支那革新,以救东亚危局,而支那之报酬,则开放全国市场,以惠日本工商。此中相需至殷,相成至大。如见于实行,则日本固可一跃而跻英国现有之地位,为世界之首雄,支那亦以之而得保全领土,广辟利源,为大陆之富国。从此辅车相依,以维持世界之和平,增益人道之进化。此诚千古未有之奇功,毕世至大之伟业也。机会已熟,时哉勿失。今特举其理由,为阁下陈之。望加意详察,两国幸甚。

支那曩者苦满清虐政,国民共起革专制为共和。而民党笃信人道主义,欲减少战争流血之惨,故南北议和,使清帝退位,后举袁世凯为总统,袁亦誓守约法,矢忠民国。乃自彼就任以来,背弃誓约,违反道义,虽用共和民国之名,而行专制帝王之事。国民怨怒,无所发舒。乃其暴虐甚于满清,而统驭之力,又远不及,故两年之间,全国变乱频起,民党之必兴,革命军之必再见,无可疑者。

顾革命军以自力,而无助,则其收功之迟速难易,或非可预期。以言破

---

① 大隈重信(1838—1922),日本佑贺县锅岛藩警卫头人。1877年,任大藏卿。1881年,组织在野同志成立立宪改进党,任总理,成为在野政客巨头。1898年,组织宪政党内阁,任首相兼外相,后辞职。孙中山自1913年8月到日本后寓居东京,在极端困难的条件下继续策划武装反袁。大隈重信系孙中山旧识,于1914年至1915年第二次组阁,任内阁首相兼内务大臣。

坏之际,得世界一强国为助,则战祸不致延长,内免巨大之牺牲,对外亦无种种之困难。日本与支那地势接近,利害密切,革命之求助以日本为先者,势也。以言建设之际,则内政之修善,军队之训练,教育之振兴,实业之启发,均〔非〕有资于先进国人材之辅助不可。而日本以同种同文之国,而又有革命时期之关系,则专恃以为助,又势也。日本既助支那,改良其政教,开发天然之富源,则两国上而政府,下而人民,相互亲善之关系,必非他国之所能同。支那可开放全国之市场,以惠日本之工商,而日本不啻独占贸易上之利益。是时支那欲脱既往国际上之束缚,修正不对等之条约,更须藉日本为外交之援。如法律、裁判、监狱,既藉日本指导而改良,即领事裁判权之撤去,日本可先承认之,因而内地杂居为日本人,于支那之利便而更进。使支那有关税自主固定之权,则当与日本关税同盟,日本之制造品销入支那者免税,支那原料输入日本者亦免税。支那之物产日益开发,即日本之工商业日益扩张。例如英国区区三岛,非甚广大,然其国力膨胀日加者人莫不知,其以得印度大陆为母国之大市场,而世界列强始莫与争。日本地力之发展已尽,殆无盘旋之余地,支那则地大物博,而未有以发展之。今使日本无如英于印度,设兵置守之劳与费,而得大市场于支那,利且倍之,所谓一跃而为世界之首雄者此也。然而日本若仍用目前对支之政策,则决不足以语此。何也?现在支那,以袁世凯当国,彼不审东亚之大势,外佯与日本周旋,而内阴事排斥,虽有均等之机会,日本亦不能与他人相驰逐。近如汉冶萍事件,招商局事件,延长煤油事件,或政府依违其议,而嗾民间以反对,或已许其权利于日本,而翻援之他国。彼其力未足以自固,又惮民党之向与日本亲善,故表面犹买日本之欢心,然且不免利用。所谓战国时纵横捭阖之手段,对待日本。设其地位巩固过于今日,其对待日本必更甚于今日,可以断言。故非日本为革命军助,则有袁世凯之政府在,其排斥日本勿论。即袁或自倒,而日本仍无以示大信用于支那国民,日本不立于真辅助支那之地位,则两国关系仍未完满,无以共同其利益也。就他一方言,则支那革命党无一强国以为事前之助,其成功固有迟速之不同,即成功后而内政之改良,外交之进步,苟无强国之助,其希望亦难达到,故现时革命党望助至切,而日本能助革命党，则有大利，所谓相需至殷相成至大者此也。或谓外交上日本未取得英国之同意，不能独力解决支那问题。然此不足虑也。支那问题近始露其真相，当袁世凯就职之初，大放金钱以收买欧洲一部分新闻记者、通信员，故其报告与评论皆极推重袁，而英国政府亦信之。近则英之舆论已变，《泰晤士报》已评袁为无定乱兴治之能力矣。英与佛①邦交最善，而近日佛政府与国民皆已不信袁氏，故取消佛支银行借款之保证。夫英于支那，以求真正之治安为目的，前误信袁氏有保持支那之能力，今既知其不然，将与佛国渐同其趋向。若日本导以真正解决支那问题之策，俾使支那得永久之治安者，则英必同意于日本之行动无疑。关于支那问题，日本当欲得英国之同情，而英国亦实视日本意向为转移也。夫惟民党揽支那之政柄，而后支那可言治安。

以支那人大别之为三种：一旧官僚派，二民党，三则普通人民也。政治上之争，普通人不与焉，旧官僚得势，为保持其禄位计，未尝不出力与他人角逐，及其权势已失，即无抗争反动之余地。如袁世凯见逐于前清摄政王时，惟以免死为幸，不闻有何等举动也。民党则不然，所抱持之主义，生死以之，求其目的之必达。前者虽仆，后者复继。故虽以前清朝之残杀，亦卒无以制胜。民党之志一日不伸，即支那不能以一日安。此深察支那之情形，当能知之。而欲维持东亚之真和平，则其道固在此，而不在彼矣。要之，助一国民党，而颠覆其政府，非国际上之常例。然古今惟非常之人，乃能为非常之事，成非常之功。窃意阁下为非常之人物，今遇非常之机会，正阁下大焕其经纶之日也。文为支那民党之代表，故敢以先有望于日本者，为阁下言其概。且观于历史，佛曾助米利坚矣，英曾助西班牙矣，米曾助巴拿马矣。佛之助米独立，为人道正义也；英助西班牙以倒拿破仑，为避害也；米助巴拿马，为收运河之利也。今有助支那革命，倒暴虐之政府者，则一举而三善俱备，亦何惮而不为乎？若夫几事之密，更有以避外交之猜疑而神其作用，此又不待论。区区所见，实为东亚大局前途计，惟

---

① 佛，即法国。

阁下详察而有以教之。

孙　文（印）

大正三年
民国三年　五月十一日

据中国社会科学院近代史研究所中国近代史档案馆藏原件照片

复社会党国际执行局请协助中国实现社会主义函（译文）①

（一九一五年十一月十日）

尊敬的各位先生：

　　能收到像您们这样享有盛誉的机构寄来的友好而富有同情心的信函，对我和同志们而言，不亚于充满鼓舞和希冀的醇醪之饮。我想告诉您们，来信使我获益良多，我非常感谢诸位先生对我们事业高尚而宝贵的帮助。得悉我在世界各地有许多同情者，使我感到非常高兴。我们是真正的革命伙伴，是共同反抗强大敌对势力的合作者，持有同样坚定不移的信念，即真理、正义及人道定将最终击败罪恶和不公。

　　您们一定有兴趣知道，当第一次革命完成之后，我当选为民国总统，本想以社会主义理想来整合中国。然而我发现自己是独行者，因为人民对社会主义一无所知，在革命同志中社会主义者为数寥寥，他们对社会主义的

---

　　① 据现存信封影印件，此英文函乃自东京寄往比利时布鲁塞尔人民宫（Peoples Palace, Brussels, Belgium），收信人是社会党国际执行局主席（President of International Socialist Bureau）。社会党国际即第二国际，执行局为其常设机构，该局主席是比利时社会党党魁王德威尔得（E. Vandervelde）。孙中山与第二国际早有联系，1905年5月在布鲁塞尔时曾亲往访问其执行局，并与王德威尔得及该局秘书于斯曼斯（C. Huysmans）会谈。但此时第一次世界大战已爆发，王德威尔得加入比利时内阁任国务和外交部长，而该国部分领土被德军占领，于斯曼斯已将执行局迁至荷兰海牙，故孙中山此函是否寄达，不得而知。

了解又是那么粗疏浅陋。我意识到，由于我身边缺少有特别才干的革命同志，依靠他们来重建中国，估计是无法完成的。所以我觉得保留权力并无用处，无非意味着战争延长和白白流血。于是我与袁世凯议和，把政府权力交给他，由他来治理我用真正民主精神艰辛建立起来的民国。

我痛悔当初完全信任袁世凯，将政权托付于他。经过二十年艰苦奋斗，我已经将独裁的君主政体转变为共和政体，并想急切地培育善于思考和锐意进取的人才，为建设社会主义铺平道路。

我对袁世凯如此信任，他也曾信誓旦旦要进行这项事业，然而他只是为篡夺权力来谋一己之私，这使我感到极度痛心和失望！更有甚者，他竟以卑鄙下流的手段破坏我整个的事业。当他觉得力量足够强大的时候便公然违背诺言，毁弃我们当初共同约定他本该遵守的原则。如今袁世凯比任何暴君都要专制，中国腐败尤甚于从前。他雇用暴徒和刺客团伙，专为铲除异己，以至于中国许多进步人士惨遭蓄意屠戮。种种证据表明，袁世凯就是这些凶案的真正罪魁祸首。因为他是掌执生杀大权的总统，即便公开杀害或者秘密行刺，都无人有权弹劾。当国会要求他做出解释时，他索性宣布解散国会。议员们有的被毒害，有的被处死，有的遭受牢狱之灾。

这样的事情居然发生在文明的二十世纪，在一个人口占全世界四分之一的国家，真是匪夷所思。而外界对此不是毫不知情，就是漠然处之。袁世凯仗恃权力和金钱，收买权贵和有影响力的报章。各国外交代表只顾保障本国侨民的财产和生命安全，只想确保在中国谋求的更大利益，加以各国之间明显地互相猜忌，他们以为，对袁世凯的所有专制行为置若罔闻，可能是明智有利的举措。毕竟袁世凯是掌权者，只有通过他才可能满足各自的欲望。

虽然袁世凯还要维护自己貌似强大的权势，但他注定会倒台，因为我们势必要将他击垮，他的末日就快到了。满清政府的势力比他强大得多，还是被我们推翻。袁世凯也害怕有一天会倒台，权力被剥夺，所以在列强面前极尽谄媚之能事，希望在穷途末路时得到他们的援助，因为他自知大祸即将临头，而又不能指望从国民那里得到支持。

资本主义势力以为支持袁世凯便可以在中国维持和平,这种想法是错误的。中国从未有过和平,而只要他继续倒行逆施,谋求私利,天下将永无宁日。在此种情境之下,动荡不安就是当今中国的社会秩序。倘若我发起倒袁运动,其规模之大将前所未有。因为革命讯号一至,同志们就会即刻开始行动,而袁世凯的幕僚和军队也会倒戈相向,我们的胜算就会增加。

二次革命之所以失败,是由于革命者内部不团结,群龙无首,我本人也没有积极投身其中。我辞职让位给袁世凯以后即完全放弃政治活动,专心致力于探寻逐步以社会主义思想来缔造政府的最佳途径,以实现我这一生唯一的目标和抱负。我坚信,只有当中国成为社会主义国家的时候,人民才会更加幸福,苦痛才会减轻。社会主义将会治愈他们的疾苦。

毫无疑问,我们即将进行的革命一定会获得成功。我会直接部署和指挥,亲自承担全部的责任。同志们已经从过往的失利中吸取了教训,现在置于我的亲自领导之下,行动将臻于和谐统一。

袁世凯倒台必成定局,我们行动起来也不会困难。我所忧虑的是袁世凯倒台后中国的重建问题,因为在我身边并没有可用之才俊来帮助我实现和完成这个长久以来珍藏于心的冀望:引导中国走向社会主义道路。我将会像一九一二年那样再遭遇重重阻挠。除非我确信可以有优秀可靠的人才协助,在实现我的社会主义原则和策略方面给我建议,否则我没有理由再让国家陷入另外一场腥风血雨之中。

您们都是与我共同奋斗的同志,我希望大家铭记,中国是一个可以实现社会主义的国家,她的政府应该成为社会主义政府的典范。中国自然资源极为丰富,民众是热忱真挚的劳动者,生性恬静知足,易于领导,乐于劳作。中国工业还不发达,资本主义也尚未发展到嚣张跋扈的程度,加之百姓遵从法度,因此国家容易塑型。只是中国受君主统治时日长久,人民从未受过启蒙,不知道民主和独裁的区别。

我恳请同志们的帮助,集中您们的精力和智慧,以各行各业的英才援助我们,把中国建设成为世界上第一个社会主义国家。我急需像您们这样的机构输送人才,以投身于这一伟大事业。

如果您们同意我的计划，不知道能否尽早荐言于我，这样我们就可以谋划可行的策略。如果能将我的想法告诉各国社会主义领袖，我将深感荣幸。倘若我的想法可以获得诸位的认同，我愿意赴欧洲和您们商讨细节。

请告知各位领袖，此事有绝对保密的必要。倘若列强、资本家和金融家得知此事，一定会纠合在一起，将我们的行动扼杀在萌芽之中，如此则会使斗争更为艰苦。

最后，我恳请诸位先生尽您们的全力，帮助推动这个庞大国家获得劳动者的尊严，为数万万百姓谋求幸福安乐。

盼早日回复。

您们的同志孙逸仙

一九一五年十一月十日

据中国国民党中央文化传播委员会党史馆藏英文函手稿（沈洁译），转录自黄彦编《孙文选集》（中册）（广东人民出版社二〇〇六年版）

中国存亡问题[①]

（一九一七年）

一、中国何为加入协商国

国家为战争而存在者乎？抑战争为国家而存在者乎？此一可研究之问

[①] 原编者按："本书系孙先生在民国六年反抗对德参战之宏论，由朱执信同志依孙先生之命意属词。刻觅得原稿，爰亟补刊列入本公司所编之《孙中山全集续集》。"又据1925年4月14日戴季陶在"吴本"之《著作及讲演纪录要目》中记云："《中国存亡问题》，此文系朱执信先生笔述，以朱先生名义出版，英日文均有译本。当出版时，捕房搜检泰东书局，并欲捕朱先生，可见英人之恨此书也。《执信文集》未收入，余意确应入《中山全集》，俾研究中山先生之外交政策者，得最正确之观念。知此者必同余意。（余所著《东方问题与世界问题》，完全为中山先生之意见，可作参考资料。）"

题也。论国家之起原,大抵以侵略人之目的,〈或以避人侵略之目的〉①而为结合。其侵略人固为战争,即欲避人侵略,亦决不能避去战争。战争不能以一人行之,故合群;合群不能无一定之组织,故有首宰;首宰非能一日治其群众也,故成为永久之组织而有国家。故论其本始,国家不过以为战争之一手段,无战争固无国家也。

使国家长此不变,则国家如何始可开战之问题,殆无研究之余地,以国家本已常在战争状态,无须开战故也。但在今日之国家,则与其元始时期绝异。国家自有国家之目的,不徒为战争而存立。有时国家不能不战争者,为达其国家存立发展之目的,而后以战争为手段耳。以有国家故为战争,非以欲战争故为国家也。

昔人有言:"兵者凶器,战者危事。"又曰:"兵者国之大事,死生之道,存亡之理,不可不察也。"以一国而为战争,万不得已之事也。其战争而获如所期,则目的之达否未可知也;不如所期,则败战之余,动致危其国家之存在。夫以一国为孤注而求胜,则必其舍战争以外别无可以求其生存发展之途者也。必其利害为一国人公共之利害,而非一小部分之利害,故国人乐于从事战争,进战不旋踵,伤废无怨言也。今之国家与昔殊异。往者比邻之国,相攻无时,故其和不可恃,其战不可避也。今者不然,国家之间,立约遣使,誓以永好,即无约无使之国,亦以礼相处,不复相凌。此何故哉?彼之不敢轻与我战,犹我之不敢轻与彼战,战争为不易起之事,然后国家万不得已而用之。然而,强挑战于一国果何为也?

国家既不可以长从事于战争,而对外国之关系,则有日增无日减,于此关系日密之际,不能用战争以求达其存在发达之目的,则必求其他之手段,所谓外交者由是而发生。凡国家之政策既定,必先用外交手段以求达其目的,外交手段既尽,始可及于战争。战争既毕,仍当复于外交之序,故国与国遇,用外交手段与用战争手段,均为行其政策所不可阙者。然用外交手段之时多,用战争手段之时少。用外交手段者通常之轨则,战争手段者不得已而

---

① 据胡汉民编《总理全集》增补。

用之。不得已云者,外交手段既尽,无可如何之谓也。今如美之对德,自鲁士丹尼亚号击沉(德国潜艇击沉挂美国旗之英船,乘船美人有死者)以来,对于德国所行战法屡为抗议,德人暂纳其言,旋生他故。至于今岁,为此无警告之击沉,然后决裂。中间垂两年,盖其慎也若此。今我国可谓已尽外交之手段未乎?两年以来,协商国之损失及我华人者,偻指不可胜数,而未闻一问。即德国在地中海、大西洋实行其潜艇攻击,亦未闻有何等研究。一旦闻美绝交,始起抗议,未得复答,即决绝交。是为已尽外交之手段不能达其目的矣乎?德国回答,指明潜艇攻击并不损及中国船舶,仍允磋商保护华人生命财产之法,可谓周到。假如我国与德约定,华人来往尽乘来往荷兰之船,或德国所指定之船,对于此等船舶,不加攻击,如此吾人往欧,未尝无安全之道。德国既乐与吾商酌,则何不可与之磋商。德国既显示我以可用外交手段解决此问题,而我偏不与商酌,务求开战,此可谓为与美国同一乎?人以外交手段行之二年,我仅行之一月;人以外交手段既尽始宣战,我则突然于外交手段未尽之际,行此激烈手段,此可得谓之有不得已之战由耶!

中国向来闭关自守,非以人为隶属,即与人为战争。中间对于匈奴、吐蕃、回纥、契丹、女真等,虽有和好,皆以贿求安,初无所谓外交手段。惟无外交经验,故海禁初开,动辄与人冲突,冲突之后,斫丧随之。于是,凡百唯随,只求留存体面。久之,则又不可忍,而为第二次冲突。平时虽有外交关系,实未尝有外交手段。故自鸦片之役以来,再战于甲寅,三战于甲申,四战于甲午,五战于庚子,每战必割地赔款,损失权利,而无功可见。中国之对外国,不知外交手段之为患,非不肯战之为患也。外交手段非必亲某国以排某国者也。如日本者,前此外交失败与我相同,及其渐习知外交之道,遂能补救昔日之过误,撤去领事裁判权,改正关税,彼何尝藉战争之力以致此,又何尝以加担某国为条件?如暹罗者,其与中国大小相去可谓远矣,然随日本之后,用外交手段,亦得完全复其法权、税权。两国之相遇,犹二人之相处,其间之行动,固有损己始能益人者,亦有不必损人始能益己者,择其不损人可以益己之道而行之,则外交之手段可以毕其事。若必损人以求益己,自然陷入战争。然而,战争胜时,所得尚恐不偿所失;战争而败,则尤不堪矣。中国之失,乃在不恃可得恢复利权之外交,而恃胜败难知之战争。故初之失败,与日本同。而日本以渐回复其所损,我则不能。今日乃欲于庚子之后,更续一幕,此种举动,不谓之荒谬绝伦,不可得也。

试问中国何以不可不战,无论何方面皆不能答以确据。如谓此役为正义而不得不战乎？则德国方面,其违反人道之处,果如英、法、俄人之甚乎？谓德之潜航艇无警告击沉船舶为不仁,谓德国虐待比利时、塞尔维①人民,谓德国强行通过比利时、罗森堡为无公理,诚有之。然协商国又何以胜彼？英国之进兵希腊,与德之进兵比、罗有以异乎？英国于开战后未几即宣言将以饥饿屈服德国,禁绝粮食入德。英国报纸得德人妇孺饿将成殍之报,则喜而相庆;闻德国粮食丰足、民生不匮则忧,且斥为伪。其视德人之待比、塞人民何如？德国待比、塞纵不仁,不致于绝食以待其饿死之甚也。同是对付敌人,何以英、法用以饿死人之政策,便为甚合于人道,而德国稍稍管束征服地之人,便不可恕。英国每年取印度巨额之粮以供己用,而印度十年之间已饥死者千九百万。印度绝非不产谷米也,其所产者夺于英人,己则槁饿,此于人道为何如？其视潜艇之攻击又何如？印度人果有饿死以让英人饱暖之义务乎？英之待印人,名义上固不为掠夺,然其苛敛与虐政,使印人不得求活,实一大规模之掠夺也。最近英国强迫印人担认战费十万万镑,而美其名曰印人乐输,其出此十万万镑之战费,不外苛敛重征而已。故此议一出,印人不容反对,而英国人自反对之。兰加斯〈达〉②商人以此议实行,将于该地所产向销印度之棉货,加有重税,遂力言其不可。其实,兰加斯〈达〉商人纵稍受亏,决无大碍,而印人出此十万万镑,则必卖妻鬻子,转死沟壑,犹苦不供。此为合于何种人道？法人对付越南之人,年年加以重税,举足犯法,接耳有刑,一下圜扉,没身不出。北圻一带,安南之沃野,自来开辟。自法人治越,则科以重税,岁岁递增,其极至于有地之家,收租不足以纳税,耕者亦不能复

---

① 塞尔维,即塞尔维亚,位于巴尔干半岛。
② 兰加斯达,即曼彻斯特,英国棉纺织业中心。

其本，乃尽弃其田，入居城市，求作小工以自活。从此，北圻赤地千里，而越人饥饿困乏，死者相踵，幸得延生命，无复乐趣。法人则大招本国之人往垦荒地，免税以优之。实则所谓荒地者，即从前开垦之地，以重税逐去安南人使之就荒者也。此于人道为何如？德人所不施之征服之地者，英、法之人以施诸其属地，其顺民，则为不悖人道矣乎？谓德国代表有强权无公理之势力，德国一胜，公理将沦，则试问英国所以并〈杜〉兰斯哇①、并印度、并马拉②者，据何公理？所以夺我香港、夺我缅甸者，据何公理？逼我吸销鸦片，划我国土地为彼势力范围，据何公理？法之吞我安南、俄之吞我满洲、间我外蒙，又据何公理？就此数十年来之历史，无甚高论，协商国亦岂非有强权无公理者乎？数十年前，英国能用其强权以行无公理之事，则不顾公理，今日英之强权逊德，则目德为无公理，而自讳其从前之曾用强权，此种议论，奈何可轻信之！如使今日有人果为护持公理而战者，必先与英、法、俄战，不先与德、奥战也。然而，吾人对于英、法、俄尚不主张宣战，自无对德、奥宣战之理由。

然而，吾知公理人道云云，不过极少数人所误信，至于大多数主张战争者，皆不过借为门面语，并不实心信奉。所以三数语后，仍旧露出利害之辞，而段祺瑞即首言非以谋利，但求免害者也。诚使为利害而战，则苟为国家之害者，孰不乐除去之。但今者不能不先问：德之如何害我国与我国开战何以能免其害。

国家之生存要素，为人民、土地、主权，故苟有害于此三者，可以抗之也。抗之不足，至于宣战，亦有理由。然不能不审其损害之重轻，而向其重者谋之。今自开战以来，德国曾以损害加于我人民乎？无有也。有之，则自往法工人乘船沉没始。而此诸工人者，皆被诱往法，为其兵工厂作工者也。英、法自知其船不免攻击，故迩来一切妇孺例禁乘船，而独募华工往，及其船沉，华人则任其溺死，岂非英、法人设囮，引我国人入其术中而致之死地乎？且

---

① 杜兰斯哇，即德兰士瓦，现属南非联邦。英国于1899—1902年发动英布战争予以吞并。

② 马拉，即马来半岛。

如今者,日本报载,德国假装巡舰现在南洋,乘员三百余人,中有华人苦力八十,他日又谓此舰已被击沈,可知此八十华人同归于尽。在德船上作苦力,与往法国兵工厂作苦力,有何区别?何以我国不能向协商国提出抗议?无他,德舰华人自甘冒险,其死也由于自误,与协商国无尤。惟能向德国怨其引人入此危地,不能怨协商国之不稍宽容。反此而言,则往法华工遇害,只可怨法,不可怨德,已甚明矣。况英、法属地,年中冤死华人,何可胜数!俄国年前招我国人往充工作,约定所给工值既不照给,华人集众要求,则以排枪御之,死者数百。吾友自西伯利亚归,亲见其残伙欲生不得,欲死不能,挥泪述其惨状。此其视德国击沉敌船以损及我华人者,罪恶奚啻百倍!何以对彼则安于缄默,对此则攻击不留余地。如谓开战可免人民受害,则必吾国海军力能扫荡德潜艇,建英、法海军所不能建之奇功,然后可保华人之生命。否则,开战以后,国民不复许旅行欧土,亦曰可避其殃。今开战之结果,首须多送工人往欧工作,即无异使德国攻击商船,可以杀更多之华人,则何以言开战为防卫人民之损失耶?

以土地论,德国将来之野心,诚不可知,论其过去与现在,实可谓之侵犯中国最浅、野心最小者。以割地言,则中国已割黑龙江沿岸最丰饶之地于俄,割缅甸、香港于英,割安南于法,割台湾于日,而德无有也。以租借言,则英占九龙、威海卫,法占广州湾,俄占旅顺、大连,又转让之于日,论其前事,德占胶州,罪无以加于他国。而今者,胶州已归日占,更无德人危我领土之虞。以势力范围言之,英国占西藏、四川及扬子江流域,约占中国全国幅员百分之二十八,俄国括外蒙、新疆、北满,约占百分之四十二,法国占云南、广西,日本占南满、东内蒙、山东、福建,均在中国全国幅员百分之五以上。至于德国,前虽树势力于山东,不过中国全国幅员百分之一,以视英、俄曾不及其二三十分之一,即法与日亦数倍之。同是有侵及中国土地,而有多寡之分,又有现在继续与已经中断(将来如何尚未可知)之别,而于已中断者则追咎之,近日益加厉者不过问也。侵我较多者则助之,侵我较少则攻之,是与其谓为防人侵我领土而战,不若谓为劝人侵我领土而战也。如使欲人侵我领土,则无宁昌言卖国之为愈也,又何必辛苦艰难以与德国战哉！

若论主权被侵，则德国诚亦随英、法之后，有碍我主权之举动，然比之俄国往者驻兵占地以起大战，与首设领事裁判权、首划势力范围之英国，当有所不如。今日开战以后，民国再建，法国尚越界捕我巡警，强扩租界，此于主权为有益乎？抑有损乎？今日西报尚言京、津运兵设炮台之制限，与使馆之驻兵所以惩创中国，使不忘拳乱也。试问，中国国内不许设炮台，运兵不得自由，主权何在？各国驻兵京都，无异德国于战胜法人以后，所以待法人者也。德行之于法，期年而撤，法人恨之至今。北京驻兵迄今近二十年矣，岂其于我国主权有所裨益而不容置议？苟为完全自主之国，则宣战、媾和之事，岂容外国之人参与其间。今者美国对付德人，可谓宽大已极，彼欧洲诸国何尝敢措一辞，我国处理德人，稍不如协商诸国之意，便劳诘责。然则，协商国果在何处曾尊重我国主权也？

由此以观，所谓免害之说，完全不成理由，结局只是求利。中国之与德绝交，非以公道绝之，非以防卫绝之，而以贿绝之也。所谓贿者，以公言之，则关税增率，赔款停付，庚子条约改正是也。以私言之，则道路指目，自有其人，吾不暇为之证矣。

二、加入之利害

今日所谓加入条件者，关税增率，赔款延期，及庚子条约改正，更有益之者，则曰一万万借款，如是止矣。为此四者，果须倾国以从事战争乎？否！不然，凡此所谓条件者，皆可以外交手段求之，不必以战争手段求之。抑且只能以外交手段得之，不能以战争手段得之者也。

所谓改正关税者，有依《马凯条约》[①]增至值百抽七半，俟战后实行裁厘增至值百抽十二半之说，与依旧约改至从实价值百抽五之说。而前说今已无人过问，所谓商酌，皆就后一说而言。今姑就此说一查其沿革，可知指此

[①]《马凯条约》，即《续议通商行船条约》，1902年9月由吕海寰、盛宣怀与英使马凯签订。

以为加入利益,可谓荒谬绝伦。查现行税则,系据一九〇二年与英国所订条约,以一八九七年以降三年之间平均价格作为标准,将紧要货物,按此价格算出,每件抽税若干,此项价格比现在时价为低,故现在税则名为值百抽五,实则值百抽三四而已。然此种价格变迁,订约之时早经料及,故于中英条约中,已经订明十年期满之后,六个月内两国均可要求改订税则。此后对于他国所订通商条约,均有此项规定。民国元年八月,我国已经向驻京各公使声明约期已满,货价有变,税则应改,此后又于民国二年再向各公使声明。当时英、美、德、奥、比、西、葡诸国,均无条件承认我之提议,惟日、俄、法虽亦承认,而仍附有条件。附条件者,不过稍欲得他种利益以为交换(即如欲减轻一两种出口税之类),并非拒绝我之改正。盖改正之要求,订在条约,断无拒绝之理由也。故苟非遇欧洲大战,此事早经完全办妥。即以战事停议,不过属于我国之礼让,此时再提议,各国亦不能不应之,何待绝德,何待加入宣战,始有此商量。今我国自认此为加入条件,而人亦以此为加入条件,非加入之后不容议及,岂非庸人自扰。如使我不发生此加入问题,早与外人磋商,则此种改正税则,久已为各国所认,无待今兹。试观马凯条约裁厘之协定,比之此次之要求,相去之远,何止数倍。在彼尚可协商而得,在此岂曰必以战争求之乎?平平可以获得之件,必危一国以求之,然而因其要求之,人更不与,果何苦为此耶?

  赔款延期之说,在中国则求延期十年,在彼只允延至欧战终了,而一面又不允停付今年之数。夫欧战必在今年结局,在英、法方面固如此言,在德、奥方面亦未尝不如此言也。明知欧战结局不过年月间事,就令和在明年,所延不过数月,若以今年罢战,则直无停付可言。此种延期之议,明为一种欺骗,就令欧战更有二三年延长,则赔款可得一二年停付,此种利益,岂为外交手段所万不能求?

  且如美国,前此退还赔款,其额岂不甚大,何尝须中国与一国绝交,与一国宣战,始肯退还。今日金价正跌,各国所受赔款,较之年前,实价大减。其乐为暂缓收受,亦出于计算利害之常。延期云者,不过暂停,并非以后不付。现在号称延期,将其财源挪供别用,异日又须筹填,不啻剜肉补创,于我何益,于彼何损,而必出于开战之手段以求之。

庚子条约,禁止天津设垒,限制运兵,并定驻兵中国以防拳乱,今之修改,即欲去此限制,并于驻兵限度有所改更。但欲各国尽撤驻兵,早料其为不可能之事。即日运兵筑垒,可以稍得自由,亦不过敷衍体面之法,岂有国都屯驻外兵,以监督其政府,使不敢得罪外人,尚有体面可言,主权可尊者!若徒为体面计,则战前德人何尝不倡减少驻兵,若使外交能应时顺变,此种改订即曰无大效果,决非难办之事。自中国认此为加入条件,遂使《字林西报》等力言:"此庚子条约为惩戒华人,使不忘拳匪之祸,决不可宽。即欲稍慰中国人心,亦但当于加入以后,酌量宽其末节。"其语气明示中国为彼犯罪之囚徒,此次求其宽免,无异欲求弛刑立功。彼则必先立功,乃许酌量加恩核减。中国不自求可以友谊得去束缚,偏自甘同于囚虏,听彼揶揄,此等利益谁能认之。

借款一节,政府之所最垂涎者也。然借款真为恩惠之借款,则当不取担保,不取折扣,不待中国之困乏而预周之。如此,则数之以为利益可也。今者美国借款已将有成议,四国银行团始延美入其团中,谋共同贷与我国。是其贷款已为定局,折扣、抵押,无异昔时。使无此绝交、加入问题,恐此借款已先成立。偶遇此事,彼反藉以延迟。其实,美国自开战以来,国富骤增,投资无所,不患财少而患其多,故有黄金泛溢之虞。其投资于我国,实为稳固而有利者,岂因不加入战争便失借款之路。况此次抗德,虽由美劝,而对德宣战一节,美人殊不见乐助,加入岂能影响及于借款乎?

统而言之,所谓加入条件者,皆可以外交手段得之,并不须加入,而加入之后,反与终不能达此改正关税等目的。所以然者,中国原与外国订约,利益均沾,现在纵与德国绝交,将来必有言和之日,言和之际,决不能以英、法诸国已许之故,强德、奥以从同。况于关税之改正,德、奥早经承诺,如不因绝交而中断,德、奥势难反汗。今乃断绝国交,使前诺无效,而后怨方增,再议和之日,如何可使德、奥更认前说。德、奥既翻前议,则英、法、日、俄自当援例均沾。夫中国不能强德、奥以英、法所许者许我,而英、法能强我以所以优待德、奥者均沾于英、法,则今日纵以战争而改正,异日必亦由此推翻,乃至赔款之延期,庚子条约之修改,则德、奥本不与同,异时何能拘束德、奥?德、奥不允缓收赔款,不允撤改条约,独行其是,英、法各国岂得守信不渝?夫有利益均沾之原则在,无论何种政策,各国所赞同者,一国足以梗之,欲其事之得行,全赖消除各方之怨怒。今为数国以得罪数国,而谓将来不致因利益均沾一条,破坏已成之局,其谁信之?且今之所谓加入条件者,于协商国为有利乎?有损乎?如其有利于我,复有利于协商国,则久矣其当订定,何须作为加入之条件。若其有损也,则此时暂为承认,非所甘心,异日议和,即使德、奥无言,尚恐其暗嗾两国不与承认,以图均沾之利,尚安望仗义执言,为我尽力。且此项条件,果由要求以来,信所谓乘人于危以微小利,人纵负我,我亦何辞以责人?然则,此项条件纵能被承认,亦不旋踵而消灭,其所以消灭,即由加入战争。然则,战争果何所得也?

然而,所谓加入而得此条件者,今已完全失望。关税之议,日人极力反对,赔款亦不允停交。条约修正,亦以惩戒中国为理由,不肯实践。当劝诱加入之初,英人以此条件开示陆某,以为中国之非常利益。乃至报告国会,亦据此为言。至于绝交之后,确问各公使之主张,则忽诿为个人之言,不负责任,识者知其皆因日本之反对而来。英国竭力牵入中国,设此以为饵,然其所牺牲之利益,则日本之利益,非英国之利益也。日本不肯以己之利益,供英国之牺牲,英国遂深恨日本,又畏日本在远东能持其短长,不敢公然道之,乃设此遁词。而盲从者尚日言加入利益,试问利益果何在也?

反此而观,则因于加入所生之害,显然可指。宣战之后,国中回教人民以归向教主故,难免暴动。既为当世智者所力言,又已有新疆、甘肃之事为之证实。其害之大,自无待言。而此外尚有甚深而极溥之害二,则无制限招工与运粮是也。法国现在招工为政府所禁,有往赴者,不过少数。一旦加入,招工为我义务,自不能禁使勿前。今日往法国工人不过一万数千,而一船已殁数百,将来赴欧工人之况,可以意想而知。即不死于中途,而俄国之事已可以明鉴。虽英、法真意,未必在招我工人,而往者已纷纷罹害。一面运粮出口，内地米麦价值必见飞腾，贫民所入不加，食料骤贵，饥馑之祸即在目前。夫饥馑者，非必全国米粮不足供全国人之食始然也。一地缺乏，而他地以交通不便，不能运来，则饥馑立见矣。试计前所列举条件，借款一万万，赔款三千万，加税五千万，不及二万万之价值，而令我全国受此灾厄，此其为得为失，何待琐言。况此不及二万万之款，结局皆须偿还，且须付息，不能以利益算。所谓益者，止于关税之五千万耳。此五千万之收入，谁负担之？固我中国人，非外国人也。外国人不过贩运稍觉困难，实际仍是我国人出钱买货纳税。然则，国家取之人民，亦复多术，岂必出于此途，而使数十万人置身虎口，数千万人饥馑穷困，以易得之。反复推求，所谓利者不成为利，而其所生之害，则触目皆见，屡举不能尽也。

虽然，上所言之祸，犹其小焉者也。以贪此小利之故，甘为英、法之牺牲，其结果必至于亡国。虽欲隐忍自拔，亦复不能（详后数章）。国民于此尚未觉醒，异日衔索过河，悔将何及耶！

今日欧洲战争，事至惨酷，指此以为中国千载一时之会，固非仁人之言。然必欲就此战争以求利益，则亦非无道。譬如日、美两国，即以经济上之活动，乘兹战争各博巨利者也。欧洲各国以从事战争之故，人力、资本并形缺乏，其向从工作之工人，皆移以为兵士，其向供制造之机器，皆移以为制造军需之用，日常所需不给，则求之外国，即战争所需亦一部分赖之外国。故日、美两国制造之业，运输之业，无不获利。日本向来每年贸易皆以输入超过之故，不能维持其金融常序，必赖借入外债，始可勉强支持。自前年以来，输出骤增，现金流入。去年之杪，已储现金七万万元，迄今增加未已。而美国现金流入，又数十倍于日本。日本始战争而中道归于和平者也，美国则今始为战争者也。而以经济上言，则两国皆免于战争之害，因以遂其发达。诚如是，则虽求利益亦何害之有。今日欧洲中立诸国，以荷兰、瑞士、西班牙、丹麦等，皆以过近战场，所有贸易皆受妨害。其中斯堪达奈维亚诸国及荷兰等，以英、法封锁之故，贸易几于全灭。惟美洲、亚洲诸国，差可乘时自谋振奋。我国若欲求利益，保持此中立态度，以经济上发展，补从前之亏损，开日后盛大之机，固甚易也。何不知出此，而徒以开战规求区区必不可得之利益,遂陷国家于危亡而不自惜。此所以不能不切望吾国人民,一致注意于此中国存亡问题也。

　　经济上之发达,自然力、人力、资本三者皆有巨效。而今日谋中国之发达者,不患自然力之不充,人力之不足,所缺者资本而已。以中国土地之大,人口之众,荒地在野,游民在邑,苟知利用,转贫使富,期月间可办也。以此无穷之富源,无穷之人力,稍有资本,不必用新机器,其效果已可使中国成为世界最富之国,因之亦得成为世界最强之国。而少许之资本,又甚易输入者也。自开战以来,欧洲诸国尽力以产出其所需各品,其向销中国之货,来源皆形短绌,而转送之费,数倍从前。此真中国振兴农工业之机会也。如中国之农业,发达已久,所缺者,农民之新知识,与政府之善良管理耳。故苟有适宜之经理,不患其腐败销磨,而不足之地,亦不患因输出之故致生危险。盖如由彼外国采办粮食出口,绝无制限,则彼单就运输便利之地,以高价吸收谷物,以故谷价亦腾,而饥馑无可挽救。若以一有统系之管理,加于谷物之上,则有余之地始输出,不足之地有补填,统中国所产谷物,未尝不可敷其食料而有余。然则,虽输出谷物,亦不为难。贵在于有调节、有统系之行动,不容彼无制限之运粮耳。粮食以外,他种农产物亦复如是。苟能整理,使归秩序,输出之额必可骤增,即其利益已莫大矣。今之称劝业者,未尝着手于是,而反以苛税留难农产,使运转不得自如。于是,收获丰者坐见腐败,其歉者无所得,设关以害人者,正此谓也。又如矿业,自有矿章规定之后,请开矿者,必百计留难,始予给照,给照之后,有侵占者,又加以勒索。一矿之矿权,恒须费数万而后得,比之未有矿章以前,图办矿者更形退缩。他国设矿律,所以保护营矿者也,而我则更害之。华侨在南洋开矿,处欧洲人势力之下,不获平等之待遇,不幸也。然其经营矿业,尚可有利。及其归祖国,欲开发天然富源,一阅矿章,即废然返矣。是外人虐待华侨之矿章,比之我国优待华侨之矿章,尚优数倍。矿业之不发达,又何足怪!其他工商诸业,无不有类于兹。人之设部,所以卫民,我之设部,乃以阻其发达。若是者,岂能谓中国不可富强,若以欧洲已行之事为师,革去留难阻害之弊,即使学得欧人百分之一二,已足致无上之富强。试观德国开战之际,粮食百物,常苦缺乏,自施以秩序之管理,即觉裕如。彼以战争销耗其国力之大半,仅以其余力,犹能获此进步。我之天然力、人力,数倍于彼,又无战事,当此世界销场修广,渴待供给之会,其能获大利,何可更言。今日为中国实业之害者,部令之烦苛,与厘金、落地、销场种种恶税之室碍为最多,此皆可以咄嗟之间除去者也。更有当注意者,美国自开战以来,虽屡沉船舶,而其业船者无不获大利。日本最近暴富者,大抵皆以买船,即日本邮船会社一家,去年一年之间,亦获数千万之利益。此一公司之利益,虽似不足概乎一国之荣枯,而实际则此运输无滞一事,已足令国中百业蕃昌,各致巨万之富。今试反观中国,其运输状况,岂不可悲。自开战以来,上海常积三万吨之货物,待船不得,此每月三万吨之息,所损几何,三万吨之仓租,所损几何,非一年数百万之损失乎?三万吨之货,屯于上海,则内地各埠所停者当十倍上海,此非每年数千万之损失乎?内地各埠,货尚停滞,则各原产地之货亦无从运出,坐待腐败。此其损失,不仅在息,乃在于本。此非每年数万万之损失乎?即此一端而言,苟能改革,已可敌加入条件之全部,抑或过之矣。合彼借债、延赔款、加关税,不及二万万,此则一年之增加,已不止二万万。彼为剜肉补疮之计,所入旋即须付出;此则为真正之增富,无论如何不生损害。苟欲求利,则何不舍彼而取此乎?今日所谓船荒之时代也,以中国之人工造船,必较他国为贱,即输入机器、铁材以制新船,亦决非难。若为应急之计,则以较高之价,买既成之船,尚可及时通运。今计屯积之货三十万吨,其中多数不过输之近地,匀计每一月可一往还,则欲于一年之间,清此三十万吨之货,不过四万吨之船舶,足以敷用。此决非不能办到之事也。此四万吨之船,一面输出有余之农产,一面输入必需之货物,且从而为建新船之基础,则此停滞内地各埠之货,不及一年可以悉去,而原产地之货,亦可陆续输出,无朽腐之余。即此一端,已足使经济上遂非常之发达矣。夫使用游民,开荒地,除厘金之限制,奖励航业,期年之间,不冒危险,所得必较加入条件为多。而彼则冒危险尚不可得,此乃安坐而得发展农业,开掘矿产,振兴工艺。彼日本以两年而获七万万之国富,比例计之,我国即欲年获十万万,亦复何难之有!

今之政府，惟以财政为忧，不知财政根源，在于国民经济。不此之图，而求目前之利，求而得之，尚足亡国，况其不得而坐受无穷之害。此何为者也！以此千载一时之时机，而不肯于经济上奋发有为，坐失发展之路，不亦谬乎！不能有为，若能安贫，而徐补救，犹之可也。贪目前之利益，自命奋发有为，而所为者为害而非利，其危险可以亡国，而利于政府者不过借款成功而已。苟能以一国冒如此之险，则何不以此精神，改革内政，奖励农工，而利交通，险较少而利较多乎？吾人决不能信当局者为尽无此眼光，乃排一国之舆论，弃其宿昔所信，而冒此不韪。则吾不能不疑其决心之时，惟计自身之利便，不计国家之利益也。

吾固亦知此中有一部分之人，真出于救国之热诚，而欲以此改善中国之地位，即在旧官僚中，其为利而动者不必言，其非为利动而主张加入以图抵抗、排斥日本者，亦不少。通计主张加入者，除极少数之人以外，无不怀有一种想象，以为日本欲专握在东方之权力，此举可以争回中国国际地位，联合美国以驱逐日本之势力。无论其以此为对德宣战之动机与否，而在旧官僚一派，其心中无时不有联美排日之念存，无疑也。而前年日本禁阻中国加入一事，更足惹起此辈之怀疑，以为日本既欲中国加入战争，必为其有损于日本，而因之信有损于日本者即为有利于中国，益以坚其亲美之决心。然今者亲美而美不亲，欲拒日本反不得不从日本之指导，此辈之目的不能达，已彰明矣。然而，其排日亲美之心，未尝息也。岂特不息而已，方以为美国扩张海军之案，不久完成，至时可资排斥日本。不知中日关系密切，决非单以同文同种云云说明之而足，国际上之真结合，必在乎共通之利害。中国惟与日本同利同害，故日本不能不代计中国之利害，而进其忠言。即如往岁英国劝我加入，而日本反对之，彼诚有其反对之理由，决非以中日利害冲突之故，而专自利损中国也。盖中国一旦加入以后，无论如何必成为英国之牺牲，以中国供英国之牺牲，则享其利益者，非德即俄。以德、俄占中国之利权，则日本更无发展之途，且无自保之术。此日本之损也，而其所以损者，中国先受其损故也。为日本计，为中国计，其出发点虽殊，而其结论必归于一。日本为我计其利益而进忠言，本非为我设想，而吾人决不能因之弃其忠言也。今之言联美者,何尝知东亚之势哉!

三、中国加入非美国宣战之比

　　今美国与德宣战矣,然而加入协商国否,未可知也。美国之宣战,伴于实力之宣战也。他姑不具论,美国之海军,于世界居第三位,一旦开战,即可负清扫大西洋之一部分责任。夫德国之潜艇,果有所畏于美国之海军否,虽不可知,然美国要可谓之有武力以为战争者。其陆军则依现在所公布者,为预备二百万之兵,此中送之战场者能有若干,虽亦不可知,而陆军力之存在,即为可以实行战争之证凭。况其计划乃将自此益加扩充也。美国频年增加海军,其费动数万万元,此次开战之后,首决支出陆军费美金二十九万万余元,海军费美金五万万元。盖有此实力,然后可以言战争也。我国能望其百分之一否乎?能以一无畏级舰、一潜艇向人乎?能有完全之军队一师乎?其不能无待言也。塞尔维、门得内哥罗、罗马尼亚于协商国为无力,然其在战场之兵,多者数十万,少者十余万,败亡之余,尚能斩将搴旗。中国之对德国,能为彼所为之什一乎?中国绝交宣战之实力,不能学美国百之一,不能学比、塞、门、罗诸国什之一,不过凌辱少数在留之德人,而自称胜利。不惟可危,又甚可耻可笑者也。而妄人反相称曰:宣战无须有实际之战争。然则,所谓战者,将徒以供戏笑而已耶!

　　夫美国不能不与德宣战之第一原因,在其国之工业状况。英、法自开战以后,自国军需品已苦不给,一面尚须供给俄国及意大利之军需品,故不得不乞助于美国。美国应协商国之求,以扩张其工业,专注于此一方面,于是输出之额骤增,全国之人惟以金满为患。去年一年运往欧洲之出口货,价值美金三十七万万五千万元,即华银七十五万万元也。其中货物有加数倍者,有数十倍者,而铜、铁、粮食、炸药为尤多。依俄国《诺窝时的诗诗》所录美国公表数目,实如下表:

美国近年重要物品出口表（单位：法郎）

品名	民国三年	民国四年及五年
牛骡马	二三,五〇〇,〇〇〇	四九四,〇〇〇,〇〇〇
铜	二九五,〇〇〇,〇〇〇	一,二八五,〇〇〇,〇〇〇
粮食	八二五,〇〇〇,〇〇〇	二,一七五,〇〇〇,〇〇〇
飞机及附属品	一,一三〇,〇〇〇	三五,〇〇〇,〇〇〇
自动车	一六五,〇〇〇,〇〇〇	六〇〇,〇〇〇,〇〇〇
自动单车及货车	二五〇,〇〇〇,〇〇〇	八三五,〇〇〇,〇〇〇
化学材料	一三七,〇〇〇,〇〇〇	六二〇,〇〇〇,〇〇〇
炸药	三〇,〇〇〇,〇〇〇	二,三三五,〇〇〇,〇〇〇
铁钢亚铅	一,二五七,〇三〇,〇〇〇	三,三三〇,〇〇〇,〇〇〇
手枪	一七,〇〇〇,〇〇〇	九〇,〇〇〇,〇〇〇
机器及车床	七〇,〇〇〇,〇〇〇	三〇五,〇〇〇,〇〇〇
金属线钉筹等	五一,五〇〇,〇〇〇	二五〇,〇〇〇,〇〇〇
生熟皮革	一八二,〇〇〇,〇〇〇	四〇〇,〇〇〇,〇〇〇
靴鞋等	九〇,〇〇〇,〇〇〇	二三五,〇〇〇,〇〇〇
炼牛乳	六,五〇〇,〇〇〇	六〇,〇〇〇,〇〇〇
精制糖	九,〇〇〇,〇〇〇	三九五,〇〇〇,〇〇〇
羊毛	三四,〇〇〇,〇〇〇	二二五,〇〇〇,〇〇〇

夫美国之出口货骤增,一方面为丰富之金钱流入,一方面亦为资本之偏注于一部分。此表中多数新增之出口货,实由新增之工厂造成之。此工厂既投莫大之资本而设之,一旦出口有阻,则此诸工厂皆归无用,而恐慌立起矣。德国提出和议之时,美国市场为之震动,即以此故也。然则,德国潜艇封锁之策,美国所受影响可以知矣。夫欧战以前,美国在奥暨丹麦、那威、瑞典等地,商业至盛,自英国封锁德海口,美国遂失其销场之一部分。幸以英、法、意、俄之需要补之有余,故但见战争之乐,不知其苦。然而,德宣言封锁地带无警告击沉以后,美国及其他中立国船,皆有中止之惧。于是美之工业为之大摇。美国为保护此种利益,乃欲打破德之潜艇势力,而继续其通商。此其宣战之本意也。抑此美国之加入,能有剿绝德国潜艇之效否乎？在美

国工业者亦未尝不疑之。但若使美国为宣战而备军实,则从前所欲供之外国者,今可移供本国扩张军备之用,即无资本误投生产过剩之患。即使德艇依旧跳梁,欧洲贸易杜绝,彼资本家固可高枕无忧。此所以美国全国主战不休也。今我中国果有若是之景况乎？欧战既开之后,我国除对美、日贸易不变外,对于欧洲诸国出入口货,有减无增。此盖以我国政府之不留心与人民无智识使之然。然而中国所产之货,不合于彼所急需,实为最大原因。而在近今英、法之限制入口货,尤为大不利于为中国者。依此限制,则中国丝、茶诸货均遭停滞,而农商俱被其祸。然则,美之受祸,在德之封锁,而我之受害,在英、法禁入口,各异其景况,各异其加害之国。然则,若真与美一致行动,岂非先须抗议英、法之限制入口,而以绝交、宣战继之乎？我之与美情形不同,中立不倚者,自谋利益之道,即自保之道也。

且美国此次之开战,固德国迫使之然,非美国所得已也。今日以前,美国供给无限之军需品于欧洲诸国,不见其匮者,美国自不从事于扩张军备也。德国察知其然,故挑战于美国。美国之开战,决不如中国之毫无预备也,则必辍其供给英、法、俄、意之军需品,以充实己国之海陆军。试以今次通过之美金三十四万万元,比之去岁出口往欧洲之货值,可知其相差不远。故使美国此项经费于一年内支出完毕,则恐出口到欧洲之军需品,比之前岁不及什一,而英、俄诸国之供给,将以是大竭蹶矣。论者但见美国富力军威,若足以大为德国之害,其实以海上言,即以美海军加入英、法队中,仍决不能奏扫潜艇之效果。以陆上言,则美国输送数十万兵于欧洲,决非易事,即日能之,其所收效亦不过如英国之稍稍增募兵队,于战局决无影响。然运此数十万兵者,其供给补充交代,又须征用巨额之船舶,即同时使英国缺乏粮食之祸益增,故其所得不偿所失。德国深知其如此,故百计迫美加入战团,在美国真不欲其如此也。试观美总统提议媾和,力主不待胜负而致平和,其心岂欲战者哉！通牒调和,认为美国之权利,且认为义务,其意气何如？而三礼拜后,忽而抗议,忽而绝交,忽而宣战,恐威尔逊博士自身亦决不料其如此也。美国之开战为德之利,故德强迫以成之,中国无此不得已,而必欲以美为师,岂非捧心矉里之亚乎？

中国与美国此次地位完全反对,言实力则彼有而我无,论损害则彼受诸德、奥,我受诸协商诸国,论加入之不得已,又为彼之所独,我不与同。则我何为自苦若是!试观日本,前此尽力建其势力于山东及南洋,至其既得,遂谨守不进。前岁有请日本派兵至巴尔干之议,欧洲各国,翕然主张,即日本人中亦有少数为其所摇,而鉴于多数民意不悦,不敢实行。彼日本于协商诸国关系非我比,且以实力亦优足以办之,然尚不徇一时之外论,而置举国之反对于不顾,我国政府胡不深思而遽言随美进退耶!

四、中国加入与各国之关系

中国加入战团之后,以见好于欧、美诸国故,将来可望得其援助,此种思想全由中国历年远交近攻之遗传的愚策而来。中国自与外人接触,即有以夷制夷之划策,从之俱生。李鸿章之外交,以联俄制日为秘钥,而卒召欧洲列强之侵入,旋致瓜分之说,势力范围之说,不割让之约,租借之约,相踵而至,此非其成效乎?然在旧官僚知有所谓外交者,无不敬奉李氏遗策,以为神奇。袁世凯之策外交也曰:"引一国之势力,入他国之势力范围,使互相箝制。"此即以夷制夷之哲嗣,亦即远交近攻之文孙也。其姓字虽殊,其本旨无改。今之当局者,又承袁氏之遗策,乐于引入美国以排日本。故抗议,美国劝我者也,而至其加入,则美使声言任之中国自由裁夺。加入,日本所尝反对者也,及中国既从美国之劝而抗议,日本又转劝我以更加入协商国中。质言之,则此次对德之交涉,实有日、美之暗斗含于其中,而美国之主张遂不及日本之有力。然则,中国政府亲美不如亲日乎?非也。中国旧官僚亲美之主义,而未至亲美之时机,其隐忍以从日本,不得已而欲待之他日,使他人为我复仇耳。故今日诚惶诚恐以敬献于东京政府者,意谓犹璧马之寄外府,一旦时至,辄可取而复之。其貌愈恭,其志弥苦。此种亲美思想,吾不敢谓其非发之至诚,然而其迷梦之政策,果足以益中国乎?我知其必不能也。特是以日本政治家之近视,与英国之牵率,遂相蹙迫而生此绝交加入之议。考论其实,于加入有所主张者,协商一面虽云七国劝我,而意、比、葡三国,实可谓初不相关(如其逆计将来议和时,可借中国以减己国之负担,谓之有间接关系亦无不可,但决不视为重要)。法、俄两国所求助于我国者,亦复甚易得之,即不开战未尝不可满足法、俄之欲望。故真望中国加入者,英国也;不得已而迫中国加入者,日本也;欲中国与己采同一态度者,美国也,此外皆与本问题无甚深关系者也。

彼协商诸国所认为中国加入后协商国之利益者,曰供给人工,曰供给粮食,曰扫荡德国人在中国之经济基础,如是而已。试一研察,则知此三者纯为自欺之口实,在协商国亦不能认为必要中国加入之原因也。今先就经济基础而言,德国之贸易,开战以后已全杜绝,德人在东方惟一之商埠青岛,已归日本占领,今所余者,绝无贸易,等于故墟之数十商店而已。彼数学校之解散,数卫卒之被拘,与此数十商店之闭锁,在官厅少数德人之解佣,便可谓之驱除德国之基础,而前此攻略青岛,杜绝贸易,反不足以比其功。日本费财亿万,劳师数月,死伤及千,不能扫除其基础,今乃不如三数警吏之能,此不能信者也。须知德国在中国贸易之所以盛大者,在其商品之信用与营业之精神,对于中国人之精密之研究,以此三者为他国商人商品所不能及,故后起无根据而能以短时期内侵入英国之地盘,与之争胜,此非可以人力遏止者也。今试检德国占有青岛之后,其输入输出之状况如何,可知德国在东方之基础,并不在于青岛。

一九一一年青岛输出入价表(单位:两)

国	输出	输入	共
德	四,六六五,〇〇〇	一,五九六,〇〇〇	六,二六一,〇〇〇
日	四,三〇九,〇〇〇	一,一七四,〇〇〇	五,四八三,〇〇〇
法	八,〇〇〇	四,三二九,〇〇〇	四,三三七,〇〇〇
英	一九九,〇〇〇	一,五五一,〇〇〇	一,七五〇,〇〇〇
美	一,二八二,〇〇〇	一二四,〇〇〇	一,四〇六,〇〇〇

若言除去德国根据,则虽占青岛亦不足尽其根源。将来欧战既毕,决不能禁德货之来,德货既来,则发挥吾所谓精密研究与商品信用营业精神,转

瞬即可复其旧观,益加发达。是则,所限制者不过一时,而在此一时,德国本无商业可言,无须限制。故此一说,决不能成为理由也。

至于人工之帮助,则惟俄、法两国实需要之。英国本土人口虽不多,而在印度领土已有三万万上之人口,决不忧劳动者之不足。况且,英属华工向来最多,但使一令召集,即马拉半岛、婆罗、缅甸,旬月之间,数十万决不难致。一面中国往南洋觅食者,后先不绝,故南洋所招华工,亦无尽藏,非如俄、法之必求之中国也。俄、法虽求人工之助,若特定条约,准华工之到法、俄,亦复甚易之事。且迄今虽无条约,招工之事,俄、法早已实行,则无事因此必强中国使加入明也。又自粮食言之,俄之缺粮乃由转运之难,非以生产不足,在本国尚难转运,则自无由移粟就民。英国产谷固稀,而求之于美国、坎拿大,较求之中国遥易,且向来输入中国之面粉甚多。今但移此以供英人之用,或更输入中国之面麦,亦足供其所用,何必宣战始能行之!且闽、粤之米,向仰给于安南、缅甸,彼若需粮,则转运于其母国之英、法已足矣,又何待求之中国乎?要之,无论从何方面着想,决不因此人工、粮食两层,至要求中国之加入。此所以真与吾国加入有密切关系者,止于日、美与英三国也。

论此次之劝诱中国,美、日居其冲,而英国若退听焉。考其实际,则英国为其主动,而美、日之行动,适以为英政府所利用耳。何也?英国之运动加入,非自今始。往者袁氏称帝之日,英国曾欲以加入为条件,而承认袁之帝制。袁未及决,日本出而反对,遂中止以迄今兹,然而英国之运动未尝息也。但以英国曾对日本外交总长石井①约言,此后在中国无论何种举动,必先经日本同意。英国在东方之外交,本不能自由行动,故英国欲动中国,必先动日本,欲动日本,惟有借美国势力侵入中国以挟持之。此次美国之劝告中国,以何原动而来,非吾所敢议。而英文《京报》辛博森一派之论说,则显然谓中国抗议之后,以美国之经济力与兵力为可恃,即可无虑日本之挟制中国。其论调如此,则一方面代表中国政府亲美排日之初心,一方面又表明英国在东洋对于日本之甚深之恶感者也。吾闻亲美论者,动谓日本年前阻止

---

① 石井,即石井菊次郎,于1915年出任日本外相。

中国加入，志在使中国外交受日本支配。此次抗议，即图独立之外交。不知在东洋外交，受日本支配者，乃在英国，而加入之后，英国可回复其外交之独立耳。中国之外交何由得独立乎？

中国之旧官僚有其习性，只有与营私利之人，或被其认为好意，此外无论何事，彼必以不肖之心度人。日本之不愿中国加入，固曰大隈①内阁不欲助成袁皇帝，然决不得谓为主要之原因。主要之原因，乃在中国加入自身之不利。从公平之观察，以批评日本当时之态度，可谓第一为中国谋其利害，而后计日本之利害（此时中日利害相同，自不待言）。以此友情，救中国之危，而措诸安定。中国之论者，不知感谢，反以是为失我外交独立，欲推刃而复仇，诚不能谓此辈官僚之思想为尚有理性存者也。日本诚见中国加入，绝不能为协商国摧败德国之助，而一旦加入，无论孰胜孰败，中国必不免为牺牲。以中国为牺牲，中国之不利亦日本之不利也。为避此不利而不惜得罪于同盟国，亦可以谓之无负于中国矣。而论者则谓之挟制中国，谓之不使中国有外交，此所以动失东亚联合发展之机会，而为白人所利用。抑亦以彼辈洪宪遗臣，对于袁氏加入称帝，实有无穷之属望，故一旦失之，惭忿交并，转而致其深怨于日本也。论者动谓日本要求廿一条款，即为独占中国利益之征，侵略之实行。然当知廿一条款初非日本之意，而日后袁氏称帝事急之际，曾以有过于第五项之权利供于日本，而日本不受也。始袁氏既解散国会改约法，第二借款将成矣，而败于欧战之突发，乃改其昔者排日之态度为亲日，因求日之承认帝制，而诺以利权为报酬。所谓廿一条款要求者，袁自使日本提出其所欲，以易其帝位，非日本自以逼袁也。袁之排日，夙昔已著，日人惟知事定以后必为反噬，故重索其权，以求免未来之患。顾此条件无端而泄漏，无端而有国民之反对，各国之责言，袁尚欲贯彻其主张，乃暗请日人派兵来华，致最后通牒，以镇压国中反对者，而便于承认日本所主张，然终不敢诺第五项。如是者又半年，帝制起而云南倡义，袁忽使周自齐东为特使，不顾国中反对，诺允日之第五项，且益以他种利权。尔时日本欲助袁平定民党

---

① 大隈，即大隈重信。

博取利权,易于反掌。然而举国反对,不为利动,袁策遂不得行。以此二者比较而观,可以知日本于中国不必以侵略为目的,其行动常为中国计利而非以为害。论者不察于是,徒以日本为有野心,非笃论也。日本之不赞成中国加入,与不受周自齐所赍之贿,同为纯粹之正义所驱,吾人于大隈之举动,固不尽赞同,而公论要不容没。即在此次日本虽翻然劝我加入,而吾尚深信彼中不无审察利害,不乐促我堕此漩涡者。故于所谓加入条件者,日本不遽与赞同,即其心中以为,日本对于英国既有同盟关系,势不能永拒英国之求;而亦不欲负诱我以入协商之责任,故但劝以言而不肯供其贿（关税改正、赔款延期以为加入条件则皆贿也）。彼岂不知利益均沾之约尚存,将来不难追补。今兹所失,朝四暮三,本于名实无损,而必坚持之者,其心诚亦不欲中国以此而自决堕入危途,将以自慰其良心而已。况乎以终局利害论,中国之不保,同时即为日本之衰亡也。日本之劝我,非本意也。（以上所引外交秘密,皆有最确之来源,徒以责任所在,不能明指。要之,此中事实,当局自知其不虚,而吾之操笔,亦绝不以私意稍有所损益,以就吾论据。此则可以吾之良心与名誉誓之者也。）

中国之加入,于美国为有利乎？否乎？则将答之曰:美国欲中国随彼一致行动,无异欲他中立国随之,美国不以他中立国加入为己之私利,即亦不以中国加入为己之私利。须知美国劝我抗议之通牒,对于诸中立国一概发出,与前此劝和之通牒同。论者但见美国劝我抗议,而谓中国加入协商,亦为美国所乐闻,不知美国为向来最大之中立国,常欲使他中立国行动与彼一致,以保中立国之利权。故前此提出调停通牒,则亦劝我为调停,所劝者非止我国也。一旦提出抗议通牒,则又劝我为抗议,所劝者亦非止我国也。此为美国外交当然可采之手段。而论者先有成心,乃于美国之意思加以曲解,故前次调和之通牒,忽然集矢,今日抗议之劝诱,又忽焉以为抵排日本之机。吾信美国之通牒,必不存此心。中国官僚日思排日,因美之来劝,遂自扇其感情,发为虚想。此种举动,适投合于英国人之需要,而其波益扬。此亦美人所不及料者也。中国苟但随美行动,则美国可以各中立国之一致为基础,而谋中立国之利益,此其所愿也。过此以往,本非所求,虽有抗议劝诱之一事,美固不负引入中国之责矣。

统以上所言,则知劝我抗议之美国,劝我加入之日本,均未尝因我之加入能受何种利益,即在协商欧洲诸国中,亦决无非中国加入不可之理由。然则,何以七国公使不惮再三干涉我国对德之所谓"独立外交"乎?则以其主动者有英国,故不惜百方以求引入之机会。袁氏之称帝,一机会也,不幸而挫于日本之干涉,故又利用此美国之劝而扇起中国排日之感情,即以此耸日本之听,而促其决心。此年来英人所经营者,其迹历历可睹。此中摩理逊①、辛博森等于种种方面,皆尝自白其尽力于中国加入协商一事。可看中国加入而得利益者,非意非葡,非俄非法,亦非美非日也,惟有一英国而已。则有问者曰:"英国于招工运粮、破坏德人基础以外,更有何等甚深之理由乎?"曰:"有之。英国自数百年以前,迄于今兹,有一不变之政策焉,曰:'求可以为牺牲者,以为友邦。'中国适入其选,则英国之欲我宣战也固宜。"

五、大英帝国之基础

除去印度,大英帝国不过世界之三等国,此英人所自认者也(《中央公论》引喀逊语)。英国之帝国,以何者为基础乎?伦敦之市场,何所资而能为世界市场之中心乎?英国之外交,何以常能使人尊敬为第一有力者乎?以偏在欧洲西北三岛之地,而其所领土地周绕地球,自诩国旗不逢日没,其操纵之,操何术乎?非巴力门政治之力也,非二强国海军标准政策之力也,非条顿种绅士精神之力也,所恃者印度而已。惟有印度,始能控御此周绕地球之殖民地;惟有印度,伦敦市场始得为世界中心;亦惟有印度,英国始得至今执欧洲之牛耳,横行于世。英国之君,称为大不列颠合众王国王兼印度皇帝,英之所以为帝国者,在印度不在英伦也。

往者英相张伯伦,以其所领之统一党,倡帝国主义,而以殖民地互惠关税为入手办法,即说明此意义者也。英之殖民地遍于五洲,自英本国而南,

---

① 摩理逊,即莫里循,曾任袁世凯政治顾问。

占有非洲之大部分,而握埃及以为交通之枢纽,且取直布罗陀、摩尔泰①、亚丁以联之,而以好望角副之;出红海而东,萃于印度,展而及马拉半岛,则星架坡为之枢,锡兰、香港以副之;其东南则有澳洲,越海而为坎拿大。盖其领地统治之法,随地而殊,坎拿大、澳洲,皆有自治政府,英国之主权仅于对外认之。而澳、坎对外,所以姑认英之主权,非以为母国利也,以其若离英独立,则海陆军之费较现在必且大增,现在可以轻税薄敛支持,将更而为重税,故宁依附英国,以保对外之安宁。其用心如此,故英国欲求国家所需要之资源,不能仰之澳洲、坎拿大也。今日母国布征兵之制,强制劳役之令,不敢望之澳、坎也(去年十一月澳洲之国民投票,即反对强制征兵之案)。非洲之地虽亦巨大,而人口较疏,地势分散,必不可用以为发展之基。只有印度、马拉,比较地位适当,而向来统治,惟英人意所欲为,初无捍格,故以为联合之基础最适。而马拉半岛消费生产之力,均远在印度之下,所以不能不舍马拉而取印度也。张伯伦之策,乃在改高英国之税率,对于外国输入之货加以重税,而于本国及属地来往之货物,则特免其税以励之,所谓特惠也。以此特惠之结果,澳洲之农产及印度、马拉所产各原料,可以专擅英伦之市场,不容他国货侵入,而英伦工业制品亦可专占坎拿大与澳、非等大市场,而拒绝外国货之流入。使此政策完全实行,则经济上英国全国农工商业皆能自给,以其余力操纵世界市场,论其根本所需,不必求之国外而已足。所谓农工商三位一体主义者,即此之谓。而英国之帝国主义,亦于此计划实行之后,始可望其进展也。从前欧洲之取殖民地,无异蜂之取蜜,所志者在吸其精华,以益本国,绝不存一联为一体之念。故其所谓殖民地者,单以能使本国得益若干为算计之基础,以经济之利害,决经营之方针。然在二十世纪,此种中古之政策,不适于用,自不待言。张伯伦之帝国主义,乃由是倡。彼以殖民地与母国,当视为一体,痛痒相关。母国之工业,即借殖民地以为销场,而农产则由殖民地供给。然而此所谓销场者,专视人口之多寡。英国全国人口,不过四万万内外,其中三万五千万为印度人,本国人及〔除〕印度人外,所余人

---

① 摩尔泰,即马耳他,位于地中海中部,为交通要冲。

口仅数千万耳,足以证明英国若无印度,即不能成为帝国矣。

抑英国之获得殖民地,非有一计划以整然之组织行之者也。始得领地于美洲,旋夺法之坎拿大,未几而合众国独立,值拿破仑战争之后,乃以种种手段,继受荷、葡两国所领,且占有澳洲。于此参差错落之殖民地中,谋其联络,然后占有苏彝士河、好望角、星架坡等地以为根据。印度之经营,乃自一公司始,资本才七万磅耳。中间有葡萄牙之先进,复遇法、荷之东印度公司与为竞争。适印度小国互相攻击,而皆借助于外人。克雷夫,印度公司中一书记也,凭其智力,扇构印度诸王,假以资粮器械,己则乘之收其实权。自十七世纪以来,迄于一八五七年之叛乱,印度统治皆委之于公司,英国政府初不过问也。暨乎叛乱戡定,一八五八年英国始声言并合印度,一八七七年英国始以维多利女王兼印度皇后。其时公司所以付与母国者,面积一百七十六万方英里,人口三万万余。自兹以降,英人复尽力谋其扩张,且保护维持其殖民地。然而,作始非有计划,故当然为大英帝国基础者,至于廿世纪之初,犹以偏偶待之,所有政治上之施设,往往背驰。此则凡属逐渐长成者所同有之弊害,小之如一都市,当其始未有计划,任意以延长之,则其形必成为不规则之状,其交通配列必不如意,其天然应有之中心与实际现存之中心乖离,统治改良,种种阻碍,皆由斯起。论世者试以中国之南京、北京、广州、汉口,日本之东京,比之美国之华盛顿,可以知其差异矣。彼南京、广州、东京诸市,非故意为此不规则也,任其自然发达,以变田园为市街,由田园进而任意附益于都市,不由都市自立计划以取用田园,则其糅乱无纪,必不可免。英之殖民地,亦正类此。本来既无秩序,则一旦求整其统系,自属非易。然无论如何,英国经济之基础,即其国家之命脉,在于印度,事至了然。若此基础失去,则大英帝国亦惟有瓦解而已。除去印度,虽以澳洲、坎拿大亦不足以为英伦工业品之销场,不足以完农工商三位一体之实。既不免求销场于外国,则国内自给之策完全破坏,母国与殖民地浸益疏远,终至各相离异,不复有为。故无印度者,澳洲、坎拿大皆成为无意味,而非洲与马拉半岛更不足数矣。故英国所以能保有旗之不遇日落之殖民地,以印度也。

英国之所以得握世界商业上之实权,以世界市场置之己国之支配下者,以其国之出产力与消费力,俱优越于他国,而其生产、消费各在一地,即在国内营通商转运之业,已臻极盛,挟此基础,以为商业,以为航业,他国不能与争也。夫世界之货物,有其生产地与消费地之距离,视其两地之距伦敦更近者,其价反待决于伦敦之市场,此非以经济社会关联较多,他物集于伦敦,一物不能独异之故乎?凡世界市场买卖,虽以货币计数,而买者之资源,必由于卖一种货物,卖者又常以其资金购取他种货物,故有一地为多数货物贸易之所者,其他货物当然趋而附之。英国以其对国内之贸易,集中于伦敦,随之对国外之贸易,亦集中于伦敦,此贸易之额,既已甚巨,故此二者以外之贸易,亦为其所吸引,而伦敦自然成为商业之中心。除去印度,则英国之商业已去大半,其根本既伤,自无吸引之力,而雄制世界市场之资格,从此失矣。印度之存亡,即英之存亡也,无印度即无殖民地,无商业,无航业,内不能自给,外不能取足于他人,虽欲苟存,安可得乎?

不观乎西班牙、葡萄牙之历史乎?彼二国当十六、七世纪间,中分地球,各取其半,以为势力范围,其所领殖民地,势驾于并时诸国上,徒以不能谋其统一协合,母国与殖民地,两不相亲,稍有不利,即离而独立,或他属焉。今之非洲海岸诸地,暨南洋英、荷领土,往者非皆葡领乎?葡萄牙惟不能占有好望角与埃及诸殖民地,遂无由联络。西班牙亦坐不能收联结中美、南美诸地之效,所以入十九世纪,纷纷变为独立之国。盖其对于母国,本皆无经济之关联,其离叛固事势之所使然,不足怪也。荷兰承西班牙之敝而起,一时雄视东方,亦以不得经济上之联结,一失好望角、麻六甲于英,其位遂大低落。使葡萄牙与荷兰得英之印度,则东方岂容英国为霸,使英不得印度,则不特马拉半岛无由经营,即坎拿大、澳洲亦久已师美国而独立矣。英国惟得印度以繁华其商业,因以担任此巨额军费,以保持其海权,使澳、坎托其庇而安焉,此所以不蹈西、葡、荷之覆辙而强盛百年也。

事固有始行之甚易而莫之行者,亦有偶然行之不知其关系之大如是,而幸收其良果者。英之设印度公司,在他国之后,侵略全由公司画策,母国初不之知。即克雷夫当时,岂知其经营印度,关于英国之荣枯若是哉!事后推论,归功尸名,亦适有运会焉。嗟乎!使中国而遇有若印度公司者存,恐当英国并印度之际，中国已相随俱尽，尔时英国欲吞中国，易与吞印度同耳。当一八六〇年之交，中国方南北争持，未有所定，清帝北走道死，举国无以抗拒外人为意者。使戈登①袭克雷夫之策，以中国之兵征服中国，决非难事也。况益以国家之助乎？当是时葡、荷已衰，法、德未起，在东方无与英争殖民地者。自克列迷阿半岛②一役，英、法联合助土敌俄以来，英常以法、普之交恶为利，乘其间隙以图利于东方。当时虽以英、法联军攻陷北京，论东方之根据，法实无有。英国当时不但以通商贸易为满足，而求并吞中国，实无一国可以牵制英国者也。假令英国以十年之功，收中国于掌握之中，则法国正败于普，德意志帝国新成，而亚洲已全入英国统治之下矣。使其然也，则今日之大英帝国，非特保有印度莫能摇动，且可以并中国、印度为一国，取世界最大之市场，纳诸囊中，而莫敢窥伺之。非特无此次之战争，即在将来，苟非英国内讧，恐亦无人能问英鼎轻重。使吾人为英国人，必不能不痛惜当时英国无人，坐失此万劫不可复得之机会，而吾中国人则又不能不深幸英国之无人，使吾人今日犹有研究中国存亡问题之余地也。

吾不云乎，事有始行之甚易而莫之行者，亦有偶然行之不知其关系之大若是，而幸收其良果者。故吾人追论英之偶然而得印度，偶然不得中国，为英国计者，惜其未收全功，为中国计者，幸其不早覆没，皆从其已事而征其效。然而，英国有帝国主义之实行，有互惠关税等等政策，所以保持其偶然所得者，使不以偶然失之也。而我中国则何如？幸不见并于英，且不知戒，而轻心以掉之乎？英国虽失并吞中国之机会，心未尝忘中国也。值法国于战后专力经营殖民地，与英角力，德国寻又起而乘之，英国犹欲以瓜分之结果，占有中国之大部分，以为印度之东藩，补往日之失策。而计划未遂，忽有日本起于东方，日本一出，战胜中国，虽曰从此中国败征益无可隐，而实际瓜分之局，转以日本之突起与俄国之远略而中破。俄国既与土战胜，势可突出地中海矣，而英嗾挠之，使不得伸，易志而东图我新疆，与彼印度。英国为自

---

① 戈登，英国人，曾在中国组织洋枪队，反对太平天国。
② 克列迷阿半岛，即克里米亚半岛，在乌克兰南部。

保计,不能任俄国之发展,而于东方陆上之力不能制俄,值日本之新兴,遂利用之以为敌俄之具。东方既有此角逐,利益更难平均,因之瓜分说破,而均势之说代之。日、俄战后,日之地位更固,而英国亦无法使瓜分之际日本满意,日本亦知瓜分之后己国地位无由巩固,力主保全中国。盖法、德之着手东方,为英国并吞中国之障碍,其政策遂变为瓜分;而日本之勃兴,又为欧洲瓜分中国之障碍,再转而为均势保全。于是英国不得不以保守印度为满足矣。虽然,英之帝国,退守印度,固曰足矣。为他国计,亦能容英国之保守印度以为满足乎?人皆知其不可能也。以英国之帝国主义,恃印度以为基础,故英人必百计求保印度,不惜以万事为牺牲也。

六、英国百年来之外交政策

欲论英人之用何术以维持此帝国,不可不先溯之于英之向来对外之政策。

英国自战胜西班牙之无敌舰队以来,其对外有一定之国是,即联合较弱之国以摧抑当时最强之国是也。当十八世纪之后半期,英国以法为标的,对于法之战争,以路易十四、十五之强盛为欧洲最故也,非修百年战争以来之宿怨,亦非属望于欧洲之领土。惟英之欲维持自国之利益,则不许欧洲大陆有一最强国发生,苟其有之,必合诸国倒之而后已。此对法之战争,结穴于滑铁庐一役,自此以后,至于今兹,百年之间,英国霸权未尝衰竭。虽然,其间保存维持之业,亦复非一。自法国摧败以后,英国不复忌法,而俄之逐渐发展,势将南吞土耳其,既并土耳其,必据埃及、制红海,而地中海之权失,印度之门户亦不固。故于十九世纪之中期,英国舍法而敌俄,举土耳其而御俄罗斯,动则曰扶弱锄强。当是时,土耳其之奉回教,无异今兹,其苛待基督教徒或又甚焉。然而,不惜悬军远征以助之,今日则曰:土耳其之文明已不适于欧洲,须逐之使复归亚洲之故土。狐埋狐搰〔掯〕,翻云覆雨,曾不知愧也。实则前之保土耳其,所以保印度,今恐德因土耳其以取印度,则不能不合俄以攻土耳其也。既一败俄于一八五三年之战,又于一八七七年,俄战胜土结约之际,强结德以抑俄。盖自拿破仑败后,英常亲法而敌俄,则以法已失势,俄方日强也。

然一方法国自见败于普之后,思有所取偿,而俾斯麦亦欲斗英、法使自敝,因嗾法国致力于殖民地之扩张。于是,法国占突尼斯,占阿遮利①,占安南,占马达加斯加,而伸张其势力于摩洛哥,于是乎得罪于意大利,又得罪于英。俾斯麦因是收意大利以入于三国同盟,而激英使敌俄、法。英于斯时,实远俄、法而亲德,至其极,遂生东方之冲突。英人自度在东方力不能胜俄,乃乘日本怨俄之干涉辽东割让一事,耸日以拒俄。日本之与俄战,在日人言之,则为取朝鲜也,为保全东三省不使俄人驻兵占据也。自英人言之,则不过日人为英人守卫印度,驱除其东方之敌人而已。方俄之盛,日餂日人以攻俄,及俄蹶日强,则又百方窘日。此即英国百年不易之国是,以为忘恩负义、以怨报德。而讶之者,未知英国之历史者也。

一方得日本以制俄,一方德国之势又日隆,于是英国又弃法、俄不以为敌,而转搂诸国以敌德,然后造成此次之战争。盖俾斯麦之为德国画策也,曰让法取海外之殖民地,而德国自以全力修治内政,内政整理既毕,始可外图。于时法果以扩张殖民地与英大冲突,英国欲专埃及之权而法挠之,法国欲固其力于摩洛哥,而英国又以直布罗陀之关系,不欲法国占此非洲北岸突出点,两不相下。既而威廉第二黜罢俾斯麦,而图扩张势力于国外,以是经营非洲东西海岸之地,在在与英冲突。英国不得已,始与法国协商,法国承认英国在埃及之权利,英国亦承认法国在摩洛哥之优越权。于时,俄犹未败于东方也。及俄国既败,英、法益亲,法遂实行前约,以兵力干涉摩洛哥,德国乃出而抗议。是时,法之外务总长笛卡西与英为约,一旦法国〔法、德〕决裂,英当以二十万兵助法,经由丹麦进攻基尔运河(此种计划正与德之强行通过比利时同,英国不过偶未逢此实现之机会而已,何人道公理之可言)。后卒以调停终局,而英之义华第七与法外交总长笛卡西遂始终成英、法联结。统此以观,百年之间,英与法再为敌,再为友,于俄一为友,一为敌,于德

---

① 阿遮利,当为阿尔及利亚。

一为友,一为敌。要之,当其最强之际,英国必联他国以敌之,及其有他国更强,则又联之以共敌他国。二世纪间,英国之外交政策未尝变也。其以一国为友也,非有诚意之结合,不过利用之以攻击他国,以友国军队为己之佣兵,敌其所忾而已。及乎强敌既挫,惟有友强,则又转而以友为敌,而英国始终居于使嗾之地位。战则他国任其劳,胜则英国取其利,此则数百年来未尝变者也。故论英国之外交,断不能谓某国必可为英国之友,亦不能谓某国必为英国之敌,抑且除印度及与印度有关之数地外,虽为英国向蓄有势力之地,亦不惮移以赠人。如摩洛哥,固英国宿昔所经营者也,为搂法以伐德,不惜以让诸法,从可知英国向来为破灭欧洲最强之国,不惜以种种为牺牲。而其所以必破坏欧洲最强之国者,不外以保存其帝国,换言之,即不外以保全印度耳。自道德上言之,必损己以害人,信为罪恶。然以利害而论,为英国谋者又何以加于兹。英国之结日、结法、结俄,均以其强不逮德国,故纠合而为之首领,使从于己之支配也。其于土耳其,亦思用此策,以绝德国东出之途,同时又不使俄国得志。然而,英人有恒言曰:"血浓于水。"故又常助土耳其支配下之白人,使离土独立而收以为己党,自希腊之独立而已然。而于塞尔维、门得内哥罗,与罗马尼亚、勃牙利①,又以对俄国之关系,英亦阴袒之。故土卒不甘为英之牺牲而合于德,藉不然者,英国已以土为俄国之饵,而君士但丁久在俄国统治之下矣。不观夫土未与英、俄决裂之前,英国之所以诱土助己者乎?英国上下无不为土国厚受英之保护,以有今兹,而不计其对俄之宿愤,以为一旦揽致土国,即可乘势满足俄之欲望也。夫英国之利用他国也,方其得势,则牺牲他同盟国以满其欲望。及其势不足以为助,则又以为他国之牺牲,此其历史已彰彰然明矣。论者以为土苟维持中立,尚可免俄、英之攻击。不知为英之与国者,方其有力,英必乐与以种种之利益,使与俱敌其敌;及其无力,英亦必重苦之以快他国之意。无他,英之求友邦,贵能为英尽力;今既无力,自然应以其国为英之牺牲。譬如饲蚕者,三眠以前,束槁伐桑,昕夕觊候,惟恐不逮,孝子之养父母,无以过也。茧抽丝尽,则命镬鼎

---

① 勃牙利,即匈牙利。

镂,骸饱鱼鳖。今日英之友邦,皆蚕也。其犹得英之承迎者,丝未尽耳。故如塞尔维受俄之命以图奥,即间接受英之指挥以图德者也。首发巨难,亡其宗祐,亦可谓忠于其事矣。而英人之待固何如?方勃牙利之未附德也,英人不尝与勃牙利议,割塞之地以饱勃之欲,使参战乎?当时议固未成,而英国亦以此借口,谓巴尔干外交失败,非己之罪。夫英国欲饱勃之欲,何不牺牲己之利益以求之,何不牺牲俄之利益以求之,而必以塞为牺牲者,塞之力已尽,勃之力方可恃也。亚巴尼亚①非塞尔维日夕所想望者乎?以人种言,以地理言,皆近于塞。塞以外无通海之途,迫而与土竞〔战〕,倾国以争此地。卒为奥所抑,不能逞志。今者塞既为奥所败,若以英、法之援而得亚巴尼亚,固曰义当尔也。然而英、法为联意计,不惜以亚巴〈尼〉亚为意之势力范围。观其所以待塞尔维者如此,则知假令土耳其附英、俄而敌德、奥,英国亦必不保护土耳其,令俄觖望。此无他,土之力先尽于俄,故其利益不免为俄之牺牲也。今试观察此全战役,英之得与国,有不以利益饵之者乎?如其于意大利,于罗马尼,所谓参战条件者,非土地之预约乎?其于日本,非以山东与南洋诸岛为饵乎?其所利诱勃牙利,诱希腊,而不成者,更不可悉举。而问其所以许与人之利益,有一为英国自所损〔捐〕出者乎?无有也。非约取之于敌,则使友邦忍苦痛以与之。英国之利益不伤,而有力之国皆用命焉。此真蚕人抽茧,豆人煮豆之术也。刍狗之未陈也,祓而祭之,既其陈也,驱车以轹〈之〉。夫英国不仁,以万国刍狗,塞尔维罹其网而丧其邦,土耳其幸不从英而已。其从之也,欲俄国之进兵,必以亚美尼亚、君士但丁与俄;欲勃牙利之从,必又割其西偏以与勃;欲希腊之起,又将割其西南以与希。夫巴尔干诸邦,皆为可左可右之国,而无国不有领土之野心。故土耳其苟为英友者,巴尔干诸邦必悉袒英。非土耳其之声号足以来之也,其膏沃形胜之领土,足使诸国奔走熙攘。而来者逾多,土境逾蹙,英收其利,土蒙其害。故苟无其力,慎勿为英之友。苟无其力而为英之友,必不免为英之牺牲。若其无力而欲免于牺牲,中立上策也。不然者,与其为英之友,无宁为英之敌。此无论英

---

① 亚巴尼亚,即阿尔巴尼亚。

之终局为胜为败,必无疑义者也。塞尔维与土耳其,其最良之标本也。南洋之矿山主,买人以开矿,其未至也,优之百方,虑其不至也,一旦入工所,计无所逃,则畜类遇之矣。英之所以待友邦者若是而已。为国者其将师塞尔维乎？抑将师土耳其也？

则有问者曰：英之不欲牺牲自国利益,固也,均是以他国利益为牺牲,何必友邦？虽中立,英国亦何所爱惜,而不害其利益。曰：是非不欲也,不能也。英之友邦,得友之名而已。其举动皆惟英之命是听,故英国用其力,则为之保护其利益,不用其力,则求善价以沽。其利益有保护之权,故亦有赠与之权。譬如摩洛哥与埃及之交换,英苟无力于摩洛哥,法岂肯以埃及与为交换,法苟无力于埃及,英亦岂允以摩洛哥与之交换。故微生高乞醯其邻,以与乞者,邻既以醯与高,则醯固高之醯也,不必问其所从来,乞而终戴微生之德。若微生乞者自乞诸邻,则邻犹中立国也,虽所与不止于醯,人惟感邻之惠,而微生不与焉。此犹中立国之利益不足以为饵,而英国之急于求友邦,若不暇择者,非以其力足恃,乃以其利益可以为英国牺牲也。中立于此乃可见其真价矣。

英之此政策行之二百年,以致今日之盛大,每于战胜一强国之后,英国若无所利于欧洲之土地者,于是以义侠自鸣。试以英国政治家之心理,置之检镜之下,知其言之必不由衷也。英国之领地遍于世界,无论何国,苟于欧洲有优越之权力,即于英国对于殖民地之利益生冲突,从而英国为保其殖民地计,不得不与之战,使其强国所志,在于他所。如法与意,目的只在非洲北岸,犹易妥协也,然既在欧洲为最强之国,则必不以是为满足,其目的必在于印度。而无印度是无英帝国也,故英国尤不得不合他国而与之战,惟其谋之于未事,制之于未形,故人但见为仗义锄强,而不知其举措无一非为印度之保全计也。

虽然,自有此空前之战争,而英国地位已大变,平和而后,将仍持此策不变乎？抑且改弦更张乎？此现在所须研究者也。吾人以最上之智慧,绝对之忠诚,为英国谋将来保全印度维持帝国之策,则有其必变者,有其必不变者。以最强之国为敌,此必变者也,以较弱之友邦供牺牲,此必不变者也。

英于此战争以前,每摧抑一强国,必得数十年之苟安,于此从容以备他国之兴。其所破者,创巨痛深,数十年间,未得复起也。其所防者也,数十年未及长成,已逢英之摧败矣。故其政策可以无变。自德之兴,而英国之步骤乃乱。方欲遏法,法未衰也,又以防德之故,不得不助法。方欲遏俄,俄未全败也,又恐日之一盛而不可复制。于万不得已之中,巧收俄、法以敌德,而劫日本使从之。辛苦十年而后得今日合纵攻德之结果。平心而论,从英国者为祸为福,姑不与计,英之外交,终不可不谓之大成功。然而,其成功同时,有为英所深不愿者。何则?假令战而胜德,德未成死灰,复燃未可知也。法纵不加强,俄必坐大。自从战后,俄、日知互角之不利,故两国各相亲而疏英。德国覆没之日,即俄、日鼎盛之期,英欲与俄为敌,则无与制俄者。且前此使日敌俄,英之元气未尝伤也,今与德战,虽幸而胜,国富民力已殚矣。是不惟不能自与俄战,即欲他人与俄战,亦莫为用。何则?土、塞之教训,已深入欧洲诸国政治家之心,英欲再求忠诚之仆如塞尔维者,终不可得也。往者英为盟主以攻一国,丰功伟绩,英人尸其大部,故其敌固畏英,其友亦甚畏英。至于此战,则群知英之易与,无复尊崇之心,其于战后无复宰制欧洲之望明矣。更假令英国于此役不能战胜,则俄国已晓然于英之不亲己,将来必不尽力。即日本亦必深悔从前之误,舍去不援。当时之国,仍以德为最强(现在德国胜利之势已可推,即成为美总统所谓无胜败之媾和,德已居最强之位)。英欲以德为敌,在今日尚不能有成,何况今后!此又事至明白,无可讳言者也。然则,英国为将来百年立计,不得以最强之邦为敌,必以最强之邦为友,相与中分世界之利益,而俱享之,自己国以外皆可以为牺牲,而其选择牺牲,由亲者始。此即英国所以报其倾国以保卫印度之友邦之厚惠者也。

七、协商国胜后之英国外交

主加入协商国者,辄言协商国必胜,反之者多言协商国必败。夫以为胜而附之,与以为败而去之,本为一国之道德上绝不能容许者。而主张之者必计较利害,若曰,苟有利焉,无恤乎道德。此亦一说也。今姑无与争协商国之胜败,试与设想,协商国全胜之后,英国之地位如何？今日英国所恃以敌德国者,非英国之力也。英国以几及二倍之海军,不能封锁德之海港,而肆德国潜艇之跳梁。拥五百万之大兵,而其战功略不可纪,于海于陆,皆失其威信。其犹得执协商国之牛耳者,能为经济之援助耳。暨乎战后,英国更无可以制人死命之武器,则代德而雄于欧洲大陆者,必有其国。法之为国旧矣,且于此一战,实已殚其精力,不能于战后骤望发展。意虽旧邦新命,而其海陆军两无可纪,在今日以最有利之状况进战,尚不能得志于奥国,至于战后,意已成孤立之况。在英、法尚视为疏远,在德、奥则积有深仇,其不能为英患亦明。其在东方,则英国可袭十余年以日制俄之策,引美国以敌日本,所不可如何者,俄国而已。俄国自十八世纪之初,彼得改革以来,无时不有并吞世界之计划,所谓彼得遗训者,久已为世人所公认。而俄国之地势,实又足以成之。盖俄之为国,在欧洲为受敌最少者,其北则北极之下冰雪之区,其东与南,皆为荒野之国,力不足为俄害。而其土地则足以满俄国之欲,其向来有战争,皆从其西面或西南面而起,其胜则略地增长势力,不胜则退婴其天然之险,人莫能屈之。征之于历史,彼得与瑞典王加罗十二战,尝一败矣,而不为之屈。休兵八年,卒复其仇,获波罗的海沿海之地。此后又参与七年战争,遂乘波兰之弱,而分割之。及拿破仑战争之兴,屡为法国所败,而拿破仑终无如俄何。一八一二年,法人悬军远征,以破竹之势,大胜于哥罗提诺,遂占莫斯科,然终不得不退兵,以自致来布芝之覆没。俄国虽败,不为法屈,而反以屈法者,其地利使然也。十九世纪之中叶,俄得伸志于土耳其,会英、法之抗拒,君死军败,地削垒陷,乃至黑海舰队之出入,亦不得自由。然而俄国之力,毫不以是摧败,又东而出于波斯湾。俄之经营中亚细亚也,自十九世纪之始而已然,至一八七三年,占有里海之要港加斯福斯克,遂进而吞高羌,又窥阿富汗斯坦,以与英人利益冲突,波斯遂为英、俄两国之争点。迄一九〇七年,英、俄始为协商,波斯北部为俄国势力范围,其中间为中立地带,其南则为英国势力范围,以是三十年间之努力,终不能达占有波斯湾之希望。其在东方,又遭日本之打击,并其所已有之地盘而失之。若是者,在他国有一于此,必为败亡,而俄罗斯自如也。其胜则威瑞典,收芬兰,割波兰,取中亚细亚;其不幸亦不过莫斯科之退军,斯巴斯图堡之城陷,柏林条约之改订,旅顺、南满之退却,波斯湾之让步而已。故俄国挟此自然之地位,先为不可胜以待人之可胜,英国固无如俄何也。英国之外交微妙而敏迅,吾人不惮称为世界之最,且尤不能不佩敬其主持者有远识而不摇。即如今兹之战争,英国本为间接之利害关系,直接有关者固法、俄也。德国之压迫法、俄,其优越之陆军力也,使法、俄而退让者,德亦未即侵及英国之封。然英国知苟德国得志于法与俄,即为世界最强之国,至尔时英始与德为敌,则无所及。故预料德国之必为己害,而先联法、俄以攻之。夫法与俄诚有恶于德而结同盟,而于德外交固向无冲突,至摩洛哥问题,与波、洽二州①合并问题起,始成葛藤,渐演成以战争解决之局。而此二事皆有英国居于法、俄之背后,励其决心抗德,此英国外交之用心,固远非凡人所测也。此次战役,英国本尽有中立之余地,而英不愿也。不惟不愿中立,且于正为商议调停之际,忽以曾向德使警告德国须预定甘与英国开战之言,告于法使,此其强硬,固不得不谓之有计算、有斟酌之行动。抑且对于德国之提议保全法国本国及殖民地以求英国中立,及问英国,如德能尊重比国中立,英国亦能中立否?英国概以行动自由不受束缚、不能预约中立复之(故英国谓为比利时而战绝不可信)。此皆足证英国苦心孤诣,不欲法、俄独与德战,而勉加入焉,正以其深忌德国故也。其忌德国非有他恶感,亦畏其强耳。然去德国而得俄,其足为英患无异。且往日德之祸法、俄为直接,而祸英为间接,故俄、法为英用。异日俄起,则直接受祸者惟英国,此英国所甚无如何者也。俄人方为英攻德以获利,而英又联他国以攻俄,则人将尽以俄为戒,不敢为英尽力。此又英国政治家所逆见者也。且德既败,则必弃其东进之策,而与俄无利害冲突。法、意本与俄近,美国本不干涉东欧、中亚之事,日本又已先事亲俄,英国欲求俱与敌俄者,必不可得,无已,惟有改其故步,因利乘便以联俄。虽然,联俄非可以口舌毕其效也,英国欲收俄国不侵印度之利,必先有以利俄

---

① 波、洽二州,即波斯尼亚和黑塞哥维那,为斯拉夫人聚居地,原属南斯拉夫,1991年脱离南斯拉夫独立。

国,而所以利俄国者,又须为英国势力所及,不徒以口舌为惠。故如以非洲饵俄国乎?则非洲之领有,不过稍增其面积,毫不足以为发展之资。且如媵以埃及,则英国与印度之联络,不得不复于好望角之旧途,此为制英国之死命,英所不能容许。即俄国占有此非洲闸岸,亦终无由满足其野心明也。将在亚洲方面为让步乎?则收波斯、阿富汗斯坦于俄国域内,益以危印度之边藩,而俄之野心,亦断不能满足。故结局,欲与俄联,须捐印度,英不捐印度,则须求与印度相当者以赠俄。则在今日有为第二印度之资格,而为俄所满足,无逾中国者矣。故英、俄交好之日,中国必不免为同于印度之牺牲。

盖凡所需乎殖民地者,以本国生齿日繁,富源已尽,藉之以免人口过剩之患也。然其所求以为殖民地者,如为荒寒待辟之区,则必费多额之金钱,始可望其发达。而发达之后,又恐其羽毛丰足,背弃母国,故英之殖民也,已失合众国,又将失澳洲、坎拿大。此无他,新领地之生产力,一由移住之人成之,其本有之人民稀少,无生产力,因之亦无消费力。及其培植成功,则其生产者又足自给其消费,而无以益其母国。夫人民乐故土,多亲族友朋之牵率,利不什不徙其居。得殖民地之国,所最希望者,其殖民地能供给己国原料,同时为工业制品之销场,因之使本国之人,可不出国门而得丰足之给养。惟然,故需其殖民地本有多数之人口,且为勤于工作者,则其原料丰富,而其消费力亦大加。彼全由本国人开辟者,始则无此消费力,终则成为自给之组织,不可得而压抑也。惟对于异种之人民,可以不公平之待遇,使常安于低级农夫之位置,而永收贸易之利,以为己国工业品之销场。故今日之世界,求得新领土者,必以此为最上之标准,而中国与印度其首选也。

为俄国计,均可以资己国之发达,则亦未尝不乐舍印度取中国。盖俄国于西伯利亚铁道复线之输送力之下,久有北满、外蒙、新疆之布置,成一包围之况。苟英国助俄以抑日,则其南下犹行所无事耳,是故英国于战后苟欲与俄更为协商,俄必乐为承认。于是,英国可收阿剌伯、波斯、阿富汗斯坦诸地,以及西藏,而北以高加索、昆仑两山脉及里海为天然之境界。此局既成,则法、意及巴尔干诸邦,均立于英、俄之下位,而地中海两岸之地,悉成英之势力范围。英之指麾欧洲大陆,无异今日指麾西、葡,而英与俄一为海王,一为陆帝,两不相妨,百年之安,可坐而致也。此英国战胜以后之态度,不难预想。如使英之政治家,于此战后千载一时之机会,尚不知出此为英国谋此上策,吾不信其真爱英国者矣。

八、协商国战败或无胜败讲和后之英国外交

今更预想战败后之景况,则英国为此次战役之首领,同时握有媾和之权,故常能于有利之时机为媾和。若欧战以无胜负终,媾和之时期,亦惟英国决之。所以然者,英国及协商诸国,始料以数倍之力加于德、奥,则战争可不期月而决,既而事与愿违,寖成持久之战,于是俄国屡有媾和之说。法国凯约一派,亦有平和运动,英国察而先制之,遂成所谓非单独媾和条约,日、意后亦加入焉。以此约故,各国非得英国之同意,不能媾和,而英国欲媾和时自然能得各国之同意。盖于财政上英国对于法、俄,实有操纵之力。而对法之煤,对俄之武器,一旦断其供给,皆可以制其死命,虽欲不同意而不能。故非单独媾和条约者,不啻以媾和全权委之英国者也。挟此媾和之全权,以与德遇,无论胜负,英必能使德国对于英国之提议,乐为承诺,以图日后之亲交地步。故虽在战争中,英国常握有可得与德接近之地位,而其实行则视下之二条件:

一、英国有联德之必要否?此本章所〈当〉论者也。

二、各协商国守约之能力如何?今日俄国已屡有单独媾和之传言,意国亦公表德、奥若加兵,而英、法不能为助,则势恐不能支之意。俄、意能甘居〈比〉、塞、门、罗四国之惨境与否?不失为一问题。若竟单独媾和,则英失其巨利。

英国既握此全权,则于协商国不得胜时(包以无胜负和之场合在内),英国必思所以利用此者。而英国之地位如前第五章所述,不能用百年来旧策,以最强之国为敌,即当以最强之国为友。协商国如不得战胜之结果,德之军国主义决无打破之期,罢战之后,最强之国仍是德意志,则预言英国之亲德,决非妄测也。

德之形势与俄反对,故其立国基础,其历史,各不相同。俄为负嵎之国,受攻击者只有西南方面,复有沼泽之阻,与严寒冰云〔雪〕之困难。德则不然,其地四战,接境之国旧不相能。故俄以退婴持久立国,而德则不能不猛进。征之近世之史,俄虽屡败,不见其损,而普鲁士自有国以来,非战功煊赫,即国势衰颓,决无能暂时保守之理。而其军制,经三度之改革,即三树功名。始以非烈特力大王之力,发挥其军国精神,遂一跃伍于强国。拿破仑战争时,一旦败衄,即全国失所倚恃,王后路易沙以为法所侮,力倡复仇之议。当时以法国之限制,常备军额极稀,商何斯德乃采用续备兵役之制,预养成多数之军队,于是在拿破仑战争末期,普之兵威,在大陆诸国上。暨乎威廉第一,再改革兵制,扩充军备,即破奥、破法,建造德意志帝国。盖以其地形无自然扩张之余地,一出而图发达,则有战争,一不利于战争,则阻其发达。其为国如是,故协商国一不得胜,必且见德国之伸张其势力于世界。而无论何国,苟新伸张其势力,必不免与英国利害冲突者。又英国挟有若许殖民地之自然结果,前所已述者也。

英国对于此德国之发展,将何道以御之乎?以力既一试而知其不可矣,则惟有与之均分利益,一如战胜时之亲俄。盖非然者,德国之发展,必先见于地中海,而埃及危,又见于波斯湾,而印度危。亡埃及则丧其咽喉,亡印度则失其根本,此英国所不能堪者也。英国非不欲长为欧洲之雄,不使一国与之比肩称霸,然以事实言,则战胜亦万不能达此目的。乃不得已而有与德提携之事,此则所谓必要生出可能者也。

英国为达此目的故,于德国不愿与英接近之际,常尽力打消和议,使德人知其然,而复以适当之条件,满足英之愿望,则由英国可以主宰媾和。盖当英国订此非单独媾和条约之时,固已决定〈能梗和议又能〉①促成之者惟有英国,则德之于英,特与以便宜,持为不破坏和议之条件者,虽使协商国战败,亦不难想象其然也。

英国既有联德之必要,又非不能联之者,则亦不能不筹画所以满德之欲

---

① 据胡汉民编《总理全集》增补。

望者矣。德于非洲,虽亦有领地,然横贯非洲之策,今已不能实行。而实际但以非洲沿岸为殖民地,于德人更为觖望,即在波斯方面,德人之经营不过以为进取印度之准备,亦决不以但取中亚细亚为满足也。于是,英国为图满德国之欲望,必当以中国为饵,与其联俄同。夫两国之联盟,匪以其条约而有效者也,真正原因,乃在其利害之共同。英国本无急切与德冲突之必要,业如前章所已言,此次交战,既不能达摧抑最强国之目的,英国为保其存在,不得不弃其所欲得之利益,以保其所已得之利益。而德国苟以英国之助,得其所欲得之利益,即为利害共同,而联盟之事自生。譬诸意大利,本与法为近属,且得法之助以立国,而一旦争非洲北岸之地,与德、奥有共同利害,则加入三国同盟以敌法。及其战士以后,利害与奥冲突,而对法缓和,则又复活其同种之感情,与建国之旧恩。故知国际恩怨要约,两不可恃,同种云者,亦不过使利害易共同之一条件。其他感情上之事实,随时而变更,非可规律久远之政策也。欲两国之真正利害共同,必能有割舍之决心,所谓协调者,各着眼于永久之计划,于将来两国发展所必须者以交让行之。若是,则德人可抛其窥取印度之心,并抛弃其经营非洲之计画,而专意经营远东。于是乎英可以仍为帝国,而德亦可快其东向之心。故战后之英德同盟,为自然之事实。

又自历史言之,自非烈特力大王以来,英国非与普为攻守同盟,即守严正中立,除此数年间短期之冲突外,英、德之间,本未有葛藤。言其种族,则盎格鲁撒逊,固亦条顿之一分枝,而〈其〉交通往来无间。德人之血与英人之血,递为灌输,其亲密乃在法、比之上。英、美、德、奥相去真不远耳,一旦释兵解仇,则条约〔顿〕同盟成立,比之德、奥之同盟,尤为易易。故闻英、德同盟而惊者,殆未知历史者耳。世人有疑此者,请视日、俄。日、俄以倾国之力相搏,事才十载,日、德之宣战,距朴资贸斯条约,不过八年有余。当日、俄媾和之际,吾在东京,亲见市民热狂,攻小村和议特使为卖国,以桂总理为无能,焚警舍,击吏人,卒倒内阁,舆论未闻有赞成和议者。曾几何时,而人人以狂热欢迎俄人之捷报。夫感情随事而逝,亦随时而生,一国当时之外交,必决诸恒久之利害,决不能以暂时之感情判之。以日、俄之前事,可以判英、德之将来矣。不宁惟是，英之于德，自俾斯麦退，始肇失和之端。自英王义华第七访法，始定拒德之计，然在三数年间，奥国并吞其委任统治之波、哈二州之后，德国即向英国提出亲交之议。及一九一一年摩洛哥事件结束后，英国又派其陆军总长哈尔田秘密赴德，共议协合之法，其条件之详，虽不可知，而其主要之点，为两国减少其海军扩张竞争，及有事时两国互守中立，已显然共喻。后其交涉卒归不调，要之两国皆非无意。此事在英人言之，以为无伤于法、俄之好，然其实际果如是乎？一九一一年英国外交总长葛雷在议院演说之言曰："新友虽佳，若云得此须失旧友，则所甚厌。吾等尽所有之手段以求新友，然决不为是而绝旧友。"其言则善矣，然当哈尔田赴德之翌日，法、俄驻英大使急趋英国外交部，人皆知为质问哈氏赴德之事件，则葛雷之演说，果能不爽乎？此交涉不过〈终〉于不调而已。设其成立，则英、德之联合，早已实现，或者并今日之大战亦不发生，未可知也。而谓英国战后不能与德同盟乎？英国以通殖民地事有名之约翰斯顿，于大战开始前一年，著《常识外交政略》一书，谓："英国上下正注意于意、土战争一问题，以中欧之军国主义、征服主义、武力主义为忧。其实，英、德妥协至易，而英、俄调和至难。欲与德接近，则容德国之出亚特力海，及君士坦丁，则在大西洋英国可以避与德冲突。"此即代表战前英人不愿与德开战之一部人之心理者也。此种思想，于战后最易传播，又无疑也。故战后英、德之接近，在英国有其必要，有其可能，而以非单独媾和条约故，又能收德国之好感，则战后之以中国为交换目的，又必不可逃之数也。

是故英国无论为败为胜，英国国运皆有中坠之虞，唯有改从前之政策，结合强者，与同其利，始可自计百年之安。与人同利而不自损，则必于向属己所支配有可借口视为己从属之国，掬其利益，以饱贪狼。此无问〔间〕于为德、为俄，中国必先受其痛苦，而以其人之性质，及其智识之差等而言，俄人之待遇中国人，又较德人为酷。征之前史，无可讳言。彼主张协商国之必胜，而欲加入者，以为协商国胜后可得若许之利益，增若许之光荣，不知俄人之在其后，其惨状乃恐较协商国之不胜为尤甚也。无论协商国之胜否，中国加入，必为英之牺牲。故无论胜否，日本必受中国加入之恶影响。假令英国以中国属俄,必复其前日南趋之故步,南满、朝鲜,先不容日人之鼾睡,此可无疑者也。日、俄近虽结协约,不外利益之调和,俄以此一心对德,至于强敌既挫,俄国与英亲善,自然可择取东方膏腴之地,以快其心。英既欲俄不取印度,则将[来]于中国助俄以抑日本,此皆理之所宜有者也。然则,日本将何以自处乎?南进则与英冲突,北进则与俄冲突,自守则不足,求助则莫应。故英、俄之结合,即日本国运之衰亡,亦即黄人势力之全灭,亚洲永久隶属欧人,事至显明,无劳思议。反之,英国不胜而联德,则德亦将继俄之位,抑日本以自张。故中国加入之前途,不特中国存亡所系,亦为日本兴衰所关,此亚洲同人所当注意者也。

九、中国之存亡(上)

综以上四章所述,可见英国离去印度必成为三等国,而向来保印度之法,恒有压抑欧洲最强之国,使居己下。至此战后,势不能不改其策,非联俄即联德,而必以中国为牺牲,始可以保全印度。英国人之外交之眼光之远,其计划必不出于吾人以下,则于此战未了结以前,预储其战后之资料,以便与俄或德开妥协之途,此其事实,殆为公然之秘密,无事掩饰。特是为此种材料者,自甘投入英国之支配下,而待刀俎之施,为可伤耳。英人所以百计劝中国加入协商者,为此故也。

论者必曰:我今不加入,祸在目前。加入协商,祸在日后。我国既无防卫之力,即使仍旧维持中立,何能保英国不以我为牺牲,不如及此时机亲美国,以图公道之援助。此说非无一理,然不可不知者,在今日我国决不能以无端之胁吓而畏缩,故目前之害可以不言。在他日美国决不能为我利害无干之国,与世界至强之国为敌,故不可恃。欧美之人言公道、言正谊者,皆以白种为范围,未尝及我黄人也。美为平等自由之国,亦即为最先倡言排斥黄种之国。今日美国与我和好,或有同情之语调,若在将来,英、俄、德合力图我,美国又岂能与彼抗争,倾一国以为异种人正义、公道出力乎?不观之高丽乎?高丽固中国之属邦,数千年来未之或改,而首劝高丽独立,首派遣公使与高丽订条约者,美国也。及英、日既合,高丽合并将成,首撤公使不应高丽之求援者,亦美国也。高丽识者衔日本并吞,尤恨美国之始为耸动,中间坐观,昔人所谓上人着百尺楼,掇将梯子去,美之于高丽,势有若是。虽然,此岂可以咎美国哉？高丽存,则日本有不能发展之患,高丽亡,美国不过商业上间按〔接〕受极微之损失,以彼美国暂时之同情,敌此日本人存亡得失所关之决心,其不能胜固无憾〔惑〕。然则,高丽之亡,恃其所不可恃之为殃,而非美国之咎也。今者中国又将为高丽,而使美国再冒此坐视不救之恶迹,及其事过境迁,始追论今兹之所画,悔其谋始之不臧,抑何及矣！且美国苟能助我,本无间于我国加入协商与否,今日即无加入之事,美国之好感初无所伤也。

　　论者或谓中国之破中立,不自今始。自龙口许与日人上岸以后,已不得德人之好感,至于绝交以后,即不宣战,中立亦决不可恃。为此言者,可谓大愚！中国之中立与否,论其人之所以自处者何如,不可徒以形迹判。且过失非不可挽回者,无取文过遂非。龙口登岸时〔一事〕,日本以势相驱,实即间接为英国所迫,非我政府之本意,人所共知。易曰："不远复,无祗悔,不亦可乎？"受人迫胁而破中立,不可也。然其破中立仅受人迫胁之故,则一旦能守其正义,不受迫胁,即可以湔洗前过,自保其尊严。故使有龙口之上陆,而无过激抗议之提出,中立可维持也。有此抗议不至绝交,可维持也,绝交后之今日,假令能不加入,犹为最后之补救时机,绝交之后,仍不受〈迫〉胁以加入协商国中,则虽已绝交,未尝不可补过。过贵不惮改,罪莫大于遂非。使中国于此时机,示其决然不可强迫之态度,则人将益服其勇决,不敢以协商国之从属、英国所指挥者相视,即欲牺牲我,亦有所不能。善乎始以善乎终,固所愿也,不善乎始而善乎终,亦所难也,以能人所难示天下,即自免牺牲之一手段。彼以为前此已破中立,故今日无审慎之余地,吾以为惟往日已被迫胁而破中立,乃至绝交,今日尤不可不立一矫然不屈之态度,以补往昔之过,而来日可恃以自存。彼龙口之进兵,以至绝交之通牒,视以为今后之警鉴可也,以为遂非之理由,大不可也。

　　至于仍守中立,不保无以我为牺牲之事,此固智者之所当虑也。但不可不知者,加入协商国,则牺牲中国为二国之利,而仍守中立,则牺牲中国仅为一国之利。加入协商,则此后必以中国之利益,补强而未有充足领土者之缺憾,仍守中立,则尚可希冀他国不争我而争印度,徐谋补救。是故加入协商国,则中国终不免于亡,而仍守中立,尚有可以存之理由,故加入问题,即中国存亡问题也。

今且离战争而论,所谓欧洲强国者,有不具侵吞中国之能力者乎？侵吞中国之力既具而不侵吞之者,一以均势之结果,一以经营之便利也。均势之说,人所共知,不烦多说。至言其经营,在各国亦常觉中国于未被侵略之际,所以利列强者已属不赀,无事急于侵吞,于是〈常〉思尽解决其他问题之后,始着手以并吞一完全之中国,不欲于时机未熟之际,强起纷争。己既不能专享其利,又使人疾其为天下先,故分割之议一变而为保全说。夫中国苟守中立,始终不变,则其状态亦复与前无异。即使德国全胜,英不能以中国为饵,而得德之欢心,又使俄国独强,英以中国示恩于俄,俄人亦不感谢英国。何则？在东方英国商业虽盛,不能自诩有独力指挥中国之权能,此事实自开战后而益显。英国如不能以中国置之协商国中,则他人侵略中国,英认许之,不过一寻常之友谊,非可以示恩也。英国认许既非恩惠,则将来之最强者,亦不因是提议而有与英联络之必要。抑如上所历言,协商国胜,英不得不联俄,协商国不胜,英不得不联德,从英国一方面言之耳。而既胜之后,俄若德者,果有联英之必要乎？此当视英国所以与彼之利益如何耳。英国未能以中国作为自己所领有之一种利益,赠诸德、俄,则德、俄本无所得于英,何必舍其近而远[其]是谋。如使和平以后,德、俄不以联英为务,则其所争之地,将先印度而后中国。何则？彼若先得印度,而破坏大英帝国,则其余力以领中国,尚犹可及。抑且但得印度,已可达其目的,又不必汲汲图取中国也。而察俄、德数年之经营,与此次战争之发起,苟非中国自投旋涡,惹起乱调,则战乱结后,俄、德之所求,必为东欧、中亚之势力,即以埃及、印度为目标。俄国自败于东方,即与日本为协约,抛弃远东之经营,而致力于东欧。英国既许以君士但丁之占领,又与划分势力范围于波斯,乃有此战。俄人于此战而胜,必且合罗、勃、塞、门隶其麾下,而据有君府,降土耳其以为附庸,埃及即在掌握之中。又必从高加索伸其权力于波斯,此两方之交通设备,均已于此次战役,陆续准备完全,俄国将因而加用之,进窥印度。夫英国有联俄之不得已,而俄国无联英之不得已,等是以强力取之耳。图中国则英为之助,日本为之敌;图印度则日为之助,而英为之敌。其势相亚,而俄国既得中国之后,欲还〈取〉印度,则英国生聚教训之能事已毕,得否未可知也。先取印度,则日本尚未能取中国,中国之利益依然存在,为俄国计者,未尝不以取印度为较有利也。即在德国亦然。德国所谓柏林伯达铁路政策者,本将取波斯以通印度,战胜而后,必翕合勃牙利、土耳其、吞塞、门、罗三国入于联邦之中。故其东境已接波斯,取波斯所以取印度也,其准备既久,骤更而东取中国,必更为甚大之经营,此亦非德之所利也。故苟非〈以〉中国置之协商国中,从于英国之支配,则人将各择其简易者,必先印度。

抑犹有不可不知者,中国今为世界所同享利乐之市场,未尝于一国有所偏袒,故从经济上言,即不占领中国,未尝不可以享中国之大利。开放门户而领土可以保全者,以其开放之结果,所以利各国者不亚于占领也。惟然,故各国能于商业上有优越之势力,当然享中国较多之利益。从此一点而论,中国即依然独立,占有印度者已可握有中国利益之大部分。虽然,若反之而占有中国,毫不能因是于印度占何种之便利〔益〕,此即中国向来所以幸得自存者也。中国惟不袒于一国以害他国之利益,任之各国自由竞争,各国皆有享其利益之机会,而不必致力于占有。如能中立不变,各国皆觉瓜分中国不如存置之利为多。必至中国自示其偏趋一方之意,然后他人有亡我之心。由此而论,假令英保印度,而俄若德占中国,则占有中国者永无占有印度之机会,且并不得分其利益。若德、俄夺英之印度以为己有,中国之利益犹在,日本决不能独占之。是得印度同时能享中国之利益,而得中国不能同时享印度之利益,此所以为德与俄计,联英非计之至上者也,取中国非利之至大者也。惟中国自进而乱此局,使英国藉以示恩,英之计划始能如意。故曰:中国加入惟英国有利,中国既加入,则英国可以中国为牺牲。故加入者召亡之道,中立者求存之术也。

加入之后,英国可认中国以为己所引率之国,故当然有杜绝他国并吞之地位,而其容许并吞即为一种之惠与,得其惠与以占中国者,有利益矣,而以中国与人者,亦得自保其利。故曰:加入之后,牺牲中国为两国利。夫为两国之利,而以一国为牺牲,其视以一国之利而使为牺牲者,尤易成事实,不待言也。

凡论一国之事,当各就其利害之端不可移易者,以为基础,而各为之想象其所取之策,孰为最宜,因之可以决己国之趋避,决不能徒诉诸感情。今人动谓协商国战胜有朕,故欲加入,以博同情,而收列席讲和之利益。不知战胜者分配利益,以各国利害为衡,非以一时感情所能动。试观拿破仑败后,维也纳之处分,可以知之矣。当时荷兰王以背大陆条例忤拿破仑废,各国即举此以罪拿破仑(奥帝于莫斯科败后出为调停,尚以复荷兰为请)。顾拿破仑败后,所取以酬英国之功者,非法之属土,亦非罚助拿破仑者而夺其封也,乃择荷兰之属地,取其最要枢机之好望角与锡兰以为之报。世以为但得依附胜者末光,亦能收遗秉滞穗之利,岂知其同盟虽战胜,而已不免削地,有若此乎?维也纳之会议,奥、法、英、普、俄议定处分之案,而使列席诸邦承认之,是知强者虽败,犹有宰割之能,弱国而图依附强国以佳兵,即令得胜列席议和,犹是听人宰割,胜败皆蒙其祸。惟有中立,可免无因之灾,勿谓协商国胜算既明,遂以国供一掷。须知此际中国欲免危亡,惟恃中立,无他道也。

夫治国有必亡之道,而无必存之术。凡所谓亡国之原因者,有一发生,即足亡国。而单防止一亡国原因者,未得谓国基已固,不忧亡也。故不中立必亡,此可证明者也。中立必存,则所不敢言也。然而在此时代,外交之主旨,亦略有可言者,顾非若今人之必倚某国而拒某国。今之论者,或主亲美以排日,或主亲日而排美,皆非也。日与美皆有可亲之道,而亲一排一之策,则万非中国所宜行。今以日本论,其关系可谓亲矣,而中国之亲日,必使日本不与美冲突,然后可完全遂行其扶助中国之任务。中国官僚好引美国之势力以拒日,此大误也。若但以兵力论,日本固不如美国。美国前十年海陆军之力,几于无有,虽欲远骛〔鹜〕,势所不及。十年以来,翻然改变,岁造超无畏舰二艘,海军力逐渐凌驾日本。去岁更提新案,于向来制舰之外另加十万万元,以之制成超无畏级战舰十,巡洋舰六,期以五年成之。今岁改促其期为三年,及与德绝交,更通过十万万元之制舰费。宣战之日,又决定战费六十八万万元,其中亦有十万万元属于海军。不特此也,依最近所发表制舰计划,更有空前无敌之设计,即其战舰排水量加至八万吨,速率二十五海里,而备炮则为十八寸十五门。此类之舰,一艘费一万万,而其炮力比之现代超无畏舰不止三倍。其舰数以五艘以上为率,其长及深可以通过巴拿马河而无阻。反观日本之海军,则数年之后,才得完成八战舰四巡洋战舰之一队而已。两者相比,其不敌较然。故曰:引美以排日误者,非美不胜日之谓也。使美国战而胜日,于中国无所补,而于美国、日本皆有所损。日本而败,大者国破,小者地削,其损无俟言矣。为美国者,果有利乎?倾国家之财以张军备,即能胜日本,元气已伤,所冀者不过获中国之利权而已。美国固向来于中国之利权最少野心,此世界所共知,抑其地势宜然也。今使摧抑日本,亦不能有最上之权力于中国。今日欧洲战局,虽难预料,而和议定后,为最强者非德即俄,业于前数章详为论述。此二国者,若中国加入吞并无余,则美人无希冀之余地,固不待言矣。即令中国以中立故,犹得俨然成国者,彼俄与德,果能任美国于中国取特别之利益乎?必不能也。既胜日本之后,利害即与德、俄冲突,因之更须与一最强国战。而以美国今日状况推之,美国倘未有此制胜之能力。然则美国之倒日本,适自召强敌之接触,终于两败俱伤,非日本之利,亦非美国之利,尤非中国之利明矣。中国今日欲求友邦,不可求之于美、日以外,日本与中国之关系,实为存亡安危两相关联者。无日本即无中国,无中国亦无日本。为两国谋百年之安,必不可于其间稍设芥蒂。次之则为美国,美国之地虽与我隔,而以其地势,当然不侵我而友我。况两国皆民国,义尤可以相扶。中国而无发展之望则已,苟有其机会,必当借资于美国与日本。无论人才、资本、材料,皆当求之于此两友邦,而日本以同种同文之故,其能助我开发之力犹多。必使两国能相调和,中国始蒙其福,两国亦赖其安,即世界之文化亦将因以大昌。中国于日本,以种族论为弟兄之国,于美国,以政治论又为师弟之邦。故中国实有调和日、美之地位,且有其义务者也。妄人乖忤之计,讵可信耶?夫中国与日本,以亚洲主义,开展〔发〕太平洋以西之富源,而美国亦以其门罗主义,统合太平洋以东之势力，各遂其生长，百岁无冲突之虞。而于将来，更可以此三国之协力，销兵解仇，谋世界永久之和平。不特中国蒙其福也，中国若循此道以为外交，庶乎外交上召亡之因可悉绝去也。

十、中国之存亡（下）

存者，不亡之谓也。从无有而使之有，则为兴；不使从有而之无有，则存，故不可亡而后能存。一国所以兴、所以亡者，或以一种手段，为其直接原因，可以指数。至于存在之根源，无不在于国家及其国民不挠独立之精神，其国不可以利诱，不可以势劫，而后可以自存于世界。即令摧败，旋可复立，不然者，虽号独立，其亡可指日而待也。此非徒肆理论也，凡其国民有独立不挠之精神者，人以尊重其独立为有利，即从国际利害打算，亦必不敢轻犯其独立。此可从历史证明之，亦可从现代事实归纳得之。

比利时之敌德国，可谓不支矣。今之比利时政府，乃在哈佛，比之国土，仅余弹丸黑子之域。然而，非特协商诸国尊重比国之存在，无人敢谓比国可亡，即中立国亦无不对于比国有特殊之尊敬。所以然者，比国独立不挠之精神，先已证明比国为不可亡之国。即使今日比境全失，比军悉数成擒，吾等亦可决中立诸国不以此致疑于比国之存在。何则？比之人民领土主权，立于此独立不挠之精神之下，其断绝者形式，其不断绝者在精神，比境虽亡犹不亡，其民虽虏犹不虏也。盖比利时尝一被人强迫，并入荷兰矣，而其国民能具坚确不挠之志，故卒得恢复其自由而成一独立之国。夫其民性如此，故人终不能服之，虽一时屈于兵力，不足以使其国亡也。即使有国欲永占之，其利少，其害多，不如不占之之为愈也。

同于比利时者则有希腊，希腊于国覆数千年之后，崛起成为新邦，谓其所恃以存者，但在诸国国民之同情，与正义之念，不可也。希腊之兴，亦以其民族精神历久不稍消磨，且益振发，终非土耳其所能屈。故人从而助之，希腊既以此精神兴，即亦可恃此以存。今之希腊，其受协商国之迫胁，可谓至矣，然卒不能摇之。夫希腊之对协商国，与比国之对德无殊。德人能以兵力灭比之国，而人之视比如未尝灭者，英、法能以联军上陆于撒伦尼加，侵希腊之中立，而人至今视希腊不以为英、法之党也。英、法奖希腊之革命，欲以变希腊之政策，而希腊王则曰："吾不忍为罗马尼亚。"遂不屈。此希腊所以能复活于国灭二千余年之后，而以至弱抗至强也。今者英、法联军未与希腊宣战，未至尽占希腊之土地也，然即使英、法人之覆灭希腊无异比利时，吾知中立国人不敢视希腊为亡国，与今之不敢视比利时为亡国同耳。比利时以其不屈不变之精神而存在，希腊亦以其不屈不挠之精神而存在，国于天地，必有与立，彼不能保其自主之精神，何取乎有此国家乎？

须知国家之受损害，有时而可以回复，若国家之行动为人所迫胁，不谋抵抗，则其立国之精神既失矣，虽得大利，亦何以为。昔人有言，匹夫不可夺志，士有志也，国亦有之。以国家之志而见夺于人，则其视宋姬待姆、齐女泛舟，不尤有愧乎？夫战不可必其胜，守不可必其完，然于不胜不完之余，使彼胜于兵而工略地者，不能夺其志，则人将亦逆知其志之不可夺，而不以无理凌之。故不胜于战而兵不折，不坚于守而地不夺。不然者，英、法非不能以较多之兵力侵希腊之土地也，而不为之者，知其志之不可夺也。故以中国比之比利时、希腊，其宜守中立为同，其守中立之难，则彼百倍于我，希腊、英、法进攻巴尔干之途也，英、法之欲得之以展其力于巴尔干也久矣，而德亦欲得之以拒英、法，此非可以口舌争也。中国非希腊比也，中国之租借于德国地域，已为日本所占，中国之撒伦尼加，已供日军之用，中国之于协商国，固已受其迫而为偏袒之事矣。虽然，龙口登陆，非由我之所愿，德人知之，中立国亦知之也。龙口登陆以后，我国依旧维持中立，德人信之，中立国人亦信之也。于此时，英、法、日、俄之迫我，决不如其迫希腊之甚也，且以英、日人之所主张，则彼固未尝强迫中国也，则何故不以希腊为师乎？同盟国迫比利时，比利时以兵抗之，协商国迫希腊，希腊亦不听也。我国之受迫，不如人之甚也，则何为自弃其当采之态度乎？国家之精神果何在乎？

夫中国之力不能抗协商国，此无如何者也，而中国之力不能为协商国用，则不可隐者也。中国财力不若人，海陆军力不若人，人材智计不若人。平素对于德国，惟事联络，以得其欢心，论吾国军队、教育、学术，随在皆依德国之助，一旦失势，则为落井下石之谋，非特不知是非，乃至不知利害，不知恩怨。夫背友而希利者，就令得其所欲，其所益于物质者，决不足以偿其精神上之丧失。为一国之政府，而以趋利忘恩号召国中，人既知我为惟利是视之国矣，可以利动者必可以不利劫之，不知报恩者人将莫施之以恩。今后有外侮来，吾知其必烈于昔日，而莫为中国助矣，抑又何以令夫民！中国民德，纵曰偷坏，负恩趋利之辈，尚为乡曲之所羞称。以齐民之所不屑为者，政府然为之，是则民之视政府为无足重轻，不关痛痒者，正义之当然耳。政府尚有何颜发号施令，以奖人赴国家之急，报国家之恩。爱山水者不爱粪壤浊流，嗜酒者不嗜败醪，好饰者不衣污染之服，故乐从政治之事为国家尽力者，望见此背恩趋利之行为，皆避而去之，其能同此背恩趋利之污者，将又以此背恩趋利之术，危其国家。

　　中国将欲于此危疑之交，免灭亡之患，亦惟有自存其独立不屈之精神而已。弱国使皆可亡，则二十世纪当无弱国，弱国既有自存于今世之理由，而独我中国有亡国之忧，则可知亡国之责任，不能一以积弱卸之。夫国民有独立不挠之精神，则亡者可以复兴，断者可以复续，不惟希腊足为其证，又可征之波兰。波兰之分割，至今百余年，德已吞俄领，忽复建立波兰王国，而俄人亦许波兰战后自治，是此战结末〔束〕以后，波兰之复国可期也。夫德之复波兰国与俄之许自治，皆不外欲得波兰人之欢心，初无关于义侠之念。然波兰于亡国之余，尚能使人欲得其欢心，则岂非其民独立不挠有以致之耶！夫彼百年亡国之胤裔，能使人畏而思媚之，我国犹是国也，而畏人之相迫胁乎？以俨然一国而使不如比利时，不如希腊，乃至不如波兰，此谁之罪欤？

　　中国国民皆知加入之不可，宣战之无理，为商者言之，为士者言之，乃至为军人、为官吏者亦言之，而三数政客倡之于前，政府、国会从之于后，亡国之责任，谁则负之？中国者，中国人之中国也，最终之决定，当在国民。今不闻稍顾虑民意之向背，而独断行之，中国之前途，谁则能任其危险者乎？政府勿以为国民无能问政府、国会之责也，使人民蒙昧莫省其祸之所从来，则虽国家已亡，亦无人能纠其责。今人民已晓然于无端加入、背德招尤之故，则社稷未墟，将先有问责而起者。内失群众之心，外无正义之助，恐其败裂，不待国亡。夫国强而民弱者,力不周于物,将有偾事之忧;民强而国弱者,必以颠覆泄其愤懑之气,夫民之不可狎易也如是矣。

以四万万人而成一国,同其利害,故托治于千数百人,此千数百人者,负至重之责任。而为当前之决断,固曰不能无误,亦当自视其良心何如。若曰前既赞成,今不能以人民反对之故,改其前论,则是以中国四万万生死存亡之大事,为自己三数语之颜面牺牲之,尚曰有人心者! 吾望其不出此也。

中国今日如乘奔骥以赴峻坂,其安全之途,惟一无二。而由此惟一无二之途,不特可以避现时之厄,且可以为永久不败之基,吾不惮千百反复言之曰:以独立不挠之精神,维持严正之中立。

据吴拯寰编《孙中山全集续集》(上海三民图书公司一九二九年版),参校胡汉民编《总理全集》第一集(上海民智书局一九三○年版)

八 年 今 日

（一九一九年十月十日）

今日何日? 乃革命党员熊秉坤开枪发难、清朝协统黎元洪被迫效顺,而起革命军于武昌之日也。随而冯国璋焚烧汉口,随而袁世凯病起彰德,皆欲效忠异族,残杀同胞,而剿灭革命军者也。无如党人遍布,国中响应四起,遂致清朝江山,不可收拾。于是而南北和议之局开,于是而非袁莫属之论起。时予方在伦敦,从事于外交问题之解决,正当着着得手,举世同情,乃屡促共和国体之速定,正式政府之成立,欲乘时要求友邦之承认。乃迁延两月,头绪全无;加以远闻国人尚有主张清帝之君宪者,予深恐革命大功,亏于一篑,故不得不舍外交之良机,而奔驰回国,以挽危局而定国本,于是草创政府于南京,而共和国体乃定焉。维时官僚之势力渐张,而党人之朝气渐馁,只图保守既得之地位,而骤减冒险之精神;又多喜官僚之逢迎将顺,而渐被同化矣! 以是对于开国之进行,多附官僚之主张,而不顾入党之信誓。三民主义、五权宪法，悉置之脑后，视为理想难行。甚至革命党二十年来以先烈之血所沃成之青天白日国旗，亦不得采用，乃改为海军旗，而反以清朝一品武员之五色旗为国旗矣。此又何怪今日之民国，竟变成亡国大夫之天下也。当时予以服从民意，迫而牺牲革命之主张，不期竟以此而种成今日之奇祸大乱也。呜呼！此诚予信道不笃，自知不明之罪也。倘能排除众议，独行其志，岂有今日哉！

今日何日？正官僚得志，武人专横，政客捣乱，民不聊生之日也。追源祸始，则政客实为万恶之魁。或曰："政客不死，祸乱不止。"至哉言乎！盖官僚武人，不过政客之傀儡而已。官僚虽恶，其中非绝无醇厚之儒；武人虽横，间亦不乏尚义之士。惟政客则全为自私自利，阴谋百出；诡诈恒施，廉耻丧尽；道德全无，真无可齿于人类者。政客！政客！尔之作恶，已八年矣。多行不义必自毙，国民之公论，将不容尔矣！尔尚有畏祸而生悔心乎？放下屠刀，可以成佛，否则无及矣！官僚武人，尔能觉悟否？夫尔辈多清朝臣仆，在清朝之时，尚不敢如此作恶专横；今为民国公仆，何反跋扈若是？须知尔清主有二百六十年根深蒂固之基，犹有一朝覆亡之祸，尔非如此源远流长，将何所恃而不恐？若早悔祸，效忠民国，犹望可保善终也；否则尔之绝地逼近矣。

国民！国民！公等已深受痛苦八年矣。何以于痛苦流离之今日，犹思纪念而庆祝也，得毋以此为革命军首义之日耶？然而革命军起矣，民国由之立矣；但革命之事业，尚未成功也，革命之目的，尚未达到也，尚有待于后起者之继成大业也。

民国由革命而来，则凡今日承认民国者，必当服膺于革命主义，黾勉力行，以达革命之目的，而建设一为民所有、为民所治、为民所享之国家，以贻留我中华民族子孙万年之业，庶几今日乃有可庆祝之价值也。

据上海《晨报》一九一九年十月十日《八年今日》

中国实业如何能发展

（一九一九年十月十日）①

吾国今日之困难，莫不知为实业不振，商战失败。二三十年以来，外货之入口超于土货之出口，每年常在二万万以上。此为中国之最大漏卮，无法弥补，遂至民穷财尽，举国枯涸，号为病夫。爱国之士，悚然忧之，莫不以发展实业为挽救之方矣。然实业当如何发展？鲜能探其本源，握其要领者。

美国之实业大王骆基化罗②曰："发展实业之要素有四：曰劳力也、资本也、经营之才能也、主顾之社会也。"我中国地大物博与美同，而吾国农产之富，矿质之丰，比之美国有过之无不及。彼实业大王所举之发展四要素，劳力之人工，我即四倍于美国；主顾之社会，我亦四倍于美国；我国所欠缺者，资本也，才能也。倘我能得此两要素，则我之实业发达，不特可与美国并驾，且当四倍于美国[国]。然则欲图中国实业之发展者，所当注重之问题，即资本与人才而已。

何为资本？世人多以为金钱即资本也。此实大谬不然。夫资本者，乃助人力以生产之机器也。今日所谓实业者，实机器毕生之事业而已。是故资本即机器，机器即资本，名异而实同也。倘金钱果为资本，则中国富室所藏之金块，与市面流用之银元，较之外国所有实不相下也，而何以尚有资本缺乏之忧耶？且此次欧战，英、法二国多输送金钱于美以易武器，国内悉用纸币，市上无一金钱，然英、法两国之资本仍多于我也。以彼生产之机器犹存也。由此观之，迷信金钱为资本者，可以返矣。倘能知此，则欲解决资本之问题，易如反掌矣。其法为何？曰欢迎外资而已，亦即欢迎机器而已。此回欧战各国以制造战用品而扩张之机器至千百倍于前时。今战争停止，其

---

① 此件具体日期不明，今所标时间系上海《民国日报》附刊《星期评论》发表日期。
② 骆基化罗（John Davison Rockefeller, 1839—1937），今译洛克菲勒，美国著名实业家。

所扩张之机器已多投闲置散，无所用之。若我欢迎此种制造之利器，以发展中国之实业，正出欧美望外之喜，各国必乐成其事，此资本问题之容易解决者。

至于人才问题之解决，则有二法焉：一为多开学堂，多派留学〈生〉到各国之科学专门校肄业，毕业而后，再入各种工厂练习数年，必使所学能升堂入室，回国能独当一面以经营实业，斯为上着。然此非十年后不能成功，而当此青黄不接之秋，急者〔须〕治标，故二为广罗各国之实业人才为我经营创造也。此种人才，经此回欧战之后，多无用武之地者，在我能罗致而善用之耳。然资本人才皆有解决之道矣，则尤有重要问题者，即在我有统筹全局之计划，以应付此战后之良机，利用交战国之所生资本，熟练人才，以开发我之宏大实业也。此予于《建国方略》中，特先草就发展实业计划一门。我有计划，则我始能用人，而可免为人所用也。此计划已先后载于《建设》杂志第一、二、三期中，且将继续刊之，以供国人之研究。

予之计划，首先注重于铁路、道路之建筑，运河、水道之修治，商港、市街之建设。盖此皆为实业之利器，非先有此种交通、运输、屯集之利器，则虽全其发展实业之要素，而亦无由发展也。其次则注重于移我〔民〕垦荒、冶铁炼钢。盖农矿二业，实为其他种种事业之母也。农、矿一兴，则凡百事业由之而兴矣。且钢铁者，实为一切实业之体质也。凡观一国之实业发达与否，观其钢铁出产多少可知也。美国为今日世界实业最发达之国，而其所炼之钢，每年四千余万吨，所治之铁，每年亦四千余万吨，共计所产钢铁八九千万吨。以我国较之，所产钢铁不过二十余万吨，相差远矣。我国实业欲与美国之实业并驾，实非有如现在汉冶萍之铁厂三四百所不为功。然汉冶萍一厂，成本已千余万矣，今欲多建三四百厂，非有资本三四十万万不可。如此巨资，我国万难自集，则非借之外人不可。或有疑外人又安得如许之资本？不知所谓资本者机器也。我欲说〔设〕大规模之钢铁厂，所需者皆机器与建筑之物料而已。我有所需，则外国机器厂加工造作而已。如战时所需之物料每日数万万，而各国之机器厂亦能供之，如是，则我国若以战时工作以开发我国实业，所需资本材料，无论至何程度，各国之机器厂无不足以给之也。

且我所需者全在机器,我只先得一批之大炼钢铸铁机器,聘就相当之人才,以人才而运用机器,则我之机器亦可以生出无量之资本也。此所谓有者益有,其机器发达国之谓欤!吾国既具有天然之富源,无量之工人,极大之市场,倘能借此时会,而利用欧美战后之机器与人才,则数年之后,吾国实业之发达,必能并驾欧美矣。

惟所防者,则私人之垄断,渐变成资本之专制,致生出社会之阶级、贫富之不均耳。防之〈之〉道为何?即凡天然之富源,如煤铁、水力、矿油等,及社会之恩惠,如城市之土地、交通之要点等,与夫一切垄断性质之事业,悉当归国家经营,以所获利益,归之国家公用。如是,则凡现行之种种苛捐杂税,概当免除。而实业陆续发达,收益日多,则教育、养老、救灾、治病,及夫改良社会,励进文明,皆由实业发展之利益举办。以国家实业所获之利,归之国民所享,庶不致再蹈欧美今日之覆辙,甫经实业发达,即孕育社会革命也。

此即吾党所主张民生主义之实业政策也。凡欲达真正国利民福之目的者,非行此不可也。

据上海《民国日报》一九一九年十月十日《星期评论》

三 民 主 义

(一九一九年)

革命方略之所以不能行者,以当时革命党人不能真知了解于革命之目的也。革命之目的,即欲实行三民主义也。何谓三民主义?曰民族主义,曰民权主义,曰民生主义是也。中国革命何以必须行此三民主义?以在此二十世纪之时代,世界文明进化之潮流,已达于民生主义也;而中国则尚在异族专制之下,则民族之革命以驱除异族,与民权之革命以推覆专制,已为势所不能免者也。然我民族、民权之革命时机,适逢此世界民生革命之潮流,此民生革命又我所不能避也。以其既不能免,而又不能避之三大革命,已乘世界之进化潮流催迫而至,我不革命而甘于沦亡,为天然之淘汰则已。如其不然，则曷不为一劳永逸之举，以一度之革命，而达此三进化之阶级也。此予之所以主张三民主义之革命也。

夫世界古今何为而有革命？乃所以破除人类之不平等也。孔子曰："汤武革命，顺乎天而应乎人。"革命之时义大矣哉！满洲以一游牧部落之少数人，而征服汉族四万万人，压制之至二百六十余年之久，此天下之至不平之事；而汉族人民欲图种族之生存，不得不行民族主义者也。专制君主，本弱肉强食之兽性、野蛮争夺之遗传，以一人而享有天下，视亿兆为臣仆，生杀予夺，为所欲为，此人类之至不平也；而人民欲图平等自由，不得不行民权主义者也。自工业革命之后，用机器以代人工，生产之力陡增，而欧美工业发达之国，有富者日富、贫者日贫，遂生出资本家之专制。孔子曰："天下不患贫，而患不均。"是今日欧美文明先进之国，其民族、民权两问题皆已解决矣，惟民生问题则日陷于苦境。资主则日虞生产过盛，苦于消〔销〕场；工人则俯仰不给，罢工要值。贫富悬殊，竞争日剧。是知欲由革命以图国治民福者，不得不行民生主义也。

今请进而论民族主义。

中华民族者，世界最古之民族，世界最大之民族，亦世界最文明而最大同化力之民族也。然此庞然一大民族则有之，而民族主义则向所未有也。何为〈民族〉主义？即民族之正义之精神也。惟其无正义、无精神，故一亡〈于〉胡元，再亡于满清，而不以为耻，反谓他〈人〉父、谓他人君，承命惟谨，争事之恐不及。此有民族而无民族主义者之所为〔谓〕也。

夫民族主义之起源甚远，而发达于十九世纪，盛行于二十世纪。日尔曼之脱拿波仑羁绊，希利尼之离土耳其而独立，以〈意〉大利之排奥地利以统一，皆民族主义为之也。今回欧洲大战，芬兰离俄而独立，波兰乘机而光复，捷克士拉夫判〔叛〕奥而建国，查哥士拉夫离奥而合邦于塞维尔亚，亦民族主义之结果也。民族主义之范围，有以血统、宗教为归者，有以历史习尚为归者，语言文字为归者，夐乎远矣。然而最文明高尚之民族主义范围，则以意志为归者也。如瑞士之民族，则合日耳曼、以大利、法兰西三国之人民而成者也。此三者各有血统、历史、语言也，而以互相接壤于亚剌山麓，同习于凌山越谷、履险如夷,爱自由、尚自治,各以同声相应、同气相求,遂组合而建立瑞士之山国,由是而成为一瑞士之民族。此民族之意志,为共图直接民权之发达,是以有异乎其本来之日、以、法三民族也。又美利坚之民族,乃合欧洲之各种族而镕冶为一炉者也。自放黑奴之后,则收吸数百万非洲之黑种而同化之,成为世界一最进步、最伟大、最富强之民族,为今世民权共和之元祖;今出而维持世界之和〈平〉,主张人道之正谊,不惜牺牲无数之性命、金钱,务期其目的之达者,此美利坚民族之发扬光大,亦民族主义之发扬光大也。我国人自汉族推覆满清政权、脱离异族羁厄之后,则以民族主义已达目的矣。更有无知妄作者,于革命成功之初,创为汉、满、蒙、回、藏五族共和之说,而官僚从而附和之;且以清朝之一品武员之五色旗,为我中华民国之国旗,以为五色者,代表汉、满、蒙、回、藏也;而革命党人亦多不察,而舍去吾共和第一烈士陆皓东先生所定之中华民国之青天白日国旗,而采用此四分五裂之官僚旗。予争之不已,而参议完〔院〕乃以青天白日之旗为海军旗。呜呼!此民国成立以来,所以长在四分五裂之中,而海军所以有常常主持正义也。此民国之不幸,皆由不吉之五色旗有以致之也。夫清朝之黄龙帝旗,我已不用,而乃反用其武员之五色旗,此无怪清帝之专制可以推覆,而清朝武人之专制难以灭绝也。天意乎?人事乎?

夫汉族光复,满清倾覆,不过只达到民族主义之一消极目的而已,从此当努力猛进,以达民族主义之积极目的也。积极目的为何?即汉族当牺牲其血统、历史与夫自尊自大之名称,而与满、蒙、回、藏之人民相见于诚,合为一炉而冶之,以成一中华民族之新主义,如美利坚之合黑白数十种之人民,而冶成一世界之冠之美利坚民族主义,斯为积极之目的也。五族云乎哉。夫以世界最古、最大、最富于同化力之民族,加以世界之新主义,而为积极之行动,于发扬光大中华民族,吾决不久必能驾美迭〔轶〕欧而为世界之冠,此固理有当然,势所必至也。国人其无馁!

今请进而论民权主义。

民权者,民众之主权也。世界进化由野蛮而至文明,心性进化由无知而至有知。天生聪明睿智、先知先觉者,本以师导人群、赞佐化育。乃人每多原欲未化,私心难纯,遂多擅用其聪明才智,以图一己之私,而罔顾人群之利,役使群众,有如牛马,生杀予夺,威福自雄;蚩蚩之民,畏之如神明,承命惟谨,不敢议其非著,由是屡〔履〕霜坚冰,积为专制。我中国数〈千〉年来圣贤明哲,授受相传,皆以天地生人,固当如是,遂成君臣主义,立为三纲之一,以束缚人心。此中国政治之所以不能进化也。虽其中有"大道之行,天下为公",又有"天视自民视,天听自民听","民为贵,君为轻","国以民为本"等言论;然此不过一隙之明,终莫挽狂流之势。乃自近代民智日开,又值哥林巴士①冒险航海,发见西半球之新大陆,由是欧洲之宗教名流、政潮志士,多与湖海侠客、无业游民,同冒险徙居于新地,以冀各遂生平之抱负也。以此富于冒险精神之人,不得志于本国,梯航万里,而至于新天地,以抒其郁勃不平、积久必申之气,而兴其拓殖事业,宜乎其结果为开发一新政治思潮,而后卒成美洲之共和世界。此新世界之共和,则大异乎古昔希腊、罗马之共和,与夫欧洲中世纪之共和也。盖往昔之所谓共和者,亦不过多数人之专制而已;而美洲之共和,乃真民权之共和也。

夫美国之开基,本英之殖民地而离母国以独立。其创国之民,多习于英人好自由、长自治之风尚。加以采卢梭之《民约》与孟氏之《法意》,而成其三权宪法,为致治之本。此为民宪之先河,而开有史以来未有之创局也。有美国共和,而后始有政府为民而设之真理出现于世。林肯氏曰:"为民而有、为民而治、为民而享者,斯乃人民之政府也。"有如此之政府,而民者始真为一国之主也。国家之元首、百官,始变而为人民之公仆,服役于民者矣。此为政治之革命也。

美国独立之后,旋而有法国之大革命,旋而有欧洲之大革命。此皆人类之智识日开,觉悟渐发,而乃知人者皆同类也;既为同类,则人人皆当得平等自由也。其特出之聪明才智者,不得以作〔诈〕以力,以夺他人应有之自由权利而独享之也。其占据人类之优等地位而号为君主、王侯与及一切贵族,夺民以自享,皆为不平等者也,故当推覆之,而平人类之不平。于是十八世

---

① 哥林巴士,今译为哥伦布。

纪之末,以至此二十世纪之初,百余年来,皆君权与民权争竞之时代。从此民权日发达,君权日削亡。经此次欧战之后,专制之国悉数败亡,大陆之上几无君主立足之地矣。此世界政治进化之潮流,而非人力所能抵抗者,即古人所谓天意也。顺天者昌、逆天者亡,此之谓也。继美国之成文宪法,青出于蓝而胜于蓝者,则有瑞士之宪法也。美国之宪法,虽以民权为宗,然犹是代表之政治,而国民只得选举之权而已。而瑞士之宪法,则直接以行民政,国民有选举之权,有复决之权,有创制之权,有罢官之权(其要领原理,当另著专书详之)。此所谓四大民权也。人民而有此四大权也,乃能任用官吏,役使官吏,驾驭官吏,防范官吏,然后始得称为一国之主而无愧色也。

予之定名中华民国者,盖欲于革命之际,在破坏时则行军政,在建设时则行训政。所谓训政者,即训练清朝之遗民,而成为民国之主人翁,以行此直接民权也。有训政为过渡时期,则人民无程度不足之忧也。乃当日革命党员多注重于民族主义,而鲜留心于民权主义,故破坏成功之后,官僚则曰人民程度不足也,而吾党之士又从而和之,曰人民程度不足,不可以行直接民权。呜呼!是何异谓小孩曰:"孩子不识字,不可入校读书也。"试问今之为人父兄者,有是言乎?而革命志士自负为先知先觉者,即新进国民之父兄,有训导之责任者也。乃有以国民程度太低,不能行直接民权为言,而又不欲训练之以行其权,是真可怪之甚也。彼辈既承认此革命后之新国为中华民国矣,而又承认中华民国之主权在于国民全体矣,是即承认四万万之人民将必为此中华民国之主人矣。而今之行政首长,凡百官吏与及政客、议员者,皆即此四万万人民之臣仆也;既为其臣仆,而又敢公然曰:"吾之主人知识幼稚,程度太低,不可直接以行其主权也。"以是故也,予所以有训政时期之主张,而此辈又群起而反对之。予又试问:今之所谓志士、党人、官僚、政客者,将欲何为也?既不甘为诸葛亮、文天祥之掬〔鞠〕躬尽悴〔瘁〕,以事其主,又不肯为伊尹、周公之训政以辅其君,则其势必至大者为王莽、曹操、袁世凯之僭夺,而小者则图私害民为国之贼也。此非民国所宜有,当归于天然淘汰之列也。

观欧洲百余〈年〉来之政治进化，人权竞争，其始也，少数聪明才智之人，以自由、平等为号召，而革独头专制君主之命；及其成功也，则此少数人又从而行专制，其为祸更烈于君主之专制也；而大多数人又起而革此少数人之命，必至政权归于平民而后已。今之武人、官吏乘革命之赐，幸而得有高位，而不尽心民事者，勿以人民可欺，而能久假不归也。世界潮流，天然淘汰，必无幸免者也。民国之主人，今日虽幼稚，然民国之名有一日之存在，则顾名思义，自觉者必日多，而自由、平等之思想亦必日进，则民权之发达终不可抑遏。此盖进化自然之天道也。顺天则昌，逆天则亡，此之谓也。

今请进而论民生主义。

民生主义者，即社会主义也。贫富不齐，豪强侵夺，自古有之，然不若欧美今日之甚也。欧美自政治革命而后，人人有自由平等，各得肆力于工商事业，经济进步，机器发明，而生产之力为之大增。得有土地及资本之优势者，悉成暴富；而无土地及资本之人，则转因之谋食日艰。由是富者愈富，贫者益贫，则贫富之阶级日分，而民生之问题起矣。此问题在欧美今日，愈演愈烈，非循此而往，至发生社会之大革命不止也。俄国已发其端，德国又见告矣，英、美诸国将恐不免也。惟中国之于社会革命也，则尚未种其因，如能思患预防，先为徙薪曲突之谋，则此一度之革命，洵可免除也！此民生主义之所以不得不行也。

中国之行民生主义，即所以消弭社会革命于未然也。夫社会革命之因，何从而来也？曰从机器发明而来也。欧美自机器发明而后，万般工业皆用机器代之。夫用机器以羁勒自然之力，如汽力、电力以代人工，本可减省人之劳力，应为造福于人间，而何以反生出社会之痛苦？所以然者，则机器之发明而施用于工业也，乃突如其来，而社会之旧组织一时不能为之变更，亦不知为之变更，故无从应付也。为资本家者，只知机器之为利，而不恤社会之被其害也。今试以织业言之：当昔用人工以织布，每人日织不过一丈。使有资本家，日雇千人为之织，日出千丈之布；其所给工值，假设为每人一元，此一元之工值，当与织工独立自织之价值相若也；倘所差太甚，则织工必不愿受资主之雇,而必自织其布也。盖以人工作业之时,则工人容易自行独立以营业,而资主不能为之垄断也。惟一旦以机器代人工,则生产至少可加十倍,前以千人日只出布千丈,今则用百人而出布千丈矣。倘使销场如故也,则用手工生产之时,资主当雇千人,日给工值千元,乃能出千丈之布。今用机器生产,则布仍为千丈也,而工则减去九百人,只用百人而已足。此百人之工值,若仍其旧也,则资主前费千元者,今费百元已足矣。或更有甚者,则前用手工生产之时,工人能退而自营其业,不专靠资主之雇以谋生活也。惟今失业之九百人,若退而自营其业,则彼手工之生产,必不及机器生产价值之廉,是工人万不能〈与〉资主竞争,则惟有仰给资主以为生活,资主所需一百之工,则有千人砭〔贬〕价以争雇,前之工值一元者,今或半元而已有受雇者矣。

由此观之,用手工生产之时,所出千丈之布,工人日所得工值为千元,资主日获之利亦设为千元。今用机器生产,所出布千丈,工人所得之值不过百元,甚或至五十元,而资主今之获利,每日增加九百元至九百五十元矣。如是,则工人形立〔立形〕困苦,其不迁徙流离,则必坐以待毙而已。倘若销场扩大,则资主所佣,仍不减千人,工资如故也,而机器之生产,则人加十倍,前之每日出布千丈者,今可出布万丈,而资主每日之利则九千元。倘市场更增,资主能雇用万人者,则日能获利九万元,而工人亦不过日获一元而已。一家如是,家家如是;一业如是,业业如是。市场愈大,机器愈精,则资本家之势力愈宏厚;而工人则生产愈多,而工值愈微。此机器代手工而生产,泰西学者所谓工业革命者也。

工业革命之后,资本膨胀,而地价亦因而大增。盖机器之生产事业利于集中,故城市首先发达,以易致工人也。其次则煤铁之场,制造事业亦以繁兴,盖便于取材也。其三则交通之地,工厂亦随而林立,以便于运输也。凡有此三要表〔素〕之地,工业必从而发达,人口则为增加。此等工业繁盛之城市,其地价之增加,有亩至千百万元者。而地主多有承先人之遗业,不耕不织,无思无维,而陡成巨富者。是地主以地增价而成资本家,资本家以工业获利而成大地主。城市之地,固尽为此辈所垄断,而附廓之田,亦为之所收买,渐而至于郊外之沃野荒原,亦陆续为此辈占有。由是地价则日增,而工值则日贱,盖工人欲退而归农,亦无田可耕,则耕亦不能偿其租值,于是更不得不全靠雇工为活矣。工业愈进步,商业愈发达,则资本家与地主之利愈大,而工人则穷苦矣。此欧美工商发达、经济进步后所生出社会贫富阶级之情形,而社会革命之所以不能免也。

中国近代进步虽迟,似有不幸。然若能取鉴于欧美之工业革命、经济发达所生出种种流弊而预为设法以杜绝之,则后来居上,亦未始非一大幸也。顾思患预防之法为何?即防止少数人之垄断土地、资本二者[者]而已。

中国自废井田而后,土地虽归私有,然因向以手工为生产之具,而资本尚未发达,地价亦尚未增加,故尚少大地主,及今而整顿土地,犹易为力。故同盟〈会〉之主张,创立民国后,则继之以平均地权,倘能达此目的,则社会问题已解决过半矣。平均地权者,即井田之遗意也。井田之法,既板滞而不可复用,则惟有师其意而已。中国今工商尚未发达,地价尚未增加,则宜乘此时定全国之地价。其定价之法,随业主所报以为定,惟当范围之以两条件:一、所报之价,则以后照价年纳百分之一或百分之二以为地税。二、以后公家有用其地,则永远照此价收买,不得增加;至若私相卖买,则以所增之价,悉归公有,地主只能得原有地价,而新主则照新地价而纳税。有此二条件,则定地价毫无烦扰欺瞒之弊。盖此二条件,为互相牵制者也。倘使地主有瞒税之心,将现值之地价,以多报少,假使在上海市之地,有值万元至十万元一亩者,地主以值十万元一亩之地而报价万元,则值百抽一之税为百元;若十万元一亩,则值百抽一,其税为千元矣。如此,于瞒税方面,地主则得矣。惟政府可随时范围之以第二条件备价而收买其地,其原值十万元一亩,今照彼所报纳税之价万元而收买之,则地主食亏九万元矣。又倘地主有投机之心,预测公家他日必需其地,将现在所值百元一亩之地,而报其价至十万者,如此则于公家未收买其地之先,每年当纳千元之税,如此则利未见而本先亏矣。故于两条件范围之中,地主当必先自讼而后报其价值,则其价值必为时下当然之价矣。此办法较之英国数年所行之法,利便多矣。英国自议院通过地价税案之后,政府特设估价衙门,以定全国地价,而又设控诉衙门,以理控诉。倘地主有不以估价衙门所定之价为公平,可控诉之,由控诉衙门复加裁判以为定。其烦扰为如何耶!夫照价抽税,较之现行之照亩抽税,其公平与不公平,真有天壤之别矣。照亩抽税,只分上、中、下三等而已。设有郊外田一亩,其价一元,而抽其下税若干;又有市内地一亩,其价一万,而抽其上税若干。上税与下税之所差,不能过十倍也。而其价值之差,即一与万之比也,使农民之负担赋税,比之市民重一千倍矣。是照价抽税者,质而言之,即减轻农田之税耳。且先定地价,而待经济之发达,则公共之事易容〔容易〕举办,而能收大利矣。今以一事证之:如中国交通运输之事业发达,则凡于铁路集中之地,水陆交会之区,大市镇必从而生焉。以中国之大,此种新市镇,当必得百数十处也。如国家为之经营,照现价以收买其地,辟以广大之衢,设备公用之具,如自来水、煤气、电灯、电话等事,则数元一亩收来之地,一转瞬间,其值必加至千倍或至万倍矣。此等所谓不劳而获之利,倘公家不收之以为公用,则必入于私人之手。一入于私人之手,则必生出社会之不平均,而害随之矣。经济家之言,生财之元素有三:土地、人工、资本是也。中国今日地大人众,倘知采民生主义之划计〔计划〕,以谋工业之发展,则资本易致也。资本与民生主义之计划,下章继续论之。

　　中国土地之问题,自废井田而后,以至于今,无甚大变者也。虽农民之苦,较井田时或有加重。然人人得为小地主,则农民之勤俭者,均有为小地主之希望,而民生之路未尽绝也。惟欧风东渐,我之实业革命,工商发达,亦势所必至,则以后亦成为有者益有,而无者益无。此时而欲由小农而成小地主,欲由小工而成小资本家,为万不可能之事矣。如此则民生之路绝矣。欧美各政治先进之国,而经济革命之风潮则澎排〔湃〕鼓荡而来者,此也。所幸者,我中国今日尚未经实业革命、资本发达之阶级,未雨绸缪,时哉勿失。土地问题之解决方法,其简便易行,既而〈如〉上章所述矣。

　　今专就资本之问题,以求解决之方。欧美资本之问题,激争数十年,而未能得良法以解决者,初以资本之发达,为世人所不及料,故由不知不觉而尽入于少数人之手,是犹政治发达之初,而政权归于少数人之手同一理也。而其平之之法,则必待多数人之觉悟,而决心为大牺牲,不惜杀人流血,始能达自由、平等之目的也。今欧美之苦工、农民,已全数觉悟矣,而犹未能解决经济问题者,何也?以此问题之解决,其烦难当有百十倍于政治问题也。为此故也,则我当禀〔懔〕欧美前车既覆之鉴,为我之曲突徙薪,不可学俄人之蕉〔焦〕头烂额也。夫惟我之资本尚未发生也,则我防患于未然自易。此中国之后来居上,将必为世界第一富强安乐之邦之大希望也。道在今日之仁人志士、先知先觉知之行之而已。

今请进而论资本。

经济家之言曰:资本者,劳力之所获,以给其需要之余,而用之以为生利之需者,则为资本也。如农之余粟,工之余布,用以交易其需要之外,而复用之以广其田园,增其器械,此农之田园,工之器械,则谓之资本也。以此田园、器械能多生其粟、多出其布也。倘此农、工以其所余,而易肥马轻裘以自娱,此农、工之肥马轻裘,则不得谓之为资本也。是故如家中之饭,设备以自给者,不得为资本;而饭店之饭,设备以应沽,即为资〈本〉矣。由此例推,筐中之衣服,富室之汽车,皆不得为资本;而缝店之衣服,车店之汽车,即皆为资本也。夫资本者,生产三大元素之一。其始也,凡勤俭之小工,以其余财而再图生利者,皆能为资〈本〉家;及机器之兴也,则以一人而用机器,可作百十人之工,则不独小工永绝为资本家之希望,而小资本家亦难以自立,而见并于大资本家;而大资〈本〉家又见并〈于〉更大之资本家,由是大鱼食细鱼,遂生出欧美等国资主与工人之两阶级,贫富之悬殊,乃以日而甚矣!

欧美资本发达后,其为患于社会如此其大者,以欧美土地问题,未能于资本未发达之前而先为之解决,故地主与资本家二者合而为一,如虎加翼,其横暴遂不可制止矣。今各国政治家之解决社会问题者,亦必先从土地问题着手,雷佐治之于英国施行土地照价抽税之法是也。然英国资本发达已百有余年矣,而全数早已悉落于私人之手。故当民国建元之前后,已施行土地照价抽税之法,而七八年来,社会竞争之问题依然激烈也,同盟罢工之风潮依然不止也。惟当此次欧战发生之后,英国曾为社会突飞之进步,铁路、海运,俱收归国有,而一切制造工厂,亦收归官办,以供给军用品也。惟今后战后经营,英国其能力排资本家之优势,以顺世界之潮流,而进英国为一集产之国家乎？抑仍受资本家之握制，而退归私人之所有也？此今后之一大问题也。

据中国国民党中央文化传播委员会党史馆藏一般档案 042/13

地方自治实行法

（一九二〇年三月一日）

地方自治之范围，当以一县为充分之区域。如不得一县，则联合数乡村，而附有纵横二三十里之田野者，亦可为一试办区域。其志向当以实行民权、民生两主义为目的。故其地之能否试办，则全视该地人民之思想智识以为断。若自治之鼓吹已成熟，自治之思想已普遍，则就下列之六事试办之，俟收成效，然后陆续推及其他。其事之次序如左：一、清户口；二、立机关；三、定地价；四、修道路；五、垦荒地；六、设学校。

一、清户口。不论土著或寄居，悉以现居是地者为准，一律造册列入自治之团体，悉尽义务，同享权利。其本为土著而出外者，其家族当为之代尽义务，回家时乃能立享权利；否则于回家时以客籍相待，必住满若干年，尽过义务，乃得同享此自治团体之权利。地方之人有能享权利而不必尽义务者：其一则为未成年之人，或以二十岁为准，或以十八岁为准，随地所宜，立法规定之，此等人悉有享受地方教育之权利。其二为老年之人，或以五十岁为准，或以六十岁为准，随地所宜，立法规定之，此等人悉有享受地方供养之权利。其三为残疾之人，有享受地方医治、供养之权利。其四为孕妇，于孕育期内，免一年之义务，而有享受地方供养之权利。其余之人则必当尽义务，乃得享权利；不尽义务者，停止一切权利。故于清户口时，须分类登记之，每年清理一次，注明变更，列入年册。

二、立机关。户口既清之后，便可从事于组织自治机关。凡成年之男女，悉有选举权、创制权、复决权、罢官权。而地方自治草创之始，当先施行选举权,由人民选举职员,以组织立法机关,并执行机关。执行机关之下,当设立多少专局,随地方所宜定之,初以简便为主。而其首要,在粮食管理局,量地方之人口,储备至少足供一年之粮食。地方之农产,必先供足地方之食,然后乃准售之外地。故粮食一类,当由地方公局买卖。对于人民需要之食物,永定最廉之价,使自耕自食者之外,余人得按口购粮,不准转卖图利。地方余粮,则由公局转运,售卖于外,其溢利归诸地方公有,以办公益。其余衣、住、行三种需要之生产制造机关,悉当归地方支配,逐渐设局管理。至于人民对地方自治团体之义务,每人每年当出一个月或两个月之劳力,随人民之志愿,立法规定之。每月当以三十日为准,每日当以六点钟为度。其不愿出劳力者,当纳同等之代价于公家自治机关。每年当公布预算决算,并所拟举办之事业,以求人民同意。

三、定地价。如以上二事办妥,而合一县百数十万人民,或数乡村一二万人民,而为一政治及经济性质之合作团体。其地方之发达进步,必有出人意料之外者,而其影响于土地必尤大。如童山变为森林,石田变为沃坏〔壤〕,僻隅变为市场。前者值数元一亩之地,忽遇社会之进步发达,其地价乃增为数百元、数千元一亩者不等。有其地者,不劳心,不劳力,无思无维而坐享其利矣。细考此利何来?则众人之劳力致之也。以众人之劳力焦思以经营之社会事业,而其结果则百数十之地主享其成,天下不平之事,孰过于此!此地价之不可不先定,而后从事于公共之经营也。定地价之法,以何为便乎?当十年前,英国之行按价抽税;其定地价之时,设一专官以估定时价。经官估定之后,地主则照价抽税,值百抽几。如地主以为估定太高,不甘出税,可以上控于专判衙门,由衙门再判为准。其于定地价一事,专设两级机关以专理之。英人视之以为利便,而在吾人地方自治甫行之初,倘效此举,不独不便,实亦窒碍难行也。然则吾人当以何法行之?予以为当由地主自定之为便。其法以地价之百分抽一,为地方自治之经费。如地每亩值十元者,抽其一角之税;值百元者,抽一元之税;值千元者,抽十元之税等是也。此为抽税之一方面,随地主之报多报少,所报之价,则永以为定。此后凡公家收买土地,悉照此价,不得增减。而此后所有土地之买卖,亦由公家经手,不得私相授受。原主无论何时,只能收回此项所定之价,而将来所增之价,悉归于地方团体之公有。如此则社会发达,地价愈增,则公家愈富。由众人所用之劳力以发达之结果,其利益亦众人享有之。不平之土地垄断、资本专制,可以免却;而社会革命,罢工风潮,悉能消弭于无形。此定价一事,实吾国生民〔民生〕根本之大计,无论地方自治或中央经营,皆不可不以此为着手之急务也。而由地方自治以举办此定地价之事,则地方全体,当担负该县以前所纳之地丁钱粮,所余则悉归地方自治之用。由自治团体直接与省政府或中央政府订明条例,永相遵守;若由中央举行,则除现收地丁钱粮之外,当拨八九成为地方之用,而以一二成归之中央。如全国能行此,则中央之财赋当增加不少矣。

四、修道路。道路者,文明之母也,财富之脉也。试观世界今日最文明之国,即道路最多之国,此其明证也。中国最繁盛之区,即交通最利便之地,此又一证也。故吾人欲由地方自治以图文明进步,实业发达,非大修道路不为功。凡道路所经之地,则人口为之繁盛,地价为之增加,产业为之振兴,社会为之活动。道路者,实地方之文野、贫富所由关也。地价既定之后,则于自治范围之内,公家可以自由规划,以定地方之交通,而人民可以戮力从事于修筑道路。所谓人民义务之劳力,宜首先用之于此。道路宜分干路、支路两种:干路以同时能往来通过四辆自动车为度,支路以同时能往来通过两辆自动车为度。此等车路宜纵横遍布于境内,并连接于邻境。筑就之后,宜分段保管,时时修理,不使稍有损坏。如地方有水路交通,在〔尤〕宜时时修理保存,毋使稍有积滞;务期水陆交通,兼行并利。道路一通,则全境必立改旧观。从此地方之进步,必有不可思议者矣。

五、垦荒地。荒地有两种:其一为无人纳税之地。此等荒地,当由公家收管开垦。其二为有人纳税而不耕之地。此种荒地,当科以价百抽十之税,至开耕〔垦〕完竣之后为止;如三年后仍不开垦,则当充公,由公家开垦。凡山林、沼泽、水利、矿场,悉归公家所有,由公家管理开发。开垦后支配之法,亦分两种:其为一年收成者,如植五谷、菜蔬之地,宜租与私人自种。其数年或数十年乃能收成者,如森林、果、药等地,宜由公家管理。开荒之工事,则由义务劳力为之。如是,数年之后,自治区域当可变成桃源乐土,锦绣山河矣。

六、设学校。凡在自治区域之少年男女,皆有受教育之权利。学费、书籍与及学童之衣食,当由公家供给。学校之等级,由幼稚园而小学而中学,当陆续按级而登,以至大学而后已。教育少年之外,当设公共讲堂、书库、夜学,为年长者养育智识之所。或疑经费无从出,此不足忧也。以人民一月义务劳力之结果,必足支持此费。如仍不足,则由义务劳力之内议加,或五日、或十日、以至一月,则无不足矣。一境之内如人尽所长,为公家服一二个月之义务;长于农事者,为公家垦荒,则粮食足矣;长于织造者,为公家织布,则衣服足矣;长于建筑者,为公家造屋,则房舍足矣。如是,少年之衣、食、住,皆可由义务之劳力成之。自治区之人民各有双手,只肯各尽其长,则万事具备矣。不必于穷乡僻坏〔壤〕,搜刮难得之金钱,筹集大批之款项,始能从事于自治也。只要人人能知双手万能、劳工神圣足矣。至于手力所不能到之处,则以我辈手力所生产之粮食、原料,由公家收集输之外国,以换其精巧之机器,以补我手力之不足,则生产日加,财富自然充裕。学校之目的,于读书、识字、学问、智识之外,当注重于双手万能,力求实用。凡能助双手生产之机械,我当仿造,精益求精,务使我能自造,而不依靠于人。必期制造精良,实业发达,此亦学校所有事也。学校者,文明进化之泉源也。必学校立,而后地方自治乃能进步。故于衣、食、住、行四种人生需要之外,首当注重于学校也。

以上自治开始之六事,如办有成效,当逐渐推广,及于他事。此后之要事,为地方自治团体所应办者,则农业合作、工业合作、交易合作、银行合作、保险合作等事。此外,更有对于自治区域以外之运输、交易,当由自治机关设专局以经营之。此即自治机关职务之大概也。

总而论之,此所建议之〈地〉方自治团体,不止为一政治组织,亦并为一经济组织,近日文明各国政府之职务,已渐由政治兼及于经济矣。中国古代之治理,教养兼施;后世退化政府,则委去教养之职务,而听民人各家之自教自养,而政府只存一消极不扰民者,便为善政矣。及至汉、唐,保民理民之责犹未放弃,故对外尚能御强寇,对内尚能平冤屈;其后则并此亦放弃之,遂至国亡政息,一灭于元,再灭于清,文明华胄,竟被异族涂〔荼〕毒者三百余年,可谓惨矣!今虽光复祖业,创建民国,而执政者仍为清朝之亡国大夫。彼辈为政,惟知扰民害民,为其所有事,罔识世界大势,只顾自私自利;多行不义必自毙,当受文化潮济〔流〕所淘沃〔汰〕,可无疑也。惟民国人民当为自计,速从地方自治,以立民国万年有道之基,宜取法乎上,顺应世界之潮流,采择最新之理想,以成一高尚进化之自治团体,以谋全数人民之幸福。若一县办有成效,他县必争先仿行。如是,由一县而推之各县,以至一省一国,而民国之基于是乎立。有志之士,宜努力笃行之。

据《建设》杂志第二卷第二期(上海一九二〇年三月一日)

平白的话(译文)①

(一九二〇年四月三日)

中国不需要钱。我们需要智力与机器,但不需要钱。中国不能够经常对外进行借款。

北京政府正进行借款。美国人必须认清:北京政府不能代表这个国家;广州政府(案:指岑春煊、陆荣廷控制下的广州军政府)也同样不能代表中国。比较能代表中国的,倒是上海的商人,以及正在长成中的中产阶级——他们不多过问政治,而只想把国家的实业建立起来。

年青的中国——学生运动、抵制日货、鼓励本国实业、反对签订巴黎和约的中国,才是可以负责对外偿债的中国。外债的是否要赔偿,须视债务的性质,而非由于债权者的压力。当一个人不可能作任何别的打算时,往往会

---

① 原文最初发表于1920年4月3日美国纽约 The Independent(《独立》周刊),题为"Plain speaking from China"(《中国人之直言》);周由廑用文言体译刊于同年4月30日上海《时报》。1975年"中华民国"史料研究中心黄季陆等人编撰《研究中山先生的史料与史学》一书,陈福霖将此文译为《平白的话》。

采沉船的行动。日本与其他国家,如果把政治的借款强加于吾人之身,则他们自己也将面临自招祸患的境况。

我们有大量的原料……可能比世界上任何国家都丰富。我们不需要进口什么东西。然而,我们的需要日益增加,我们的生产程序很慢,进一步说,我们购买你们的成果,较我们自己制造还要便宜。因为我们还不懂大规模的生产,我们还不能依现代的基础来组织我们的工业。不过,这种情形不会维持很久,中国利用自己的原料与自己的劳力,制造自己所需要的物品的日子很快即会到来。如果我们要缓慢而愚笨的进行,我们可以等待着,到自己能够制造机器,但那是非常不经济的办法。为什么我们要决定停留在落后与衰弱的情况?或是要以主权为担保而去借款?没有别的国家给予此种选择,为什么要强迫我们这样?日本已在这样压迫我们中国,但是我们相信美国是我们的朋友。因此,我们希望从美国借到两样东西:机器和教导我们如何使用机器的专家。

资本家们过去都是与政府打交道。他们喜欢由于一个政府的担保而予以借款。可是俄国、德国以及巴尔干诸国政府的崩溃,应可使银行家们认清政府的地位并非十分安全。法国人以为俄国的君主政府能永久存在,因而他们在俄国的投资也必能永久安全。事实却并不是这样的。每一个国家群众的觉醒,以及群众们决心不以他们未来的命运作抵押来支持自私的当权者的事实,已使政府的借贷成为最不安全的交易。你们真的相信,欧洲诸弱小国家的人民,有能力去赔偿大量的战债?你们以为任一国家的命运为另一国家的银行家们作为抵押时,这个国家能决定它的将来?我是不能这样相信的。

资本家们也时常贷款给中国政府,但以后就不成了。当一个真正的国会集会时,我们将根除北京政府一切的非法借款;如果日本要为钱而与我们作战,那么就让他们来吧!那将导致世界上另〈一〉场战争——银行家的战争,但我们决定要这样做。中国每一家学校里每一男女学生,都保证这样做。他们可以为了金钱而毁灭我们,我们也有足够大的空间拖他们同归于尽。任何银行家借款给中国北京政府,等于在挖他们自己财政上的坟墓。

你们美国银行家们,正犯着模仿英国和日本先辈们的错误。他们与北京政府谈生意,有的人提出让我们分享一点利益的话,来侮辱我们南方革命人士。我们不要任何的利益,我们要进行抵制,正如我们要求北京所采取的行动。我们没有南北之分,我们都是以中国人的身分,认为如果美国那边有钱来,一定要采用机器、工程师、有效率的专家、管理等形式。

我的建议是:美国的资本家们与中国人联合,共同开发中国的实业。美国人提供机器,负担外国专家们的开支;中国人提供原料和人力。合作的基础建立于平等互惠的原则上。美国的资本当可获得应得的利益,但非过度的报酬。这样的一种关系,对美国的资本家而言,应该也是值得从事的,因为他们在国内正遭逢到各种的障碍。我更进一步提议由美国方面起草合约的条文,如此中国可于一定时期之后予以撤销。其基本的原则应当是具有厚利的短期的投资。这一情形,不能视作是政府贷款的俸利性质,今天像西北利亚铁路债券(Trans – Siberia bonds)那样的贷款又有何利可图?而且你何以知道任何政府到明天将有何变化!

另外一个应予说明的问题:中国不能永久购买那些本国易于制造的物品,那样做是极其不合理的。中国迟早是要自己制造自己需要的东西。你们的产品将不再能够在中国与中国的国货竞争。因之,你们只有开始在中国与中国合作设厂,否则迟早都要被驱出中国市场。何以不开始在中国设厂?何以不在此地制造货品?

——上海

据黄季陆等编《研究中山先生的史料与史学》(台北"中华民国"史料研究中心一九七五年版)(陈福霖译自纽约《独立》周刊(The Independent)第一○二卷第三七一六期)

致日本陆军大臣田中义一①
谴责日本对华政策并劝其改变函

（一九二〇年六月二十九日）

田中先生阁下：

久疏音问，时切驰思，惟德业日隆，动定吉祥为颂。

文避处沪滨，不直接与闻时局者经年，然关于国际关系之变迁，世界思〔潮〕流之移易，固亦注意研究之。至于亚洲之危险，及两国国交之恶化，此乃文所素引为己责者，更未尝不时时计及，思有以救济之。鄙见所及，亦往往为日本人士之来访者告。今则时局益迫矣，其恶化之原因，颇关系日本之政策。盖日本为世界强国，亚洲先进，挟海陆军及资本之力，以主张东亚之特殊地位，凡东亚弱小之国，其治乱安危，未有不系于日本之意向者。据文所知，日本政治权力，恒以陆军为中枢，而对于亚洲大陆政策，尤惟陆军当局者之马首是瞻。先生为日本现代军事上之最高指挥者，在事实上，亦能操纵群僚，主持政局，而于文之心事，亦知之最深。敢举最近之感想及希望，一一述之。

近代日本对于东亚之政策，以武力的、资本的侵略为骨干，信如世人所指；而对于中国，为达日本之目的，恒以扶植守旧的反对的势力，压抑革新运动为事。始则极力援助袁世凯，酿成民国四五年间之乱事。帝制问题既发生，中国人民排袁势力，勃然爆发，日本舆论，亦反对袁氏，日本当局知袁氏绝不能再维持国民信用，欲与中国排袁之势力相结纳，以图伸张日本在中国之势力，而又不欲民主主义者获得中国政权，因利用一守旧顽固且甚于袁氏之官僚，如岑春煊者，使主南方政局。而在北方，则又假宗社党人金钱武器，

---

① 田中义一，时任日本陆军大臣。数年前孙中山旅日策动反袁期间已与田中义一有交往，1917年6月田中（时任日本参谋本部次长）访问上海时又曾与孙中山两次晤谈。

贻后日无穷之祸。此中经过,先生为主要当事者之一人,当尚能记忆也。袁氏既殁,日本政府利〈用〉北洋派之武力,倡为援段之说,黎元洪氏之失势,国会之遭解散,无一不与日本之援段政策有密切关系。张勋复辟,说者亦谓出于日本有力者之赞同。其时适阁下游历中国,行未数日,而复辟之祸便起;且有人疑阁下与张勋之复辟有关。文虽未敢尽信其说,然亦不能断其真伪。盖中国复辟运动,与日本陆军系之政策,尝有不可离之关系在也。国会遭武人压迫而解散之后,文以护法为义不容辞,因纠合同志,帅领海军,建护法军政府于广东。是时日本政府,标不干中国内政之名,行援段氏压民党之实,数以武器、金钱援助北京政府,使战祸延长,及今未已。当文领袖军政府之时,曾致正式公文于各国政府,声明吾人护法之理由,各国皆已收受;其拒不受者,惟日本一国。就此过去之种种事实论,则人之谓日本政府对于中国所持政策,专以援助反动党排除民主主义者为事者,将无可剖辩矣。

当护法军兴,南北相持者两年。其时日本所持政策,非标调和之名,行援段之实乎?数月以来,段氏鉴于穷兵之无益,武力主义之不容于世界,不容于国人,亦将翻然悔悟其昔日之非,愿与民党协调,弭兵祸而兴民治。乃双方谋和之协商尚未开始,而阻碍和平之恶耗已至,张作霖之突然入京,其征候也。张氏入京之目的,道路宣传,谓为阻段氏与民党言和,且与复辟阴谋有关,事之确否,虽未敢必,然而征诸前年张勋入京后之变局,固足令人疑骇也。张作霖本一胡匪,其能得今日地位者,纯出于日本之提挈。日本友人中曾列内阁之某君,尝谓张为日本政府之寒暖计,一切行动,无不仰日本政府鼻息。此论,文深谓然。就年内张之行为观之,已历历不爽。则今兹张之赴京,纵不出于日本之所指使,亦必为日本之所同意。倘风传果确,是日本又将移前日援段以破中国平和者,为唆张以破中国平和。文窃为中国前途忧,且为东亚之和平虑。

近年以来,中国人民对日恶感日深,根本原因,实由于日本之政策与民国国是不相容,故国人咸认日本为民国之敌。若再以乱中国之和平为事,则国人之恶感更深,积怨所发,其祸将不止于排货。阁下为日本陆军之领袖,握政界之枢纽,当能鉴于世界之大势与东亚之安危,一变昔日方针,制止张氏之阴谋,以缓和民国人民对日之积愤,两国人民国际的感情,或可渐趋融和。阁下亦尝以亚洲之和平为说者,尚望深筹而熟思之。肃此敬颂

道安

诸维谅察不宣。

孙文　六月二十九日

据上海《民国日报》一九二〇年七月九日《孙中山致日本陆相书》

内 政 方 针①

（一九二〇年十一月）

一、地方自治局

　　（甲）调查人口；

　　（乙）拟定地方自治法规；

　　（丙）监督各地方自治机关。

二、社会事业局

　　（甲）育孤；

　　（乙）养老；

　　（丙）救灾；

　　（丁）卫生防疫；

　　（戊）收养废疾；

　　（己）监督公益及慈善各团体。

三、劳工局

　　（甲）保护劳动；

---

① 底本注有说明:"总理既兼任内政部长,即欲实行民有、民治、民享之政体,以实现国家为民之所有、为民之所治、为民之所享之理则。"按孙中山于1920年11月29日回粤,恢复军政府,自兼内政部长。

（乙）谋进工人生计；

（丙）提倡工会。

四、土地局

（甲）测量土地；

（乙）规定地价；

（丙）登记册籍；

（丁）管理公地。

五、教育局

（甲）筹办普及教育；

（乙）改良已立学校；

（丙）振兴高等教育；

（丁）改良风俗；

（戊）办理通俗讲演。

六、农务局

（甲）制造并输入机器肥料；

（乙）改良动植物种类；

（丙）保护农民；

（丁）开辟荒地；

（戊）培植及保护森林；

（己）兴修水利；

（庚）提倡农会。

七、矿务局

（甲）调查矿区；

（乙）考验矿质；

（丙）草定矿律；

（丁）监收矿税；

（戊）监督官业；

（己）奖励民业。

八、工业局

  (甲)奖励民厂；

  (乙)草定工厂法及工人卫生条例；

  (丙)输入机器及原料；

  (丁)监督各工厂。

九、渔业局

  (甲)保护渔民；

  (乙)建筑渔港；

  (丙)改良渔船及渔具；

  (丁)保殖渔种。

十、商务局

  (甲)奖励国货；

  (乙)检查国货优劣；

  (丙)保护专利及牌号；

  (丁)奖励海外航业；

  (戊)监督专卖事业；

  (己)设立贸易银行及货物保险公司。

十一、粮食局

  (甲)管理国内粮食；

  (乙)核定并监督粮食之输出入。

十二、文官考试局

  (甲)普通文官考试；

  (乙)高等文官考试。

十三、行政讲习所

十四、积弊调查所

据《总理之内政方针》，载《中国国民党本部通信》第六十期(一九二一年一月三十一日)

军人精神教育①

（一九二一年十二月十日）

第一课　精神教育

（一）精神教育之要旨

　　今日集诸君于一堂，讲授军人精神教育，乃欲使诸君得有充分之军人精神，而共任前途非常之大业也。诸君本属军人，固曾受军人之教育，亦曾受军人之精神教育。惟诸君前此所受者，不过寻常军人之教育，而非非常军人之教育也。今在诸君之目前，有非常之事业，必待非常之军人以成之，诸君欲身任非常之事业，则必受非常之教育乃可。此非常之教育为何？即军人之革命精神教育是也。此次诸君远涉桂林，渡长江而北，直捣幽燕，所为者何事？率直言之，革命而已。革命云者，扫除中国一切政治上、社会上旧染之污，而再造一庄严华丽之新民国，为民所有、为民所治、为民所享者也。此为今日顺天应人之事，志士仁人不可不勉。吾辈生在中国，丁此时艰，种族存亡，人人有责，亟应同负革命责任，以成此非常大业。惟负此责任，非有革命精神不为功。革命事业，在十年以前，虽已推倒满清，成立中华民国，然以言成功，则犹未也。武昌革命而后，所谓中华民国者，仅有其名，而无其实，一切政权，仍在腐败官僚、专横武人之手，益以兵灾、水、旱，迄无宁岁，人民痛苦，且加甚焉！此即革命未竟全功，因而难收良果也。此次革命，将以辅〔补〕足前此未完成之事业，继续为之。故本总统此行，即与诸将士同心协力，应革命时机，建革命事业，声威所至，无不争先响应，裹粮景从，洵不待两

---

① 此篇为孙中山在桂林对滇赣粤军的演说。演讲日期，底本载为1922年11月。现据桂林《四民报》改定为1921年12月10日。

方交绥,已可决胜,此必然之势,无可怀疑者也。诸君不信,可观各国历史及现今时势,则知革命为世界潮流,亦即为顺天应人事业,其成功之左券,有可预操者。各国中如美、如法皆为革命先河,最近如俄,其劳农政府,亦由革命造成,是其例也。

我国革命,已及十年,虽未著成效,然风气日开,民智日进,而时下之奸雄强暴,亦必假托民意,始得生存于国中,此足见潮流之猛烈,非人力可以当之者,故此时有顺天应人之必要。则当以革命事业为己任,质言之,即能负责任与否之问题也。解决此问题,先问有无革命精神,有革命精神,成功必矣!但革命精神,何自来耶?是在精神教育。诸君之所以为军人,非为有军人资格乎?非为曾受军事教育乎?否则,执途人而目之曰:"军人!军人!"如何其可?今兹所述之精神教育,即欲诸君灌输此精神于脑中,须臾弗离,虽至造次颠沛之间,守而勿失,夫然后可以为军人,可以言革命,可以卜成功。反是则否。

今日之革命,与古代之革命不同。在中国古代,固已有行之者,如汤武革命,为帝王革命。今之革命,则为人民革命,此种革命,乃本总统三十年前所提倡者。此革命主义,即三民主义:(一)民族主义,(二)民权主义,(三)民生主义。第一之主义,为种族革命,谓排除他种民族,发扬自己民族,组织一完全独立之民族国家也。第二之主义,为政治革命,谓人民直接参与政权,简言之,即如选举权、罢官权、复决权、创制权等,由人民直接行之,非代议制度下之民权也(参看本总统所著之《三民主义》及《五权宪法》)。第三之主义,为社会革命,亦即经济革命,谓社会上之财产,须平均分配,不为一般资本家所垄断也。三种主义,大要如此。若论种族革命,前此满清专制时代,四万万人民,受其压抑,莫敢谁何。苟且偷安者流,复不知民族主义,甘心俯首,乐为臣仆而不辞。自经本总统提倡革命以后,稍有知识者,虽亦知汉族不宜受治于满人,然终不免迟疑却顾,以为满人已占居优势地位,根深蒂固,论土地则有二十行省,论兵力则有海、陆各军。以身无尺土,手无寸铁之一人,纵使鼓吹革命,将操何术以胜之?是直螳臂当车,多见其不知自量。故当时有笑余为疯汉者,谓此事绝对不可能。余则深信革命乃顺天应人事业,其不成功者,不为也,非不能也。彼满清之于中国,以少数之压制多数人,以野蛮人压制文明人,在理在势,均所不可,吾何慑焉?因有此决心,遂能贯彻主张,使革命思潮,渐次膨胀,终乃有武昌起义之事,民族革命,始能实现,此则由革命党人以革命精神铸成之。所惜者,推翻满清之后,革命党人以为已奏凯歌,踌躇满志,不于政治上、社会上,同时加意改良,故直至今日,建设事业尚未完成也。

(二)精神之定义

今所述者,为精神教育。欲知精神教育,当先知精神为何物?欲知精神之为何,当先下定义。定义云者,就于一种事物,以简单之说明,能确知其为何事何物之谓也。譬如,人在世界,究为何物?从哲学上解释,要确知人之所以为人的真义若何,始为圆满答复。若云人即是人,不得谓之定义。依余所见,古人固已有言,"人为万物之灵"。然则万物之灵,即为人之定义。至于精神定义若何?欲求精确之界限,固亦非易,然简括言之,第知凡非物质者,即为精神可矣。

精神之为何?须从哲学上研究之。旷观六合之内,一切现象,厘然毕陈,种类至为繁夥。今先就其近者小者言之,一室之内,一案之上,茶杯也、木头也、手镖〔表〕也,奔赴吾之眼中者,吾皆能偻〔缕〕指其名,以其有质象可求也。再由一室一案推而至于桂林一省,地大物博,种类更多,或有为吾所不能知,所不能名者。再由桂林推而至于各省,或全国,或世界,则形形色色,虽集多数博物家,不能考求其万一。物类之繁,概可知已。然总括宇宙现象,要不外物质与精神二者。精神虽为物质之对,然实相辅为用。考从前科学未发达时代,往往以精神与物质为绝对分离,而不知二者本合为一。在中国学者,亦恒言有体有用。何谓体?即物质。何谓用?即精神。譬如人之一身,五官百骸皆为体,属于物质;其能言语动作者,即为用,由人之精神为之。二者相辅,不可分离,若猝然丧失精神,官骸虽具,不能言语,不能动作,用既失,而体亦即成为死物矣。由是观之,世界上仅有物质之体,而无精神之用者,必非人类,人类而失精神,则必非完全独立之人。虽现今科学进步,机器发明,或亦有制造之人,比生成之人,毫发无异者,然人之精神不能创造,终不得直谓之为人。人者有精神之用,非专恃物质之体也。我既为人,则当发扬我之精神,亦即所以发扬为人之精神,故革命在乎精神。革命精神者,革命事业之所由产出也。

(三)精神与物质力量之比较

精神与物质相辅为用既如前述,故全无物质亦不能表现精神,但专恃物质,则不可也。今人心理往往偏重物质方面,若言北伐,非曰枪枝务求一律,则曰子弹必须补充,此外种种武器,亦宜精良完备,一若不如是,则不能作战者。自余观之,武器为物质,能使用此武器者,全恃人之精神。两相比较,精神能力实居其九,物质能力仅得其一。何以知其然也?试以武昌革命为例:当日满清之武器,与革命党人之武器,以物质能力论,何啻千与一之比较。革命党人独不虑以卵敌石,乃敢毅然为之者,因其时汉口革命机关业已破露,党人名册亦被搜获,兵士之入党者,均为查悉,悉数调往四川,仅有炮兵、工兵两营留驻武汉,其中同志尚多。有熊秉坤者,新军中一排长耳,见事机已迫,正在大索党人,若我不先发制人,终必为人所制,置于死地而后生,等死耳,不如速发难。因将此意,告诸同志,佥以无子弹对,后由熊秉坤向其友之已退伍者,借得两盒子弹,分授同志,革命之武器所恃者,仅有此数。枪声一起,炮兵营首先响应,瑞徵〔澂〕、张彪相继逃窜,武昌遂入革命党人之手。彼满清方面军队非不多也,枪弹非不备也,当革命风声传播之时,瑞澂且商诸某国领事,谓若湖北有事,请其拨兵舰相助。布置如此周密,兵力如此雄厚,乃被革命党人以两盒子弹打破之。诸君试想,两盒子弹,至多不过五十颗,即使一一命中,杀敌不过五十人,能打破武昌乎?余以为打破武昌者,革命党人之精神为之。兵法云,先声夺人。所谓先声,即精神也。准是以观,物质之力量小,精神之力量大,可于武昌一役决之。此第就本国而言,已有此先例。试再言外国。前此意大利人,有加利波利地者,为一有名之革命家,彼亦非有如何武器能力,当其渡海攻城也,以一千人与三万人敌,相持四五日,卒由他路抄袭入城。此在战略上、战术上,无论如何,均不能取胜,而事实之相悬若此,将谓以少胜众乎? 直乃精神胜物质耳! 又如日俄战争,俄国兵力多于日本数倍,未战之先,咸以为日本之于俄国,不啻驱羊豕以膏虎吻,必无幸也。何以战争结果,卒以俄败而日胜? 此无他,俄之败,败于无精神,日之胜,胜在有精神而已。

诸君不观夫牛与童子乎? 牛之力量大于童子,人皆知之,而童子能以一绳引牛,东则东,西则西,牛乃不能奋其一角一蹄,以与童子抗,且甘心俯首,惟命是听者,是则何耶? 童子有精神,牛无精神,故童子之力量虽不如牛,而能以精神制驭之,此尤显而易见之例也。

依上面各例,则知此次北伐,亦惟恃有精神,即能制胜。可勿问敌人子弹多少,我之子弹多少,但问我之精神如何? 若无精神,子弹虽多,适以资敌;一旦临战,委而弃之,非为敌人运输战利品乎? 故两国交战,能扑灭敌国之战斗力者,即在扑灭敌人之精神,而使失其战斗能力。兵法有言:"攻心为上,攻城次之。"攻心者务先打破敌人之精神,取得城池,犹其后也。去年粤军回粤,既下惠州,桂军闻风破胆,先自逃窜,我乃兵不血刃,长歌而入广州城矣。此足见物质之不可恃。所谓"固国不以山溪之险,威天下不以兵革之利"者,其道何在? 精神为之也!

(四)军人之精神

诸君皆曾受军事教育者,自必富于军人之精神。惟现今之为军人,与前不同,须具有特别之精神,造成革命军人,方能出国家于危险。以现势论,瓜分中国之说,表面上似甚冷静,实则不然。其在以前,此种论调颇高,吾国人士尚抱有亡国亡种之痛,思所以挽救之。自武昌革命而后,乃渐归沉寂,以为外国不复言瓜分,中国遂亦相与忘之,此乃大误! 现时之中国,前途险象,较前尤甚。南北分立之局,扰攘数年未能统一。北方内部且复各树私帜,如张作霖、曹锟、吴佩孚等,割据地盘,拥兵自卫,政治之坏,过于满清,人民转徙流离，如在水深火热之中，待援孔亟。援之之法维何？须用革命之手段。用革命之手段，则须负革命之责任。革命之责任者，救国救民之责任也。诸君既为军人，又为革命时代之军人，倘不能负此责任，坐视国家之因内扰而召外患，驯至于国亡种灭，其咎将谁尸耶？

诸君在此听讲，有为滇军者，滇人必知滇事，且必愿闻滇事。夫与滇省接壤者，非有缅甸乎？非有安南乎？缅甸则征服于英国矣！安南则并吞于法国矣！试以安南言之，法国对于安南，专用一种愚民政策，诸君试思安南人，所读何书？则犹是从前之八股文也！凡关于新教育之知识，毫不使之闻知，且禁绝之。前此有三十余人，自安南潜渡日本留学，事为法国政府所闻，向日本政府要求，将其悉数解回。日本碍于邦交，遂允其请，送回之后，即不知此三十余人之生命如何矣。英国对于缅甸，亦用此种政策。盖恐其知识增进，思想发达，将脱离而独立也。如缅甸、安南者，实为吾国前车之鉴。倘不及时振奋，仍复自私自利，酿成四分五裂之局，中国前途，何堪设想！诸君再观英国所用政策，便当觉悟，彼非以西藏之兵来攻打箭炉耶？西藏为中华民国五族之一，固明明中国人也；中国人而可以攻中国，中国人而可以为外国人效力来攻中国，此其例即如满清咸丰时代，英、法联军因鸦片事件与中国构衅，英国即招中国广东潮州人为兵，号称潮勇者，使之攻大沽、攻天津、攻北京，焚圆明园。凡此诸役，皆潮勇为之。以中国人攻中国人，以中国人为外国人效力攻中国，可痛孰甚！现时国势至此，民穷财尽，已达极点。凡为中国人，而又为此时之中国军人，倘尚不思救国救民，纵使外国不复瓜分，中国亦将束手待毙。诸君固皆曾受军事教育者，当知军人之职志，在防御外患，在保卫国家。今先问中华民国是否为完全独立之国家，不受外国之箝制？以余观之，固犹未完全成立也。国会虽选出本总统，而内乱尚未戡定，各省之在北方势力范围者，尚居多数。北方已丧失对外之资格，而正式政府又未经各国承认。当此危亡绝续之交，非先平内乱，而以革命救国不可；以革命救国，非有革命精神不可！无革命精神，则为法属之安南，终受势力屈伏；有革命精神，则为英属之爱尔伦，终得蹴起自治。此外再征诸印度及高丽，益知革命精神之必要。印度久受英国压迫，近亦引起反动，其革命思想，与前不同。观最近英文报所载,印度人之革命而被英国政府逮捕者,为数达六百余人,可见印度之革命精神,颇有进步,未必终为英国所屈也。高丽亦然,日本之待高丽,异常苛酷。高丽人本富有革命精神,不甘受制,处心积虑,为独立之运动者已久。日本虽防之綦严,然若高丽人始终坚持,则必有能达目的之一日也。若论中国领土,如安南、如高丽、如缅甸、如西藏、如台湾等,或为中国属国,或为中国属地。要而言之,前此皆中国领土也,今乃已入外国版图,中国对于各土地之主权,亦同时随之丧失矣。诸君经过各通商口岸地方,最目击伤心者,为外国人管理海关一事。海关乃中国政治机关,质言之,中国之金库也。金库锁钥,操诸外国人手,国安得而不危?救危之法,御外侮先自平内乱始。故在今日而言救国救民,必要革命。革命须有精神,此精神即为现在军人之精神。但所谓精神,非泛泛言之,智、仁、勇三者,即为军人精神之要素。能发扬这三种精神,始可以救民,始可以救国。以下试再分别述之。

第二课 智

(一)智之定义

军人之精神,为智、仁、勇三者。今先言智。智之云者,有聪明,有见识之谓,是即为智之定义。凡遇一事,以我之聪明,我之见识,能明白了解,即时有应付方法,而根本上又须合乎道义,非以尔诈我虞为智也。智之范围甚广,宇宙之范围,皆为智之范围,故能知过去未来者,亦谓之智。吾人之在世界,其智识要随事物之增加,而同时进步,否则渐即于老朽颓唐,灵明日锢。是以智之反面,则为蠢、为愚。

(二)智之来源

智何自生?有其来源,约言之,厥有三种:一、由于天生者,二、由于力学者,三、由于经验者。中国古时学者,亦有生而知之,学而知之,困而知之之说,与此略同。凡人之聪明,惟各因其得天之厚薄不同,稍生差别,得多者为大聪明,得少者为小聪明,其为智则一,此由于天生也。若由学问上致力,则能集合多数人之聪明,以为聪明,不特取法现代,抑且尚友古人,有时较天生之智为胜。例如甲乙二人,甲聪明而不好学,乙聪明虽不如甲,而好学过之,其结果乙之所得,必多于甲。此则由于力学也。此外亦有不由天生,不由力学,而由经验得来者。谚云:"不经一事,不长一智。"故所历之事既多,智识遂亦增长,所谓增益其所不能者,此由于经验也。要而言之,智之来源,不外此三者而已。

(三)军人之智

一、别是非,

二、明利害,

三、识时势,

四、知彼己。

诸君皆为军人,须知军人之智为军人精神之一种,尤须知军人之智,在乎别是非,明利害,识时势,知彼己。试再分述于下。

何言乎别是非也?凡为军人,要先知自己所处之地位,与所负之责任如何?军人者,为社会分功〔工〕,有保卫国家及人民之责任也。何谓分功〔工〕?社会上之事业,非一人所能独任,如农业、如工业、如商业等,在乎吾人自审所长,各执其业,此之谓分功〔工〕。试再举例以明之:若使以吾一人漂流孤岛,造饭也、打鱼也、摘果也,既无他人可以分任,非若住居城市,惟意所适,造饭则有司爨,即至打鱼、摘果,亦皆有各司其事者。故一人之世界,与有社会之世界不同,欲求一饱,须兼数役,其困难可知。又不独饮食为然,如欲避风雨,御寒暑,则须自造房屋,自为木工;非若在市镇地方,欲建高楼大厦,但解囊出资,便可集事,不须自执工人之役也。由此观之,一人之单独生活,较众人之共同生活,难易有别。倘同时漂流孤岛者,其数能及十人,则举凡造饭、打鱼、摘果、建屋诸事,不必集于一身,可以分功〔工〕为之,如此则劳苦减少,而所得效果亦多。社会者,即分功〔工〕之最大场所也。合农、工、商等之各种组织,而始成一大社会。故社会之事业,愈分愈多,则愈形活动。诸君之为军人,亦不过为社会分功〔工〕之一而已。彼为农、为工、为商者,因各有所事,不能躬执干戈,故有待于军人之保护。而军人之生活,则皆取给于彼,衣、食、住、行四者,皆不须自为之,而有人代为之。然则军人所为何事?对于社会所担任之职务何在?是在乎保护人民与保卫国家,凡军人分所应为之事,亦即在此。但如何而始能尽此卫国卫民之职务乎?其最先、最要者,为别是非。是非于何别之?军人所以卫民,利于民则为是,不利于民则为非;军人所以卫国,利于国则为是,不利于国则为非。是非不明,则已无军人之精神,何能卫民?何能卫国?以余观之,现时军人,虽非无能明是非者,但亦有利令智昏之辈,往往只顾目前,以为我有枪在,对于人民何求不得。于是军人之名誉扫地,应尽之军人责任,亦全然抛弃,不能保民,反以害民。社会何贵有此军人?国家亦何赖有此军人?诸君既为军人,则当思为社会分功〔工〕,为人民为国家负责。而所以能分功〔工〕能负责者,即在别是非;是非之别,即在合乎道不合乎道,惟诸君自择之。

何言乎明利害也?利害之与是非,本相因而至。譬如军队所过地方,真能秋毫无犯。则民必争先恐后,壶浆箪食以迎之。故利民者,民亦有利于我;其恃强骚扰,则民皆望望然去之,如避虎狼。观去年桂军与粤军开战时,往往桂军正在前方攻击,而后方人民出其不意,用种种方法破坏之,或截留械弹,或不供食品,此则因桂军平日虐待人民,故人民以此报之。可见害人者,适以自害。利害之间,在乎自审。但以利害务求其远者、大者,勿贪其近者小者。何谓远者大者?军人以卫国卫民为己责,其利亦即在此。但因吾国现时之国势,故曰利害之与是非相因而至。是则为利,利可为也;非则为害,害不可为也。明乎此,始可谓智,始可为军人,始可为革命之军人。

何言乎识时势也?诸君此次远来桂林,更须渡长江而捣北京,志在统一中国,造成完全独立之新国家。试问此事,为何等事业?为此事者,果有如何把握乎?是在审时度势而已。古人有言:"虽有智慧,不如乘势,虽有镃基,不如待时。"则知识时势之必要,固非独军人为然,而在军人尤甚。何谓时?即时机成熟与否之问题。成熟则可为,且为之也易。不成熟则不可为,且为之也难。例如种果,果已熟矣,摘而食之,味必甘美,反是则否。种稻亦然,未至收成之期,虽欲助长,不可得也。何谓势?即势力之顺逆,与难易之比较是也。如同一石也,推之下山则势顺,而用力易,若欲移石于山上,则势逆,而用力难。时势之宜审度若此。此次北伐,以义师而推倒北方之军阀官僚,直如摘已熟之果,获已熟之稻,既至其时,应手而落。又如由高山推石,使之下坠,乘势利便,毫不费力也。现时北方人民,对于北方之腐败政府,厌恶已极,日望南方之援手,俾得早出陷阱之中。大军一临,势如破竹,此即若推石下山之例,顺而且易,只问推之与否,推则未有不下者。或以为北方之军队,枪械较我完备,北伐岂能必胜?而不知时势既已至此,事半功倍,取之甚易。我则得道多助,彼则众叛亲离,军队虽多,犹市人也;枪械虽足,犹外府也。故曰:乘时与势,无不成功。诸君犹以为国家尚未完全造成,故军人之希望甚为微薄,且渺不可知。造成此完全之国家,即全在军人,有完全之国家,斯有远大之利益,请以英、美各国待遇军人之方法,与诸君言之。英、美之待军人,凡服兵役至一定之年限而退伍者,给以全粮,国家且为择相当之业务;所生子女,由国家给养。又有其子方服兵役,而父母无以为养者,亦由国家扶助之。其在阵战死亡者,子女扶养,须至一定之年限,即子能成立,女已出嫁之谓;父母则给养终身,妻不嫁者,亦如之。彼英、美各国优待军人如此,故军人亦争出死力以卫国家。吾国军人,则以未有完全国家,前途如何,希望如何,皆难预揣。或者今日入伍,明日解散,亦不可知。以滇军论,不特无完全国家,且远离本省,转战多年,其苦尤甚。此后欲求自己之远大利益,则当乘此革命时机,用革命手段,造出新国家,亦如英、美各国之军人,退伍则给予全粮,即父母妻子,亦皆有所资以为养,斯则为军人之利之远且大者。若不此之为,徒贪近利小利,今日抢一商店,明日掠一富家,甚至借拉夫之名,施行劫之实,所获无几,而怨谤之积,乃如邱山,此不特无利可言,且为大害。所以观去年桂军受广东人民后方之扰,卒至一败而不可收拾者,是其例也。军人者,有救国救民之责任,宜思建设新国家,以为吾终身及子孙之倚赖。且其利不独在军人，四万万人民感〔咸〕受其赐，其远大为何如耶？倘仅贪目前之近利小利，实则害也，非利也。利害不明，已不能自卫其身，又安能卫国？又安能卫民？时机未至耶？实则十年以前，已早成熟。倘武昌革命之时，乘势打破北京，摧陷而廓清之，北伐之事，不必迟至今日。此即若种果、种稻，已至成熟之期，不摘不获，终亦腐烂而已。时不可失，一误岂容再误，愿诸君勉之！

何言乎知彼己也？古人云："知己知彼，百战百胜。"彼即敌人也。现在北方军队，其内容极形复杂，约可分为三大部分：一为奉系之张作霖；二为直系之曹锟及吴佩孚；三为皖系之段派军队，如浙卢、闽李、陕陈皆是。此三派者，兵力相等，同床异梦，相争而莫敢先动，则成相持之势。独吴佩孚跳梁其间，而为奉皖所同忌。吴一穷酸秀才耳，既为旅长之后，骗取南方金钱，扩张军队，屡发通电，以赞成共和，建设民治为言，一时人士，受其欺蒙，北方伪政府，亦倚之如长城。彼固宣言不为督军者，今则已受伪命之两湖巡阅使；彼固矢口拥护民治者，此次入寇湖南，乃有决堤淹军之举。湘鄂人民，惨遭荼毒，争欲食其肉而寝其皮，其名誉已扫地矣。即彼之内部，亦颇不稳固，如某某旧部之某某等，亦倾向我军，派人前来接洽。吴佩孚自知天怒人怨，恐不能当北伐之师，近且派遣代表来粤，其用意如何，殊不可测，将来能倒戈以抗徐世昌与否，亦尚难知。以现势言，彼与张作霖，尤为势不两立，故时有后顾之忧。更握要言之，则此三派之人，固已无一愿效忠尽力于北庭者。以上所述，为彼方之情形。至若自己之情形，则如何耶？两粤固无问题，云南、贵州、四川均属一致，湘南亦准备对鄂反攻。此外，散布北方军队，其中同情于我者尚多。只须同负革命责任，发扬革命精神，以此制敌，何敌不摧？以此攻城，何城不克？此则由于南方有主义，北方无主义；南方为公，北方为私故也。以有主义与无主义战，以为公者与为私者战，胜败之数，奚待蓍龟？但观此次本大总统来桂，人民欢迎之诚意，即可窥见一斑矣！

军人之智，如前述之别是非、明利害、识时势、知彼己四者，固无疑义。但望诸君之为军人者，无论官长士兵，对于人民宜以仁义为重。须知人民与我为一体，利害与共，不过分工任事而已。

我为军人,不耕而食,不织而衣;彼乃为农、为工、为商,以供我之衣食者,即有待于我之保护。倘不能保护,而反残害之,彼若相率裹足,无复敢为农、为工、为商者,军事〔人〕之衣食将谁供乎?是其受害,仍在自己。故军人之智,须以合于道义为准。诸君既各有天生之聪明,曾受军事教育,而滇军又皆身经百战,富有军事上之经验,于智之来源,固已兼备。诚能发奋其精神而光大之,何患夫北伐,又何患夫北伐之不成功耶?

第三课　仁

(一)仁之定义

仁与智不同,于何见之?所贵乎智者,在能明利害,故明哲保身,谓之智。仁则不问利害如何,有杀身以成仁,无求生以害仁。求仁得仁,斯无怨矣。仁与智之差别若此,定义即由之而生。中国古来学者,言仁者不一而足。据余所见,仁之定义,诚如唐韩愈所云"博爱之谓仁",敢云适当。博爱云者,为公爱而非私爱,即如"天下有饥者,由己饥之;天下有溺者,由己溺之"之意,与夫爱父母妻子者有别。以其所爱在大,非妇人之仁可比,故谓之博爱。能博爱,即可谓之仁。

(二)仁之种类

一、救世之仁,
二、救人之仁,
三、救国之仁。

仁之种类,有救世、救人、救国三者,其性质则皆为博爱。何谓救世?即宗教家之仁,如佛教、如耶稣教,皆以牺牲为主义,救济众生。当佛教初来中国时,辟佛教者颇多,而佛教教徒,乃能始终坚持,以宣传其主义,占有强大势力。耶教亦然,不独前在中国传教者,教堂被毁,教士被害,时有所闻;即在外国,新教亦迭遭反对。然其信徒,则皆置而不顾,仍复毅然为之,到处宣传,不稍退缩。盖其心以为感化众人,乃其本职,因此而死,乃至光荣。此所谓舍身以救世,宗教家之仁也。何谓救人?即慈善家之仁。此乃以乐善好施为事,如寒者解衣衣之,饥者推食食之,抱定济众宗旨,无所吝惜。居于乡,而乡称仁;居于邑,而邑称仁。此谓舍财以救人,慈善家之仁也。何谓救国?即志士爱国之仁,与宗教家、慈善家同其心术,而异其目的,专为国家出死力,牺牲生命,在所不计。故爱国心重者,其国必强,反是则弱。试以日本为例,初本弱小,自战胜俄后,乃一跃而与列强并峙,其故安在?即在于日本人之爱国心。爱国心于何见之?当旅顺之役,日本欲封锁海口,阻遏俄兵出路,须炸沉多少船橹,然此为九死一生之事,故日本之司令官,不欲以命令行之,而欲征求诸将士之志愿,有敢死之士数百人即可。而其结果报名者,竟达数千,乃用拈筹之法,以定取舍。传闻当时有筹数雷同之甲乙二人,互争前往,其不得往〈者〉,竟至蹈海而死,以表决心,由是军心大为感动,日终胜俄。此所谓舍生以救国,志士之仁也。

(三)军人之仁

军人之仁,果如何耶?其目的在于救国,故自有军人以来,无不曰为国尽力。但专制国之军人,与共和国之军人,又有不同。专制国家乃君主个人之私产,认定君主即为国家,故在此专制国之军人,只可谓忠于一人一姓,为君主出死力,非为人民而牺牲也。若在共和国,则国家属于全体人民,而牺牲者,即同时为国家尽力也。专制国与共和国之军人,相异之点若此。然国家之本质如何?为军人者,亦不可不知。据德国政治学者之说,彼则谓国家以三种之要素而成立:第一为领土。国无论大小,必有一定之土地为其根据,此土地,即为领土。领土云者,谓在此土地之范围,为国家之权力所能及也。第二为人民。国家者,一最大之团体也,人民即为其团体员,无人民而仅有土地,则国家亦不能构成。第三为主权。有土地矣,有人民矣,无统治之权力,仍不能成国。此统治权力,在专制国,则属于君主一人,在共和国,则属于国民全体也。

现今之中华民国,虽为共和国家,尚非完全真正之民主国。因武昌革命以后,仍为官僚政治,武人政治,一切政权,悉操其手,彼固不知共和主义为何物,国利民福为何事,救国救民为何等责任也。我南方军人,不思救国救民则已,不负此救国救民之责任则已,负此责任,则非徒托空言,须有一定之主义,始可以成仁,始可以成功。观前此革命先烈,前仆后起,视死如归,即为主义而牺牲也。主义维何?三民主义是也。三民主义,已于第一课略述,兹再分析说明如下。

三民主义中,第一为民族主义。欲言此主义,当回溯武昌革命以前,其时汉族受治于满人,土地全被占据,二百余年中,尊鞑子为皇帝。鞑子者即满洲人也,或亦称为鞑虏。初入关时,亦多有起而与抗者,卒以绌于实力,遂至失败。扬州十日之惨杀,真痛史也!自是而后,满人日施其压制手段,愚民政策,人民乃渐忘亡国之痛,甘心服从。自余提倡革命以来,人心稍稍感动,民族主义,渐次膨胀,一般志士,遇害颇多,杀一人复生十人,杀十人复生百人,由是革命思潮,震荡全国。直至武昌起义,始将满人推翻,光复汉族。然则时至今日,民族主义可以不言乎?未也。前者满人以他民族入主中国,僭称帝号,故吾人群起革命。今则满族虽去,而中华民国国家,尚不免成为半独立国,所谓五族共和者,直欺人之语!盖藏、蒙、回、满,皆无自卫能力。发扬光大民族主义,而使藏、蒙、回、满,同化于我汉族,建设一最大之民族国家者,是在汉人之自决。若不及今振拔,将来恐将流为他国奴隶。而振拔之责任,尤为军人是赖。军人者,拥护国家者。故须将中华民国国家臻进于独立之地位,然后民族主义,始为圆满解决。否则满族虽已排斥,代满族而起者,虎视眈眈,正复繁多,其结果将如缅甸之征服于英国,安南之吞并于法国,是则大可忧也!

吾国今日所以堕落于半独立国之地位者,追原祸首,其咎在满人。彼满人固最富于民族思想者,种种政策,无非压抑汉人〔人〕,因汉人之文明智识,皆在其上,深恐汉人果占优胜,必为其害。满人中有端方者常言:"宁可送与朋友,不可给与家奴。"彼盖以朋友比外国,以家奴比汉人。故在满清时代,凡割让土地,丧失国权之事,甘心为之,绝无顾忌。直至革命以后,满清虽已推倒,而已失之国权与土地,仍操诸外国,未能收回。以言国权,如海关则归其掌握,条约则受其束缚,领事裁判则犹未撤销;以言土地,威海卫入于英,旅顺入于日,青岛入于德。德国败后,而山东问题尚复受制于日本,至今不能归还。由此现象观之,中华民国固未可谓为完全独立国家也!吾人若以救国为己任,则仍当坚持民族主义,实行收回已失之土地与国权,始能与日本、暹罗同为东亚之独立国。勿谓满清已倒,种族革命已告成功,民族主义即可束诸高阁也。

次言民权主义。前此帝制时代,以天下奉一人,皇帝之于国家,直视为自己之私产。且谓皇帝为天生者,如天子受命于天,及天睿聪明诸说,皆假此欺人,以证皇帝之至尊无上。甚或托诸神话鬼语,坚人民之信仰,中国历史上固多有之。现今民智发达,君权国已难存在,且受革命思潮之影响,大多数倾向民权政治,敢断言将来世界上无君主立足之地。其在欧洲各国中,则以英国为先觉,革命最早,造成立宪国家,一切政权在于国会,君主权力须受法律上之制限。此外如法国,亦几经革命而始成今日之民权国。欧战以后,德国、俄国乃亦一变而成为民权国。夫德国固素以德意志帝国主义自雄者,不图反对帝制之革命,一鼓成功。俄国亦号称极端专制,而政治革命与社会革命乃竟同时并举,遂有劳农政府之建设。此征诸外国民权主义之发达与倾向,已有明证。即言吾国,满清既倒而后,或尚以为帝制死灰可以复燃,故袁世凯称帝时代,上劝进之表者,颇不乏人,然前后八十日间,终归泡影。此后张勋复辟,率兵入京,乃亦不旋踵而败。足见君权之不能战胜民权,为世界潮流,为古今公例,不可强而致也。

君权国者,为君主独治之国家,故亦曰独头政治。民权国者,为人民共治之国家,故亦曰众民政治。但如代议制之民权国,非由人民直接参与政权者,尚不得谓纯粹之众民政治。试以经营商业为例,有东家生意,与公司生意二种。东家生意者,由东家一人主持之,公司生意者,由股东多数人主持之。君权国即如东家生意,权在君主一人。民权国即如公司生意,权在股东多数人。今日之中华民国国家,固一民权国也,既曰民权国,则宜为四万万人民共治之国家。治之之法,即在予人民以完全之政治上权力,可分为四:一、选举权,凡为中华民国人民,皆有此选举权,亦曰被选权。由人民选出官吏,担任国家或地方之立法行政机关各事务,此官吏即为公仆。二、罢官权,人民对于官吏有选举之权,亦须有罢免之权,如公司中之董事,由股东选任,亦可由股东废除也。三、创制权,由人民以公意创制一种法律,此则异于专制时代,非天子不议礼,不制度也。四、复决权,此即废法权,法律有不便者,人民以公意废止,或修改之。以上四种为直接民权。有此直接民权,始可谓之行民治。彼北方之吴佩孚,亦尝云赞成民治矣,而近来行为,适得其反。彼固非真知民治者,不过假冒名义,以资号召,为自己保势力固地盘之兑换券耳。夫民权者,谓政治上之权力完全在民,非操诸少数武人或官僚之手。吾国久受专制余毒,武昌革命以后,由帝治而移于官治,民气仍遭抑压,现虽高揭民治标帜,而一般人民,尚不知直接民权为何物,是在吾人竭力提倡,务使民权日益发达,然后民治乃可实行也。

民族与民权主义,既如前述,兹再就民生主义言之。此三种主义,皆为平等、自由主义,其效力本属相通,故主义虽各分立,仍须同时提倡。民族主义者,打破种族上不平等之阶级也。如满清专政,彼为主而我为奴,以他民族压制我民族,不平孰甚?故种族革命因之而起。民权主义者,打破政治上不平等之阶级也。此为对内,而非对外,与民族主义不同之点,即在乎是。如君主政治、贵族政治,皆为独裁政治,人民无与焉。是则以一人(君主)或少数人(贵族)压制多数人,故常因反动之发生,遂成政治革命。若夫民生主义,则为打破社会上不平等之阶级也。此阶级为贫富阶级,如大富豪、大资本家,在社会上垄断权利,一般人民日受其束缚驰骤,陷于痛苦。故常有富者田连阡陌,而贫者地无立锥之叹,社会革命,势不能免。以中国论,现时虽尚无大资本家专制之弊,然将来实业发达,则亦必有社会革命问题发生。或谓中国既无资本家,何必提倡民生主义,岂非无病呻吟欤?不知其于中国民族主义,与民权主义,皆因治病而求艾;民生主义,则为思患而预防。及今不图,后将为患。故卫生之与疗病,自亦不同,一则防之于未然,一则治之于已发也。中国今日虽无大资本家,然其见端固已有之。试以上海、广州二处为例,上海之黄浦滩,前是〔时〕一亩之地,不过价银二十两,现时地价则不知涨高几倍。广州之长堤,当未辟马路以前,每一亩地仅值五六百元,今则有一亩而索价三四万元者矣。将来此种土地,尽入资本家之手,一般贫民之痛苦,即因之以生。盖资本家必先以贱价收买贫民之土地,迨全行收买之后,复以高价租赁于一般贫民,贫民无如何也。衣食亦然,若俱为资本家所垄断,生活与工价不能相应,遂致富者愈富,贫者愈贫,如美国工人工钱虽多,而生活仍难维持,已陷于此种之困境,即其明证。再举一例,以桂林论,固素称山水甲天下者,然非独千岩竞秀,徒为美观而已,实则桂林之大富源,即藏于此。试观桂林周围之石山,即洋灰之好元料也,将来实业发达,将此石头造成洋灰,即所谓士敏土。洋灰之销路甚多,用途甚广,开发此石山之资本家,其所得利益,将不可以数量计,犹如美国之煤油大王亦可称为石头大王矣。由是观之,中国实业发达以后,资本家之以资本能力压制人民,固必然之势,若不预防,则必蹈英、美之覆辙也。欧洲当二百年前,为种族革命时期,近一百年以来,为政治革命时期,现今则为社会革命时期。此三者,一线相承,故须同时唱导三民主义。但观英、美今日之社会问题,便当自觉,因彼于政治革命成功后,不复计及社会革命,故有此弊。若俄国现时之新政府,则有鉴于此,乃以政治革命与社会革命同时并举。所谓劳农政府者,直乃农工兵政府,即以为农、为工、为兵者组织而成之政府也。彼之新政府,不独推翻君主专制,且实行打破资本家专制,是即所谓社会革命,亦即所谓民生问题。各国深恐此主义传播其国内,人民受此影响,势将起而效尤,故互相联合,以与俄国战。迄今四年,仍不能战胜俄国,此则俄国之以主义胜也。

中国今日民穷财尽,所患在贫。而各国之所患,则在不均。以余观之,贫富问题,即分配不均问题。欲谋救贫之法,同时须先将不均问题,详加研究,故民生主义,必不容缓,否则三十年后,产出多数资本家,其害殊非浅鲜!第就吾国现势而论,此民生主义为预防政策,但须研究对于将来之资本家加以如何之限制,而不必遽学各国将资本家悉数扫除。因吾国现时尚鲜大富豪,将来纵或有之,果使先事预防其弊,亦不如欧、美之甚。预防之法维何?依余所见,不外土地问题与资本问题。对于土地,宜先平均地权,此与中国古时之井田同其意,而异其法。法之大要有二:一为照价纳税,一为照价收买。照价纳税者,即为值百抽一法。例如每亩值二十元,纳税二毫,累进以至于每亩值二十万元者,纳税二千元。如是则地税之输纳,胥得其平矣。但照价纳税,必先自规定地价始。英国尝有估价局之设,且尚虑估计不平,人民有不服者,许其申诉,因复有控诉衙门。然此法势不能行于中国,恐徒滋扰。不如由人人自行估价呈报,即照其呈报之价抽税,较为简便可行。所虑者,即为希图少纳地税,抑价蒙报之一点。实则可勿虑也。苟同时规定照价收买之法,即可免此弊,例如有地一亩,价值千元,年应纳税十元;若彼以图减税额之故,只报每亩值百元,而每年税额仅纳一元已足,是诚于彼有利,然一经照价收买,则原报价值百元者,国家得以百元收买之,其受损不益甚乎?如是则地主以预防他日之收买故,必不敢抑价蒙报,此土地问题之解决方法也。至若解决资本问题,必先振兴实业。中国现正患贫,岂有资力兴办?余则主张借外债,以从事生利事业,不可以供消耗之用,如北庭剜肉医疮之所为。宜以之开辟市场、工厂及一切矿山、铁路,定为国有。中华民国国家者,为四万万人民共有之国家,此种事业,既为国家所有,即为四万万人民所共有,不至操纵于少数资本家之手,始可谓之国利民福也。

以上三种主义,为军人之精神所由表现,亦即为军人之仁所由表现。军人者,以救国救民为目的,有救国救民之责任。国与民弱且贫矣,不思有以救之,不可也;救之而不得其道,仍不可也。道何在?即实行三民主义,以成救国救民之仁而已。

第四课 勇

(一)勇之定义

军人之精神,为智、仁、勇三者。既有智与仁矣,无勇以济之,仍未完备。兹述军人之勇,须先知勇之定义如何。古来之言勇者,不一其说。一往无前,谓之勇;临事不避,谓之勇。余以为最流通之用语"不怕"二字,实即勇之定义,最简括而最确切者。孔子有言"勇者不惧"。可见不惧即为勇之特征。孟施舍古之勇士,其言曰:"舍岂能为必胜哉?能无惧而已矣。"由是以观,不怕即勇之定义,决无可疑。但军人之勇,须为有主义、有目的、有知识之勇始可。否则逞一时之意气,勇于私斗,而怯于公战,误用其勇,害乃滋甚。今再就勇之种类,分别言之。

(二)勇之种类

勇之种类不一,有发狂之勇,所谓"一朝之忿,亡其身,以及其亲"者是也。有血气之勇,所谓"思以一毫挫于人,若挞之于市朝"者是也。有无知之勇,所谓"奋螳臂以当车轮"者是也。凡此数者,皆为小勇,而非大勇。而军人之勇,是在夫成仁取义,为世界上之大勇。古人有言:"遇小敌怯,遇大敌勇。"即恐轻用其勇,误用大勇,徒成为游勇之勇。彼桂军多系游勇出身,此次粤军援桂,桂军一遇粤军,辄即溃败,其故何耶?则以无主义、无目的、无知识故,虽有小勇,于事奚济?诸君试观沈鸿英军队,在桂军中颇以善战名,自去年自广东败窜回桂,复由桂败窜而走湖南,转入江西,残部仅二三千人,所过地方,如入无人之境,似具勇气者。然终系强盗性质,不得为真正军人之勇。以赣军与沈军比,赣军固真正军人也,乃沈军先至江西,而赣军尚在桂林,江西宜为赣军范围,竟被沈军侵入,此时为赣军者,正当发愤为雄,实行回赣,以雪此耻。且赣军回赣,与滇军回滇,情势不同,因赣省尚属北方地盘,滇省已为西南团体,故滇军不必回滇,赣军必要回赣。明乎此,则为有主义、有目的、有知识之大勇,所以异乎游勇之勇,而为真正军人之勇也。

(三)军人之勇

一、长技能,

二、明生死。

军人之勇,第一必要者为技能。诸君皆曾受军事教育,于现今各国之新战术、新武器，自必耳熟能详，无庸赘述。但武器与战术，固有关系者。以中国论，昔用弓箭，而今用枪炮，武器不同，战术亦随之而异。自海禁既开之后，与英战、与法战、与日战、与联军战，未有不败者，非无枪炮，不谙战术故也。苟谙战术，则昔日安南中之黑旗，法国患之；南非洲杜国之农民，英国患之。彼之所用战术，皆为游勇战术，最能制胜。余亦主张此战术颇适用于中国，若与北方交战，尤为相宜。约言之，有五种技能，为游勇战术中最可采取者：一曰命中，二曰隐伏，三曰耐劳，四曰走路，五曰吃粗。以下试再分别述之。

何谓能命中？军队之有无战斗力，以能杀敌与否为断，故命中为第一要件。但以命中论，即外国军队亦未必擅长。此次欧战发生，每一日中所用子弹，实不知其几万万也。其在激烈战斗时，每日所用，有至十数万万者。然以其效力计之，则非万弹以上，不能中一人也。因彼之战术，乃以子弹遮拦敌人，使不得前进，故多在二千密达以外用之。若在八千密达以外，至几万密达时，则须用重炮，亦如用步枪然，多在以弹遮拦敌人之前进。此外空中以飞机战，水底以潜艇战，类皆愈出愈奇。尚有露天地洞，与闭天地洞，为炮弹所不能及者。两方兵士相遇，则以徒手搏击，甚有开战时，阒若无人，不知其战斗地点在于何处者。推其所耗子弹极多，以吨数计，总在几千几百吨以上（每一吨合中国十六担八）。此种战术，中国决不能学，因彼之制造子弹有加无已，且发弹系以机器，不费人力。现有最新式机关枪，一分钟可发一千五百颗子弹者，以一百颗为一盒，计算每一分钟可发十五盒。彼固不求一一命中，务在多发子弹，堵截敌人而已。若游勇战术则与之相反，彼视子弹如生命，非必中者不轻施放，而有五十颗子弹，便已十分满足。以现在军队论，每一兵士，至少有二百颗以上子弹，何以一言北伐，犹以为少？岂命中之技，尚不及游勇耶？诸君须知子弹之接济与补充，有在后方者，有在前方者，游勇之重视子弹，因其子弹只有此数，非遇敌人，则无补充之机会，故不在后方接济，而在取诸前方。此不独游勇为然，即如粤军自援闽以至回粤，其子弹皆取自敌人为多，而不专恃后方接济，其明征也。若在无枪炮，而用弓箭之时代，射箭比放枪更难。而古时有百步穿杨者，即在于能命中。否则临阵之际,最多随带三四十枝箭矢,若无命中能力,即不啻无的而发矢,只须数分钟间,矢尽而已亦就擒,又焉能战?枪炮亦然,不能命中,则子弹之消耗多,而杀敌之效力微。前者北京天坛之战,段祺瑞军队耗去三百万子弹,而张勋之兵死伤合计不过一百七十余人,此则由于不能命中之故。由是观之,子弹之有效,在能命中,若不能命中者,子弹虽多,皆为赘物。近时兵士,往往轻于放枪,不问命中与否,放枪时,甚有高抬两手,或紧闭眼睛者,此何异于无的而发矢!须知子弹至为宝贵,中国既无若干大兵工厂,不宜学欧洲战术,以子弹为遮障,宜学游勇战术,视子弹如生命。但平时须练习射击,务求命中,不使虚发。此为军人之勇,有恃无恐之第一要件也。

何谓能隐伏?即避弹方法。但此种避弹,非如义和团之用符咒,乃系利用地形,为人身之屏蔽。余在安南时,常以此询诸一般游勇,彼云:"人立地上,靶子颇大,敌人一望即知,故须借地形以为埋伏之所,或藏在石头后,仅露其首,以使靶子缩小,敌人无标的可寻,我尚可从容窥探其举动,即在子弹如雨之际,尤宜深自闭藏,勿庸惊窜,因此时前后左右必无敌人踪迹也。"游勇之所述者如此,彼盖得诸经验,而与操典中所谓利用地形或地物者,却相暗合(地形属于天然的,如石头是;地物属于人工的,如一切建筑物是),故隐伏亦为技能之一。

何谓能耐劳?此与隐伏相关联者。我亦尝闻诸游勇,彼谓:隐伏秘诀只是"不动"二字,至少须能耐十二小时之劳,直至夜深始可潜行。因子弹之速力,异常快捷,人虽有追风之绝足,必不能过于子弹。走避易为所中,不如耐心隐伏,较为安全也。此尚有实例可证,前此黄克强在钦廉起事时,有一次仅剩四人逃在山上,敌人之围攻者,约六百人,然彼实不知仅有四人也,来攻时,皆用三十人为前锋。而此四人者,如何抵御?据其事后所述,敌人未来时,则隐伏不动,俟彼来袭近,在五十步左右,始行开枪。每开一排,必死敌二三人,连开三四排,敌人之死者十余人,卒以脱险。此一役也,即全在有命中、隐伏与耐劳之技能,否则以四人敌六百人,宁有幸耶?

何谓能走路?现时中国尚未有完全铁道,行军之际,专恃走路。练习之法,只须日行二十里,十日以后,每日递加五里,如此则不觉劳顿,而脚力自健。彼游勇战术,亦即以善走称。尚有实例可征,北军一到南方,每以山岭崎岖为苦,南军则如履平地,快捷异常,是为我之所长,敌之所短。故曰走路一端,亦为技能之必要,不可不注意也。

何谓能吃粗?游勇所恃之粮食,即此炒米一种,每人携带十斤,可支六七日,不至苦饥。遇有作战时,且无须费造饭时间。此亦为游勇之特长,胜于正式军队者。去年湖南援鄂之役,其始占据地方不少,卒因后路补充缺乏,乃至于败。粮食亦为补充之一,倘能如游勇之吃粗,则于行军极为简便,既免飞刍挽粟之苦,而给养亦不患烦难也。

军人之勇,于技能以外,更有明生死之必要,不明生死,则不能发扬勇气。所谓勇,即"不怕"二字。然暴虎冯河,人之所能独至于死,则未有不怕者,以欲生恶死,人之常情也。研究此问题,为哲学上问题,人生不过百年,百年而后,尚能生存否耶?无论如何,莫不有一死,死既终不可避,则当乘此时机,建设革命事业。若仅贪图俄顷之富贵,苟且偷活,于世何裨?故死有重于泰山,有轻于鸿毛者,死得其所则重,不得其所则轻。吾人生今日之世界,为革命世界,可谓生得其时,予我以建功立名之良好机会。夫汤武革命,孔子且艳称之,彼不过帝王革命,英雄革命。而我则为人民革命,平民革命,乃前不及见、后不再来之神圣事业。先我而生者,既不及见,后我而生者,亦必深自恨晚,且不知若何羡慕。故今日之我,其生也,为革命而生我;其死也,为革命而死我,死得其所,未有善于此时者!诸君试观黄花岗烈士,从容就义,杀身以成其仁,当日虽为革命而牺牲,至今浩气常存,极历史上之光荣,名且不朽,然犹曰为革命失败而死也。若此次革命乃必成之功业,又何惮而不为,又何死之可怕?今日集此一堂者,大半皆在二十岁以上,至多更有八十年之寿命,终不免一死,死于牖下,与死于疆场,孰为荣誉?是在明生死之辨!如孟子所谓"所欲有〈甚〉于生者,舍生而取义也"。故为革命而死者,为成仁,为取义,非若庸庸碌碌之辈,终日醉生梦死,无所表见,又非若匹夫、匹妇之为谅,自经于沟渎,而莫知之也。诸君既为军人,不宜畏死,畏死则勿为军人。须知军人之为国家效死,死重于泰山。我死则国生,我生则国死,生死之间,在乎自择!明生死,则能鼓其勇气,以从事于革命事业,为革命军人,革命成功,可立而待,将来之幸福,且无穷极。以吾人数十年必死之生命,立国家亿万年不死之根基,其价值之重可知。诸君幸共勉之!

第五课　决心

（一）成功,

（二）成仁。

军人生在今日,有改造国家之责任。改造国家者,质言之,即造成新世界,于破坏之后,加以建设之谓。负此责任,全在吾人之决心。决心于何见之?在大精神。精神者,革命成功之证券及担保也。军人精神,前已言之。第一之要素为智,能别是非,明利害,识时务,知彼己,然后左右逢源,无不如志。第二之要素为仁,而所以行仁之方法,则在实行三民主义。此三民主义,亦即与美国总统林肯所言民有、民治、民享之说相通。第三之要素为勇,军人须具有技能,始足应敌,而又须明于生死之辨,乃不至临事依违,有所顾忌。此三者,为军人精神之要素,欲使之发扬光大,非有决心,不能实现。但所谓决心者,须多数人决心,合群力群策而为之,非少数人所能集事。诸君要知此次出发桂林,尚须奋勇前进。虽曰桂林山水甲天下,非以此为安居乐业之地,将欲改造新世界,以求一劳永逸始可。因此所生之结果有二:一曰成功,二曰成仁。所谓成功成仁者,乃惊天动地之革命事业!吾人何为而革命?务在造成安乐之新世界,期其成功。不成功,毋宁死,死即成仁之谓,古之志士有求之而不可得者。此次诸君随本总统出发,从事革命事业,非成功,即成仁,二者而已。成功则造出庄严华丽之国家,共享幸福。不成功,则同拼一死,以殉吾党之光辉主义,亦不失为杀身成仁之志士。虽然均一死也,有泰山、鸿毛之别。若因革命而死,因改造新世界而死,则为死重于泰山,其价值乃无量之价值,其光荣乃无上之光荣,惟诸君图之!

吾人生在恶浊世界中,欲打破此旧世界,铲除一切烦恼,以求新世界之出现,则必有高尚思想,与强毅能力以为之先。在吾国数千年前,孔子有言曰:"大道之行也,天下为公。"如此,则人人不独亲其亲,人人不独子其子,是为大同世界。大同世界即所谓"天下为公"。要使老者有所养,壮者有所营,幼者有所教。孔子之理想世界,真能实现,然后不见可欲,则民不争,甲兵亦可以不用矣。今日惟俄国新创设之政府,颇与此相似,凡有老者、幼者、废疾者,皆由政府给养,故谓之劳农政府。其主义在打破贵族及资本家之专制,因而俄国革命党,乃被各国合攻。然迄今数年,仍不能胜,此即因俄国新政府具有决心,始能贯彻其主义。否则为俄国之敌者,王党势极强大,哥萨克兵力亦不薄弱,此外尚有欧、美诸国恐其新主义传播,将不利于己,因之群起与抗。有此种种阻力,俄国若稍有顾忌,则必不能成功,其卒能成功者,决心而已。

吾人若欲建设新世界,则亦必思如何始能建设,非可托诸空谈也。今日之世界,乃自私自利之恶浊世界。在此世界中之人类,既无保障,又无希望,且陷于极端痛苦,于是有生厌世思想者。若论军人地位,吾国常有"好男不当兵,好铁不打钉"之俗谚,意若其人必为身无职业,以当兵为生活之末路者,此虽由中国轻视军人之故,亦以实际上无何等希望,故有此语。以余观之,不特军人为然,即一般社会前途,亦复非常惨淡,在诸君之为军人者,无论为官为兵,虽有薪水火食,仅足自活,而父母妻子,尚不能无所资以为扶养。故在此旧世界,实无一人能脱烦恼者。

今日国人多羡慕侨商矣,诸君必以为彼有多金,宜可高枕无忧,而抑知不然。华侨之初往外洋也,实乃被卖为奴,广东语谓之猪仔。从前有古巴招工,南洋招工,在澳门等处以此买卖为业者,谓之猪仔馆。其被卖出洋之辈,率皆中国人之穷无聊赖者,始肯出此。诸君但观其今日之富,而不知其当日之苦。且总计一年中出洋者不下数十万人,其能致富回国者,为数复极寥寥。余因此忆及余友尝为余言,彼前在南洋时,一日与外国人同行路,经华侨所开设之矿场及树胶园,彼外国人者,指以告余友曰:"此皆尔中国人之鸿图,而收吸吾欧人领土精华之成绩也。"余友无以应之。适复前行过一大坟场,余友乃以问外国人:"此累累者何耶?"外国人曰:"坟场耳。"余友曰:"尔谓中国人出洋致富,尔尚未知中国人之因出洋而死于是间如此冢中之髑髅者，不知凡几也！"由是以观，南洋华侨之状况，大略如此。尚有美洲华侨，其生计虽较南洋华侨稍胜，然一生幸福，亦复有限。大率美洲华侨，二十五岁出洋，为人佣工，在外十年，稍有余资，至三十五岁时，回国娶妻，娶妻之后，不及半载，余资已罄矣，又须出洋十年。直至四十五岁回国，稍得余资，乃建家宅，宅成而金又尽，仍不克宁居。迨第三次出洋以后，始能得资，以略置田亩，然至此已五十五岁矣。远适异国，昔人所悲，彼美洲华侨者，三十年中，家居之日，不及二载，亦未见其能安乐矣。

  余于此，尚有实例为诸君言之。诸君今日未有一千万财产，必以为果有一千万者，其愉快何若！以余所眼见之例证，则适相反。余前此由香港赴南洋时，同舟者有一华侨富翁，家产约二千万，余与彼同在一等客舱，常相晤谈，彼乃日日诉苦，似欲为之分忧者。余始甚诧异。迨舟行日久，颇厌恶之，因自往大舱中，视彼出洋之工人（即被卖出洋之猪仔）。私自忖度，彼工人之愁苦，定较富翁为甚。而抑知不然。工人杂坐一团，其状至乐，有闲谈者，有唱歌者。此时余又大诧，何以富翁之多财而忧，尚不若工人之能乐其乐也？迨折回自己舱位时，所谓富翁者，诉苦仍复如前。余因告以适往大舱，彼出洋之工人，却甚欢乐，而子已积产二千万，似重有忧者，抑何不近人情之甚耶？富翁聆余言，蹶然而起曰："我在卅年前，亦工人也，亦如彼出洋之工人，固至乐也。今虽有二千万财产，不惟不乐，且忧甚。诚思儿女成行，娶者、嫁者，皆仰给于我。我子复多不肖，长者耗我数百万，次者所耗亦百余万。此后子复生孙，孙复生子，仅恃此二千万财产，何以维持？又安得而不忧耶？"准是以观，财产虽多，仍不免于愁苦。诸君试于一身之外，计及妻儿，则亦不能不作此感想也。尚有一例：香港、澳门，从前恒有积产之家，恐其子孙浪费，而以家产托之善堂管理，将其入息半数，捐入善堂，留其半以遗子孙，以为如此，可以长久可存。不知此法初尚可行，今则善堂中人，亦多半假慈善名目，骗取金钱，故广东善堂，人有目之为善棍者。依以上二例，可见在现今世界，不论有无财产，几无一人不在痛苦之中，非独军人为然。即以军人论，能如李纯、王占元者，有几人乎？以彼之刻剥人民，积产至数千万，亦云位尊金多矣，乃一则不得其死，一则不安于位，下此者更无论。盖在现世界之社会,生活必无良果,须决心改造新世界,始有安乐可言也。安乐之新世界,果如何改造耶？此时中国人皆自以为民穷财尽,其患在贫,而外国人乃垂涎中国之富源,且欲瓜分之,则中国之不贫可知。以桂林言,所有石山皆可制成洋灰,即所谓士敏土,将来科学进步,机器发明,名为石山,实乃黄金,只此一端,已足致富。此外广西之矿产甚多,各省亦皆如是,外国人常有欲开采者。中国产煤,为各国冠,倘完全开发,可供全世界数千年之用。不过中国不自开发,货弃于地,犹如珍宝藏在铁柜,若无钥匙,终亦死藏而已。广东俗语有所谓"失匙夹万"者(夹万即铁柜之类),中国之贫,正坐此病。倘能用其聪明智识,从事开发,则吾人自身之幸福,与子孙之幸福,实无涯涘。改造安乐之新世界,即在乎此。

新世界国家,与以前国家不同,通常国家仅能保民,而不能教民、养民。真能教民、养民者,莫如三代。其时井田、学校,皆有定制,教养之责,在于国家。后世则不然,所谓国家,无论政治若何修明,如汉之文、景,唐之贞观,能保民斯为善矣。今日所抱改造新世界之希望,则非徒保民而已,举凡教民养民,亦当引为国家之责任。试观俄国新政府,彼之革命发生,尚在我后,其成绩较我为优。因其目的不在谋一人生活与一家生活,而在谋公众生活。如牛乳等之精良食品,先给幼者,老病者次之,军人又次之,再后始及于普通人。又如贫民之无力入学者,国家须设法扶助,使得入学。此即所谓人人不独亲其亲,人人不独子其子,以教以养,责在国家。大同世界,所以异于小康者,俄国新政府之计划,庶几近之。由俄国而反观吾国,其情况之比较如何耶？俄国之革命,为打破政治之不平等,同时打破资产之不平等。而吾国今日则尚无大资本家产出,只须用预防政策,较俄国更易为力。彼俄国之新政府,名为劳农政府,实即农工兵政府。其军人皆有主义、有目的,故能与农工联合而改造新国家。吾国今日之军人,倘亦具有主义及目的,决心改造新中国,其效果必在俄国上。何以知其然也？俄国在寒带,而中国在温带;俄国有资本家,而中国无资本家,无论天然的方面,而人为的方面,均较俄国为胜。将来倘能成立新国家,另有新组织,则必不似旧世界之痛苦。预料此次革命成功后,将我祖宗数千年遗留之宝藏,次第开发,所有人民之衣、食、住、行四大需要,国家皆有一定之经营,为公众谋幸福。至于此时,幼者有所教,壮者有所用,老者有所养,孔子之理想的大同世界,真能实现,造成庄严华丽之新中华民国,且将驾欧美而上之。诸君思此无量幸福,视彼南洋之富翁何若?视彼李纯、王占元又何若耶?而所以博此幸福者,则全在此次之革命,与此次之革命军人。此次革命为顺天应人之事业,必能成功,前已言之。设若不成功,则如何耶?古有人云:"济则国家之灵,不济则以死继之。"死者,即成仁是也。成仁而死,极有伟大之价值,纵使前仆后继,牺牲多数人之生命,而能博得真正共和,即亦无所吝惜。是在立定决心,从事革命,成功而后,匪独公众之福,抑亦私人之利。试举一例:舟在大洋,触石将沉,乘舟者若不协力救助,犹自点检行李,试问舟果沉,行李尚能独存乎?吾人对于国家,亦即如是,坐视其亡,将无立身之地。救亡之责,端赖军人。今者,诸君将由桂林出发,其所取之途径,即不外成功与成仁二者。一言以蔽之曰,决心而已。决心则能发扬军人之精神,造成光辉之革命,中华民国国家实利赖之。诸君勉乎哉!

据黄昌谷编《孙中山先生演说集》(上海民智书局一九二六年二月版)

中华民国建设之基础[①]

（一九二二年）

中华民国之建设,以何为基础乎?吾知人必无疑无惑而答之曰:以人民为基础。然人民如何而后得为中华民国建设之基础乎?吾知答之不易也。

夫主权在民之规定,决非空文而已,必如何而后可举主权在民之实。代表制度,于事实于学理皆不足以当此,近世已能言之矣。然则果如何而能使主权在民为名称其实乎?近来论治者于此问题多所忽略,而惟日以中央集

---

① 此文是孙中山为上海《新闻报》30周年纪念而作。

权或地方分权甚或联省自治等说相征逐。夫此数者果遂足以举主权在民之实乎？夫所谓中央集权或地方分权甚或联省自治者，不过内重外轻内轻外重之常谈而已。权之分配，不当以中央或地方为对象，而当以权之性质为对象。权之宜属于中央者，属之中央可也；权之宜属于地方者，属之地方可也。例如军事外交，宜统一不宜纷歧，此权之宜属于中央者也。教育、卫生，随地方情况而异，此权之宜属于地方者也。更分析以言，同一军事也，国防固宜属之中央，然警备队之设施，岂中央所能代劳，是又宜属之地方矣。同一教育也，濒海之区，宜侧重水产，山谷之地，宜侧重矿业或林业，是固宜予地方以措置之自由。然学制及义务教育年限，中央不能不为之划一范围，是中央亦不能不过问教育事业矣。是则同一事实，犹当于某程度以上属之中央，某程度以下属之地方。彼漫然主张中央集权或地方分权甚或联省自治者，动辄曰某取概括主义，则某取列举主义，得勿嫌其笼统乎？议者曰：国小民寡，或可用中央集权；地大民众，则非用地方分权或联省自治不可。曾不知土地之大小，不当但以幅员为差别，尤当以交通为差别。果其交通梗塞，土地虽狭，犹辽阔也；果其交通发达，土地虽广，犹比邻也。中国今日若犹守老死不相往来之训，虽百里犹不可以为治；若利用科学以事交通，则风行四海之内，若身之使臂，臂之使指，集权分权，又何与焉。议者又曰：中央集权易流于专制，地方分权或联省自治始适于共和，此尤不可以不辨。夫专制云者，与立宪为对待之名词，非与中央集权为对待之名词。苟其立宪，虽中央集权何害？例如法国固行中央集权者，其为民主立宪固自若也。北美之合众国，议者乐引为联者自治之口实，以为中国非如是不得为共和，而不知其所引之例，实际适得其反。美之初元，固行地方分权矣，然南北分驰，政令不一，深贻国民以痛苦。及南北战争起，虽以解放黑奴为号召，而实行统一，乃其结果也。经此战争，美国各州始有凝为一体之象。洎乎参加欧战，则中央政府权力愈以巩固，且愈以扩充，举人民之粮食、衣服，亦置于中央政府管理之下，其集权之倾向为何，如议者言，则美国中央政府集中权力之时，亦将为共和之不利欤？凡此诸说，皆与权力分配本题无关。要之，研究权力之分配，不当挟一中央或地方之成见，而惟以其本身之性质为依归。事之非举国一致不可者,以其权属于中央;事之因地制宜者,以其权属于地方。易地域的分类,而为科学的分类,斯为得之,斯乃近世治政学者所已知已行,初无俟聚讼为也。

由上所述,可知权力分配,乃国家权力分配于中央及地方之问题,与主权在民无涉。欲知主权在民之实现与否,不当于权力之分配观之,而当于权力之所在观之。权在于官,不在于民,则为官治;权在于民,不在于官,则为民治。苟其权在于官,无论为中央集权、为地方分权、为联省自治均也。在昔中央集权时代,盛行官僚政治,民众之与政治,若漠然不相关,其为官治固已。然试问今之行联省自治者,其所谓一省之督军、总司令、省长等,果有以异于一国之皇帝、总统乎?一省之内所谓司长等之大小官吏,果有以异于一国之内所谓总长等之大小官吏乎?省之钤制各县,较之中央政府之钤制各省,不啻模仿惟恐其弗肖,又加甚焉;省之直接鱼肉其民,较之中央政府之直接鱼肉其民,不啻模仿惟恐其弗肖,又加甚焉。中央政府以约法为装饰品,利于己者从而舞弄之,不利于己者则从而践踏之;省政府则亦以省宪为装饰品,利于己者从而舞弄之,不利于己者则从而践踏之。中央政府所以之待国会者,省政府亦即以之待省议会;中央政府所以之待全国最高司法机关者,省政府亦即以之待全国最高司法机关。其为官治,固无异也,所异者,分一大国为数十小国而已。甲午之役,南洋大臣所辖兵舰为日本所捕获,南洋大臣移牒日本,称此次与贵国交战者为北洋舰队,与南洋无涉,不得滥行捕获,世界传以为笑。今之主张联省自治者,知有一省不知有邻省,亦不知有国,其识乃与甲午时老官僚无异,悲夫,悲夫,犹以救国号于人耶!

如上所述,症结所在,一言蔽之,官治而已。官治云者,政治之权付之官僚,于人民无与。官僚而贤且能,人民一时亦受其赐,然人亡政息,曾不旋踵。官吏〔僚〕而愚且不肖,则人民躬被其祸,而莫能自拔。前者如婴儿之仰乳,后者则如鱼肉之于刀俎而已。民治则不然,政治之权在于人民,或直接以行使之,或间接以行使之;其在间接行使之时,为人民之代表者,或受人民之委任者,只尽其能,不窃其权,予夺之自由仍在于人民,是以人民为主体,人民为自动者。此其所以与官治截然不同也。欲实行民治,其方略如下：

（一）分县自治。分县自治，行直接民权，与联省自治不同者在此。其分县自治之梗概，吾于民国五年在上海曾有讲演，可覆按也。

（二）全民政治。人民有选举权、创制权、复决权、罢官权，详见《建设杂志全民政治论》。

以上二者，皆为直接民权，前者行于县自治，后者行于国事。

（三）五权分立。三权分立，为立宪政体之精义。盖机关分立，相待而行，不致流于专制，一也。分立之中，仍相联属，不致孤立，无伤于统一，二也。凡立宪政体莫不由之。吾于立法、司法、行政三权之外，更令监察、考试二权亦得独立，合为五权。详见《五权宪法之讲演》。

（四）国民大会。由国民代表组织之。

以上二者，皆为间接民权，其与官治不同者，有分县自治，全民政治，以行主权在民之实。非若今日人民惟恃选举权以与踞国家机关者抗。彼踞国家机关者，其始借人民之选举，以获此资格，其继则悍然违反人民之意思以行事，而人民亦莫如之何。此今日政治现象所可为痛心疾首者，必如吾之说，乃得救此失也。且为人民之代表与受人民之委任者，不但须经选举，尤须经考试，一扫近日金钱选举、势力选举之恶习，可期为国家得适当之人才，此又庶政清明之本也。

综上四者，实行民治必由之道，而其实行之次第，则莫先于分县自治。盖无分县自治，则人民无所凭藉，所谓全民政治，必末由实现。无全民政治，则虽有五权分立、国民大会，亦终末由举主权在民之实也。以是之故，吾夙定革命方略，以为建设之事，当始于一县，县与县联，以成一国，如此，则建设之基础在于人民，非官僚所得而窃，非军阀所得而夺。不幸辛亥之役〈后〉，其所设施，不如吾意所期，当时汲汲，惟在于民国名义之立定，与统一之早遂，未尝就建设之顺序与基础一致其力，大势所趋，莫之能挽，根本未固，十一年来飘摇风雨，亦固其所。积十一年来之乱离与痛苦为教训，当知中华民国之建设，必当以人民为基础。而欲以人民为基础，必当先行分县自治，及今为之，犹可及也。

于此尚有附言者,行分县自治,则现在省制之存废问题为何如耶? 吾意读者当然有此一问。以吾之意,斯时省制即存,而为省长者,当一方受中央政府之委任,以处理省内国家行政事务;一方则为各县自治之监督者,乃为得之。此吾之主张,所以与中央集权者不同,亦有异于今之言联省自治者也。

据中国国民党中央文化传播委员会党史馆藏一般档案 041/45

致犬养毅纵论国际局势并请 日本助成中国革命及承认苏联函①

(一九二三年十一月十六日)

木堂先生大鉴:

山田君②来称,先生此次入阁,将大有为,可助吾人未竟之志,以解决东亚百年问题,闻之狂喜。久欲修书商榷,以广东军事尚未解决,遂致未果。

今以曹锟窃位,举国同愤,西南已声罪致讨,行将令四川、湖南、广东三省之师及滇、桂同志各军大举北伐,同时联络张作霖、段祺瑞、卢永祥,同力合作以破国贼。惟曹锟之甘冒不讳〔韪〕而公然窃位者,其先固有强国为之后盾,故敢有如此也。按之列强传统之政策,当不愿中国之致治图强,故历次反对革命之举;此次吾人举动,亦当受列强种种之挠阻,可无疑也。日本对支行动,向亦以列强之马首是瞻,致失中国及亚洲各民族之望,甚为失策也。今次先生入阁,想必能将追随列强之政策打消,而另树一帜,以慰亚洲各民族喁喁之望。若能如此,则日本不忧无拓殖之地,以纳其增加之人口也;吾知南洋群岛及亚南各邦,当欢迎日本为其救主也。请观尼泊尔、不丹二国,虽受英国之统治百有余年,而仍纳贡称藩于中国,是民族之同性大于

---

① 山本权兵卫于1923年9月在日本第二次组阁,犬养毅当时是山本权兵卫内阁邮电大臣兼文部大臣;该内阁仅存在4个月。此函托山田纯三郎带交。

② 山田君,即山田纯三郎。

政治之势力也。倘日本以扶亚洲为志,而舍去步武欧化帝国主义之后尘,则亚洲民族无不景仰推崇也。

自欧战而后,世界大势已为之一变。强盛如英,加以战胜之余烈,尚不得不退让而许爱尔兰之自由,允埃及之独立,容印度之解放,其故何也?此即欧战而后,发生一种新世界势力也。此势力为何?即受屈部分之人类咸得大觉悟,群起而抵抗强权之谓也。此部分人类以亚洲为最多,故亚洲民族亦感此世界潮流,将必起而抵抗欧洲强权也。今之突厥①,其先导也;波斯、柯富汗②,其继步也;其再继者,将有印度、巫来由③也。此外更有最大最要而关系于列强之竞争最烈者,即支那之四万万人民是也。其能奴此四万万人民者,则必执世界之牛耳也。故列强中初有欲并吞之者,而阻于他强,遂有议而瓜分之者,不期适有日本崛起于亚东之海隅,而瓜分之谋又不遂。当此之时,支那之四万万人民与亚洲各民族,无不视日本为亚洲之救主矣。不图日本无远大之志、高尚之谋,只知步武欧洲之侵略手段,竟有并吞高丽④之举,致失亚洲全境之人心,殊为可惜!古人有云:"得其心者得其民,得其民者得其国。"倘日本于战胜露国⑤之后,能师古人之言,则今日亚洲各国皆以日本为依归矣。英国今日之许爱尔兰以自由,允埃及以独立,即此意也。倘日本能翻然觉悟,以英之待爱尔兰而待高丽,为亡羊补牢之计,则亚洲人心犹可收拾。否则,亚洲人心必全向赤露⑥而去矣,此断非日本之福也。夫赤露者,欧洲受屈人民之救主而强权者之大敌也,故列强之政府出兵攻露而各国人民则反攻其政府,故英、佛、米⑦等国皆以其人民之内讧而不得不撤回征露之师。今亚洲人民之受屈者比欧洲人民尤甚,故其望救亦尤切,本洲既无济弱扶倾、仗义执言之国,故不得不望于赤露。波斯、突厥已遂其望,印

---

① 突厥,今土耳其。
② 波斯、柯富汗,今伊朗、阿富汗。
③ 巫来由,今译马来亚。
④ 高丽,今朝鲜半岛。
⑤ 露国,今译俄罗斯。下同。
⑥ 赤露,即苏俄。
⑦ 佛、米,今译法、美。

度、支那亦将赖之。吾切望日本深思而善处之,幸毋一误再误!夫当欧战之初,日本溺于小信,昧于远图,遂失其一跃而为世界盟主之机会,以贻世界有再战之祸。日本志士至今回顾,犹有痛恨太息者,想先生或犹忆灵南坂之半日长谈也。先生昔以不能行其志而拒入大隈内阁,然今先生竟入阁矣,想必为能行其志之时,故不禁为先生长言之、深言之也。

夫再来之世界战争,说者多谓必为黄白之战争,或为欧亚之战争,吾敢断言其非也,其必为公理与强权之战争也。而排强权者固以亚洲受屈之人民为多,但欧洲受屈人民亦复不少,是故受屈人民当联合受屈人民以排横暴者。如是,在欧则露、独①为受屈者之中坚,英、佛为横暴者之主干;在亚洲则印度、支那为受屈者之中坚,而横暴者之主干亦同为英、佛;而米国则或为横暴者之同盟,或为中立,而必不为受屈者之友朋,则可断言也。惟日本则尚在不可知之数,其为受屈者之友乎?抑为受屈者之敌乎?吾将以先生之志能否行于山本之内阁而定之。若先生果能行其志,则日本必将为受屈者之友也,如是,则对于再来世界之大战争不可不准备也。然则准备之道为何?请为先生陈之。

其一,日本政府此时当毅然决然以助支那之革命成功,俾对内可以统一,对外可以独立,一举而打破列强之束缚。从此则日支亲善可期,而东亚之和平永保;否则列强必施其种种手段,以支制日,必使日支亲善永无可期,而日本经济必再难发展。夫欧洲列强自大战而后,已无实力以推行其帝国主义于东亚,然其经济地盘之在支那者已甚巩固,故其所虑者,为吾党革命之成功有危及之耳。彼列强之深谋远虑,实出日本之上,故常能造出种种名义,使日本不能不与之一致行动以对支那。不知日本于支那之关系,其利害适与列强相反。凡对支政策,有利于列强者,必有害于日本。而日本事事皆不得不从列强之主张者,初固以势孤而力不敌,不敢稍露头角而与列强抗衡,习惯成自然,至今时移势易而犹不知变计,且加甚焉,事事为列强作嫁衣,此支那志士之痛恨于日本,较列强尤甚者此也。今幸而先生入阁,想必

---

① 独,指德国。

能将日本前时之失策与盲从列强之主张一扫而空之,其首要则对于支那之革命事业也。夫支那之革命,为欧洲列强所最忌者。盖支那革命一旦成功,则安南①、缅甸、尼泊尔、不丹等国,必仍愿归附,为支那屏藩;而印度、阿富汗、亚剌伯、巫来由等民族,必步支那之后尘离欧而独立。如此,则欧洲帝国主义与经济侵略必至失败。是故支那之革命,实为欧洲帝国主义宣布死刑之先声也,故列强政府之反对支那革命无所不至者此也。乃日本政府不察,亦从而反对之,是何异于自杀也。夫日本之维新实为支那革命之前因,支那革命实为日本维新之后果,二者本属一贯,以成东亚之复兴,其利害相同密切本有如此,日本之对于支那革命何可步武欧洲而忌我害我耶?为日本国家万年有道之长基计,倘支那无革命发生,日本当提倡而引导之,如露国今日之对于波斯、印度,又如先生昔年之命宫崎与吾党联络者方是。至于支那革命已经发动,日本当倾其全国之力助成之,以救支而自救,如百年前英国之援助西斑雅②,如近日米国之助巴拿马乃可。乃日本政府对于支那之革命,十二年以来,皆出反对行动,反对失败,则假守中立以自文。从未有彻底之觉悟,毅然决然以助支那之革命,为日本立国于东亚之鸿图者。此皆由于先生向未得志于政府之所致也。今先生自为政府之一员矣,吾人不得不切望之、深望之也。此非独为支那计,亦为日本计也。

其二,日本当首先承认露国政府,宜立即行之,切勿与列强一致。夫列强之不承认露国政府者,以利害之冲突也。佛以国债之无偿,必要求露国政府担负还债,而始承认之。英以印度问题不得解决,必欲露国政府为其领土之保障,如最后之日英同盟焉,而后承认之。米亦以债权关系,即佛之债权多有转嫁于米者,露国既废除国债之担负,米亦大受损失,故与英佛一致行动也。顾日本则如何?于此而犹兢兢与列强一致者,其愚真不可及也。不观欧洲诸小国乎?其与露国无关系者,乃有与英佛一致行动;其与露国有关系者,已悉先承认露国矣。而日本与露国固有最大之关系者也,初以误于与

---

① 安南,即越南。
② 西斑雅,即西班牙。

列强一致行动而出兵,后已觉悟而曾单独与露国代表开数次之会议矣,乃竟以承认问题犹与各国一致,而致感情不能融洽,遂碍种种之协商不得完满之结果,殊为惋惜。夫日本与露既有密切之关系,而又无权利之损失如列强者,而对露外交犹不敢脱离列强之范围,是比之欧洲之一小国亦不如也。何日本之无人一至于此!或谓日本立国之本与苏维〈埃〉主义不同,故不敢承认之,此真坐井观天之论也。夫苏维〈埃〉主义者,即孔子之所谓大同也。孔子曰:"大道之行也,天下为公,选贤与能,讲信修睦。故人不独亲其亲,不独子其子,使老有所终,壮有所用,幼有所长,矜寡孤独废疾者皆有所养,男有分,女有归。货恶其弃于地也,不必藏于己;力恶其不出于身也,不必为己。是故谋闭而不兴,盗窃乱贼而不作,故外户而不闭,是为大同。"露立国之主义不过如此而已,有何可畏!况日本为尊孔之国,而对此应先表欢迎,以为列国倡,方不失为东方文明之国也。倘必俟列强承认之后,而日本始不得不从而承认之,则亲善之良机已失矣。此所谓"为渊驱鱼、为丛驱雀"也,行将必有排日本之强国利用露国为之前锋,则不独日本危,而东亚亦从此无宁日矣。如此,则公理与强权之战,或竟以日本而变成黄白人种之争,亦未可知也。须知欧战而后,不独世界大势一变,而人心思想亦为之一变,日本外交方针必当随而改变,乃能保存其地位于世界也,否则必蹈独逸之覆辙无疑也。试观汉那鲁鲁①之布置,新加坡之设备,以谁为目的者乎?事已至此,日本犹不联露以为与国,行将必受海陆之夹击而已。夫英米海军各已强于日本者数倍,而露国陆军在于今日实天下莫强焉,不可不知也。以孤立之日本而当此海陆之强邻,岂能有幸?故亲露者为日本自存之一道也。

以上二策,实为日本发扬国威、左右世界之鸿图。兴废存亡,端系乎此。日本于欧战之初,既误所适而失其为世界盟主之良机矣,一误岂容再误?维先生详审而速图之。

孙文谨启　民国十二年十一月十六日写于广州

据《中山墨宝》编委会编《中山墨宝》第七卷亲笔原函照片
（北京出版社一九九六年版）

---

① 汉那鲁鲁,今译火奴鲁鲁。

发扬民治说帖

（一九二三年底）①

　　民国以还，政论家恒有中央集权、地方分权之两说。集权论者侈言统一，分权论者心醉联邦，其实以吾国幅帧〔员〕之广大，交通之梗塞，以云集权，谈何容易，证之民二三之往事，号为中央集权，亦不过徒袭其名耳，各省都督之拥兵自重，独揽大权，自为风气，中央直莫能过问，此集权说之不可行也。

　　立国各有其本，吾国以数千年统一之国，又乘专制政体之遗，与美之先有各洲而后有中央者，迥不相伴，欲行联邦政体，何异东施效颦，此分权说之不可行也。

　　必于集权、分权之间，酌盈剂虚，斟酌适当，诚未易言。然如军事、外交等之必集权中央，殆如天经地义，无待词费。民九以来，吾民鉴于政府之无能，军阀之横暴，一时地方自治之说，甚嚣尘上。于是军阀之狡黠者，乘人民心理之弱点，截割自治之美名，而创为联省自治。夷考其实，则联督自固耳，省之为省如故也，民之无权又如故也。是联省自治者，不过分中央政府之权于地方政府，并非分政府之权于人民。地方政府而善，不过官僚政治；地方政府而恶，势必各据一方。欲民治之实现，不几南辕而北辙哉。

　　由是观之，中央集权之不可能既如彼，联省自治之无实际又如此，无己，其为县自治乎？县为吾国行政机关之最初级，故史称知县为亲民之官，譬之建屋然，县其基础也，省其栋宇也，国其覆瓦也，必基础巩固，层累而上，而后栋宇覆瓦，始有所附丽而无倾覆之虞。清末至今，开明之士，侈言参政，于是国会省会，应运而生，买票贿选，举国若狂，县虽亦有议会，然自好之士，避之若浼，聪明俊秀之辈，率以地小不足回旋，不屑与伍。于是充县议员者，不外

---

① 原件无时间，据内容判断，当在1923年底。

劣绅、流氓、地痞,办县地方事务者亦然,则县自治之成绩,从可知矣。今欲推行民治,谓宜大减其好高鹜〔骛〕远之热度,而萃全力于县自治。自治团体愈多而愈佳,自治区域愈小而愈妙。试观欧美各国,其面积虽仅吾国一省之大,其人口虽仅吾国一省之多,而其行政区域,必划分为百数十区,自治区域亦然,用能自治发达,而百废具兴。若吾国乎,莫若以城镇乡为下级自治团体。盖吾国青苗、保甲,本具自治之雏形,乡约、公所不啻自治之机关,助而长之,因势利导,则推行易而收效宏。而以县为自治单位,举县议会,选县长,凡关乎地方之事,赋与全权。省之一级,上承中央之指挥,下为各县之监督,诚不可少,然必厘订权限,若者为地方赋予之权,若者为中央赋予之权,然后上下无隔阂之嫌,行政免紊乱之弊也。

  县自治既为民治之根本,然则实施之法将奈何?《临时约法》对于地方制度,本无规定,宪法又未制成,国会议员,强半不惜卖身,助成贿选,求之法律,则法律无根据;求之事实,则事实无希望。为今之计,惟有从法律上革命而已。何谓法律上革命?废《约法》、缓制宪是也。革命之手续若何?仿元年南京临时参议院先例,每省举五代表,组织革命政府,期以三年,三年之内,励行县自治,以养成人民参政之习惯,然后颁布宪法,悬之国门,庶共和无躐等之讥,民治有发扬之望。舍此而求民治,是犹磨砖为镜,炊沙成饭之类也,岂有得哉!

据中国国民党中央文化传播委员会党史馆藏一般档案
041/46

传记与回忆

自 传

（一八九六年十一月）①

此闻间师②盛称足下深于中国文学，著述如林，近欲将仆生平事迹附入大作之内；并转示瑶函，属为布复。拜读之下，愧不敢当！

夫仆也，半世无成，壮怀未已。生于晚世，目不得睹尧舜之风、先王之化，心伤鞑虏苛残，生民憔悴，遂甘赴汤火，不让当仁，纠合英雄，建旗倡义。拟驱除残贼，再造中华，以复三代之规，而步泰西之法，使万姓超甦，庶物昌运，此则应天顺人之作也。乃以人谋未臧，势偶不利，暂韬光锐，以待异时；来游上邦，以观隆治。不意清虏蓄此阴谋，肆其陷害，目无友邦，显违公法，暴虐无道，可见一斑。所赖贵国政仁法美，一夫不获，引以为辜。奸计不成，仆之幸也，抑亦中国四百兆生民之幸也。

足下昔游敝邦，潜心经史，当必能仿〔恍〕然于敝国古先圣贤王教化文明之盛也。乃自清虏入寇，明社丘墟，中国文明沦于蛮野，从来生民祸烈未有若斯之亟也。中华有志之士，无不扼腕椎心！此仆所以出万死一生之计，以拯斯民于水火之中，而扶华夏于分崩之际也。独恐志愿宏奢，力有不逮耳。故久欲访求贵国士大夫之谙敝邦文献者，以资教益；并欲罗致贵国贤才奇杰，以助宏图。足下目睹中国之疮痍，民生之困楚，揆之胞与仁人义士，岂不同情？兹叨雅眷，思切倾葵，热血满腔，敢为一吐。更有恳者：仆等今欲除

---

① 本文为孙中山应英国剑桥大学教授翟尔斯氏（H. A. Giles）之请所作。翟氏是著名汉学家，曾任驻华外交官多年，当时正在编纂《中国名人辞典》（*A Chinese Biographical Dictionary*），约孙写一篇自传。

② 间师，即康德黎，又译简地利。

庀兴治,罚罪救民,步法泰西,揖睦邻国;通商惠工各等事端举措施行,尚无良策。足下高明,当有所见,幸为赐教,匡我缺失,是所祷冀。

至于仆生平事迹,本无足纪,既承明问,用述以闻:

仆姓孙名文,字载之,号逸仙,藉〔籍〕隶广东广州府香山县,生于一千八百六十六年华历十月十六日。幼读儒书,十二岁毕经业。十三岁随母往夏威仁岛(Hawaiian Islands),始见轮舟之奇、沧海之阔,自是有慕西学之心,穷天地之想。是年母复回华,文遂留岛依兄,入英监督所掌之书院(Iolani College, Honolulu)肄业英文。三年后,再入美人所设之书院(Oahu College, Honolulu)肄业,此为岛中最高之书院。初拟在此满业,即往美国入大书院,肄习专门之学。后兄因其切慕耶稣之道,恐文进教为亲督责,着令回华,是十八岁时也。抵家后,亲亦无所督责,随其所慕。居乡数月,即往香港,再习英文,先入拔粹书室(Diacison〔Diocesen〕Home, Hongkong)数月之后,转入香港书院(Queen's College H.K.)。又数月,因家事离院,再往夏岛(H.I.),数月而回。自是停习英文,复治中国经史之学。二十一岁改习西医,先入广东省城美教士所设之博济医院(Canton Hospital)肄业。次年,转入香港新创之西医书院(College of Medicine for Chinese, Hongkong)。五年满业,考拔前茅,时二十六岁矣。此从师游学之大略也。

文早岁志窥远大,性慕新奇,故所学多博杂不纯。于中学则独好三代两汉之文,于西学则雅癖达文之道(Darwinism);而格致政事,亦常浏览。至于教则崇耶稣,于人则仰中华之汤武暨美国华盛顿焉。See *London and China Telegraph*, 26, Oct. 1896.①

据佚名编《总理遗墨》影印原函(印行时间不详,广东省社会科学院藏)

---

① 中文译文:参见1896年10月26日《伦敦与中国电讯报》。

伦敦被难记(译文)①

(一八九七年初)

序

近者,予被逮于伦敦中国公使馆,颇为当世所注意。予且因是结纳多数良友,泰西学子藉为法律问题之讨论者尤众。予若不以案中实情布告当世,则予之职为未尽。顾予于英文著述非所长,惟冀读者恕其谫陋,勿加督责。而遣辞达意尤得吾友匡助之力为多,使非然者,予万不敢贸然以著作自鸣也。

西历一千八百九十七年

孙文识于伦敦

第一章 原因②

时在西历一千八百九十二年,予卜居于珠江江口之澳门,以医为业,貌兹一身。初不料四年后竟被幽于伦敦中国使馆,更不料以是轰动政界,甚且由英政府出而为实地之干涉,以要求彼使馆之见释也。虽然,予之知有政治

---

① 英文著作,在英国布里斯特耳初版发行,后被译成俄、日、中等国文字。关于出版时间,自序作于1897年,而已知是年3月曾以此书赠人,故酌定为年初出版。
② 据冯自由《孙总理修正〈伦敦被难记〉第一章恭注》载:1901年春孙中山在横滨时,冯自由谈到《伦敦被难记》(英文本)第一章,认为所述曾在澳门投身主张君主立宪的少年中国党、纠合全体党员联名向清廷上书请愿立宪、在上海设总部等与事实不符,请问其故,孙中山答称:"英人最富于保守性质,世有约翰牛(John Bull)之称,其宪法号称不流血的和平宪法,若与之谈急激之革命手段,彼国人必不乐闻,故不得不从权以此立言。且香港为其殖民地,时有禁压党人行动以交欢清政府情事;吾党每次向粤进攻之出发点始终不能离开香港,故亦不能坦白陈述,以妨碍进行。容日后至相当时期,方可据实修正。"(《革命逸史》第三集,上海商务印书馆1945年版)

生涯,实始于是年;予之以奔走国事,而使姓名喧腾于英人之口,实始于是地。

当一千八百八十六年时,予学医于广州之英美传道会,主政者为戈尔医学博士(Dr. Kerr)。次年,闻香港创立医科大学,遂决计赴香港肄业。阅五年而毕业,得医学博士文凭。

澳门一埠,其隶属于葡萄牙者盖三百六十年矣。顾政柄虽属欧人,而居民多称华籍,即其自称为葡人者亦大半为本地之欧亚杂种也。

予既卜居于澳门,澳门中国医局之华董所以提携而嘘拂之者无所不至,除给予医室及病房外,更为予购置药材及器械于伦敦。

此事有大可注意者一端,则自中国有医局以来,其主事之官绅对于西医从未尝为正式之提倡,有之,自澳门始。予既任事于医局,求治者颇众,而尤以外科为繁。然亚东之闭塞,甫见开通,而欧西之妒焰已起而相迫。盖葡人定律,凡行医于葡境内者必须持有葡国文凭,澳门葡医以此相龃龉,始则禁阻予不得为葡人治病,继则饬令药房见有他国医生所定药方,不得为之配合。以是之故,而予医业之进行猝遭顿挫,虽极力运动,终归无效。顾予赴澳之初,并不料其有是,资本损失为数不少,旋即迁徙至广州焉。

予在澳门,始知有一种政治运动,其宗旨在改造中国,故可名之为少年中国党(按即兴中会)①。其党有见于中国之政体不合于时势之所需,故欲以和平之手段、渐进之方法请愿于朝廷,俾倡行新政。其最要者,则在改行立宪政体,以为专制及腐败政治之代。予当时不禁深表同情,而投身为彼党党员,盖自信固为国利民福计也。

至中国现行之政治,可以数语赅括之曰:无论为朝廷之事,为国民之事,甚至为地方之事,百姓均无发言或与闻之权;其身为民牧者,操有审判之全权,人民身受冤抑,无所吁诉。且官场一语等于法律,上下相蒙相结,有利则各饱其私囊,有害则各委其责任。婪索之风已成习惯,官以财得,政以贿成。

---

① 据英文本,原文作 Young China party,意为少年中国党。但译者在这里将少年中国党与兴中会等同起来,又在下文多次径直译为兴中会,是不妥当的。

间有一二被政府惩治或斥革者,皆其不善自谋者也。然经一番之惩治或斥革,而其弊害乃逾甚。至官场俸额之微,殆非英人所能梦见。彼两广总督所治区域,人口之众过于全英,然其一岁之俸禄,合诸英金不过六十磅而已。是则一行作吏,安得而不以婪索及枉法为事乎?就教育而言,士惟以科第为荣,姓名一登榜上,即有入官之望;于是纳贿当道,出而任事。彼既不能以官俸自养,而每年之贡献于上官者又至多,虽欲不贪安可得乎?况有政府以为其贪黩之后盾,自非痴骇,更安肯以清廉自矢?且囊橐既盈,则不数年又可斥其一分之资以谋高位,为计之便,无过于此。顾兹民贼,即后日最高级之上官,而一切社会、政治、刑律事件之所由取决者也。夫满政府既藉苞苴科敛、卖官鬻爵以自存,则正如粪土之壤,其存愈久而其秽愈甚;彼人民怨望之潮,又何怪其潜滋而暗长乎!至其涂饰人民之耳目,锢蔽人民之聪明,尤有可骇者。凡政治之书,多不得流览;报纸之行,尤悬为厉禁。是以除本国外,世界之大事若何,人民若何,均非其所知。国家之法律,非平民所能与闻。谈兵之书,不特为禁品之一,有研究者甚或不免于一死。至于新器之创造、新学之发明,人民以慑于死刑,罕敢从事。是故中国之人民,无一非被困于黑暗之中。即政府有时微透一二消息,然其所透者皆其足以自利者也。虽然,华人之被桎梏纵极酷烈,而其天生之性灵,深沉之智力,终不可磨灭。凡欧人之稔知华事者多如此评论,且谓其往往有超出欧人之处也。不幸中国之政,习尚专制,士人当束发受书之后,所诵习者不外于四书五经及其笺注之文字;然其中有不合于奉令承教、一味服从之义者,则且任意删节,或曲为解说,以养成其盲从之性。学者如此,平民可知。此所以中国之政治无论仁暴美恶,而国民对于现行之法律典章,惟有兢兢遵守而已。近者日本命将遣师,侵入吾土,除宅居战地之人民外,罕有知中日开衅之举者。彼内地之民,或并不知世界有日本国,即使微有风传,获闻一二,亦必曰是外夷之犯顺,而断不信其为敌国之相侵也。

  中国睡梦之深,至于此极,以维新之机苟非发之自上,殆无可望。此兴中会之所由设也。此兴中会之所以偏重于请愿上书等方法,冀九重之或一垂听,政府之或一奋起也。且近年以来,北京当道诸人与各国外交团触接较近,其于外国宪政当必略有所知。以是吾党党员本利国利民之诚意,会合全体,联名上书。时则日本正以雄师进逼北京,在吾党固欲利用此时机;而在朝廷亦恐以惩治新党,失全国之心,遂寝阁不报。顾中日战事既息,和议告成,而朝廷即悍然下诏,不特对于上书请愿之人加以谴责,且谓此等陈请变法之条陈,以后概不得擅上云云。

吾党于是怃然长叹,知和平之法无可复施。然望治之心愈坚,要求之念愈切,积渐而知和平之手段不得不稍易以强迫。且同志之人所在而是,其上等社会多不满意于军界,盖海陆军人腐败贪黩,养成积习,外患既逼,则一败涂地矣。因此人民怨望之心愈推愈远,愈积愈深,多有慷慨自矢,徐图所以倾覆而变更之者。

兴中会之总部,设于上海。而会员用武之地,则定于广州。当一千八百九十五年北方战事既息之后,广州军队之被政府遣散者约居四分之三,此等军队多散而为流民、为盗贼。即其未解散者亦多愤懑不平,群谓欲解散则全体解散,欲留用则全体留用;然当事者充耳若弗闻也。吾党于是急起而运动之,冀收为己用。各军士皆欣然从命,愿效死力。由是而吾党之武力略具矣。

时适巡防肇事,弃其军服,四出劫掠。百姓愤甚,因起而合捕之,囚其为首者若干人于会馆。讵知巡防局员率众而出,扑攻会馆,既将被囚诸人一律释放,并将馆中所有劫掠一空。于是居民特开会议,议决以代表一千人赴诉于巡抚衙门。当事者斥为犯上作乱,下领袖代表于狱,余人悉被驱散。于是民怨日深,而投身入兴中会者益众。

时为两广总督者曰李瀚章,即李鸿章之弟〔兄〕也,在粤桂两省之内创行一种新例:凡官场之在任或新补缺者,均须纳定费若干于督署。是又一间接剥民之法也。官吏既多此额外之费,势不得不取偿于百姓。且中国官界,每逢生日,其所属必集资以献。时两广官场以值李督生日,醵金至一百万两以充贺礼;此一百万两者,无非以诱吓兼施、笑啼并作之法,取资于部民之较富者。而同时督署中,又有出卖科第、私通关节之事,每名定费三千两。以是而富者怨,学者亦怨。凡兹所述,皆足以增兴中会之势力,而促吾党之起事者也。

　　于是而兴中会起事之计划定矣。定计于广州突举义旗,据省城而有之,尽逐诸官吏;举事之际,不特须极秘密,使仓卒不及备,且须力主沉静,不以杀戮为能。因于汕头及西江沿岸募集两军,同时向广州进逼。盖以汕头及沿江之人与广州有主客之分,汕头在广州之北,虽相距仅一百八十英里,而语言之殊异,不啻英国之于意大利。所以用客军进取者,因其与土人不相习,无牵率之虑,可一意以争胜利;万一客军中途变计,相率溃散,则事后踪迹易显,断不能存身于广州。凡此皆所以逼其进取,而为韬略上不得已之作用也。

　　是两军者,期于西历一千八百九十五年十月某日,一由西南,一由东北,同时向广州进发。吾党筹备进行甚形惬意。兴中会会员且时时集议,所需军械药弹以及炸药之属,随时屯积于大本营者甚富。除汕头及西江两军外,又有四百人自香港驰至。迨会兵之期已届,各军与省城之距离,军行约四小时可达;又有卫队百名,身藏利器,巡行于兴中会之四周;复有急使三十人,奉会员命分赴各邑,令党人于翌晨同时起事。讵意会员部署略定,忽有密电驰至,谓西南、东北两军中途被阻。两军既不得进,则应援之势已孤,即起事之谋已败。然急使既遣,万难召回。一面又连接警报,谓两军万难进行,幸彼此各自为谋,未尽覆没。于是党员急起而消灭种种形迹,毁文籍,藏军械,且连电香港,令缓师。然香港党员接电之时,已在港军尽发之后。港军乘轮舟赴粤,并挈有大宗枪械,分储若干箱。党员接电后,非特不将港军暂行遣散,且追踪至粤。于是该党员及其部众尽投于罗网矣。至广州诸党魁,亦纷纷四散。予于奔避之际,遇险者数,后幸得达一小汽船,乘之以走澳门。在澳门留二十四小时,即赴香港,略访故人,并投康德黎君(Mr. James Cantlie)之门而求见焉。康德黎者,以一身而兼为予之师友也。康德黎君闻予出奔之故,即令予求见香港某律师,与商此后之行止。

第二章　被诱

予所就教者为达尼思律师（Mr. Dennis）。达尼思询悉颠末，即令予走避他方，毋以逗留致祸。时予至香港已二日矣，闻律师言，不及与康德黎君握别，即匆匆乘日本汽船赴神户。居神户数日，又至横滨。在横滨购日本人所制之欧服，尽易旧装，留须割辫。一二日后，由横滨乘轮赴哈威夷①群岛，就寓于火纳鲁鲁②。火纳鲁鲁为予亲故及同志所在，相处甚欢。予生平每经一地，如日本，如火纳鲁鲁，如美利坚，与华侨相晋接，觉其中之聪明而有识者，殆无一不抱有维新之志愿，深望母国能革除专制，而创行代议政体也。

予在火纳鲁鲁时，偶于道上与康德黎君及其家属相邂逅；康盖率眷回英国，而道出火纳鲁鲁也。渠等见予不复相识，而其同行之日本乳媪，方以为日本人而改易欧装者，遂以日本语与予相问答。此为予易服后数遇不鲜之事，盖日本人多以予为同乡，待启口而后始悟其非是也。

予于一千八百九十六年六月由火纳鲁鲁赴旧金山，旧金山之华人均与予一见如故，所以相遇者甚厚。阅一月，游历至美利坚。在美三月，乘轮船麦竭斯的号（S. S. Majestic）东行至英国之利物浦（Liverpool）。方予在纽约时，友人多来相告，谓中国驻美公使为满洲人，其与汉人本无感情，而恶新党尤甚，故令予兢兢致慎云。

一千八百九十六年十月一日，予始抵伦敦，投止于斯屈朗（Strand，伦敦路名）之赫胥旅馆。翌日，往访康德黎君。康德黎君夫妇相待极殷挚。康所居在波德兰（Portland Place，伦敦区名）覃文省街（Devonshire Street）之四十六号，因为予觅相近之舍馆曰葛兰旅店（Gray's Inn），使徙止焉。予自是即小住伦敦，或游博物院，或访各处之遗迹。观其车马之盛，贸易之繁，而来往道途绝不如东方之喧哗纷扰，且警察敏活，人民和易，凡此均足使人怦怦

---

①　哈威夷，即夏威夷。
②　火纳鲁鲁，即火奴鲁鲁。

向往也。

予无日不造访康德黎君。每至,辄入其书室,藉资消遣。一日,予于其家进中膳时,康德黎君戏谓中国使馆与伊家为邻,盍过访之。因相视而笑。康德黎夫人戒曰:"子毋然,彼公使馆中人睹子之面,行当出而相捕,械送回国耳!"予闻夫人言,益相与大笑。初不料夫人之谈言微中,不久即见诸实事也。一夕,予饭于孟生医学博士(Dr. Manson)家。孟生君亦予香港旧识,曾授予医学者。君亦笑谓予曰:"慎勿行近中国使馆,至堕虎口。"予以是于中国使馆之可畏,及其相距之不远,历经良友之告诫,非全措意者;然予至伦敦为日犹浅,途径未熟,彼良友之告诫于予初无所济也。

是年十月十一日,适值星期,予于上午十点半钟时,自葛兰旅店(葛兰旅店在伦敦霍尔庞 Holborn 之葛兰旅店街;霍尔庞,区名)赴覃文省街,欲随同康德黎君等赴礼拜堂祈祷。正踟躇间,一华人自予后潜步而至,操英语问予曰:"君为日本人欤?抑中国人欤?"予答曰:"予中国人也。"其人叩予以何省,予答以广东。其人仍操英语曰:"然则我与君为同乡,我亦来自广州者也。"夫中国盛行不规则之英语,名曰"Pidgin"英语,意即商业英语也。华人虽同隶一国,而言语多相扞格,譬如汕头之与广州相距仅一百八十英里,视伦敦之与利物浦犹相近,然其商人之言语,乃彼此不相通,以是不得不藉商业英语通其邮,彼汕头人与广州人之商于香港者多以英语相晋接,此足以见中国言语之歧杂矣。虽文字之功用及于全国,初无二致,然中文之与日本文固亦大致相似者也。中日两国人相遇之时,即或言语不通,而彼此尽可画地为书或操纸笔以谈也。

予途遇之华人既稔予为粤人,始以粤语与予相酬答,且语且行,步履颇舒缓。俄而又有一华人来,与予辈交谈。于是予之左右,如有一人并行矣。是二人者,坚请予过其所居,谓当进雪茄,烹杯茗,略叙乡谊。予婉却之,遂相与伫立于道旁阶砌。未几,又有一华人至,其最先与予相遇者即迤逦而去。于是与予相共之二人,或推予,或挽予,必欲屈予过从,其意气若甚殷勤者。予是时已及于阶砌傍屋之侧,正趑趄间,忽闻邻近之屋门橐然而辟,予左右二人挟予而入,其形容笑貌又似谐谑,又似周旋,一纷扰间,而予已入,门已闭,键已下矣!然予未知此屋为谁之所居,故方寸间并无所疑惧。予之所以犹豫不即入者,以急欲往访康德黎君博士,冀同往礼拜堂,稍一迟回,不免过晏耳。迨予既入门,睹其急遽之状,且屋宇如彼其宽广,公服之华人如彼其众多,因陡然动念曰:"是得非中国使馆乎?"又忆中国使馆在覃文省街之邻,意者予向时踯躅之所,即中国使馆左右之道途乎?

予入门后,被引至一室。室中有一二人与予接谈数语,又自相磋商数语,遂遣二人挟予登楼。既登楼,复入一室,令予坐候。未几而二人又至,更挟予登一楼,是为第二层楼。仍入一室中,其室有窗,护以铁栅,窗外即使馆之屋后也。未几,有一须发俱白之老人,施施然饶有官气,一入室即谓予曰:"汝到此即到中国,此间即中国也。"

言已就坐,叩予之姓,予答曰:"孙。"

其人曰:"汝姓孙名文,予得驻美使臣来电,谓汝乘轮船'麦竭斯的号'游历至英,因令我捕汝于此。"

予问曰:"捕予何意?"

其人曰:"汝前尝上策于总理衙门,请其转奏朝廷;汝策良佳,惟今者总理衙门急欲得汝,因令余暂相羁留,以待朝廷之命。"

予曰:"予被留于此,可使吾友知之乎?"

曰:"否,是不能!惟旅馆中之行李,汝可驰一函,俾此间人为汝取之。"

予告以欲致书于孟生博士。其人乃命人给予纸笔。予书中大意,谓此身被禁于中国使馆,请转告康德黎君,俾取予行李畀予云云。其人阅竟,甚不以函中"被禁"字为然,因嘱予别缮一函。予乃缮曰:"顷予在中国使馆,乞告康德黎君,为予送行李至此。"云云。

是老人者,予初不稔为何许人,厥后而始知其即盛名鼎鼎之马凯尼(Sir Halliday Macartney①)也。

马凯尼君忽又谓予可径函告旅馆,不必托友代取。予答以予所寓者并非旅馆,除康德黎君外无知予居处者。因以改缮之函授之。马凯尼唯唯,许

---

① 原文有错,今据英文本校改。

为代寄。马凯尼之所以忽然转念者,盖欲藉是以搜予行箧,或能得吾党之姓名及往来之函牍耳。计亦狡矣!

第三章　被禁时之情形

马凯尼君既出,即阖予所居室之门,并下键焉。自是予遂遭幽禁矣。未几,闻门外有匠人施斧凿之声,则于原键外更增一键也。且特遣监守二人,一中一西,严视门外;有时或于二监者之外更添一人。当最初之二十四小时内,其中国监守二人,时或入予室,与予相语。其于予被禁之缘由虽无一语宣泄,予亦不之问,然曾告予以顷者相见之老人即马大爷,予审为马凯尼也。大爷者,官场通俗之尊称,犹当时驻英公使龚某①之称龚大人也。使臣与外人酬酢,不用真名,遂使外国人人称之曰大人。特不知与英政府公牍往还,亦称龚大人否耳。中国官场及外交礼节,往往有以一字之微而易等〔尊〕重为侮慢者,西人欲稔知之,非于文学风俗殚心研究不可。彼外交官辄喜于晋接之间,以言语文字愚弄外国人,偶或占胜,即诩诩自得曰:"洋鬼子被屈于我矣!"

予被禁后数小时,有监守者一人入。谓奉马凯尼君之命,搜检予身,因探取予钥匙、铅笔、小刀等物。然予另有一衣袋,藏有钞票数纸,彼不及检取,彼所挚以去者惟无关重要之文件数纸而已。监守者询予以饮食,予仅令取牛乳少许而已。

是日,有英国仆役二人入室燃火炉,除洒扫外,并置煤于室,以供燃火之用。予令先至之英仆为予寓书于覃文省街四十六号康德黎家,仆唯唯。迨后至之英仆来,予亦托之如前。此二仆者,厥后并称已将予信递寄,然所言殊未足信也。是晚,有一英国妇人入,为予设卧具。予并未与彼妇接谈。及夜,和衣而卧,然实彻旦未眠也。

翌晨,即礼拜一日,为十月十二号,二英仆又来予室,畀予以煤料、清水

---

① 龚某,指龚照瑗。

及食物。其一人曰："君书已代递矣。"其一人名柯尔（Cole）者则曰："予不能出公使馆，故尚未能为君寄书也。"

礼拜二日（即十月十三号），予又以寄书事询英仆。此仆为二人中之年齿较少者，非柯尔也。其答称确已代递，且已面晤康德黎君，康德黎君读竟后即遣去之曰："是耳。"仆言之凿凿，且以天日自矢。予是时已无复余纸，遂裂所用手巾，急书数语，乞其再付康德黎君；并劳以小金钱一枚，谆谆至再，期勿相误。仆虽诺诺承命，而讵知其一出予室，即驰报于使馆中人，尽情吐露无遗也。

予被禁之第四日，有所谓唐①先生者来视予，是即诱予入使馆之人也。唐先生就坐，与予纵谈曰："尔日与君相见，即挈君至此，乃公事公办，义不容辞。今日之来，则所以尽一己之私情。君不如直认为孙文，讳亦无益，盖所事均已定夺也。君在中国卓有声望，皇上及总理衙门均稔知汝为人，君姓名已震铄寰球，即死亦可以无憾。君在此间，实生死所关，君知之乎？"

予曰："何也？此为英国，非中国，公等将何以处吾？按诸国际交犯之例，公等必先将予被逮事闻于英政府，予意英政府未必肯遽从所请也。"

唐答曰："吾侪不请于英政府，为正式之授受。今已事事停妥，轮舟亦既雇定。届时当箝君口，束君肢体，舁赴舟上。既登舟，即置君于严密之所，鼓轮而行。迨抵香港，当有中国炮舰泊于港口之外，即以君移交彼舰，载往广州听官司鞫审，并明正典刑焉。"

予告以此等举动未免冒险已甚，盖予在舟中，或得乘机与在舟英人通消息也。唐曰："否否，君万不能出此。君既登舟，即有人严密看视，与在此无异。苟有可与外人通消息处，吾等当先事杜绝，决不使有丝毫间隙也。"予又曰："舟中员司未必与使馆沆瀣一气，其中安知无矜悯予而为予援应者？"

唐曰："是轮船公司与马凯尼君交谊甚深，该公司自当遵马君之命而行，决不虑其有所阻梗。"

唐又答予所问曰："是轮船者属于格来公司（Glen），本星期内未必启程

---

① 唐，原文 Tang，应译作邓，即邓廷铿。下同。

（按唐某与予谈话之日为十月十四号，即礼拜三日）。盖公使以惜费故，不欲专雇是船，因令其先载货物，而行旅之费则由使馆全认；迨次星期，则货物之装载既竟，而君亦须附载以行矣。"

予谓此等计划，欲见诸实行亦良难。唐曰："予侪如不出此，则亦不妨戮汝于此，藉免周折。盖此间即中国，凡使馆中所为之事，无论谁何决不能干涉也。"

唐言已，又举高丽某志士事为予劝慰，并资启迪。盖某志士自高丽出奔至日本，被其同国人诱赴上海，戕毙于英租界内，由华人将志士遗骸运往高丽，高丽政府戮尸示惩，而其戕毙志士之凶徒则获重赏并擢高位焉。唐历述此事，津津若有余味，盖其意以为此次有捕予之功，中国政府亦当加以重赏、锡以高位也。

予问曰："公等何残忍若是？"

唐曰："此系皇上之命，凡有能生致汝或取汝死命者，皇上均当加以不次之赏。"予又进逼曰："高丽志士之案即中日开衅之一因，今公等致予于此，或招起极大之交涉，未可知也。将来英政府对于使馆中人，或不免要求中国政府全数惩治。况君与予有桑梓之谊，吾党之在粤省者甚多，他日或出为予复仇，岂第君之一身可虑，甚或累及君之家族，亦意中事耳！"

唐某闻予言，其豪悍之口吻不觉顿变，遂曰："凡我所为，皆公使之命，我此来不过为彼此私情计，俾君知前途之危险耳。"

第四章　幽禁

是日，夜半后十二点钟时，唐又至予室与予谈。予曰："君如真为予友，则将何以援予？"

唐答曰："此即我之所以来也。我当竭尽绵力，冀脱君于厄。我今方令匠人密制二钥，一以启此室之门，一以启使馆之前门。我之所以出此者，以掌钥者为公使之亲随，乃其腹心所寄，决不肯出以相授也。"

予问以出险当在何时？唐答称："必须俟诸次日，即礼拜五日（按是时已在礼拜三夜十二点钟以后,故应作为礼拜四日,而所谓次日者乃礼拜五日也)。礼拜五日清晨二点钟时,我或能蹈隙以来,俾君出兹罗网,未可知也。"

当唐兴辞时,又告予以"礼拜五清晨必来相援,汝可预为之备"云云。然唐去后,予仍取片纸,草数语,俟礼拜四日(即十月十五号)上午授之英仆,乞其密致康德黎君。及下午,唐复来,谓此纸已由英仆径呈使馆,马凯尼君睹之,即向唐某大肆诟詈,谓不应以使馆密谋告予。是在唐某虽有相救之心,而予此举实足破坏其计划,未免自误云云。

予乃叩以尚有一线生机否?唐曰:"生机正自未绝,特君必须遵我命而行,慎毋再误。"

唐乃劝予致书公使,乞其相宥。予从之。唐立命西仆柯尔将纸笔墨水至,予请易中国文具,盖上书公使宜用汉文,未便作西字也。

唐曰:"否,英文良佳。盖此间大权均操诸马凯尼之手,公使不过坐拥虚名而已。君此书,宜畀马凯尼也。"

予问书中宜如何措辞?唐曰:"君必须极力表明,谓身系良民,并非逆党,徒以华官诬陷,至被嫌疑,因亲诣使馆,意在吁求伸雪"云云。

予即在唐某之前,就其所授之意,缮成一长函。摺叠既竟,通例应于纸背标明受书人姓名,唐乃为予读马凯尼君姓名之缀法曰:Sir Halliday Macartney①。盖是时予仅知其姓氏之音为马凯尼,而犹未稔其文字上之缀法也。既而授函于唐,唐怀之而去,自是不复睹斯人之面矣。

予此举实堕唐某之奸计,可谓其愚已甚。盖书中有亲诣公使馆吁求伸雪等语,是岂非授以口实,谓予之至使馆乃出自己愿,而非由诱劫耶?虽然,人当堕落深渊之际,苟有毫发可资凭藉,即不惜攀以登,更何暇从容审择耶?更何能辨其为愚弄否耶?

唐曾告予,凡予所缮各函,均由仆人出首于使馆,并未尝达于予友。是时,予想望已绝,惟有坐以待毙而已。

---

① 原文有错,今据英文本校改。

是一星期内,予苟觅得片纸,即以被难情形疾书其上,令英仆为予掷于窗外,冀有人拾得之,或生万一之望。予被禁之室虽有窗,并不临街,故不得不乞仆人代投。既而知仆之愚予也,遂拟自起而为之。因于所居室之窗内一再外掷,某次,幸及于邻家之铅檐。然纸团之力,所及不远,故始则裹之以铜币,铜竭则縢之以银;此钱币者,乃予密藏于身畔,幸未于搜检时被获者也。迨所掷之纸及于邻屋,窃意邻家或万一能拾视之矣。然同时别有一纸,掷出时误触绳,中道被阻,而径堕于予室之窗外,因命西仆往拾之。此西仆即二仆中之少者,非柯尔也,闻命后不往拾,而反告监守者。于是监守者往拾,并留心四顾,则铅檐上之纸团亦为所见;遂攀登邻屋,取之以归,呈之使馆。自是而予一线仅存之希望亦尽绝矣!

使馆之所以防予者,视前益密,窗上均加以螺钉,不复能启闭自如。藐藐我躬,真堕落于穷谷中矣!惟有一意祈祷,聊用自慰,当时之所以未成狂疾者,赖有是也。及礼拜五(即十月十六号)上午,予祈祷既竟,起立后觉方寸为之一舒,一若所祷者已上达帝听。因决计再尽人力,待英仆柯尔来,复向之哀恳,藉脱予厄。

予谓柯尔曰:"子能为予尽力乎?"

柯尔反诘予曰:"君何人也?"

予曰:"中国之国事犯而出亡于外者。"

柯尔于国事犯之名称,若未能领会。予乃叩以生平于阿美尼亚人之历史,亦尝有所闻否?柯尔颔之。予遂迎机以导,告以中国皇帝之欲杀予,犹土耳其苏丹之欲杀阿美尼亚人;土耳其苏丹之所疾视者为阿美尼亚之基督教徒,故欲聚而歼之,中国皇帝之所疾视者为中国之基督教徒,故欲捕而斩之;予即中国基督教徒之一,且尝尽力以谋政治之改革者也。凡英国之人民无不表同情于阿美尼亚人者,故予之身世及予目前之情况苟为英国人所谂知,则其表同情于予亦不言而可决也。

柯尔谓不识英政府亦肯相助否? 予曰:"唯唯,英政府之乐于相助,又宁待言。否则中国使馆只须明告英政府,请其捕予而交与中国可矣,又何必幽禁予于斯,恐外人之或闻耶?"

予又进迫之曰:"予之生死,实悬君手。君若能以此事闻于外,则予命获全;否则予惟有被宰割,受屠戮耳!君试思救人于死与致人于死,其善恶之相去若何?又试思吾人尽职于上帝为重要乎,抑尽职于雇主为重要乎?更试思保全正直之英政府为重要乎,抑袒助腐败之中国政府为重要乎?君其三思予言,乞于下次相见时以君之决心示予。"

翌晨柯尔以煤至,既投煤于炉,复以手微指煤篓。予见其所指者为一纸,不觉中心跳荡,予之生死固惟此片纸所书者是赖也。柯尔既出,急取而读之,其文曰:

"某当为君递一书于君友。惟君缮书时,慎勿据案而坐,盖守者伺察甚严,得于钥孔中窥见所为也。君若伏于卧榻而缮之,则得矣。"

予于是偃卧榻上,取名刺一纸,面壁而书;书系致予友康德黎君者也。亭午,柯尔复来,取予书去。予媵以二十镑为酬劳之费,顾自是而予囊亦告罄矣。既而柯尔复持煤篓至,以目示意。予待其去后,急搜煤篓,得一纸,读之,大喜逾望。文曰:

"勉之,毋丧气!政府方为君尽力,不日即见释矣。"

以是而予知祷告之诚,果上达于天也;以是而予知上帝,固默加呵护者也。予自被逮后,衣未尝解带,夜未尝安眠,至此始酣然一睡,及旦而醒。

予之所惴惴致惧者,生命事小,政见事大。万一果被递解至中国,彼政府必宣示通国,谓予之被逮回华,实由英政府正式移交,自后中国之国事犯决无在英国存身之地。吾党一闻此言,必且回忆金田军起义之后,政府实赖英人扶助之力,始得奏凯。吾国人又见予之被逮于英而被斩于华,必且以为迩来革命事业之失败,仍出英国相助之功。自是而吾华革命主义,永无告成之望矣!且予旅馆之中,行李而外尚有若干文件,设为中国使馆所得,则株连之祸实不知其所终极。幸康德黎夫人以一女子而能为予预料及此,毅然赴旅馆中尽取予书札文牍之属,捆载而归,付之一炬。是其识力之有造于吾党者,诚不鲜也。

予被幽使馆中,第觉饮食之可厌,而并未念及饮食之可以置毒,故尚日进乳茗少许,间或啖鸡卵一枚,得藉延残喘,以待予良友之营救。厥后接康德黎君来简，而食量之增与睡境并进矣。

第五章 良友营救

自礼拜五日（即十月十六号）后，英仆柯尔始为予效奔走，求解脱。柯尔之妻尤尽力。其于礼拜六日（即十月十七号）密白予友康德黎君之书，即出自柯尔妇之手笔。康德黎君接书，已在是日夜间十一点钟时。书曰：

"君有友某自前礼拜日来，被禁于中国使馆中。使馆拟递解回国，处以死刑。君友遭此，情实堪怜，设非急起营救，恐将无及。某于此书虽不敢具名，然所言均属实情。君友之名，某知其为林行仙（Lin Yin Sen）。"

康德黎君既得此书，其感情若何，可以不言而喻。时虽深夜，然恐营救无及之故，急起而检查马凯尼君之居址；居址既得，即匆匆出门，驰往求见。夫此等不名誉之举动，实以马凯尼为主谋，而予友不知，反驰往哈兰区（Harley Place）三号之屋，向之求助。时已礼拜六夜十一点一刻钟。予友既造其庐，则见重门紧闭，人声俱无。不得已出至场地外，则梅尔蓬路（Marylebone Road）中有一值夜之警察，警察目注予友，若甚疑者。据该警察谓此屋空闭，期以六阅月，居中人均往乡间云云。予友叩以何能详悉若是，则反唇以稽曰："三日前有盗夜破是屋，闻于警署，警署因是而查得屋中人之姓名及其现在之踪迹。所谓六阅月始回者，其言当不谬也。"康德黎君闻言，乃驱车至梅尔蓬巷（Marylebone Lane）警署，以予被拘事呈诉于值日警监。继复至苏格兰场警署，侦探长在私室接见，允其呈诉一切，以便存案。惟康德黎君所诉之事，颇出常情之外，殊难置信。侦探长静听既毕，即告以此事关系重大，非渠所能主持云云。迨康德黎君步出警署之门，已在夜半后一点钟，然所事则并未见有丝毫进步也。

翌日上午，康德黎君奔驰至甘星敦（Kensington①），就商于其友，意欲往见现寓伦敦之中国某税务司，乞其以私情晋谒中国公使，告以私捕人犯之事

---

① 原文有错，今据英文本校改。

殊属非理,宜三思而行云云。

康德黎君之友颇不以此策为然。于是复往哈兰区三号屋,盖其意以为屋中人虽往乡间,必有一二守宅之人,或可访得马凯尼君之踪迹及其通信之地。讵知既抵其处,除于盗劫之事更闻一过及睹一二斧凿散弃地上外,更不能别获丝毫之消息,以踪迹彼同化东亚之外交家。

康德黎君乃往访孟生博士,既及门,见有一人趑趄于门外,则中国使馆之西仆柯尔也。盖柯尔是日决计躬往康德黎君之家,尽以中国使馆拘予之密史倾吐于予友。康德黎君家人告以予友已出访孟生博士,柯尔乃疾趋至孟生博士之门外,意欲俟康德黎君之来,而并谒孟生博士。

柯尔随康德黎君入,即授以予函,是函系予以名片二纸缮成者。康德黎君乃与孟生博士同阅之,文曰:

"予于前礼拜日,被二华人始则诱骗,继则强挟入中国使馆。予今方在幽禁中。一二日后,将乘使馆特雇之船递解回国,回国后必被斩首。噫!予其已矣!"

孟生博士既备闻斯情,即与康德黎君从事营救。康德黎君叹曰:"设马凯尼君未下乡,则此事当无难措手;不幸马凯尼又他出,吾侪当于何处求之也?"

柯尔闻言,即告之曰:"马凯尼君何尝远出?彼固无日不赴中国使馆。幽孙氏于其室中者,马凯尼也。以孙氏付于吾,令吾严密防守,勿使得逸者,亦马凯尼也。"

柯尔此言,实足使康、孟二君骇愕不已。且此事既由马凯尼主谋,则营救不免更难,措置益须加慎,设非就商于政府中之秉政者,恐未易为功矣。

柯尔经孟、康二君诘问后,又答称中国使馆诡称孙氏为疯汉,拟于二日后即下礼拜二日押解回国。至轮舟之名虽不得而知矣,然伦敦城中有名麦奇谷(McGregor)者,柯尔知其必尝与闻斯事也。又谓本星期内忽来中国兵三四名,止于使馆中,使馆向无此等人物,是则兵士之来当与孙氏之起解必有关系也。

柯尔临行时,康、孟二君各予以名刺一纸,俾转授于予。盖一则欲藉此以稍慰予心，一则证明柯尔之确已为予奔走也。孟、康二博士复往苏格兰场警署，拟再求警察出而干涉，或可有济于万一。值日之侦探长谓康德黎君曰："君于昨日夜半后十二点半钟时尝来此陈诉，乃时未久而君又来，此时实不及有所为也。"

孟、康二博士既出警署，又熟筹良策，于是决计赴外部姑为尝试。抵部后，部中人告以下午五点钟时复来，当令值日司员接见。如期复往，书记员招待甚有礼，而于二君陈诉之辞不能不疑信参半。既而谓本日适值星期，无可设法，当于翌日转达上官云云。二博士无如何，既思时期已极迫促，设中国使馆即于是夜实行其计划，将奈之何！况更有可虑者，彼使馆所雇者或系外国轮船，则英政府虽欲搜检，亦安从而搜检？盖人犯既已被解，轮舟既已开行，设为英国船，则不及搜索于伦敦，尚可截留于苏彝士河；若为外国船，则此望亦等诸泡幻矣。二君因毅然决计，先径往中国使馆，告以孙某被拘事已为外人所知，英政府及伦敦警署已知其拟将孙某递解处以死刑云云，俾中国使馆闻之，或将有所惕而不敢遽行。孟生博士以中国使馆稔知康德黎君与予相习，故决计只身前往。

于是孟生博士驰赴波德兰区四十九号，叩中国使馆之门，令门外守兵招一华人之能操英语者出见。俄而一中国通译员出接，其人即唐某，始则捕予于途，继则饵予于使馆者也。孟生博士启口第一语，即曰："某欲一见孙逸仙。"唐某面作踌躇之色，口中喃喃曰："孙……孙……"一若不知斯名之谁属者。既而答曰："是间并无此人。"孟生博士即告以孙某确在是间，无庸讳饰，今英国外务部已知此事，而苏格兰警署且已派员澈查云云。然唐某竭力剖辨，谓此种消息纯属谬妄。其言侃侃，其色肫肫。虽以旅居中华至二十二年、善操厦门方言其熟如流、而于华人之性情习俗又号称洞悉之孟生博士，亦不觉为所摇惑，几疑予被拘之事之全不足信也。若唐某者，洵不愧为中国之外交家，将来出其善作诳语之才力，何难取卿相、列台阁？孟生博士归为康德黎君言："当其辨〔辩〕白之时，形容极坦率，辞气极质直，甚且谓孙某被幽之信，或出孙某之自行捏造，冀以达其不可测度之目的焉。"

康、孟二君为予奔走营救，至是晚即礼拜日下午七点钟时始各分袂。然二君均以所谋无当,意殊不谦。且恐中国使馆既知英政府已有所闻,或即于是夜实行递解亦未可知,否则亦必将移禁他处。二君所虑,不为无见。幸当时之所谓曾侯(按即曾纪泽,龚使之前任也)者,甫自伦敦返国,已将居宅退赁,否则使馆中人必且以予改禁曾宅,而反请英政府赴使馆检查,以辟外间之流言,而示推诚相与之态度矣。虽然,改禁之计虽可无虑,而递解之期既定于礼拜二日,则承载之轮舟是时必已安泊于船坞可知。彼使馆或托词押解疯汉,在夜深人静后,藉免途人之属目,而因以纳予于船坞,又未可知。此予友之所以不能无惴惴也。

第六章　访求侦探

予友康德黎君以是不能释然于心,计惟有遣人密伺于中国使馆之外,借以侦察其行动。因急往访某友,某友告以"思兰德号"(Slater's Firm)之所在。"思兰德号"者,美国私家侦探设于伦敦本区(所谓伦敦本区者,盖伦敦全境分为若干区,而此则名伦敦城,即伦敦本区也)以待雇者也。顾是日为礼拜日,康德黎君既抵佩星和尔街(Basinghall Street),见有花刚石所建华屋,审为"思兰德号",即按其铃,挝其门,甚且大声以呼,而屋中阒然无应者,盖以礼拜日之故,循例休业。然则英国于礼拜日无应办之案乎？曰:非也。所谓礼拜星期者,不过借人为之力强分一月为若干部分,藉以取便于世俗而已。彼犯案者,何尝辨其为礼拜日与非礼拜日哉！

康德黎君不得已与在途巡警相商,且与御者互相讨论,此御者已知中国使馆之案,而颇欲尽力驰驱者也。既而定计往最近警署,康德黎君入见,具陈中国使馆之事。警官问曰:"君所欲侦察之地果何在乎？"

予友曰:"在西境之波德兰区。"

警官曰:"嘻！君盍回西境谋之。若本署则属伦敦本区,与西境无涉也。"

康德黎君之意,固知东境与西境之警署同一无济,因复请曰:"可由贵署遣一侦探往伺中国使馆否？"

警官曰:"是不能,伦敦本区之警察实不能与闻西境之事。"

康德黎君曰:"然则贵署亦有更事既久而今已退闲之警察,愿为予略尽微劳,以邀少许之酬谢者乎?"

警官曰:"是或有之,当为君搜索也。"

警署中人互相商议,冀得一相当之人以充数,既而曰:"得之矣,有某某者似可以膺斯任也。"

予友叩以其人之居址,则曰:"斯人寓蓝藤斯敦(Leytonstone),君今夜恐无从访得之;盖今为礼拜日,固君所知也。"

既而警署中人又聚议良久,始得一相当之人,其所居在伊士林敦(Islington)之吉勃斯屯场(Gibston Square)。既以其姓名居址见告,予友乃兴辞而出。

予友既出门,思先往报馆,以予被逮事告诸新闻记者,而后赴伊士林敦访侦探。即驱车至太晤士报馆谒其副主笔,馆人出会客启一纸,令予友声明请见之缘由。予友大书曰:"中国使馆之诱捕案。"时已夜间九点钟矣。馆人约以十点钟时再往相见。

于是予友赴伊士林敦,访警署介绍之侦探。既抵其境,搜觅良久,始得吉勃斯屯场。其地殊幽暗,少灯火。既得吉勃斯屯场,复按户检查,始得警署所示之某号。予友叩户而入,所谓某侦探者固自不误。而其人以事不克承命,愿转荐一人,予友不得已诺之。特其所荐之人之居址,须求诸其人之名刺,于是倾筐倒箧,并破衣败絮之中亦复搜寻殆遍。既而见一纸,谓予友曰:"得之矣。虽然,此人近方守护伦敦本区某旅馆,勿庸至其家访之也。"

予友踌躇者再,既见侦探室中有数童子拥挤一队,乃请于侦探,令速具一函,遣一童径送其人之家,予友复偕同侦探亲访其人于某旅馆,是两者必遇其一矣。部署既定,予友与侦探驱车至某旅馆。馆在巴毕干(即古堡)邻近,顾探索良久,迄未见是人踪影。既而知旅馆须于十一点钟始闭门,则是人亦必于是时始至。康德黎君因令同行之侦探在旅馆外候其友,而己则驰赴太晤士报馆,尽以予被捕事告记者。记者以所言缮存一纸,而登载与否,则当听报馆之主裁。康德黎君是日回寓,已在夜间十一点半钟。及十二点钟,而拟雇之侦探尚未至。康德黎君虽甚焦闷,而热心豪气曾不稍减。计惟有亲赴中国使馆,躬自侦守于门外,果有潜解人犯事,可立起而干涉。因以此意告诸康德黎夫人,与夫人握手而出。

康德黎君甫出门,即与一人相值,审知为奉命而至之侦探,乃偕彼赴中国使馆。是时虽已十二点钟半,而使馆内灯火犹明,人影未息,是可知孟生博士昼间一言,实足致个中人之惊扰也。康德黎君令侦探伺于一亨生车内,车在渭墨街(Weymouth Street)街南屋宇下,介于波德兰区及波德兰路之间。是夜月明如水,中国使馆出入虽有二门,而车中人并可瞭见,万一予于深夜被押解出,则车中人得以驰逐于后,以踪迹予之所往,若步行则必有所不及也。

予友康德黎君归寝,已在二点钟时矣。此一日间所为之事,如禀诸政府,诉诸警署,告诸报馆,而终则密遣侦探伺察于使馆之外,予友一日之心力竭,而予命亦赖是以获全。

第七章　英政府之干涉

礼拜一日(即十月十九号),康德黎君复往"思兰德号",雇一侦探授以方略,令旦夕伺于中国使馆之外。及午,康德黎君以本国外部命,将此案始末缮成禀牍,上诸部。盖英外部之意,欲筹一非正式之办法,冀中国使馆就此释予,免致酿成国际上不堪收拾之交涉。况予之被逮纯出传闻,或得诸密诉,尚无确实之证据,故当事者谓不用正式交涉为宜。迨英政府质诸格来轮船公司,而知中国使馆确曾雇定船舱,于是始瞭然于不特私捕人犯为非虚,且实行递解亦在即。于是此案经由英政府办理,而予友之责任始宽。

英政府遣侦探六人密伺于中国使馆之外,并密饬附近警署加意防守。予有欧装小影一帧系游美时所摄写者,英政府发交警吏,借资辨认。盖外国人未尝赴华游历者,其视华人面目几于彼此相同,无甚识别,故平时所摄之影殊不足资英警察之用;若此照则不特身服西装,且有短须,即额上发亦理成欧式也。吾华虽为早婚之国,而留须极迟,其有此资格者大抵已身为人父或为人祖父，若予当时则行年犹未三十也。

及礼拜四日（即十月二十二号），英政府缮就保护人权令，拟饬中国使馆或马凯尼将人犯交出审讯。嗣以中央刑事裁判所不允，遂未见实行。

是日（十月二十二号）下午，有《地球报》（Globe）特派访员造见康德黎君，询以中国使馆诱捕之某华人，其生平行事及本案情节。康君尽以所知相告，并称尝于五日前即礼拜日（即十月十八号）以孙某事告于太晤士报馆，继复于礼拜一日（即十月十九号）续往报告，故康德黎君之意，此案宜向《太晤士报》首先发表。即而康德黎君又谓《地球报》访员曰："虽然，君试以笔录者为吾一诵之，吾当为君正之也。"于是访员以所草之稿，向康德黎君诵毕，康德黎曰："甚是，君可即以此登报，惟稿中不可述康德黎之姓名。"

此案于未经刊布之前，知者已不乏人，当礼拜二日（即十月二十号）之晨至少已及二三百之数。然彼到处谘询、随事刺探之报馆访员，则至礼拜四日（即十月二十二号）之下午而始有所闻，亦可异也。迨报界风闻，则事难更隐。自《地球报》揭露此可惊可愕之异闻，而覃文省街四十六号之屋几乎户限为穿，予老友康德黎君遂觉应接不暇矣。

《地球报》发行后不及二小时，《中央新闻》及《每日邮报》各有访员一人登予友之门，咨访此事。予友虽力主缄默，然于本案大概情形，仍举一二以告。两访员兴辞后，径往中国使馆求晤孙某，其出接者即彼机变环生之唐先生。唐先生力称使馆并不知有孙某。于是访员示以《地球报》所刊新闻。唐大笑曰："是皆欺人之谈，纯出凭空构造。"《中央新闻》访员乃正告之曰："君无庸讳饰，彼孙某被幽于斯，若不立行释放，则明日之晨将见有数千百之市民围绕使馆，义愤所发，诚不知其所极耳！"唐某仍声色不动，且狡展更甚于前。

既而访员等四出以求马凯尼之踪迹，得诸米突兰旅馆（Midland Hotel）。其与访员问答之辞，详见英国各报纸，今转录如下：

中国使馆参赞马凯尼勋爵于昨日下午三点半钟赴外部，面陈一切。马凯尼答某报访员之问曰："某甲被留于中国使馆一事，除报纸已载之消息外，我殊不能更有所陈述。"访员曰："外部刊有布告，谓外部大臣萨里斯伯

(Lord Salisbury)已照会中国公使,请其将拘留之人释放矣。"马凯尼曰:"诚然。"访员曰:"敢问此照会之结果若何?"马凯尼答曰:"某甲自当释放,然释放之时须力顾公使馆之权利,勿使稍受侵害。"

厥后又有某报访员晋谒马凯尼,马凯尼谓之曰:"彼拘留于本使馆之华人,并非孙逸仙。此人之果为谁某,及其既抵英国后之一举一动,本使馆洞悉靡遗。彼之赴使馆系出自己意,并非由使馆之引诱或强迫或拘捕。盖华人之来伦敦者,独居无俚,人地生疏,而至使馆问讯或与使馆中人聚语,固属常有之事。特此人之来,其形迹似有所窥伺,且自恃使馆中无识其人者,故敢为之而无忌。初时由使馆某员接见,既而介绍于我(马凯尼自谓),谈言酬酢之中,彼无意倾吐一二语,始疑及此人者殆即本使馆所伺其举动、稔其平昔之某某也。迨次日复来,而其人之为某某确已微实,遂拘留于此,俟中国政府训令既至,而后量为处置。"

马凯尼之论国际问题则曰:"某甲华人也,非英人也。中国之公使馆不啻为中国之领土,其有统治权者惟中国公使一人而已。华人之赴公使馆,既出自其人之本意,而公使馆以其有罪案嫌疑之故,即加以拘留,此在外人实无干涉之权。设其人而在公使馆之门外,则办法即从而大异。盖门外为英国之领土,公使馆非先请信票,即不能逮捕也。"

马凯尼又答曰:"某甲虽被拘留,然使馆并不视为囚犯,起居饮食均甚优待。外间所称某甲或受非刑,或遭虐迁等语,殊堪嗤笑。"马凯尼又谓英国外部已来函质问,公使馆拟即备文答复云云。

《中央新闻》曰:"马凯尼勋爵自外部回中国使馆后,即趋至龚大人之寝室,告以外部大臣萨里斯伯必欲将孙逸仙释出使馆之种种理由。"

马凯尼之所言所行是否正当,非予所欲言,直宜听诸公论,并质诸其一己之良心而已。在马凯尼之意,以为彼之举动亦自具有理由,然在头脑清醒者当不出此,而况马凯尼又身为使馆参赞,其职位至为重要乎!且不第身为参赞而已,彼唐先生不云乎:中国公使仅拥虚名,而使署大权则尽操诸其手也。

当时予友所以营救予者,几于无计不施,录新闻纸一则亦足以见其大

概也:

"现访得孙逸仙之友,曾筹备一勇悍之策,以为援救。后由外部及苏格兰警署向某等担保,谓孙某在中国使馆决不至受荼毒,其策因以作罢。盖孙君之友已请于包华斯谷子爵(Viscount Powerscourt①),拟登家之屋顶,攀缘以达中国使馆,破孙君所居室之窗,挟之而出。子爵家在波德兰区五十一号,与中国使馆比邻。某等并将此计密达孙君。孙君虽被中国使馆加以桎梏,行动不得自由,然仍密报其友,谓如蒙相援,当于室内用力毁去窗棂,以期出险等语。其友辈并备一车,候于中国使馆侧,待孙君既出,即乘车疾驰至其友家。"

报纸所载,虽不尽无因,然与事实略有异同。盖英仆柯尔于十月十九号遗书于予友康德黎君,谓某于今夕当有一绝妙机会,可使孙君攀缘至波德兰区邻屋之巅,借以出险;君如以此计为可行,则请商准邻屋主人,遣一人待于其室,借资援手,并望赐复以定进止云云。康德黎君既接此书,即持赴苏格兰场警署,乞遣一巡警与康德黎君偕往波德兰区,用相协助。惟警署中人,以为此等计划不免损失威严,殊非正办,故力劝予友勿行;并谓孙某必能于一二日后,由中国使馆正门徜徉以出云。

第八章 省释

十月二十二号,柯尔携煤篓入,微示意于予。待其既出,就篓中检得一纸,则剪自《地球报》者。其载予被逮情形,颇称详尽,即观其标题已足骇人心目,如曰《可惊可愕之新闻》,曰《革命家之被诱于伦敦》,曰《公使馆之拘囚》。予急读一过,知英国报界既出干涉,则予之生命当可无害。当时予欣感之情,真不啻临刑者之忽逢大赦也!

礼拜五日(即十月二十三号)自朝至午,仍幽居一室中,未见有何发动。及傍晚四点半钟,彼监守予之使馆卫兵,一中一西,忽发键而入,谓予曰:

---

① 原文有错,今据英文本校改。

"马凯尼君在楼下待汝。"旋令予纳履戴冠,并加外褂,既毕,即导予至最下一层。予意英政府或将遣一人搜检,故若辈欲藏予于地窟中,未可知也。守兵虽告予省释在即,然予终未敢遽信。既而忽睹予友康德黎君,又见有与予友偕至者二人,予心始为之一舒,而知省释之言为非谬矣。

与予友偕至者,一为苏格兰场之侦探长,其一年事已老则英外部之使者也。马凯尼当诸人之前,将搜去各物一一还予,并对侦探长及外部使者为简短之说辞,曰:"某今以此人交付君等。某之为此,期在使本公使馆之特别主权及外交权利两不受损。"云云。予当时方寸激扰,更不能深辨其言之趣味,然在今日观之,则其所云云,岂非毫无意旨,而又童骏之甚者哉!

既而马凯尼告予,谓予已恢复自由,遂与予侪一一握手,启使馆之侧门,肃予侪出。予侪于是出门下阶,由使馆屋后而入于渭墨街中矣。兹事虽微,然以英政府之代表而竟令从后门出,在中国外交家方且自诩其交涉之间又得一胜利,其为有意简亵,固无可讳言。彼马凯尼虽非华人,然固同化于华俗,而又于东方风气之中深得其江河日下之一部分者也。倘外人以此相责,则马凯尼又必有随机而发之诡辞,如谓使馆前厅既为报馆访员所占,而使馆大门之外又为千百市民所围绕,当时英国外部之意急欲将此案暗中了结,勿俾张扬,则使者之出虽由后户,而于英国当道之用心固不失为体贴尽致也。

英人观念与华人不同。在英人方以为外交之胜利,而中国使馆只须于省释时之举动间略加播弄,即不难一变而为中国外交之胜利。故予之省释,在英华两方面固各有其可慰者在也。

予省释之前,外部使者于衣囊中探一纸授马凯尼。马凯尼才一展阅,即毕稔其内容。是可知此纸所书,仅寥寥数语而已,然予之生死则固系于是矣。

既出使馆门,则渭墨街中之环而待者,亦至拥挤。彼报馆访员见予,即欲要予叙话。侦探长急拥予入一四轮车,与予友康德黎及外部使者同驱至苏格兰场。侦探长名乔佛斯,在车中危言正色向予诰诫,甚且呼予为顽童;谓此后务宜循规蹈矩,不可复入会党,从事革命。车抵白宫区某旅馆前,忽焉停轮,予辈自车中出,立于道旁。瞬息间,各报访员已绕予而立。予辈自波德兰区驰骋至此,已半英里有余,而各访员又何能突然出现于此?中有一人,予见其曾跃登御人之侧,与御人共坐而来。然此外尚有十余人,岂盘踞于予辈车顶而偕来者耶?各报访员虑予一入苏格兰场警署,或不免有稍久之盘桓,因要予于某旅馆前,俟予出,即拥予至旅馆之后屋,其为势之强,较诸唐某等曳予入使馆时为尤甚;而各访员等之渴欲探予消息,较诸中国使馆之渴欲得予头颅为尤剧也。予既入旅馆,被围于众人之中,有问即答,各访员随答随写,其疾如飞。予观其所书,心窃异之,盖予当时犹未知其所用者为速记书法也。予言既穷,无可复语,忽闻予友康德黎君呼曰:"诸君乎,时至矣!"予仍被拥簇入车,向苏格兰场进发。警署之视予,直同一无知少年,即观于侦探长乔佛斯可见。盖乔佛斯诚挚之容色,坦率之言辞,长者之对于卑幼则然也。予既入警署,即将前后所遭历述一过。警官录毕,向予宣读,读毕命予署名纸末。所历可一小时,乃偕予友康德黎君兴辞而出。

康德黎君挈予归,相见之悲喜,接待之殷挚,自无待言。康德黎君夫妇等,咸举杯为予头颅寿。是晚求见予者弗绝,至深夜始得就寝。此一宵睡梦之酣,实为予有生以来所罕觏。连睡至九小时,忽为楼上群儿跳号之声所警醒。第闻康德黎君之长子名坎思者,谓其弟妹曰:"柯林,汝扮作孙逸仙。奈儿,汝扮作马凯尼。我则为援救孙逸仙者。"未几,喧闹杂沓之声大作,马凯尼被扑于地矣,孙逸仙被援出险矣。于是鼓声鼕鼕,笛声呜呜,以示大赦罪之意;而合唱一歌,名曰《布列颠之前锋队》(The British Grenadiers)。

礼拜六日(即十月二十四号),来访者仍终日弗绝。予与康德黎君一一应答,几于舌敝唇焦。且来访者无不亟亟问讯,康德黎、孟生二博士何以能得此消息。设予倘漫应曰"赖使馆中人之密为传递",则使馆中人之厚予者反不免因是而被嫌疑,遭摈斥,是大不可也。乃英仆柯尔自此案既白,即毅然辞退,不愿复役于中国使馆。是则以一身之去,免余人于嫌疑,而予倘亦可以道破实情,谓居间通信乃出于柯尔之力也。至外间谓予厚赂柯尔因得脱险,殊非事实。予以密信授柯尔,并以二十镑,固谓柯尔为予效奔走,不得不稍偿其劳;讵知柯尔即于得金之次日,转授于予友康德黎君,谓此为孙某之物,请予友代为收贮。及予既归,始知其事,乃以二十镑力迫柯尔受之。

予当时财力止此,故所赠亦止此,揆诸方寸,殊嫌未惬也。当十月十八号（即礼拜日）下午柯尔为予投书至康德黎家时,既已按铃入门,达于厅事,知予友已外出,乃请见康德黎夫人。仆闻言,入白夫人。柯尔独立厅事中,瞥见厅之一隅有一华人伫立而望,因大惊失色,自思此来必已为使馆所知,故遣人尾随至此。迨夫人出,柯尔以所疑告。夫人急慰解之,令其无恐。盖立于室隅者实一塑成之中国人形,其大小与人身相似,康德黎君在香港行道时赏其塑制之工,遂购归,设于厅事。骤见者往往怪诧,而柯尔心胆既虚,则惶恐尤甚也。

予当日遭逢,大略尽是。是时英议院尚未届召集之期,故不知议院云何。然予自出险之后,相识渐众,伦敦及伦敦以外之英人多以是谬相推爱,极一时宾朋酬酢之乐焉。

附　　录

当时英国报纸关于此案之记载评论,谨择要附录于下。

其最先投函于伦敦《太晤士报》者,为荷兰学士 Professor Holland,文曰《孙逸仙案》:

记者足下:因孙逸仙案而发生之问题有二:（一）中国公使之拘留孙某,是否为违法举动?（二）设其为违法举动,而又不允释放,则宜用何种适当之方法,俾将孙某释出?

第一问题之答语,固无庸远求。盖自一千六百又三年法国苏尔黎（Sully）为驻英公使时,虽有将某随员判定死罪移请伦敦市尹正法之事,然自是厥后,凡为公使者罕或行使其国内裁判权,即对于使馆中人亦久不行用此权。惟一千六百四十二年,葡萄牙驻荷公使蓝陶氏（Leitao）以见欺于马贩某,将该马贩拘禁于使馆,终至激起荷人之暴动,将公使馆搜劫一空。当时荷人威克福氏（Wicquefort）对于蓝陶此举深致评驳,盖蓝陶氏固尝在大庭广众中演说万国公法,非不知法律者也。今孙逸仙既在英国,自当受英国法律之保护,乃公使馆骤加拘禁,是其侵犯吾英国之主权者大矣。

第二问题虽不若第一问题之单简〔简单〕，然解决之方，要亦无甚困难。中国公使如不允将孙某释出，则英国借此理由，已足请该公使退出英国。如以事机急迫，恐饬令该公使回国之举或不免涉于迟缓，则以本案情节而论，即令伦敦警察入搜使馆，亦不必疑其无正当理由也。或谓使馆应享有治外法权，此治外法权一语过于简括，实则其意义不过谓使馆之于驻在国，为某种缘由之故，间有非该驻在国平常法权所能及耳。然此等享有权历来相习成风，业已限制甚严，且证诸成案，而于通行之享有权外，实不能复有所增益也。证诸一千七百十七年裘伦保（Gyllenburg）之案，可见使臣驻节于他国，苟犯有潜谋不利于该国之嫌疑，则该国政府得拘捕其人，搜检其使馆。又证诸一千八百二十七年茄赖丁（Mr. Gallatin）之御人一案，只须驻在国之政府以和平有礼之通牒报告使馆之后，即可遣派警察赴该使馆拘逮犯案之仆役。又除西班牙及南美洲各共和国之外，凡使馆已不复能藏匿犯人，即政事犯亦不得借此为遁逃薮，是又各国所公许者也。至于公使馆而擅行逮捕人犯，私加羁禁，则驻在国之地方警察惟有斟酌情势所需，为实力之干涉，以资解决而已。

今孙逸仙坚称被中国公使馆诱劫于道途，且将昇赴轮舟，以便解送至中国，是中国官场对于此案所负之责任，固无庸深诘。中国官场悍然出此，岂尚能有辩护之余地乎？万一诱劫之情果属非虚，押解之谋见诸实责，则此案之情之严重，不言可知。而其出于公使馆僚属之急于见功，亦可洞见麦丁博士（Dr. Martin）在北京同文馆教授国际法有年，使臣在外应遵何道以行，中国政府岂犹茫然未之审也？——十月二十四日荷兰由奥克斯福发

楷文狄虚（Mr. Cavendish）者，生平于国际交犯之法律最极研究有素者也，其语某君之语曰：

孙逸仙一案，以予记忆所及，实无其他相同之例案可资引证。昔者桑西巴（Zanzibar，东非洲国名）谋篡君位之人犯，系自行走避于伦敦德国领事署，挟德政府相厚之情，冀为庇护；既而国际法之问题起，德人不允交出，遂移往欧洲大陆之德属境内。此与本案截然不同。盖孙逸仙系中国之籍民，其所入者系本国之使馆，其逮捕者系本国之使臣，其罪名则系谋覆本国之政

府,凡此所述如悉系事实,则只须由英国外务部出而为外交上之陈辞,而无须为法律上之办理,盖按诸法律实无可引之条也。

胡德氏(Mr. James G. Wood)为荷兰氏所建之议,亦投函《太晤士报》,为法律问题之讨论曰:

荷兰学士所拟第二问题,虽揆诸情势,幸已无甚重要。然此端实大有足供研究者在。窃谓该学士所拟之答语,殊不足令人满意也。

该学士论及中国公使万一不肯将人犯释放条下,有云'以本案情节而论,即令伦敦警察入搜使馆,亦不必疑其无正当理由'云云。该学士既曰不必疑,则必有其可疑者可知;至于可疑者究竟何在,则该学士未之释明也。以该学士之所答,并不能谓为解决问题,只可谓之猜测而得一解决法耳。公使馆即或违法而拘留人犯,然伦敦警察并无入公使馆释放人犯之职权;万一有入公使馆而为此举动者,公使馆尽可以强力拒敌之,揆诸法律无不合也。以吾所闻,公使馆果有私拘人犯之事,则揆诸法律所可以行用之手续,惟有颁发交犯审讯之谕(Habeas①Corpus,即保护人权之令,若被捕后不即交审,可发此谕交由公堂讯判,如无罪则二十四小时后即应保释)而已。顾事有难焉者,则此谕将交诸公使乎?抑交诸公使馆中之员役乎?设交诸公使或员役,而彼乃置诸不问,则可施以藐视公堂之处断乎?以予所知,实无成案可以援引也。

荷兰学士又谓公使之所居应享有治外法权,其实公使馆与轮舟不同,彼享有此权者乃公使之本身而非公使馆也。相传公使之本身及其家属随员等,于民事诉讼得享有完全蠲免权,是以此等问题者,乃个人问题,而非居处问题;乃若者可施若者不可施诸公使及其家属随员等之问题,而非若者可施若者不可施诸公使馆之问题也。惟其然也,故予所拟颁布交犯审讯令之办法,似不免牵涉而有碍于邦交也。

至引用成案,谓警察得持信票入公使馆拘捕在他处犯有罪案之人犯,如荷兰学士所谓'公使馆而擅行逮捕人犯,私加羁禁,则地方警察惟有为实力

---

① 原文有错,今据英文本校改。

之干涉'云云。斯论也,实亦不足为万全之计,盖此等成案与孙逸仙案并无公同之点也。——十月二十七日胡德氏发

一千八百九十六年十二月三日香港《支那邮报》有论云:

孙逸仙者,即近日被逮于伦敦中国公使馆,拟置诸典刑,视同叛逆者也。顾此人他日似未必不为历史中之重大人物,然未经正当之法廷加以审讯,自不得谓为与会党有关,且不得谓该会党之举动确在倾覆中国朝廷也。彼以孙逸仙为叛逆者,仅出于伦敦中国使馆与夫广东官场之拟议耳。然孙君固非寻常人物,以开通之智识而目击中国数百兆人之流离困苦,彼一般华人之中,且有慨然动念、奋然思起者矣。据中国官场之宣告,谓此等华人曾于一千八百九十五年十月间起而图乱,其为之领袖者,则孙逸仙也。

中国之不免于变乱,夫人而能言之;而其变乱之期之迫于眉睫,则无论居于外国之外人不能知,即寓于远东之外人亦罕有能知之者也。迨广州之变既作,以事机不密,倏就倾覆,而当事者仍漠然不动之心,至堪齿冷。他日变起,其可危必更甚于昔之金田军;盖其组织之新颖,基础之文明,较金田军尤数倍过之也。总之,领袖诸人以事机未熟,故暂图偃伏,非以偶然失败之故而遂尽弃其革命之计划也。

至革命派之缘起,虽无由追溯,而其大致要由不慊于满清之行事。近中日一战,而此派遂蘄然露其头角。孙逸仙博士辈之初意,原欲以和平之手段要求立宪政体之创行而已,迨至和平无效,始不得不出于强力。然历观中国历史中之崛起陇亩、谋覆旧朝者,其精神意气大都豪悍不驯;而孙氏则独不然,秉其坚毅之心志,不特欲调和中国各党派,且将使华人与西人、中国与外国亦得于权利之间悉泯冲突焉。然而事有至难解决者,则一举之后必有种种继起之困难,而此等困难最足使任事者穷于应付也。孙氏岂不知有大兴作,不得不借外国之国家与个人为之援助,然而中华全国方无处不为排外之精神所贯彻,是则欲泯除而开导之,固不能不有需乎时日也。总之,此等事业,其性质至为宏硕,而其举措又至为艰难。惟孙氏则本其信心,谓他日欲救中国,势不能不出乎此;而目前则惟有黾勉以图,冀其终底于成功而已。

孙氏诞生于火纳鲁鲁,受有英国完美之教育,且于欧美二洲游历甚广,

其造诣亦至深。昔尝学医于天津，继复执业于香港。其躯干适中，肌肤瘦挺，容貌敏锐而爽直，举动之间毫无矫矜，而言语又极恳挚；至其知觉之敏捷，处事之果毅，尤足使人油然生信仰之心，是诚不可谓非汉族中之杰出者也。中国今日正与各国在专制时代无异，凡主张创行新政、革除腐败者，概被以叛逆之名，故有志之士欲传播其主义，势不得出以慎密。孙氏于千八百九十五年之始著有政治性质之文字，发行于香港，而传播于中国南省。其于良政府与恶政府描述极为尽致，两两相较，自足使人知所去取。然而措辞至为留意，虽以彼很〔狠〕若狼虎、善于吹求之中国官吏，亦复末从而指摘之。中国人士得读此书，无不慨然动念。未几，遂有秘密会社之发生，则孙氏与焉。

当中日战事未起以前，中国水陆两军，以上官之过抑，已多怀怨望；即文官亦非无表同意者。况中国伏莽遍地，响应尤易。其初次起事之期定于本年三月间，时则火纳鲁鲁、新嘉坡、澳洲等处，纷纷输资回华。然人才尚形缺乏，军需亦未充足，遂改期至十月间。于时军械弹药陆续购备矣，香港之党人赴粤以攻广州矣，饷项亦甚形富足矣，外国之参谋官及军事家已延聘矣。日本政府虽无明白之答复，而党人则已请其援应矣。凡起事之谋，可谓应有尽有。不幸为好人所算，泄其谋于当事，卒至全功尽覆。盖当时有侨寓香港之中国某富商，附和新党，知其集资购械等事可缘以为利，遂宛然以富商而为志士。既而知起事期迫，该商方为中日战事后某财政团之一，经营中国路矿等事，恐干戈一起则权利将受影响，遂不惜举党人之谋尽泄于粤官，而仍缘之以为利。党人之计既被所倾覆，孙氏即出奔于异国。此次以嫌疑被戮者凡四五十人，并悬赏以缉孙氏。

孙氏由香港至火纳鲁鲁，复由火纳鲁鲁至美国。驻美中国公使馆中人闻孙氏之绪论，颇有志于革新。既而赴伦敦，思欲以鼓吹驻美使馆者鼓吹驻英使馆。而不意美使馆有阳则赞成革命，阴则志香港富商之志，思缘以为利者，密白其事于驻英使馆。而孙逸仙被使馆诱劫之案，遂因以演成矣。此案虽由马凯尼一再辨〔辩〕护，而孙氏之始则被劫，继则羁禁，固已无可讳言。至孙氏之得脱于祸，实赖友人康德黎博士之力云。

当时英人士讨论此案，多集矢于马凯尼，《太晤士报》最先著论抨击之，文曰：

欧洲各国方以目前为邦交辑睦、彼此相安无事之时，而岂知伦敦中国公使馆突然发见一案，其以破坏法律及成例，而足以惹起国际之交涉者，关系固不浅哉！孙逸仙被幽于中国公使馆之中，幸其财力犹足以暗通消息，俾其英国友人得施营救之计。英警署既派遣侦探密伺于公使馆之外，俾该使馆无由将孙氏运解至船。而外务大臣萨里斯伯又要求该使馆期以立释。幸而此案早破，得以无事。否则孙氏既被递解，就刑戮于中国，英之外务部必且致责言于中国政府，而勒令将本案有关之人一一惩办，其损害于邦交固何如哉！孙氏既被诱劫入公使馆，即由马凯尼勋爵出见，旋即被锢一室，直至英外部出而干涉，始克见释。夫马凯尼，英人也，乃亦躬与于此案。此案之失败固可预料，即幸而获免，然他日与于此案者亦必同受巨创，马凯尼此举不亦可异乎？闻中国公使当释放孙氏之时，谓渠之释放此人，期无损于使臣应有之权利。噫！此等权利似决非文明国所欲享有者也，设竟或使用此等权利，则其为不可恕，又岂待言？昔者土耳其使臣在伦敦诱亚美尼亚人入使馆，意在絷其体，塞其口，而舁送登舟，递解回国，冀为土耳其皇之牺牲。孙氏之案，毋乃类是乎？

马凯尼睹是论，即复书该报曰：

贵报评论向极公正，乃本日社论中评某华人被诱于中国使馆一案，词连于予，殊失贵报公正之素旨。彼华人之自称姓名甚多，而孙逸仙其一也。贵报既历叙使馆与孙逸仙所述之案情，而对于予之行为则颇致微辞，是明明以孙逸仙之所言为可信，而以使馆之所言为不足据也。贵报引土耳其使臣在伦敦诱阿摩尼亚人事为佐证，殊不知本案并无所谓诱劫，彼原名孙文、伪名孙逸仙所供之辞，如谓被捕于道途、被挟入使馆等语，皆至不足信者也。孙逸仙之至使馆，系出己意，且为使馆中人所不料。其初次之来在礼拜六日，即十月十号。二次之来在礼拜日，即十月十一号。治国际法学者对于孙逸仙被使馆拘留一节，无论作何评论，抱何见解，然必先知本案并无所谓诱骗，即其入使馆时亦并未尝施以强力或欺诈，此为本案之事实，而亦至可凭信者也。

　　观马凯尼此书,其云孙逸仙姓名甚多,是明明将以此肆其污蔑,使外国知予非正人。而不知华人习俗,多有以一人而兼三、四名者,此在马凯尼要无不稔知之也。华人自有生以后,襁褓中父母所呼之名,一也;稍长从师,学塾中师长所授之名,二也;既而身入社会,则有所谓字者,有所谓号者,惟名字屡易,而姓则不变。彼马凯尼之在中国,有称为马大爷者,有称为马凯尼者,有称为马晋山者,以此例彼,其道一也。

　　一千八百九十六年十月三十一日《斯比克报》(*The Speaker*)亦刊有一论,其标题为《波德兰区之牢狱》,论曰:

　　马凯尼者,役于中国公使馆者也。此公使馆之受役者,以不慊于《太晤士报》之评斥,而投函更正,是亦犹土耳其大僚胡资氏(Woods Pasha)为土政府辨[辩]护之故,而现身于英国之报纸也。然此事出诸真正之东方人,则不特为情理所宜然,而亦足徵其性质之特别;若出诸假托之东方人,则适足以供嘲笑而已。马凯尼之布告天下,谓孙逸仙医士之入公使馆,并非由于诱劫;然使孙逸仙当时稔知彼延接者、招待者为何如人,孙氏固肯步入彼波德兰区之牢狱(以公使馆在伦敦之波德兰区,故名)而绝无趑趄瑟缩乎?马凯尼于此语乃不置一答辞,何也?况马凯尼既睹孙氏被捕,而乃绝不设法以冀省释,直待外务部出而为坚毅之要求,始得出狱,又何故也?夫公使馆苟不欲解孙氏回国,何必系之于使馆中?马凯尼身在伦敦,且以迫于责任之故,遂不得不陷入此可怜之地位。若此剧而演于中国之广州,固不失为循法而行,至正至当也。马凯尼既遭失败,将使北京当道者病其无能,固应缄口结舌,自比于中国人之所为,而乃犹昂首伸眉,论列是非于伦敦《太晤士报》乎?且使此次被劫者而为德国人或法国人,则事之严重将不可问,幸而其人籍隶中国,闻者不过一笑置之。而报纸之对于此事,亦仅如闻李鸿章之忽焉而畀以相位,忽焉而以未奉召命擅自入宫,被太后之谴责而已。然而自今以往,凡过波德兰区之牢狱者,不得不竦然以惧、哑然以笑也。(下略)

　　予得释后,即投函各报馆,以谢英政府及英报纸相援之情,文曰:

　　予此次被幽于中国公使馆,赖英政府之力,得蒙省释。并承报界共表同情,及时援助。予于英人之尚公德、好正义,素所钦仰,身受其惠,益堪徵信。且予从此益知立宪政体及文明国人之真价值,敢不益竭其愚,以谋吾祖国之进步,并谋所以开通吾横被压抑之亲爱同胞乎!

爱驰寸简,敬鸣谢忱。

孙文缄于波德兰区覃文省街之四十六号

据孙文自述,甘作霖译《伦敦被难记》(上海商务印书馆一九一二年版)(参校英文本)

我的回忆(译文)①

(一九一一年十一月中下旬)②

直到一八八五年,即我十八岁那年,我所过的生活与我同一阶层中的其他中国青年一样,只是因为父亲皈依基督教,并任职于伦敦布道会(London Missionary Society),我才有较多的机会与在广州的英美传教士接触。有一位英国女士很喜欢我,我就开始学着讲英语。英美布道会(Anglo-American Mission)的嘉约翰博士(Dr. Kerr)为我找了一份工作,使我学得了许多医学知识。自此,我对医学发生了热爱,相信行医是一种适合我个人而有益于我同胞的事业。不久,我听说香港开设了一所医学院(College of Medicine),我就前往访见教务长康德黎博士(Dr. James Cantlie),并注册做了学生。

我在那里过了五年快乐的生活。一八九二年,我获得了一纸可以行医的文凭,准许开设内科和外科。我开始选择地点,以便开业;最后决定在珠江口葡萄牙殖民地澳门碰碰运气。直到那时为止,我尚不能说对政治有什

---

① 本文原题为"My Reminiscences",发表于1912年4月在伦敦出版的 The Strand Magazine 第43卷255号,文前有编者按语,说明该文是访问孙逸仙博士的笔录,由孙中山签字认可。The Strand Magazine 编者按语:"中华民国临时大总统孙逸仙先生,蜚声全球。不管其将来事业如何,任何人都不能否认,他是世界上一位最杰出的人物,同时也是一位伟大的革命组织者。盱衡世界革命史,盖无出其右者。下文是 The Strand Magazine 访问孙逸仙博士的笔录,并由孙先生签字认可。"

② 原编者未说明谈话时间,因孙中山于1911年11月11日抵伦敦,30日离开,访问当在此期间进行。

么特殊兴趣。但正当我在澳门为开业奋斗的时候——因为葡籍医生怀有偏见,我的奋斗是令人气馁的——一位与我年纪相仿的青年商人某夜来访,问我是否听到来自北京的消息,说日本人要来侵略。我说我只听到英国人谈过,其他不太清楚。我对他说:"我们都被愚弄,太可怜了;皇帝应该把这些事告诉人民才是。"

"天命无常(神权不会持久)。"我的朋友说。

"真的。"我同意着说。同时我引述了帝爵的话:"天听自我民听。"

那晚我加入了"少年中国党"(Young China Party)。

世人都知道困扰中国已久的病痛所在,但使我们受苦最深的莫过于无知。我们不被允许知道任何已经发生的事物,参与政治更是谈不到了。对我来说,因我不断与欧人接触,体味过他们的自由权,觉得我们的境遇是不能忍受的。我在澳门谋求开业生活的努力失败以后,不得不把招牌取下,搬往广州。一八九四年,中国屈服于日本之手。我开始在广州建立一个哥老会支部,并献身于其工作,先后有很多人前来投效。某日,一位操官话的人对我说:

"孙,你是一个不寻常的人了。"

"为什么?"我问。

"你的名声已传到北京去了,你最好小心些。"

后来由于政情改变,使我转危为安。消息传来,说光绪皇帝已从睡梦中觉醒,不管慈禧太后如何,他都赞同人民的改革愿望。我立刻起草了一纸请愿书,获得了数百人的签名,然后遂往北京。

有一段时间,请愿书的命运和我们的命运都不可预测。当时发生一件事情,使朝廷对我们具有戒心。为中日战争所征来的广东军队被解散了,他们并没有各归生业,却跑来与我们同甘共苦。尤有进者,有一批广州特勤警察扰攘不安,他们因为不能获得薪给,便去劫掠市区。居民为此招集了一个群众大会,选择了五百余名代表到巡抚衙门去请愿。

巡抚说:"这是叛变。"立刻命令逮捕为首者。我逃脱了。这是我第一次脱逃,虽然自那以后我有过多次类似的冒险。逃脱之后,我们急切地想援救那些被捕的同伴,便草拟了一个大胆的计划,而执行计划之机,似已成熟。简单的说:我们决定占据广州城,直到我们的请愿被允准,冤抑被昭雪,并取消新增的捐税。推行此一计划,需要汕头地区一批兵士的帮助,他们也是不满现状的。我们的"改革委员会"(Reform Committee)每天聚会,并积聚了许多军火,包括炸药。事情布置妥当,一切全赖汕头部队是否能够越过百五十余英里的路程加入我们,以及从香港来的一支特遣队是否能够及时赶到。预定的时间到来,我与朋友们聚集一处,外有武装同志百人驻守。我们派了三、四十个传信的人到广州各角落通知我们的朋友,相约于次日清晨准备妥当。一切似乎进行顺利,但突然来了晴天霹雳。汕头部队的领导人发给我的电报说:

"官军戒备,不能前进。"

怎么办呢?我们所依赖的只有汕头部队。我们拍了一封电报到香港,想阻止特遣队的进发,但已经来不及了。四百名强力特遣队已乘轮离开香港,带有十箱左轮手枪。我们大伙儿开始惊恐,接着便是一阵混乱,大家都希望能在出来之前逃走。我们把所有的文件都焚烧了,并且把军火都掩埋起来。我潜至珠江三角洲海盗出没的运河地区躲藏了好几昼夜。之后,我登上了一个朋友的汽船。在抵达澳门之后,我读到了一纸以一万两银子为酬捕拿孙文(我自己)的告示,很感荣幸。同时,我也听说有一批警察,截住了由香港开来的轮船,立刻逮捕了船上的人员。一八九五年的广州之役,就此结束。

我在澳门只停留了数小时,在那里遇到以前那位老同事,他向我说:"哦,孙,你真的干起来了。"

我回答说:"是的,我已着手进行。你当记得你所说的——天命无常。"

到了香港,我同样难保安全。在康德黎博士的劝告下,我去访晤一位律师登尼斯先生(Mr. Dennis),他告诉我说,最安全的办法是立刻远走高飞。

"北京政权虽然衰弱,其爪牙无远弗届,"他说:"不管你到世界任何角落,恐怕仍逃不过总理衙门的耳目。"

很幸运的,许多朋友都资助我。没齿难忘的是:那些爱护我的人,对我多年来所致力以求的远大目标,从不怀疑。他们总是作我的后盾。幸好,除了旅行之外,我没有什么别的需要。我常常连续几周只以白水泡饭为生,我也曾徒步长途跋涉过。但有时候,却有大笔盛情难却的捐款交我随意使用,因为在美国,有些同胞很富有,很慷慨,而且很爱国。

我从香港逃到神户之后,做了一件重大的事。我把生来所蓄留的辫子剪掉了,有好几天没有刮脸,并且蓄留了上嘴唇的胡须。之后,我去一家服装店,买了一件新式的日本和服。当我打扮好之后,向镜中一照,面目一新,不禁大吃一惊,着实有脱胎换骨之感。我得天独厚,较一般中国人的肤色黝黑,此一特征系得之于我的母亲,因为我父亲的肤色较接近于普通类型。有人说我有马来血统,也有人说我生在火奴鲁鲁。这两种说法都不正确,我确知,我是道道地地的中国人。但在中日甲午战后,日本人较以前更受尊重,我只要蓄起头发和胡须,便容易被当作日本人看。这种情形对我很有利,否则我将无法在许多危险的关头逃脱。即使是日本人,也常常把我视为他们的同胞。有一次,当我在某一公共场合被跟踪时,正巧两个横滨人向我打招呼。我对日文一窍不通,但我假装着若无其事似的好几分钟,才把侦探摆脱掉。

我离开日本之后,曾在火奴鲁鲁滞留了六个月。以〔在〕那里,我的情况与在日本相似。火奴鲁鲁中国人很多,他们待我很热诚。他们都知道我的事迹,也知道我的声名"不好",清廷正悬重赏缉购我的首级。但在火奴鲁鲁,我每天访客盈门,经常收到朋友们的信函和报告,包括保皇会和哥老会会员在内。之后,我去了旧金山,并游历美国,至感愉快。惟根据各种不同的报告,清廷驻华盛顿公使曾力图将我绑架,送回中国。我深深了解,若被送回中国,我将无法活命。首先他们将用虎头钳把我的足踝钳断,并用铁锤击碎,再把我的眼皮割掉,最后把我碟成碎块。如此,任何人都将无法辨认尸体。中国的旧律,是不同情政治煽动者的。

一八九六年九月,我搭船去英国。十月十一日,由于中国公使的指使,我在伦敦波特兰广场(Portland Place)的中国公使馆被绑架。关于那次绑架的故事,世人已经熟知。简单的说,我被关在一间屋子里,受严密的监视,如置身精神病院,为时十二天之久,等待着送我回国的船只。如果不是我的老师康德黎博士住在伦敦,我将难以脱险。经过多次的尝试,我设法告诉了他这个消息。他向报社揭发了实情,外相萨里斯堡勋爵(Lord Salisburg)与警署及时出面干涉,遂命令释放了我。

我在伦敦和巴黎作了一段旅行和研究之后,觉得已是我回国的时候。我觉得国家正需要我。当我回到中国以后,发现拳乱正在进行,处处扰攘不安,此事已为世人所知。在那一段危险的时刻,我较前更具信心,经常发表谈话、撰文、讲演,确信革命无法避免,那时,我每天小心翼翼,因为那些痛恨欧人及欧洲文化并要求将"洋鬼子"逐出中国的激烈派,开始与我为敌。

接着,我又遇到另外一件重要的事情。某次,当我向一群追随我的同伴演说时,我看到一位体型矮小的年轻人。他不满五尺,与我的年龄相仿,面色苍白,看来身体孱弱。讲演结束后,他走到我的面前说:

"我愿意与您共同奋斗,我愿意帮助您。我相信您的宣传会成功。"

从他的腔调,我知道他是美国人。他伸出手来,我握着他的手,并且谢谢他,但不知道他到底是何许人。我猜想他是一位教士或学生。在他走后,我问一位朋友:

"那个驼背的人是谁?"

"噢,"他说:"那是荷马李①上校(Colonel Homer Lea),是现在世界上出色的军事天才家之一——也许是最出色的一个。他对于现代战术无所不晓。"

我吃惊得倒抽了一口气。我说:"他刚刚表示愿与我共同奋斗。"

第二天早晨,我拜访了荷马李将军,他是以著《无智之勇》(Valour of Ignorance)一书而闻名的。我告诉他,假如我的革命获得成功,而国人又授权给我时,我将聘他为首席军事顾问。

"不要等到您做了总统之后,"他说:"也许您做总统以前就会需要我。若没有军队,您既不能组织政府,也无法维持政府。我非常相信,中国人经过相当训练之后,都可成为军队。"

---

① 荷马李,美国军事研究家。后文有咸马里、荷马里等其他译名。

大多数经过欧式训练的中国现代军人,都是爱国而有志革新的,但在他们占领汉阳兵工厂以前,他们有枪无弹,原先发给他们的都是没有弹药的火器。

有些朋友常常担心我的安全,但我自己并不担心这些,我仍然是中国命定论的信仰者。我的运数到来时,就让它到来。某日凌晨,在南京的船上,一个人走进了我的舱房。

"孙,"他说:"我是一个穷人,我有妻室和许多孩子。"

"我明白。你的意思是说有人给你一百元要你背叛我?"

"不止一百元。"他说。

"那么,是一千元?"

"是五千元。孙,你只是一个人,慈禧太后杀人不眨眼,她恨您,决定要您的脑袋。到那时,你的头对任何人都没有用处。假如您现在把它给我,将使我们全家富足而快乐。"

"确是如此。"我说:"我的头对我毫无价值可言,但对你是不是有价值也很难说。因为假如你背叛了我,满清的官吏不仅会夺去你所得到的钱,你的孩子会依旧贫困。此外,还有千百万别人的孩子也是一样。金(Jin),你听我说,我现在是你的了,因此我的头就是你的头,你愿意以五千元出卖自己的头吗?'天命无常',去告诉主使你的人,我就在这船上,不会离开。"

他跪在我的脚前,请我原谅,但是第二天我听说那人投水死了,心里非常难过,因为他表示对欲委我于敌人的丑事,感到不安。

我能够讲出很多有关酬赏我首级的故事。令人慨叹的是,其他谋我者并不像这位一样。有的是竭尽所能的想获取奖金,但我的朋友们救了我。某次,我被关在一间屋子里,有六周之久,不曾离开过一步。另一次,我蛰伏在广州市郊一个渔夫的小木屋里,据说有两个士兵被派到附近的丛林中隐藏,看到我就开枪射击。有人警告我这危险性,让我在小屋里躲了两天。之后,听说那两个士兵被枪毙了。

我最不寻常的一次经历也许是在广州,其时有两个青年军官亲自来逮捕我。一天夜晚,我正在屋里阅读文件,没穿外衣。那两个人推开了门,外面还有十多个士兵。当我看到他们的时候,我镇静地拿起了一本经书大声朗诵。他们倾听了一会,然后其中的一个开始向我发问。我回答了之后,他们又问别的。如是辩论了很长的时间,我将我个人的立场,和千百万与我想法相同者的立场,不厌其详地向他们解说。两小时之后,那两个人走了。我听到他们在街上说:"他不是我所要逮捕的人,他是个好人,是献身于行医济世的。"

据我估计,缉购我首级的奖金,曾提高到七十万两(十万英镑)。揆诸这种情形,有人问我为什么在伦敦自由出入而不加戒备。我的回答是,我的生命现在已不重要,因为已有许多人可以替代我的位置。假如十年前我被暗杀,或被捕回中国处决,我的主张就要受到挫折了。但是现在,我多年来所经营缔造的组织,已很健全。

在拳乱结束的时候,我回到美国。当时我急需一种比军队和军火更重要的东西——没有它,我不会有军队和军火——那就是钱。我从各处所收到的数量并不够,我至少需要五十万英镑。没有这么多钱,就要失败。于是我开始扮演一个新角色,即政治基金的募集者。为了筹款,我旅行了美国的大城小镇,并访问了欧洲所有的银行界领袖。我又派遣代表,四出进行。因此,有些人曾盗用我的名字行骗。我不愿多说这些,然而有一个大家所唾弃的背叛者,他公然将一笔付托给他的巨款侵吞,他将自食果报。

世界各地,尤其在美国,盛传中国人自私而唯利是图。这对一个民族,是一个莫大的诽谤。我的许多同胞给了我他们所有的财产。某次集会以后,一个在费城开洗衣店的华侨到旅馆来找我,塞给我一个麻布袋,未留一言而去,袋中是他二十年来的全部积蓄。

那时,我密切注意国内局势的发展。慈禧太后死了以后,我发觉清祚已被袁世凯玩弄于掌上。中国的命运,或许将由袁世凯暂时左右,但我知道,如果没有我,他是无可作为的。

欧洲人都认为,中国不希望与外人往来;只有在枪尖之下,才会开港让外人做生意,这完全是错误的。历史证明,在满人入主中国之前,中国人与邻国有密切的关系,对于外国的商人与教士,并无不欢迎的表示,外国商人可以自由旅行全国。在明代，排外的意识是不存在的。

满洲人来了以后，改变了自古以来的容忍政策。闭关自守，拒与外商往来。驱逐教士，迫害基督徒，禁止中国人民移往海外，违者处以极刑。为什么呢？满人排拒外人，是希望中国人民憎恨外人，以免受外人启迪，觉醒了民族意识。由满人激发的排外意识，到一九○○年的拳乱达于高潮。那次排外运动的主使人，除了皇室之外，还有谁呢？来华旅行的外国人士常说，人民对待他们远比官吏为佳。

这里我再度列举二百六十年来满人统治期间，我们所身受的主要虐政：

一、满人为其本族利益而统治，不是为了全体人民。

二、他们阻止我们在知识上和物质上的进步。

三、他们以统治民族的立场对待我们，否认我们的平等权利。

四、他们剥夺与我们息息相关的生存权、自由权和财产权。

五、他们纵容并鼓励官场的贪污腐败。

六、他们压制言论自由。

七、他们征税苛重而不公平，且不经人民同意。

八、他们施用最野蛮的刑罚。

九、他们不经法律剥夺我们的权利。

十、他们不履行责任，以保障人民的生命和财产。

虽然我们有理由痛恨满洲人，我们曾试图与他们和平相处，但终不可得。因此我们决定，在可能范围内采取和平政策，必要时则以暴力对付，以争取公平待遇，并建立远东和世界的和平。我们将有始有终，不管会流多少血。

我们要以一个新的、开明而进步的政府，取代旧有的政府。当此事完成之后，中国不仅能够解除她自己的困扰，也能够解救其他国家，维护其独立和领土完整。在中国人当中，有许多素养高尚之士，相信他们必能担负组织新政府的任务。他们早有精审的计划，使旧中国的王朝转变为共和国。

人民大众正准备迎接一个新的政府形式，希望其政治和社会的境遇能有所改变，以消除目前可怜的生活状态。国家已处于千钧一发的时刻，恰像一簇干枯的树木，只要星星之火，即可引燃。人民早已准备把满人赶走，一旦革命武力在华南取得立足之地，他们必然高举义旗。北京附近的七个师（镇）完全是袁世凯建立的，因为袁已被革退，这些军队对北京政权的忠贞性已大为减弱。

虽然这些军队与我们之间尚没有什么联系，我们确信他们将不会为满清政府打仗。而在东三省另有一师，是由革命的将领统率的，时机一旦成熟，我们将能依赖他的合作，攻击北京政府。

至于海军，虽然迄今尚未取得他们的支持，假如有足够的金钱向这方面运用，一种谅解很快便能成立。中国的海军只有四艘可用的巡洋舰，最大的一艘重约四千吨，其他三艘二千九百吨。舰上官兵多属革命之士。

我再说一句，整个华南普遍起事的时机已经成熟。除了华南所有人民已准备响应此一运动外，广东、广西、湖南等省的革命志士已募有善战之师。这些省份，一向是中国杰出军人出生的地方。

目前的发展，一切如我所料，只是事机来得快了些。我预料袁世凯会支撑得久一点，但他没有。我当初过于相信袁不会这样快就改变立场，以致一年前他遣人来请我的时候，我不敢相信来使。我认为他在诱我入其陷阱，但他真正是热诚的。他曾希望解除对我的通缉令，并公然表示与我偕同一致，我却告诉他的使者说：

"请回去告诉你的主人，我已飘流了十五年，而且历尽种种艰难，不会轻易受骗的。告诉他，我可以等待，因为'天命无常'。"

假如我相信了袁的使者，革命可能会爆发得早些，而我现在可能是在北京。我确能依恃千百万追随我的人，他们将鞠躬尽瘁，死而后已，因为他们早已接受了我的主义。

革命运动之得到大步迈进，还得感谢光绪皇帝。在他未被慈禧太后幽禁以前，曾准许千百年轻人离开中国，旅行世界，观摩欧洲风俗习尚，学习其文物制度。这些人十九感染了革命思想。我每到一处，经常有许多人前来把晤。他们对我不陌生，且急于与我交换意见。当他们回国以后，很快就发生了全国性的影响力。

不管我将成为中国名义上的领袖，还是将与袁世凯或其他人联合，对我都不重要。我已完成了我的使命,启蒙与进步的浪潮现已不能停止。中国是世界上最宜建为共和国的国家,其民性勤奋而驯良。在短期之内,她将与世界上文明和爱好自由的国家,并驾齐驱①。

据张玉法《译介孙逸仙博士的几篇英文传记资料》,载黄季陆等编《研究中山先生的史料与史学》(台北"中华民国"史料研究中心一九七五年版)

一八九五年广州起义的缘由与经过(译文)②

(一九一一年十二月八日)③

一八九五年十月我在广州领导的起义,是必须在我国成功建立宪政的一系列起义之一。全中国人民都站在我们这一边,只有那些横征暴敛、仗势欺人的朝廷官员除外。享有良好政治的美国人民,不会不理解中国本土的百万民众、流落他乡的成千异客何以对中国政局怀有此种情感。中国各省皆有英文中之"总督"(Governor)者,却没有诸位所了解的法律。各省督抚擅自立法,官员的意志就是法律。人民噤口无言。官府制定的法律,即便如何不公,如何残酷,也无从申诉。督抚欺压百姓,榨取民脂民膏,藉以致富。至于税收,美国人所理解的税收,在中国还闻所未闻。一般人只缴纳地税,督抚、官吏却巧立名目,搜刮民财。地方官员上任之初,首先查明富庶之家、献媚之徒与抗逆之人。其视为异己者,则令亲己者诬以罪名,逮捕入狱。督抚以刑狱致富,彼等所知之法,唯有朝廷之法。据此法律,彼等有权随意将

---

① 文末有孙中山签名,文中并附有图片六幅:(一)孙中山坐像,(二)1892年孙中山着中国服装的画像,(三)孙中山尊翁的照像,(四)孙中山的首席军事顾问荷马李像,(五)一幅美籍中国艺术家的画,表明孙中山如何说服派往逮捕他的中国官吏,(六)孙中山起草的《中国临时大总统对外宣言》。

② 本文载于美国人在上海办的英文报纸《大陆报》(The China Press),发表时孙中山仍在欧美羁留,尚未归国。

③ 此篇所标时间为报载日期。

他人财物据为己有,通常是没收被捕受罚者的全部财产。被捕者无从上诉,无从申辩,一经指控,则遭严刑逼供,屈打成招。

此种酷刑枉法,从未施诸权贵,可见其极为不公。逢迎官府、狐假虎威之辈,仅凭个人私怨,就可随意捏造罪名,将人抓到官府,要求惩治。受害者无法上诉,无法申辩,唯有听任诬告。倘若否认,则遭拷打三日。三日之后仍不认罪,则视原告权势与官府息事宁人的程度,决定是否予以严惩。对犯人的量刑,即使是小偷小摸,也几乎要一律处斩。斩首既可节约监狱开支,又能制服被告。满人恣意孤行,脱离百姓,官僚劣迹,屡见不鲜,即便有所听闻,也使人不愿置信,以免冒犯官府。然而,苦难民众,深明真相;学子贤达,洞察底蕴;海外侨胞,知晓根由。仇视朝廷、痛恨官僚的情绪,鼓荡于各个省区。民主吁求风行全国,大家都在期盼完善组织、倾覆朝廷、建立宪制政府的时刻到来。

虽然占领广州的密谋失败了,可是我们充满希望。旅居欧美之后,我们逐渐明白,最大的希望就在于用《圣经》和教育来启迪苦难的同胞。让他们知道,上帝的祝福存在于公正的法律之中,苦难的解脱产生于文明进化之途。我们千方百计,努力以不流血的手段来夺取国家,建立政府。我想,我们会做到这一点。但若这样做注定要失败,我们就会毫不犹豫地使用武力。我们四万万同胞必须要、也一定会从野蛮的暴政中解放出来,在仁慈而公正的政府领导下,以文明的技艺,同享天伦之乐。

虽然占领广州的密谋失败了,但只是暂时的挫折,并没有稍减我们的热情。这次密谋起义的简史和我本人的遭遇,或许能多少反映出我们至今仍要面对的困难。我们明白,时机一到,我们还会排难攀险。我们有总办(head)、首领(chief)和一个领导团队(a body of leaders),都是忠诚、精干、勇敢之士。他们是根据我们这个秘密聚会的团体章程选举出来的。我们在各省都设有分会,领导人在不同的房舍举行会议,地点经常变更。在城市各区,我们设有三十至四十个机关,每个机关至少可以调集一千人,一旦起事,就可以控制各地区的公共事务。各地区之间的联络依靠信使口头传达。我们的意图并非攻击个人。

在中国,权贵之家可以在各级官府纵容下,假借朝廷名义,雇佣兵卒,为非作歹。除此之外,则无政府、无组织、无法制、无行政管理机构。我们不可能沿袭欧洲人理解的惯例,掌控统治机构和官员。我们选拔受过宪政教育的成员,各地做好准备,一旦发布号令,就占领官厅,施行宪政。士兵也将加入我们的队伍,他们和劳苦大众一样都是专制的受害者。

而今,我们面临的主要困难是:在中国,发动革命易,约束百姓颇难。民众向未知法,向未习惯于正当的法律,混沌迷惘,无法无天。一旦骚动,就会危及他人身家性命。士兵来自低下阶层,预料也会惹是生非。他们一旦觉察秩序有变,肯定会肆行抢掠。

为了争取革命的彻底胜利,我们必须解决的唯一问题是:如何约束民众,稳定秩序,建立政府;如何抑制骚乱,防止暴行,教育民众明白悠久的专制经已推翻。为此,我们花费几个月时间努力完善自己的计划,做到三十多名领导人各配备武装卫队一百人。我们有三千武装人员,另有三千人将在预定的日期从外省赶来汇合。这些武装队伍不是用来袭击官吏,而是用来约束民众,使其服从我们的法纪。我们本该在短暂的时间内,便能捣毁这个腐败的朝廷。

不幸的是,我们不得不应付自己人的不忠。有人非常害怕监禁拷打,甘愿同流合污。不过,起义已准备就绪,日期就确定在一八九五年十月的某一天①。我们这些领导者收到在香港的代表②发来一份电报,告知一切进展顺利,以及三千援军出发的时间。同时,他将派遣一艘出租汽轮驶入广州河道,运送武器给维持治安的三千援军,并载来七百名负责搬运的苦力,从事组建政府过程中的必要劳作。我们在广州的集结地点汇合,信使和其他人也将到达。得知一切顺利的消息之后,我们派信使通知各机关人员做好准备,焚毁文件,分作几队,以便各自执行指定的革命任务。即将出发之前,消息接踵而至,说是"出事了,三千人不能来"。此时,信使已经出发,不可能

---

① 起义日期预定在当年10月26日,即阴历九月初九重阳节。
② 指杨衢云。

召回，我们只好听任各机关的决断，等候来援。我们唯一能做的事是电告香港代表，召回苦力，以免被猜疑。但他误解此意，结果苦力抵达广州后无人接应，四处游荡，不知所措。

于是，起义密谋败露。信使责怪苦力，引致议论纷纷。有人向总督(Viceroy)①告发"事将有变"。总督本来不信，如苦力不来则诸事可以平息。但苦力到来，证实事变的传闻。朝廷未受惊动，官府缉拿苦力，大多处以斩首极刑。首事者被迫潜逃，很多人逃往内地。官府搜捕首事者，共捕杀十六人，其中只有七人与起义有所牵连，其余则是被疑为提供房舍供我们秘密聚会的屋主。起义领导人离散后，我登上汽艇驶往香港，在那里停留一周。朝廷官员追捕我，我多次在街上与他们擦身而过，他们却未能认出我。在这一周我安排好家庭善后。到周末，我的妻子、孩子和母亲都来跟随我。在愚蠢的跟踪者眼皮底下，我登上汽轮，没有引起注意。抵达伦敦之后，我第一次被捕②。但这不是英国人民的过错。英国人民帮助我，将我从必死中解救出来，这种崇高的精神确使我们感激涕零。

英国人民营救我，赢得了我们千百万惨受虐待的同胞们的敬爱，增强了我们有朝一日建立正义政府的信念。贵国③政府已经使贵国强盛，我们享有这种幸福的日子也将很快到来。

据黄彦编注《孙中山著作丛书·自传及叙述革命经历》(广东人民出版社二〇〇七年版)，莫世祥译自 Edwin J. Dingle, *China's Revolution: 1911-1912, A Historical and Political Record of the Civil War*, Shanghai: Commercial Press, Ltd., 1912④(丁格尔《中国的革命：一九一一至一九一二年——此次内战的历史与政治的记录》，上海商务印书馆一九一二年版)

---

① 指两广总督谭钟麟。
② 指1896年10月被清驻英公使馆绑架。
③ 指美国。
④ 该书说明，此文转载自1911年12月8日的 *The China Press*，是日报纸未能找到。

中国革命史

（一九二三年一月二十九日）

余自乙酉中法战后，始有志于革命，乙未遂举事于广州，辛亥而民国告成；然至于今日，革命之役犹未竣也。余之从事革命，盖已三十有七年于兹，赅括本末，胪列事实，自有待于革命史。今挈纲要述之于下。

一、革命之主义

革命之名词，创于孔子。中国历史，汤武以后，革命之事实，已数见不鲜矣。其在欧洲，则十七八世纪以后，革命风潮遂磅礴于世界，不独民主国惟然，即君主国之所以有立宪，亦革命之所赐也。余之谋中国革命，其所持主义，有因袭吾国固有之思想者，有规抚欧洲之学说事迹者，有吾所独见而创获者，分述于下：

一、民族主义　观中国历史之所示，则知中国之民族，有独立之性质与能力，其与他民族相遇，或和平而相安，或狎习而与之同化；其在政治不修及军事废弛之时，虽不免暂受他民族之蹂躏与宰制，然率能以力胜之。观于蒙古宰制中国垂一百年，明太祖终能率天下豪杰，以光复宗国，则知满洲之宰制中国，则中国人必终能驱除之。盖民族思想，实吾先民所遗留，初无待于外铄者也。余之民族主义，特就先民所遗留者，发挥而光大之；且改良其缺点，对于满洲，不以复仇为事，而务与之平等共处于中国之内，此为以民族主义对国内之诸民族也。对于世界诸民族，务保持吾民族之独立地位，发扬吾固有之文化，且吸收世界之文化而光大之，以期与诸民族并驱于世界，以驯致于大同，此为以民族主义对世界之诸民族也。

二、民权主义　中国古昔有唐虞之揖让，汤武之革命，其垂为学说者，有所谓"天视自我民视，天听自我民听"；有所谓"闻诛一夫纣，未闻弑君"；有所谓"民为贵,君为轻",此不可谓无民权思想矣。然有其思想而无其制度,故以民立国之制,不可不取资于欧美。欧美诸国有行民主立宪者,有行君主立宪者。其在民主立宪无论矣,即在君主立宪,亦为民权涨进君权退缩之结果,不过君主之遗迹犹未划绝耳。余之从事革命,以为中国非民主不可,其理由有三:既知民为〔惟〕邦本,则一国以内人人平等,君主何复有存在之余地,此自学理言之者也。满洲之入据中国,使中国民族处于被征服之地位,国亡之痛,二百六十余年如一日,故君主立宪在他国君民无甚深之恶感者,犹或可暂安于一时,在中国则必不能行,此自历史事实而言之者也。中国历史上之革命,其混乱时间所以延长者,皆由人各欲帝制自为,遂相争相夺而不已。行民主之制,则争端自绝,此自将来建设而言之者也。有此三者,故余之民权主义,第一决定者为民主,而第二之决定则以为民主专制必不可行,必立宪然后可以图治。欧洲立宪之精义,发于孟德斯鸠,所谓立法、司法、行政三权分立是已。欧洲立宪之国,莫不行之。然余游欧美,深究其政治、法律之得失,知选举之弊,决不可无以救之。而中国相传考试之制,纠察之制,实有其精义,足以济欧美法律、政治之穷,故主张以考试、纠察二权,与立法、司法、行政之权并立,合为五权宪法;更采直接民权之制,以现主权在民之实,如是余之民权主义,遂圆满而无憾。

三、民生主义　欧美自机器发明,而贫富不均之现象随以呈露;横流所激,经济革命之焰,乃较政治革命为尤烈。此在吾国三十年前,国人鲜一顾及者。余游欧美,见其经济界岌岌危殆之状,彼都人士方焦头烂额而莫知所救。因念吾国经济组织,持较欧美,虽贫富不均之现象无是剧烈,然特分量之差,初非性质之殊也。且他日欧美经济界之影响及于吾国,则此种现象,必日与俱增,故不可不为绸缪未雨之计。由是参综社会经济诸家学说,比较其得失,觉国家产业主义,尤深稳而可行。且欧美行之为焦头烂额者,吾国行之实为曲突徙薪,故决定以民生主义与民族主义、民权主义同时并行,将一举而成政治之功,兼以塞经济革命之源也。

综上所说,则知余之革命主义内容,赅括言之,三民主义、五权宪法是已。苟明乎世界之趋势与中国之情状者,则知余之主张,实为必要而且可行也。

二、革命之方略

专制时代,人民之精神与身体皆受桎梏,而不能解放,故虽有为国民利害着想献身以谋革命者,国民不惟不知助之,且从而非笑与漠视之,此事之必然者也。虽欲为国民之向导,然独行而无与从;虽欲为国民之前锋,然深入而无与继。故从事革命者,于破坏敌人势力之外,不能不兼注意于国民建设能力之养成,此革命方略所以为必要也。余之革命方略,规定革命进行之时期为三:第一为军政时期,第二为训政时期,第三为宪政时期。第一为破坏时期,在此时期内,施行军法,以革命军担任打破满洲之专制,扫除官僚之腐败,改革风俗之恶习等。第二为过渡时期,在此时期内,施行约法(非现行者),建设地方自治,促进民权发达,以一县为自治单位,每县于敌兵驱除战事停止之日,立颁布约法,以规定人民之权利义务与革命政府之统治权。以三年为限,三年期满,则由人民选举其县官;或于三年之内,该县自治局已能将其县之积弊扫除如上所述者,及能得过半数人民能了解三民主义而归顺民国者,能将人口清查、户籍厘定,警察、卫生、教育、道路各事照约法所定之低限程度而充分办就者,亦可立行自选其县官,而成完全之自治团体。革命政府之对于此自治团体,只能照约法所规定,而行其训政之权。俟全国平定之后六年,各县之已达完全自治者,皆得选代表一人,组织国民大会,以制定五权宪法;以五院制为中央政府,一曰行政院,二曰立法院,三曰司法院,四曰考试院,五曰监察院。宪法制定之后,由各县人民投票选举总统,以组织行政院;选举代议士,以组织立法院;其余三院之院长,由总统得立法院之同意而委任之,但不对总统及立法院负责,而五院皆对于国民大会负责。各院人员失职,由监察院向国民大会弹劾之;而监察院人员失职,则国民大会自行弹劾而罢黜之。国民大会职权,专司宪法之修改及制裁公仆之失职。国民大会及五院职员,与夫全国大小官吏,其资格皆由考试院定之。此为五权宪法。宪法制定,总统、议员举出后,革命政府当归政于民选之总统,而训政时期于以告终。第三为建设完成时期,在此时期施以宪政,此时一县之自治团体,当实行直接民权。人民对于本县之政治,当有普通选举之权、创制之权、复决之权、罢官之权。而对于一国政治,除选举权之外,其余之同等权,则付托于国家〔民〕大会之代表以行之。此宪政时期,即建设告竣之时,而革命收功之日也。革命方略大要如此,果能循此行之,则不但专制余毒,涤除净尽,国民权利,完全确实,而国民建设之能力,亦必稳健而无虞,何致有政客之播弄,与军人之横行哉!故革命主义,必有待于革命方略,而后得以完全贯彻也。

三、革命之运动

余之从事革命,建主义以为标的,定方略以为历程,集毕生之精力以赴之,百折而不挠。求天下之仁人志士,同趋于一主义之下,以同致力,于是有立党;求举国之人民,共喻此主义,以身体而力行之,于是有宣传;求此主义之实现,必先破坏而后有建设,于是有起义。革命事业,千头万绪,不可殚述。要其荦荦,在此三者,分述于下。

(一)立党 乙酉以后,余所持革命主义,能相喻者,不过亲友数人而已。士大夫方醉心于功名利禄,惟所称下流社会,反有三合会之组织,寓反清复明之思想于其中。虽时代湮远,几于数典忘祖,然苟与之言,犹较搢绅为易入,故余先从联络会党入手。甲午以后,赴檀岛美洲,纠合华侨,创立兴中会,此为以革命主义立党之始。然同志犹不过数十人耳。迄于庚子,以同志之努力,长江会党及两广、福建会党,始并合于兴中会,会员稍稍众,然所谓士林中人,为数犹寥寥焉。庚子以后,满洲之昏弱日益暴露,外患日益亟;士夫忧时感愤,负笈欧、美、日本者日众;而内地变法自强之潮流,亦遂澎湃而不可遏,于是士林中人,昔以革命为大逆无道、去之若浼者,至是亦稍稍知动念矣!及乎乙巳,余重至欧洲,则其地之留学生已多数赞成革命,余于是揭橥生平所怀抱之三民主义、五权宪法以为号召,而中国同盟会于以成立;及重至日本东京,则留学生之加盟者,除甘肃一省未有留学生外,十七省之人皆与焉。自是以后,中国同盟会遂为中国革命之中枢,分设支部于国外各处,尤以美洲及南洋为盛。而国内各省,亦由会员分往,秘密组织机关部,于是同盟会之会员,凡学界、工界、商界、军人、政客、会党无不有同趋于一主义之下,以各致其力。迄于辛亥,无形之心力且勿论,会员为主义而流之血,殆遍沾洒于神州矣!

（二）宣传 余于乙未举事广州,不幸而败,后数年,始命陈少白创《中国报》于香港,以鼓吹革命。庚子以后,革命宣传骤盛,东京则有戢元成〔丞〕、沈虬斋、张溥泉等发起《国民报》。上海则有章太炎、吴稚晖、邹容等,借《苏报》以主张革命。邹容之《革命军》、章太炎之《驳康有为书》,尤为一时传诵。同时国内外出版物为革命之鼓吹者,指不胜屈,人心士气,于以丕变。及同盟会成立,命胡汉民、汪精卫、陈天华等撰述《民报》。章太炎既出狱,复延入焉。《民报》成立,一方为同盟会之喉舌,以宣传主义;一方则力辟当时保皇党劝告开明专制、要求立宪之谬说,使革命主义,如日中天。由是各处支部,以同一目的,发行杂志、日报、书籍;且以小册秘密输送于内地,以传播思想。学校之内,市肆之间,争相传写,清廷虽有严禁,未如之何也。

（三）起义 乙未之秋,余集同志举事于广州,不克,陆皓东死之;被株连而死者,有丘四、朱贵全二人;被捕者七十余人,广东水师统带程奎光与焉,遂瘐死狱中,此为中国革命军举义之始。庚子再举事于惠州,所向皆捷,遂占领新安、大鹏,至惠州、平海一带沿海之地,有众万余人,郑士良率之,以接济不至而败。同时,史坚如在广州,以炸药攻毁两广总督德寿之署,谋歼其众,事败,被执遇害。自后革命风潮,遂由广东渐及于全国,湖南黄克强、马福益之举事,其最著者也。及同盟会成立之翌年,岁次丙午,会员举事于萍乡、醴陵,于时革命军起,连年不绝,其直接受余之命令以举事者,则有潮洲〔州〕黄冈之役、惠州之役、钦廉之役、镇南关之役、钦廉上思之役、云南河口之役。盖丁未、戊申两岁之间,举事六次,前仆后继,意气弥厉,革命党之志节与能力,遂渐为国人所重。而徐锡麟、秋瑾、熊成基之举事于长江,亦与两广遥相辉映焉。其奋不顾身以褫执政之魄者,则有刘思复之击李准,吴樾之击五大臣,徐锡麟之击恩铭,熊成基之击载洵,汪精卫、黄复生等之击摄政王,温生财〔才〕之击孚琦,陈敬岳、林冠慈之击李准,李沛基等之击凤山。其身或死或不死,其事或成或不成,然意气所激发,不特敌人为之胆落,亦足使天下顽夫廉、懦夫有立志矣! 事势相接,庚戌之岁,革命军再挫于广州;至辛亥三月二十九日,黄克强率同志袭两广督署,死事者七十二人,皆国之俊良也。革命党之气势,遂昭著于世界。是年八月,武昌革命军起,而革命之功,于以告成。综计诸役,革命党人以一往直前之气,忘身殉国;其慷慨助饷,多为华侨;热心宣传,多为学界;冲锋破敌,则在军队与会党;踔厉奋发,各尽所能,有此成功,非偶然也。

以上三者为其荦荦大者,他若外交之周旋,清廷阴谋之破坏,惟所关非细,不能尽录,留以待诸修史。

四、辛亥之役

辛亥八月十九日,革命军起义于武昌,拥黎元洪为都督。各省革命党人,不约而同,纷起以应,数日之内,光复行省十有五,遂于南京组织临时政府,举余为临时大总统。清廷命袁世凯与临时政府议和,遂使清帝退位。民国统一,余乃辞职,推荐袁世凯于参议院,续任为临时大总统焉。此一役也,为中国之大事,其得失利害,实影响于以后全体国民之祸福,不可以不深论也。

此役所得之结果,一为荡涤二百六十余年之耻辱,使国内诸民族一切平等,无复轧轹凌制之象。二为划除四千余年君主专制之迹,使民主政治于以开始。自经此役,中国民族独立之性质与能力屹然于世界,不可动摇。自经此役,中国民主政治已为国人所公认,此后复辟帝制诸幻想,皆为得罪于国人而不能存在。此其结果之伟大,洵足于中国历史上大书特书,而百世皆蒙其利者也。

然以为此役遂足以现中华民国之实乎? 则大谬不然。于何证之? 以十二年来之已事证之。十二年来,所以有民国之名,而无民国之实者,皆此役阶之厉也。举世之人,方疾首蹙额,以求其原因而不可得,余请以简单之一语而说明之,曰:此不行革命方略之过也。

革命方略,前已言之,规定革命进行之时期为三:第一军政时期,第二训政时期,第三宪政时期。此为荡涤旧污、促成新治所必要之历程,不容一缺者也。民国之所以得为民国,胥赖于此。不幸辛亥革命之役,忽视革命方略,置而不议,格而不行,于是根本错误,枝节横生,民国遂无所恃以为进行,此真可为太息痛恨者也! 今举其害如下:

(一)由军政时期一蹴而至宪政时期,绝不予革命政府以训练人民之时间,又绝不予人民以养成自治能力之时间。于是第一流弊,在旧污未由荡涤,新治未由进行。第二流弊,在粉饰旧污,以为新治。第三流弊,在发扬旧污,压抑新治。更端言之,即第一为民治不能实现,第二为假民治之名,行专制之实,第三则并民治之名而去之也。此所谓事有必至,理有固然者。

(二)军政时期及训政时期,所最先着重者,在以县为自治单位;盖必如是,然后民权有所托始,主权在民之规定,使〔始〕不至成为空文也。今于此忽之,其流弊遂不可胜言。第一,以县为自治单位,所以移官治于民治也。今既不行,则中央及省仍保其官治状态,专制旧习,何由打破? 第二,事之最切于人民者,莫如一县以内之事,县自治尚未经〈训〉练,对于中央及省,何怪其茫昧不知津涯。第三,人口清查,户籍厘定,皆县自治最先之务。此事既办,然后可以言选举。今先后颠倒,则所谓选举,适为劣绅、土豪之求官捷径,无怪选举舞弊,所在皆是。第四,人民有县自治以为凭借,则进而参与国事,可以绰绰然有余裕,与分子构成团体之学理,乃不相违。苟不如是,则人民失其参与国事之根据,无怪国事操纵于武人及官僚之手。以上四者,情势显然。临时约法,既知规定人民权利义务;而于地方制度,付之阙如,徒沾沾于国家机关,此所谓合九州之铁铸成大错者也。

(三)训政时期,先县自治之成立,而后国家机关之成立。临时约法,适得其反,其谬已不可救矣。然即以国家机关之规定论之,惟知袭取欧美三权分立之制,且以为付重权于国会,即符主权在民之旨;曾不知国会与人民,实非同物。况无考试机关,则无以矫选举之弊;无纠察机关,又无以分国会之权;驯致国会分子,稂莠不齐,薰莸同器;政府患国会权重,非劫以暴力,视为鱼肉，即济以诈术，弄为傀儡。政治无清明之望，国家无巩固之时，且大乱易作，不可收拾。

以上所述，皆十二年来之扰攘情状，人人所共见共闻者。寻其本原，何莫非不行革命方略有以致之。余于临时大总统任内，见革命方略，格而不行，遂不惜辞职，非得已也。

五、讨袁之役

辛亥之役，以不行革命方略，遂致革命主义无由贯彻，已如上述。在此情况之中，使当政府之局者，为忠于民国之人，亦无由致治，仅可得小康而已。余于袁世凯之继任为临时大总统也，固尝以小康期之，乃倡率同志，退为在野党，并自任经营铁道事业。盖以为但使国无大故，则社会进步，亦足以间接使政治基础，臻于完固。如此，则民国之建设，虽稍迟滞，犹无碍也。顾袁世凯之所为，则无一不与民国为仇，其不轨之心，日甚一日。袁世凯之出此，天性恶戾，反复无常，固其一端；然所以敢于为此者，一由革命方略不行，则缘之而生之弊害，断不能免。人见弊害如此，则执以为党人诟病，谓民主之制，不适于中国。而党人亦因以失其信用。一由专制之毒深入人心。习于旧污者，视民主政治为仇雠，伺瑕抵隙，思中伤之以为快。群趋重于袁世凯，将挟以推翻民国之具，而袁世凯亦利用之，以自便其私。积此二者，袁世凯于是有划除南方党人势力根据之计画，有推倒民治、恢复帝制之决心。于狙杀宋教仁，小试其端；于五国借款不经国会通过，更张其焰。东南讨袁军举事太迟，反为所噬。辛亥之役，革命军所植于国内之势力，遂以荡涤无余。及乎国会解散，约法毁弃，则反形已具，帝制自为之心事，跃然如见矣！余乃组织中华革命党，恢复民国以前革命党之面目，而加以严格之训练。以辛亥覆辙，申儆党人，俾于革命之进行，不致徬徨歧路。自二年至于五年之间，与袁世凯奋斗不绝。及乎洪宪宣布，僭窃已成。蔡锷之师，崛起云南，西南响应，而袁世凯穷途末路，众叛亲离，卒郁郁以死。民国之名词，乃得绝而复苏。

经此一役，余以为国人应有之觉悟，其至低限度，亦当知袁世凯式之政治,不能存在于民国之内,必彻底以划除之也。不期国人之意识,乃无异于辛亥。辛亥之役,以为但使清帝退位,则民国告成,讴歌太平,坐待共和幸福之降临,此外无复余事。所有民国一切之设施与旧制之更张,不特不以为必要,且以为多事。丙辰之役,以为但使袁世凯取消帝制,则民国依然无恙,其他袁世凯所遗留之制度,不妨萧规而曹随。似袁世凯所为,除帝制外,无不宜于民国者。甚至袁世凯所毁弃之约法与所解散之国会,亦须力争,而后得以恢复,其他更无俟言。故辛亥之结果,清帝退位而止;丙辰之结果,袁世凯取消帝制而止。

六、护法之役

自民国二年至五年,国内之革命战事,可统名之曰讨袁之役;自五年至于今,国内之革命战事,可统名之曰护法之役。袁世凯虽死,而袁世凯所留遗之制度,不随以俱死,则民国之变乱,正无已时,已为常人意料所及。果也,曾不期年,而毁弃约法、解散国会之祸再发,驯致废帝复辟,民国不绝如缕。复辟之变,虽旬余而定;而毁法之变,则愈演愈烈。余乃不得不以护法号召天下。

夫余对于《临时约法》之不满,已如前述,则余对于此与革命方略相背驰之约法,又何为起而拥护之,此必读者所亟欲问者也。余请郑重以说明之。辛亥之役,余格于群议,不获执革命方略而见之实行,而北方将士,以袁世凯为首领,与余议和。夫北方将士与革命军相距于汉阳,明明为反对民国者,今虽曰服从民国,安能保其心之无他。故余奉《临时约法》而使之服从,盖以服从《临时约法》为服从民国之证据。余犹虑其不足信,故必令袁世凯宣誓遵守约法,矢忠不贰,然后许其和议。故《临时约法》者,南北统一之条件,而民国所由构成也。袁世凯毁弃《临时约法》,即为违背誓言,取消其服从民国之证据,不必待其帝制自为,已为民国所必不容。袁世凯死,而其所部将士,袭其故智,以取消其服从民国之证据,则其罪与袁世凯等,亦为民国所必不容。故拥护《约法》,即所以拥护民国,使国之人对于民国无有异志也。余为民国前途计，一方面甚望有更进步、更适宜之宪法，以代《临时约法》；一方面则务拥护《临时约法》之尊严，俾国本不因以摇撼。故余自六年至今，奋然以一身荷护法之大任而不少挠。

护法事业，凡三波折。六年之秋，余率海军舰队，南去广州，国会开非常会议，举余为大元帅，余乃以护法号令西南。西南将帅虽有阴持两端不受约束者，然于护法之名义，则崇奉不敢有异。故其时西南与北方战，纯然护法与非法战也。及余解职去广州，继起之军政府，对于护法，不能坚持；而西南诸省，因之亦生携贰，率〔卒〕至军政府有悍然取消护法之举，于是护法事业，几于坠地。九年之冬，余重至广州，翌年五月，再被选为大总统，始重整护法之旗鼓，以北向中原。而奸宄窃发，进行蹉跌，北方将士反以护法相号召，冀收统一之效。余固喜之，顾以国会问题犹未解决，护法事业终为有憾，然余甚愿以和平方法，睹护法之完全告成也。护法之战，前后六载，国家损失不为不重；人民牺牲不为不大；军兴既久，所在以养兵为地方患，故余于护法事业将告结束之际，发起化兵为工之主张以补救之。如实行此主张，于国利民福，当有所裨；否则，护法之役所得效果，惟留法不可毁之一念于国人脑中而已，较辛亥、丙辰所得结果，不能有加也。

七、结论

中华革命之经过，其艰难顿挫如此。据现在以策将来，可得一结论曰：非行化兵为工之策，不能解目前之纷纠；非行以县为自治单位之策，不能奠民国于苞桑，愿我国人一念斯言。

民国十二年一月二十九日

据《中国之革命》，载《申报五十周年纪念专刊》（一九二三年二月编印）

序　跋

《支那现势地图》跋

(一八九九年十二月二十二日)①

迩来中国有志之士,感慨风云,悲愤时局,忧山河之破碎,惧种族之沦亡,多欲发奋为雄,乘时报国,舍科第之辞章,而讲治平之实学者矣。

然实学之要,首在通晓舆图,尤首在通晓本国之舆图。萧何入关,先收图籍,所以能运筹帷幄之中,而决胜千里之外;卒佐汉高以成帝业者,多在此云。然则舆图之学古昔尚矣,后世学者弃而不讲,故虽《大清一统志》之富,《郡国利病书》之详,亦有其说而无善图。康熙之时,曾派天主教士往各省测绘,制有十八省图,经纬颇准;然山脉河流,仍多错误。坊间仿本更不足征。方今风气既开,好学心〔忧〕时之士,欲求一佳图以资考鉴,亦不可得,诚为憾事。

中国舆图,以俄人所测绘者为精审。盖俄人早具萧何之智,久已视此中华土地为彼囊中之物矣。故其考察支那之山川、险要、城郭、人民,较之他国舆地家尤为留意。近年俄京刊有中国东北七省图及中国十八省图,较之以前所有者,精粗悬绝矣。德国烈支多芬所测绘之北省地文、地质图各十二幅,甚为精细。法国殖民局本年所刊之南省图,亦属佳制。此图从俄、德、法三图及英人海图辑绘而成,惟编幅所限,仅能撮取大要,精详之作,尚待分图。至于道路、铁路、江河、航路、山原高低,则从最近游历家所测绘各地专图加入。其已割之岩疆,已分之铁路,则用着色表明,以便览者触目警心云。

---

① 《支那现势地图》为孙中山手绘,1900年7月14日在日本发行。《跋》尾有"己亥冬节"字样,故写作时间应在1899年12月22日。

昔人诗曰:"阴平穷寇非难御,如此江山坐付人!"携〔掷〕笔不禁太息久之。

时在己亥冬节
孙文逸仙识

据秦孝仪主编《国父全集》第八册(台北近代中国出版社一九八九年版)

《三十三年之梦》序①

(一九〇二年八月)

世传隋时有东海侠客号虬髯公者,尝游中华,遍访豪杰,遇李靖于灵石,识世民于太原,相与谈天下大事,许世民为天人之资,勉靖助之以建大业。后世民起义师,除隋乱,果兴唐室,称为太宗。说者谓初多侠客之功,有以成其志云。

宫崎寅藏君者,今之侠客也。识见高远,抱负不凡,具怀仁慕义之心,发拯危扶倾之志,日忧黄种陵夷,悯支那削弱,数游汉土,以访英贤,欲共建不世之奇勋,襄成兴亚之大业。闻吾人有再造支那之谋,创兴共和之举,不远千里,相来订交,期许甚深,勖励极挚;方之虬髯,诚有过之。惟愧吾人无太宗之资,乏卫公之略,驰驱数载,一事无成,实多负君之厚望也。

君近以倦游归国,将其所历,笔之于书,以为关心亚局兴衰、筹保黄种生存者有所取资焉。吾喜其用意之良,为心之苦,特序此以表扬之。

壬寅八月②
支那　孙文逸仙拜序

据[日]白浪庵滔天(宫崎寅藏)著,金一(金天翮)译《三十三年落花梦》(上海群学社光绪二十九年③版)

---

① 宫崎寅藏所著日文《三十三年之梦》,最初在是年1月至6月的东京《二六新闻》上连载,8月出版单行本。1903—1904年间出现中文节译本两种,即章士钊的《孙逸仙》和金天翮的《三十三年落花梦》。

② 8月是阳历,与该书初版单行本发行月份相同。

③ 光绪二十九年,即1903年。

《太平天国战史》序

（一九〇四年）①

朱元璋、洪秀全各起自布衣，提三尺剑，驱逐异胡，即位于南京。朱明不数年，奄有汉家故土，传世数百，而皇祀弗衰；洪朝不十余年，及身而亡。无识者特唱种种谬说，是朱非洪，是盖以成功论豪杰也。

胡元亡汉，运不及百年，去古未远，衣冠制度仍用汉官仪。加以当时士君子，半师承赵江汉、刘因诸贤学说，华夷之辨，多能道者。故李思齐等拥兵关陕不出，刘基、徐达、常遇春、胡深诸人皆徒步从明祖，群起亡胡，则大事易举也。

满清窃国二百余年，明逸老之流风遗韵，荡然无存。士大夫又久处异族笼络压抑之下，习与相忘，廉耻道丧，莫此为甚。虽以罗、曾、左、郭②号称学者，终不明春秋大义，日陷于以汉攻汉之策，太平天国遂底于亡。岂天未厌胡运欤？汉孙子〔子孙〕不肖应使然欤？抑当时战略失宜有以致之欤？

洪朝亡国距今四十年，一代典章伟绩概付焚如，即洪门子弟亦不详其事实，是可忧也。汉公搜辑东西太平遗书，钞译成册，中土秘本考证者不下数十种，虽当年遗老所见所闻异辞，文献足征大备，史料官书可据者录之，题曰《太平天国战史》，洵洪朝十三年一代信史也。太平一朝，与战相终始，其他文艺官制诸典不能蔚然成帙；又近时官书伪本流行，关于太平战绩，每多隐讳。汉公是编，可谓扬皇汉之武功，举从前秽史一澄清其奸，俾读者识太平朝之所以异于朱明，汉家谋恢复者不可谓无人。洪门诸君子手此一编，亦足征高曾矩矱之遗，当世守其志而勿替也，予

---

① 刘成禺的《太平天国战史》前编，是年初版发行。
② 罗、曾、左、郭，分别指罗泽南、曾国藩、左宗棠、郭嵩焘。

亦有光荣焉。

此序。

孙文逸仙拜撰

据汉公(刘成禺)编著《太平天国战史》前编(日本东京祖国杂志社一九〇四年版)

《支那革命实见记》序①

(一九〇八年七月)②

良友池君近以书来言,著《支那革命实见记》已成,属余为序。余虽未见其所著,然以君之为人决之,而知其书必足以传世也。

君优于文学,操行高洁,能卓然自立,以才名闻于时。顾君平日尚公理,重实行,不拘墟于流俗之功名,见有戾于人道、反于正义者,辄奋然思扫除之。其抱负英侠如是,故能决弃其平生际遇,而与吾党之士共戮力以从事于支那革命,艰苦危险,处之恬如也。

客岁吾党将有事于潮州,君毅然以身赴之,思大与以裨助。迨潮事一起即蹶,君郁郁不得展其志。暮秋,造余所居,相与讨论擘划天下事。及我军占领镇南关,余驰往督师。余自乙未广州失败以来,历十有四年,至是始得履故国之土地,与将士宣力行阵间。而君亦于斯时与余偕行,冒锋镝,犯矢石,同志咸感其义。

今君以其亲历者著之于书,余知君必能明揭吾党得失利钝之迹,以示天下也。余尤企君不徒叙述吾党得意之事而已,必详举其困厄与失败之原因,俾吾党之士得以自儆,抑亦将使天下之人恤其孤厄而为之助焉。

客岁以来,吾党凡五举事矣:潮州之军,不旋踵而蹶;惠州继起,视前为

---

① 池亨吉著《支那革命实见记》最初于是年5、6月的《大阪朝日新闻》上连载,至1911年始在东京出版单行本。

② 此序作于戊申六月,阳历当为1908年7月。

劲;至于钦廉,则又进矣;镇南关之役,其势倍于钦廉;最近河口之师,则又足掩前者。由斯以言,吾党经一次失败,即多一次进步。然则失败者,进步之原因也。盖失败而隳然气尽,其不摇落者几希矣;惟失败之后,谨慎戒惧,集思补过,折而愈劲,道阻且长,期以必达,则党力庶有充实之时。历观前事,足以气壮,此固吾党之士所宜以自策励,即池君作书之本恉亦不外是。故书此以质池君,并以质读池君之书者。

戊申六月

孙文逸仙拜撰　属汪锜精卫书

据《支那革命实见记》中文原序(一九〇八年七月)

《新国民》杂志序

（一九一二年六月二十四日）

　　自武汉发难,不数月而共和政治出见于亚东大陆,论者推原功首,咸以为数年来言论提倡之力,固矣！顾共和虽成,而共和之实能举与否,则当视国民政治能力与公共道德之充足,以为比率。蒙稚之众,以登未习之域,识者有忧之。主言论者既提倡之于前矣,而不督责之于后,可乎？政革以来,民气发舒,上海一隅,日刊报纸,蔚然云起,独杂志缺然未有闻。然求其移风易俗感人之深者,日报之过目易忘,不如杂志之足资玩索也。新国民报社刊行杂志《新国民》将成,来请序于余,余喜国民之有良导也,为识数言于卷首。

中华民国元年六月二十四日
孙文序

据中国国民党中央文化传播委员会党史馆藏一般档案054/39

《民意报》周年纪念祝词

（一九一二年十二月二十日）

《民意报》开始，迄今一周年也。种种效果，播诸舆论，呦之史乘，无俟鄙人琐琐。文闻古人之赠言也，不以誉而以规；君子之勉人也，不冀其退而促其进。民生日蹙，何以苏之？边患日棘，何以纾之？外侮日逼，何以钼之？我有财政，纷如乱丝；我有路政，芜蔑不治；我有军政，窳败不支。由前而观，所主张者，厪共和之一事；由后而论，所揭橥者，当综全国而陈词。《民意报》勖乎哉！毋激而过，毋党而偏，以国利民福为前题〔提〕，自历千秋万岁而不崩不骞。

据"中央改造委员会"党史史料编纂委员会编《总理全书》（台北一九五〇年至一九五二年出版）之五《杂著》

《英国政府刊布中国革命蓝皮书》序①

（一九一二年十二月二十一日）

陈君国权译英政府所刊布中国革命蓝皮书既成，谋序于予。序曰：

古之言兵事者，曰知己知彼。不惟兵事，谋国者亦然，未有不知己知彼而能谋国者也。陈君搜集〈外人〉言华事之书极富，方将择其要者译述，以告国人，兹书其一种也。陈君译此，以版权赠诸发行人，无所取偿，尤征其急公好义之高风焉。

中华民国元年十二月二十一日

孙　文

据上海《民立报》一九一二年十二月二十五日《中国革命蓝皮书》

---

① 《英国政府刊布中国革命蓝皮书》，英文原书1912年5月出版，陈国权译文于1913年由上海青蟹堂发行。

《铁路杂志》题词

(一九一二年)①

　　夫铁路者,今日文明富强之利器也。古人有言,工欲善其事,必先利其器。予为转一语曰:民欲兴其国,必先修其路。何以见之?见之于美国。美国今日有一百二十万里之铁路,其铁路为世界至多,而其富强亦为世界第一。若以人数较之,则我国多于美国四倍,如是吾国之铁路应有四百八十万里,而文明程度乃足与美国相等也。然吾国今有铁路不过二万里耳,方之美国,则瞠乎远矣!然则急起直追,赶速筑此四百八十万里铁路,其法当如何而后可?曰:当效法美国也。美国之法为何?曰:招待外资,任用外才,政府奖励,人民欢迎,此四者可以助美国铁路之速成也。吾国向来闭关自守,深绝固拒,故当铁路萌芽之始,人民则惊疑,政府则顾虑,遂致买而折〔拆〕卸之,弃其铁轨车头于孤岛,有如韩昌黎之驱噩〔鳄〕鱼焉。此三十年前淞沪铁路之结果也。及后知铁路之不能不筑矣,而犹有拒外资、争路权之事,然以国力不胜,资本缺乏,争之不得,则路权与主权并落于强邻之手,此北满、南满、滇越等路是也。夫吾人所当争者主权也,非路权也;倘主权不失,路权虽授与人,不失其利也;倘主权旁落,路权争回,不能免其害也。乃国人多不知利害得失之分,每争其小而遗其大,良可慨也。深望《铁路杂志》同人发挥此旨,使国人有所觉悟,舍路权而争主权;一旦主权恢复,我便可大开门户,欢迎外资,放任路权,同力合作。夫如是,以今日科学之进步,物质之发达,十数年后,我国铁路必能与美国并驾齐驱,而我国之富强亦必随铁路与俱来矣。此为《铁路杂志》同人文字收功之日,大愿告成之时也,行当拭目以俟之。

孙　文

据胡汉民编《总理全集》第一集(上海民智书局一九三〇年版)

---

①　此件写作时间不详。就文中内容看,与1912年间孙中山大力宣传筑路的讲话大意相同。据此推断,本文当作于1912年。

政务讨论会杂志出版祝词

（一九一三年二月）

泱泱神州,蓝筚伊始,国之揭橥,宪纲是恃。范围五族,昭示亿襈,民智犹豪,孰良孰否。欧陆前模,孟德精理,发擑光大,视此鸿制。祝政务讨论会杂志出版。

<blockquote>据《震旦》杂志第一期（北京一九一三年二月,统一党政务讨论会发行）</blockquote>

《国民月刊》出世词①

（一九一三年三月中旬）②

中华民国成立一年矣。此一年中吾人所抱负之希望,未达其十一。然而至可喜者,则政党之根基成立是。此次选举,据各地方报告观之,国民党较占优胜。国民党者,革命党之化身也。在秘密运动时代,革命党竭数千万人之力,牺牲数千百人之生命财产,费数十年之日月,以与专制战,而终能得全体国民之同意,颠覆专制清廷,创造中华民国。于是更合多数才学道德之士,组织国民党,成立不数阅月,而选举又占优势。由是观之,我国民之同意于国民党也深矣! 夫当专制时代,革命党牺牲身命财产,以与专制之清廷政府抗,国民赞同之,破坏之功,不久告竣。今吾人组织大政党,以从事于建设之业,而国民亦赞同之。国民之所以赞成者,信仰吾党之人乎? 非也,以吾

---

① 《国民月刊》是国民党机关刊物,由国民党上海交通部编辑发行。

② 文中有"今者国会将开"一句,可知此文最迟完成于 1913 年 4 月 8 日国会正式开幕前。又,国会议员选举开始于 1912 年 12 月,次年 2 月底 3 月初基本完成,袁世凯通知各议员于 3 月底前到京开会。又,3 月 20 日宋教仁被刺,不久身亡。故此文应作于此前。

党所持之政纲能合乎公理耳。既然矣,则吾党之士,宜坚其信心,持以毅力,以遵守此公理。且照此公理,勇猛精进以行之。政纲者,则吾党所藉以为公理之表现者也。行不违乎政纲,斯不悖乎公理,而后乃不负国民之同意,且不负先烈牺牲生民〔命〕以创造中华民国之苦心也。

建设难而破坏易。破坏者,竭千百人之力以为之,或数年,或数十年,未有不成功者。一旦旧政府推翻,则破坏之功竣矣。建设则不然。法美之革命,成功垂百年矣,然而今日法美之国民,仍尽力图其国家之发展,而不稍倦焉。何也?世界之进步无极,国家之存在无止境,则政治之改良亦无已时也。子舆氏曰:"无内忧外患者,国恒亡。"盖以无内忧外患,则人皆粉饰太平,不自谋其进步,而亡国乃随之。物腐蛀生,势理然也。今吾党既以巩固中华民国、图谋民生幸福为务,则所欲巩固者与图谋者皆永远之业,非一时之事也。外瞻世界之大势,内察本国之利弊,以日新又新之精神,图民生之幸福,吾党而永远以公理为目的,则自得国民永远之赞同。非然者,虽今日成功,后日亦必失败。且欧美文明各国,其发达至于如此者,非一日之力,实历史上进步之结果也。今中华民国新出现于世界,即欲进至各文明国之程度,已非数十年不为功。而数十年间,各国之进步,仍日新月盛也。必也学问事业,彼进一步,我进十步,夫然后乃得使中华民国确列于世界文明国之林。今国民既大赞同于吾党,则提携国民而使之进步,实吾党之使命也。此吾所望于吾党人士者一也。

乐观者,成功之源;悲观者,失败之因。吾人对于国民所负之责任,非图谋民生幸福乎?民生幸福者,吾国民前途之第一大快乐也。既然矣,则吾人应以乐观之精神,积极进行之,夫然后民生幸福之目的可达,而吾人之希望乃有成也。苟稍怀悲观,则流为厌世,而成自暴自弃之徒。夫吾人既担负图谋民生幸福之责,则应知前途有最大之快乐在,虽有万苦,亦坚忍以持之。中国国民之性质,其最大之弊则为悲观。自命高尚者流,闭门谢客,笑骂当世以为得,而热心之极者,更往往蹈海沉江,捐生弃世焉。夫事业以活动而成功,活动以坚忍为要素,世界万事,惟坚忍乃能成功。必有乐观之精神,乃有坚忍之毅力,有坚忍之毅力,而后所抱持之主义乃克达其目的焉。民国方成,如日初升,图谋前途之大幸福,吾党之责也。此吾之所望于吾党人士者二也。

政党之作用,在提携国民以求进步也。甲党执政,则甲党以所抱持之政策,尽力施行之。而乙党在野,则立于监督者之地位焉,有不善者则纠正之,其善者则更研究至善之政策,以图进步焉。数年之后,甲党之政策既已实行,其善不善之效果亦已大著。而乙党所研究讨论之进步政策,能得大多数国民之赞同也,于是乙党执政,以施行其政策,而甲党则退立于监督之地位。轮流互易,国家之进步无穷,国民之幸福亦无穷焉。故政党之目的,无论何党,皆必以实行政策与研究政策二者为其目的。由是观之,能使国家进步、国民安乐者,乃为良政治;能有使国家进步、国民安乐之政策者,乃为良政党;谋以国家进步、国民幸福而生之主张,是谓党见;因此而生之竞争,是谓党争。非然者,为少数人之权利计,为私人之安乐计,此种主张及手段,皆不以国家为前提者也。若是之见,是为私见;若是之争,是为私争。党争可有,而私争不可有;党见可坚持,而私见不可坚持。吾党既以巩固中华民国图谋民生幸福为目的,则又当力矫今日私见私争之弊。此吾所望于吾党人士者三也。

今者国会将开,吾人所怀抱之政策,将以正式国会为发表之机会。夫中华民国一切建设之大业,其根本问题,皆国会之职务,而国民党在国会所负之责更大焉。以进步思想,乐观精神,准公理,据政纲,以达巩固中华民国图谋民生幸福之目的,当然为吾党之责,愿与吾党人士共勉之。

据《国民月刊》第一卷第一号(上海一九一三年五月二十日)

《战学入门》序

(一九一四年六月)

战争本人类之恶性,人类进化愈高,则此恶性愈减。故古昔先进之国,每多堰武修文,鄙战争而崇礼让。倘进化前途无所障碍,只有进而无退,则世界大同，可指日而待，岂非人类之极大福祉耶？无如进化之程度不齐，先进文明之国，每多为野蛮尚武之种所灭，如罗马之亡以北狄，中华之厄于鞑靼，其退化恒以千百年计，此真人类之至惨大可〔奇〕祸也。近百年来，白种之物质进化，实超前古，而其心性进化尚未离乎野蛮，故战争之祸，于今尤烈。当此之时，世界种族能战则存，不能战则亡，优胜劣败，弱肉强食，殆视为天理之当然，此诚进化前途之大厄也。

我中华为世界独存之古国，开化最早，蛮风久泯，人好和平，不尚争斗。乃忽逢此白祸滔天之会，有亡国灭种之虞，此志士仁人欲为人道作干城，为进化除障碍，有不得不以战止战者也。世之善战者，有得于天才者，有得于学问者，如铁木真之起于游牧，而能扫荡欧亚，战无不胜，攻无不克，此天才独胜者也。如莫鲁克①之运筹帷幄，决胜先机，一战而胜丹，再战而摧奥，三战而败法，此学问特长者也。至于拿破仑乘法国革命之运，统饥寒之残卒，与奥战于意大利之野，以少击众，连战皆捷，转危为安，及后几奄全欧，其用兵之妙，古今无匹，此才学兼长者也。夫天才则不能以人致，而学问固可以力求。日本维新以后，取法欧洲，整军经武，满洲一役，节节进取，步步为营，后卒并虎噬鲸吞之敌俄而一以摧廓，深袭我堂奥，其计划之周全，经理之完备，则纯以学问胜者也。近代科学大明，武器进步，治军之复杂，迥非前代所可比拟。昔有不读兵书，而可以为名将者，今则非深造乎学问，不足以临陈图敌矣。此战学之所以不可不讲也。周君哲谋有《战学入门》之作，予喜其先获我心，特为之序，以介绍于吾国有志之士。

民国三年仲夏
孙文序于日本东京旅次

据李浴日《孙中山先生未发表的两篇军事遗著》，载《世界兵学》第六期（出版者及出版时间不详）

---

① 莫鲁克，即毛奇。（李浴日注）案：毛奇，德文原名为 Helmuth Von Moltke，生于 1800 年，卒于 1891 年，曾任普鲁士军总参谋长。

《同盟演义》序①

（一九一七年四月三十日）

自余始创同盟会,暨于满清之覆,中间不过七年耳。至诚所至,金石为开,况乎人乎！然同盟会之誓约曰:"驱除鞑虏,恢复中华,创立民国,平均地权。"仅去满清,安能以为止境？此吾人所以于元、二之间,力谋团结民党,组织政党内阁,以固民国之基,而为平均地权政策之准备也。盖同盟会之四纲,有一不具,吾人不敢告劳。其后虽有所迁就,改用国民党之称,吾人目的,固未尝变也。同盟会之成,多赖海外华侨之力,军饷胥出焉。及满清既覆,人人皆自以为有不世之功,而华侨类不自伐,惟吾深知同盟会中非有华侨一部分者,清室无由而覆,民国无由而建也。华侨不自言功者,盖知救国真为天职,不事矜举,抑亦知夫四纲之未具,责有未尽而然者乎？五六年来,始于义而终于利者,亦数见矣。而华侨与之者独希,此亦殆由其经历熏习与诸政客有异欤！赵君公璧②作《同盟演义》,以俳体写当时信史,而于华侨之义概,尤致意焉。庶乎其可以劝于今而信于来兹矣,兹又使人惕然于四纲之未具,民国犹危也。于其刊行也序以遗之。

民国六年四月三十日

据中国国民党中央文化传播委员会党史馆藏一般档案 054/50

---

① 此稿为朱执信所拟。
② 赵公璧,字士觐,早年参加孙中山领导的革命活动,后在1923年任中国国民党广州市第五区分部秘书。

《建设》杂志发刊词①

（一九一九年八月一日）

我中华民国以世界至大之民族,而拥世界至大之富源,曾感受世界最进化之潮流,已举行现代最文明之革命,遂使数千年一脉相传之专制为之推翻,有史以来未有之民国为之成立。然而八年以来,国际地位犹未能与列强并驾,而国内则犹是官僚舞弊,武人专横,政客捣乱,人民流离者,何也？以革命破坏之后而不能建设也。所以不能者,以不知其道也。吾党同志有见于此,故发刊《建设》杂志,以鼓吹建设之思潮,展〔阐〕明建设之原理,冀广传吾党建设之主义,成为国民之常识,使人人知建设为今日之需要,使人人知建设为易行之事功。由是万众一心以赴之,而建设一世界最富强最快乐之国家为民所有、为民所治、为民所享者,此《建设》杂志之目的也。兹当发刊之始,予乐而为之祝曰:建设成功！中华民国之建设迅速成功！

民国八年八月一日　孙文

据《建设》杂志第一卷第一期(上海一九一九年八月一日)

《战后太平洋问题》序②

（一九一九年九月）

何谓太平洋问题？即世界之海权问题也。海权之竞争,由地中海而移

---

① 《建设》杂志,由孙中山指定胡汉民、汪精卫、戴季陶、朱执信、廖仲恺五人组成建设社编辑出版。该杂志共发行两卷又一期(1919—1920年,共13期)。

② 姚伯麟著《战后太平洋问题》一书,指出今后世界总趋势在于争夺太平洋;中国在太平洋占有重要位置,如果在对付列强争夺太平洋海权斗争中,中国稍有不慎,即将陷国家于分裂灭亡之地。全书主旨在于唤起中国人民对太平洋问题的重视。

于大西洋,今后则由大西洋而移于太平洋矣。昔时之地中海问题、大西洋问题,我可付诸不知不问也;惟今后之太平洋问题,则实关于我中华民族之生存,中华国家之运命者也。盖太平洋之重心,即中国也;争太平洋之海权,即争中国之门户权耳。谁握此门户,则有此堂奥、有此宝藏也。人方以我为争,我岂能付之不知不问乎?姚伯麟先生有鉴于此,特著《战后太平洋问题》一书,以唤起国人之迷梦,俾国人知所远虑,以免近忧焉。其救国之苦心,良足多也,故喜而为之序。

中华民国八年九月　孙文

据吴拯寰编《中山全书》(上海三民图书公司一九二五年版)

《精武本纪》序

（一九一九年十月二十日）

自人类日进于文明,能以种种经验,资用器具,而抵抗自然。至于今日人智所发明者,几为古人梦想拟议所不到,盖云盛矣。然以利用种种器具之故,渐举其本体器官固有之作用,循用进废退之公例而不免于淘汰,此近来有识者所深忧也。

慨自火器输入中国之后,国人多弃体育之技击术而不讲,驯至社会个人积弱愈甚;不知最后五分钟之决胜,常在目前五尺地短兵相接之时,为今次欧战所屡见者,则谓技击术与枪炮飞机有同等作用,亦奚不可?而我国人曩昔仅袭得他人物质文明之粗末,遂自弃其本体固有之技能以为无用,岂非大失计耶?

我国民族,平和之民族也。吾人初不以黩武善战,策我同胞。然处竞争剧烈之时代,不知求自卫之道,则不适于生存。且吾观近代战争之起,恒以弱国为问题。倘以平和之民族,善于自卫,则斯世初无弱肉强食之说;而自国之问题不待他人之解决,因以促进世界人类之平和,我民族之责任不綦大哉?《易》曰:"慢〔谩〕藏诲盗,冶容诲淫。"《孟子》曰:"人必自侮,而后人侮之;国必自伐,而后人伐之。"此皆为不知自卫者警也。

精武体育会成立既十年,其成绩甚多,识者称为体魄修养术专门研究之学会,盖以振起从来体育之技击术为务,于强种保国有莫大之关系。推而言之,则吾民族所以致力于世界和平之一基础。会中诸子为《精武本纪》既成,索序于余,余嘉诸子之有先知毅力不同于流俗也,故书此与之。

中华民国八年十月二十日

据陈铁生编《精武本纪》(上海一九一九年版)

《实业旬报》创刊祝词

(一九一九年)

振兴实业以裕民生,实今日救国之急务也。然而凡事易于乐成,难以图始,盖行之非艰,而知之甚艰,是故提倡指导之必赖于先知先觉也。实业旬报实先得我心,不禁为之喜跃欢迎而祝之曰:先知先觉,救国救民。

孙　文

据上海中华实业协会编《实业旬报》创刊号(一九一九年,上海徐家汇藏书楼藏件)

为《大光报》年刊题词

(一九二〇年一月)

《大光报》发行年刊,征词于余。《大光报》之立,至今八年,持正义以抗强权,于南方诸报中,能久而不渝者,惟此而已,故余乐为之词。

光明之为人类所爱也,实为有生俱来之本能之发动,不假教导而能者也。推其所肇,盖以人类由动物之有知识、能互助者进化而成。当其蒙昧,力不如狮虎牛马，走不如犬兔，潜不如鱼介，飞不如诸禽，而犹得自保者，能互助，故能合弱以御强；有知识，故能趋利而避害也。夫趋避之事，以能知为前提，而动物之所恃以知者，第一为光明。惟有光明，故于猛兽之来袭，可以力御之，可以智避之也。于自然之景象，孰可利用？孰能为阻碍？可得试验而知也。惟有光明，故人与人可以相识相亲，而后互助之实可举也。故光明者，智识之源泉，互助行为之先决条件也。故有智识、能互助之人类，习与性成，遂对于光明而生爱恋，对于黑暗而怀恐怖，遗传浸久，遂不知其然而然。孩童初生，未有利害之见，未知合群之义，亦乐光明而恶黑暗；而不知利用此光明以得知识，行互助，则其人虽年长体硕，自其能力观之，无异始生之孩。以视原人之能由光明以渐得知识、组成社会者，抑又不及矣。光明固供给人之智识者也，而人若摈知识不求，则光明等于虚设。

夫今日之为人类利害者，固非一事，绝不如原人时代之简单，而其须为研究始可应付者正同。故今日之人类不但需爱地文上之光明、物理上之光明，尤须爱精神上之光明、心理上之光明。惟此种光明能指示人生之趋向，而凡旧社会之迷妄偏执，一一须以此光明照临破除之。障碍既除，然后此所谓互助者，可得实现。盖光明者，不外使人认识实在、认识真理之一具。苟有其具而不用，或遗其实而骛其名，则无益而有害。抑且以光明与人者，其功固大，而责任亦尤重。苟其挟成心而以先入为主，则非光明之义，而祸患将由之以胎。

"大光"之名吾固深喜之，而又望其能与人真实之智识、互助之精神，不负其名也，因书此遗之。

中华民国九年一月
孙　文

据中国国民党中央文化传播委员会党史馆藏一般档案
054/47

《社会观》序[①]

（一九二〇年三月一日）[②]

陈君安仁，以其所著《社会观》寄予，予不暇悉读。读其"论新旧社会财富之观念"一节，知其于吾向所主张之平均地权之义固相合也。陈君研究日深，异日必能于依私有制经营发展之社会形态以外，更有所进，则于"天下为公"之义，几乎至矣。予日望之。

孙　文

据中国国民党中央文化传播委员会党史馆藏一般档案241/396

合肥阚氏重修谱牒序

（一九二〇年四月上旬）

合肥阚氏，古蚩尤之后裔也。蚩尤姓阚，为中国第一革命家，首创开矿铸械之法。因轩辕氏夺其祖神农氏之天下，乃集其党徒八十一人，精究战术，能为风雨雾霾以助战，与轩辕氏血战多年，至死不屈。轩辕氏既灭蚩尤，实行帝制，称蚩尤为乱民，加以不道德之谥号。然心畏蚩尤之神异，民心之思念，乃令人图画其像，建祠祀之。至今四千余年，大河南北，祠宇尚多有存者。蚩尤子孙有以蚩为氏，尤为氏者，有仍以阚为氏者，历代多好义尚武之士。如齐之阚止，后魏之阚爽，唐之阚棱，元之阚文兴，及吴越钱氏之阚璠，皆特起草莽，铮铮史册。即文学昭著之阚泽、阚骃，亦多赞襄武功之朝之事，

[①] 《社会观》一书为陈安仁所著。陈安仁，广东人，曾奉孙中山命赴海外整理国民党党务及进行宣传活动，1922年夏返国。《社会观》书成，陈函请孙中山为序。

[②] 此序撰写日期，据陈安仁著《革命先进之书牍》中称，系3月1日。

盖皆能不失其远祖蚩尤氏雄迈忠实之流风焉。合肥一族,于元季迁自江南,五百年来,丁户逾千,男女皆悉力耕织,老幼咸秉其礼教。其秀者率修文讲武,不甘以庸众自限。近又自办学校,议立族规,纂续谱牒,储集公产,自治精神,卓然为一乡模楷。阚君兰溪,从余治军有年,劳于国事,口不言功,有冯异大树之风。顷偕其族人容甫、霍初、楚卿、调伯、震球诸君,呈其新纂谱稿,请为弁言,余欣然嘉许,且谓之曰:励志合群二事,吾民族首要之方针也。今诸君一心以改良风俗为任,注重教育,组合群力,皆为民治最优厚根柢,又能守其祖先发愤自雄百折不挠之心志,以出而效力于国家,则将来阚氏之立功业于宇内,著勋绩于史册者,必能接踵而起,为世钦仰。余不禁翘然望之,而愿有所助力尔!

中华民国九年四月
上浣南海孙文叙于沪上行馆

据《阚氏宗谱》卷首影印件①(出版者及出版时间不详)

《余健光传》序

(一九二〇年五月七日)

　　健光之死也,民党知与不知者,皆为叹伤,以谓使天假之年,获竟其志,其所造当什百倍于今日也。

　　惟健光则固以奋斗而死,自有志于革命以来,真所谓一息尚存,未尝少懈者。其生平自揆,亦曾无成败利钝之见,故不问健光所已建树于国家社会者奚若,而即此奋斗进取之精神,已足以移传于多数后起之青年而不朽。我知健光无复遗憾矣!

　　健光与同志助英士多年,英士多病,健光独强健年少。顾英士不死于病而死于敌,健光不死于敌而死于病,均出常人预测之外。然努力于其所职志,

---

① 底本由安徽省社会科学院研究员宋霖寄赠。

终以生命为之牺牲,则其死一也。因览汉民所为健光传,爰书数语以示吾党。

民国九年五月七日
孙文识于上海

据胡汉民编《总理全集》第一集(上海民智书局一九三〇年版)

《新疆游记》序①

(一九二〇年七月二十六日)

古人有言:大丈夫当读万卷书,行万里路。予亦尚勖同人曰:有志之士,当立心做大事,不可立心做大官。今读谢君晓钟之《新疆游记》,行路四万六千余里,记载三十万言,述其足迹所经,观察所及,以飨国人,使之知国境之内,尚有此广大富源未经开发者,可为吾人殖民拓业之地,其兴起吾国前途之希望,实无穷也。

夫自民国创建以来,少年锐进之士,多汲汲于做大官,鲜留心于做大事者。乃谢君不过财政部一特派员,正俗语所谓芝麻绿豆之官耳。然于奉公万里,风尘仆仆之中,犹能从事于著述,成一数十万言之书,以引导国人远大之志,是亦一大事业也。如谢君者,诚古人所谓大丈夫哉!亦吾所钦为有志之士也。读其书毕,因喜而为之序。

民国九年七月二十六日
孙文序于上海

据谢彬著《新疆游记》(上海中华书局一九二三年四月印行)

---

① 《新疆游记》(又称《新阿游记》),谢彬著。谢彬,字晓钟,湖南衡阳人,曾奉命赴新疆省阿尔泰地区调查,详谘博采,历时14个月(1916年10月16日至次年12月16日),归来写成《新疆游记》一书。

《中华民国宪法史》前编序

(一九二〇年八月)

宪法者,国家之构成法,亦即人民权利之保障书也。四千年之帝制,易为民主,于是中华民国出现于世界,民国约法亦同时产生,此四万万人民公意之表示也。是故袁世凯以洪宪奸之于前而不可,张勋以复辟乱之于后而辄败,实物之教训,亦可以戢奸雄之野心,而正邪辟之乱萌矣。惟约法以宪法制定之权委诸国会,国会制宪乃久而无成,论者或以为口实;然考其经过,则妨害捣乱、使宪法不能告厥成功者,皆为不利有宪法之人。其人即假借武力,敢为国民之公敌者也。不是之咎,而咎国会,何其妄耶?

吴君宗慈编《民国宪法史》前编既成,属一言以为序。夫民国九年,人民求宪法而不见,今见此书,其感慨觉悟为何似?抑吾人懔荀子群众无斗之戒,既以护法为职志,则惟有努力奋斗,期必达目的而后止。吾知中华民国宪法必有正式宣告于海内外之一日,吴君其泚笔续记之。

中华民国九年八月

孙　文

据吴宗慈《中华民国宪法史》前编卷首(北京东方印书局一九二四年印行)

澳洲雪梨《国民党恳亲大会纪念册》序[①]

(一九二一年三月十九日)[②]

吾党之标三民主义以起者二十年矣,其间经历险难,出入胜败,至于三

---

① 澳洲(Australia)系澳大利亚别一译称,时为英国自治领"澳大利亚联邦";雪梨(Sydney),今译悉尼,新南威尔士州(New South Wales State)首府。

② 澳洲国民党恳亲大会于1920年4月在雪梨(悉尼)举行,惟其纪念册出版时间不详。所标时间为上海《民国日报》将该序作为"代论"刊出的时间。

五。然吾同志能坚卓守义,始终弗渝,故凡为吾党敌状若甚有力如袁世凯、陆荣廷等,相继踬仆,而吾党巍然独存,且益有光焉。

自粤军回粤,吾党始有确实实施主义之地。然吾党所负责任,乃建设新中国而非仅限于广东者,今特千里之跬步耳。苟不努力进行,则将并此区区者亦不能久存,况欲建设新中国耶!此吾所以于粤军回粤以后,尤愿与海内外同志刻苦自励者也。

顾或曰:"自满洲政府倒,共和民国立,三民主义已成其二,今而后惟民生为可念矣。"余以为民族、民权之极诣,更有进于辛亥之革命,而为吾党所应注意者。余既尝以此义告海内同志矣,苦与海外同志间隔万里,不获话言,今雪梨本党同人有恳亲大会纪念册之刊,且来征文于余,乃不辞弁其端,藉以明告此义焉。

一、民族主义

民族主义有消极的、有积极的,消极的性近于自卫与抵抗,积极的则发扬光大之谓也。辛亥革命仅及于光复,此不过一消极的民族主义而已。吾党今所有事者,为积极的民族主义。

美国混合数十种之民族以成国,其间有条顿、斯拉夫、日尔曼等各具特性之族,然一经调洽,以国家之关系,使各自忘其为条顿、为斯拉夫、为日尔曼,崭然成一吸取各族之善性、以国家为基础之新民族,曰美国民族。此积极的民族主义之一格也。

瑞士立国于意、法、德、奥之间,其人民之邻于法境者则用法国言语,俨然与法人同族也;其邻于意、奥者亦然。然瑞士为政治制度最良好之国家,彼能以政治之方法,调洽各民族以成一极优美之瑞士民族。此又积极的民族主义之一格也。

吾国今日既曰"五族共和"矣,然曰五族,固显然犹有一界限在也。欲泯此界限以发扬光大之,使成为世界上有能力、声誉之民族,则莫如举汉、满等名称尽废之,努力于文化及精神之调洽,建设一大中华民族。

更进一步言之:吾人既抱此建设大中华民族之志愿矣,尤当以正义公道之精神为弱小者之援助,或竟联络引进之,使彼脱离强权,加入于自由民族,同受人类之平等待遇,如威尔逊之所谓民族自决,与新俄宪法之所谓民族解放然。能如此,方得谓达民族主义之极境矣。

二、民权主义

法、美昔日之革命,所谓民权的革命也。于是中国之士每论民权,动曰必如法、美而后可。不知法、美人民今日之所享,尚不得谓全部民权也。盖两国今日所行者为代议政治制度,代议制度之下,有权者仍为少数人,大多数依然在被治地位,此不过较君权稍差一间耳。若欲贯彻此民权主义,非实现直接民权不可。

辛亥革命所得仅一共和之空名耳,按诸实际,民之无权〈与〉尚未革命时相等也。夫以代议制度尚未实现之国家,而曰民权主义之目的已达,谁其信之。故即曰以法、美为模,中国今日固尚未跻其境者,而况世界潮流日高一日,要求直接民权之声方弥漫于各国,而谓吾人可画于此乎!

直接民权既为吾人所必争矣,顾将以何种方式实现之乎?简单言之,则有四种法权足显直接之作用,而为吾人所必争者。

（一）选举权:直接普遍的选举权,无论国家或地方之行政立法机关,皆以人民所选出之公仆组织之。

（二）罢官权:人民若只有选举权而无罢免官吏权,则不肖者无法警戒,故凡官吏之不称职者,通过一定手续,经人民认为不称职后,即可决议罢免之。

（三）复决权:法律有经立法机关议决而人民认为不适用时,得要求由全人民复决之。

（四）创制权:人民得应事实之要求制定法律,公布执行。

四权既立,然后直接民权乃有实质可按,效力可见矣。

三、民生主义

本党所标揭之民生主义，即各国今日活泼进行之社会主义也。

社会问题发生于贫富不均，彼资本家、地主因受国家法律之保护，日刻薄贫者以自封殖，于是富者益富，贫者益贫，而此问题起焉。欲解决此问题，在各国因资本家、地主势力之雄厚，非常困难，革命之血恐将多于因争民族、民权而流者。顾中国则尚无过量之大资本家与地主，故急须乘此解决之。此本党之所以揭此民生主义，相期努力进行者也。

中国之注意于此者，每多空言而无实在办法，无办法则与不言等。吾人既发见此问题之必与民族、民权同时解决，而担负此解决之责任，则急应先定具体办法。办法惟何？可分别言之：

甲、解决土地问题者；

乙、解决资本问题者。

甲　解决土地问题者

中国井田制土地本为人民所均有，及此制废，由是而封建置买，以成不均之局。至于实业渐发启，交通渐便利，而不均益甚。本为人民之公物，乃驯至于一则拥有万顷，一则穷无立锥，此社会之恶征、革命之导源也。欲及今解决之，莫如从平均地权入手。

平均地权之办法，必先由规定地价始。英国昔尝有之，其法特设一估价局及控诉衙门，其有不服者许其申诉。然此法势不能行于中国，以一般人民无法律之习惯，反为窒碍难行也。

故吾以为莫如令有地者自行估价呈报，依其报价抽税。若虑其抑价朦报，冀少纳税，则规定于收其地为公用时，概照原价发还，彼自不敢尝试矣。此不过就一事言之，其详则非兹篇所及也。

乙　解决资本问题者

资本属于私人则为社会之蠹,资本属于国家则社会之贫富自均,此一定之理也。各国因经营实业之资本属于私人,故日积月渐,造成今日之恐怖。吾国若及此实业未发达时,概由国家吸收外资以开发之,则此恐怖自然免矣。此项吸收外资之计划,详述于余所著之《实业计划》中,同志可资为参考也。

综以上所言,本党所树之主义固已明显可知矣。然欲求一一实现,断非少数人所能,是必使全国人民皆同情于吾党之主义,为吾后援而后可。欲得全国人民之同情,则又非赖同志之努力宣传不为功。吾海外之同志乎! 其坚持此主义,以成后日之功哉!

据上海《民国日报》一九二一年三月十九日《孙中山先生〈国民党恳亲大会纪念册〉序》

《黄花岗烈士事略》序

（一九二一年十二月）

满清末造,革命党人历艰难险巇,以坚毅不挠之精神,与民贼相搏,踬踣者屡,死事之惨,以辛亥三月二十九日围攻两广督署之役为最,吾党菁华,付之一炬,其损失可谓大矣。然是役也,碧血横飞,浩气四塞,草木为之含悲,风云因而变色,全国久蛰之人心,乃大兴奋,怨愤所积,如怒涛排壑,不可遏抑,不半载而武昌之大革命以成,则斯役之价值,直可惊天地、泣鬼神,与武昌革命之役并寿。

顾自民国肇造,变乱纷乘,黄花岗上一坏〔抔〕土,犹湮没于荒烟蔓草间,延至七年,始有墓碣之建修,十年始有事略之编纂;而七十二烈士者,又或有纪载而语焉不详,或仅存姓名而无事迹,甚者且姓名不可考,如史载田横事,虽以史迁之善传游侠,亦不能为五百人立传,滋可痛已!

邹君海滨以所辑《黄花岗烈士事略》丐序于予。时予方以讨贼督师桂林,环顾国内,贼氛方炽,杌自陧之象,视清季有加;而予三十年前所主唱之三民主义、五权宪法为诸先烈所不惜牺牲生命以争者,其不获实行也如故,则予此行所负之责任,尤倍重于三十年前。倘国人皆以诸先烈之牺牲精神为国奋斗,助予完成此重大之责任,实现吾人理想之真正中华民国,则此一部开国血史,可传世而不朽;否则不能继述先烈遗志且光大之,而徒感慨于其遗事,斯诚后死者之羞也。

余为斯序,既痛逝者,并以为国人之读兹编者勖。

中华民国十年十二月　日
孙　文

据胡汉民编《总理全集》第一集(上海民智书局一九三〇年版)

刘成禺著《洪宪纪事诗》叙辞

(一九二二年三月)

今春总师回粤,居观音山粤秀楼,与禺生、少白、育航茗话榕阴石上,禺生方著《洪宪纪事诗》成,畅谈新安天会剧曲故事,予亦不禁哑然自笑。回忆二十年前亡命江户,偶论太平天国遗事,坐间犬养木堂、曾根俊虎各出关于太平朝之东西书籍,授禺生译著,年余,成《太平天国战史》十六卷,予序而行之;今又成《洪宪纪事诗》几三百篇。前著之书,发扬民族主义;今著之诗,宣阐民主主义:鉴前事之得失,示来者之惩戒,国民庶有宗主,亦吾党之光荣也。

民国十一年三月
孙文叙于广州粤秀楼

据刘成禺《洪宪纪事诗本事簿注》(世载堂藏板,京华印书馆校印,出版时间不详)

附录 《洪宪纪事诗》原序①

（一九二一年四月）

长夏坐榕阴石上，纵谈慰庭②称帝遗事。时禹生方著《洪宪纪事诗》成，乃详述新安天会之戏，予亦不禁哑然自笑。回忆二十年前，予与禹生同客横滨，置酒山月寓楼，会犬养木堂、宫崎滔天、曾根俊虎诸友，论洪朝兴亡之迹。曾根出所著日文《满清近世乱纪》，予亦出美人伶俐英文《太平天国》二巨册，均付禹生，纂译《太平天国战史》十六卷，予允序而行之。今更著《洪宪纪事诗》几三百篇，附载本事，蔚为大集。前者民族主义，排满清；后者民主主义，抑帝制。发扬惩戒，皆有功民国之文。建国非易，来者其勿忘乎！

辛未③四月跋于观音山之粤秀楼

孙　文

据刘成禺《洪宪纪事诗本事簿注》影印原件，载《逸经》杂志第五期（出版者及出版时间不详）

《孙大总统广州蒙难记》序

（一九二二年十月十日）

陈逆之变，介石赴难来粤，入舰日侍余侧，而筹策多中，乐与余及海军将

---

① 此件为初稿，由陈少白所拟，孙中山亲笔签名于稿末。1921年冬，广州总统府及宣传局遭火。次年，刘成禺《禺生四唱》一书刊行，遍觅序稿不可得，疑为宣传局遭火时焚毁。乃由陈少白记忆初稿重撰。孙中山再署名付印。后来，刘成禺检搜藏书时，无意中发现此初稿，故文字上多有出入。

② 即袁世凯，字慰庭。

③ 1921年岁次为"辛酉"，陈少白误作"辛未"。

士共生死。兹记殆为实录,亦直其荦荦大者,其详仍未遽更仆数。余非有取于其溢词,仅冀掬诚与国人相见而已。余乏知人之鉴,不及预寝逆谋,而卒以长乱贻祸,贼焰至今为烈,则兹编之纪,亦聊以志吾过。且以矜吾海军及北伐军诸将士之能为国不顾其私,其视于世功罪何如也。

民国十一年十月国庆日
孙文序于上海
据上海《民国日报》十月十日《孙大总统序》

《五修詹氏宗谱》序

(一九二三年一月)

同志詹大悲以其族启光、启全祖及大三祖支下续修家乘,征余言弁。

余曰:夫天下一家,则人不独亲其亲、子其子,是世之极治也。抑自治非臻于是,则亦不足以言其至也。欧政使国与民相系而不离。某居、某婚、某生殁、某何业、逮财若干,公之籍各具,无或取征于家。其为家也简,二世以上恒异处。人视其族,亦恒不独亲,是去极治乃甚修,而于国之治,为能范围其民而不涣者也。吾国家天下数千年,群之事不备于有司,家教而族约以为一家,有人事业文章可传者,官史或不具,惟家乘所详,视官史且信。若里居、生殁、婚异,凡为群之状,非家乘一无所稽焉。是为政之敝,而固无谬于自治之意也。

吾党主义三,民族主义冠焉。民族惟独立并存,各贡其工作之值于世界,然后可使进化同程,以共趋于极治之域。今欲甲乙或丙无强弱不更为敌,异昔之人相食,则必先使之各去敌意而互谋亲爱,是故积民族之亲,则一人类之非敌也;积家族之亲,则一国一民族之非敌也。余稽詹氏先代时,有人能为天下之人尽瘁,今兹家乘之作,其将于是萃族人谋所以光大先烈者,而姑以亲亲之事为之嚆矢也。其进而革民族相食之陋也,将惟是;其益进而树天下一家之基也,将亦惟是。若是,固亦吾同志无尽之责也,愿共勉之,余尤愿贵族诸君子闻余言而皆有所以共勉也。

中华民国十二年一月谷旦
孙文谨撰

据湖北省蕲春县县志编写组藏《五修詹氏宗谱》，转录自中山大学历史系孙中山研究室等合编《孙中山全集》第七卷(中华书局一九八五年版)

周柬白辑《全国律师民刑新诉状汇览》序言

(一九二三年十月)

以礼治国，则国必昌；以法治国，则国必危。征之往古，卫鞅治秦，张汤治汉，莫不以尚法而致弱国败身，然则苛法之流毒甚矣哉！虽然，立国于大地，不可无法也，立国于二十世纪文明竞进之秋，尤不可以无法，所以障人权，亦所以遏邪辟。法治国之善者，可以绝寇贼，息讼争，西洋史载，斑斑可考，无他，人民知法之尊严庄重，而能终身以之耳。我国人民号称四百兆，问有知法者乎？恐百不得一也。不知法而责之以守法，是犹强盲人以辨歧路，责童呆以守礼仪，可乎哉？比接海上周子柬白书，谓将罗集全国律师民刑诉状汇刊成帙，公诸群众，丐余弁一言于卷首。周子英年积学，治律甚精，是书为其所手辑，谅必有可观者，行见法庭无失平之讞，国内无越轨之民，胥民蒙周子之赐也。是为序。

孙　文
中华民国十二年十月

据中国国民党中央文化传播委员会党史馆藏一般档案054/20

《新闻学大纲》序①

（一九二三年十一月）

　　伍君以新著《新闻学大纲》，嘱序于余。序曰：新闻事业非易事也，而为新闻记者者，尤非易事。社会之嫉视，个人之劳苦，固无论矣。即事业之难以进行，职务之难以活动，又岂他人所能洞悉哉？今伍君新自美返，以其所学示人，盖亦有感于我国新闻事业之幼稚，思有以补救之耶？夫新闻记者之在欧美者，所负之职务极重；非惟政治之发动，足以导其机；学术之进境，足以救其偏；风俗之隳败，足以匡其失；即社会之改革，人心之纠正，亦惟记者是赖。记者乎！尔亦知职权之重要否耶！

　　吾国今日，外逼于强权之压境，内则因奸邪之横行；国事蜩螗，民生涂炭；只可藉以一叹呻吟者，舍新闻记者外，更属诸谁何？是则我国记者之责任，不又较甚于欧美耶！然国人于新闻事业，素皆漠视；对于记者，尤多目之如蛇蝎。此虽国民未具常识之所致，要皆记者之自为之耳！试观各地之所谓访员者，或称有闻必录，徒为风影之谈；或竟闭门造车，肆作架空之语。及至真相暴露，则又如风马牛之不相及。于此，而欲求新闻记载之有价值，不亦南辕北辙乎？究其原，未明新闻事业之本旨而已！伍君此著，立论本于国情，举例由于实践。直接裨益于新闻事业，间接有造于国家社会，亦可谓应时势之需要者矣！

民国十二年十一月　孙文

据白翎《孙中山先生的一篇序文》，载《新闻战线》一九八一年第十一期

---

①　1923年11月孙中山为伍超写的《新闻学大纲》一书作序。1925年1月由商务印书馆出版后，《现代评论》第25期发表李民治文指，伍著《新闻学大纲》与任白涛编《应用新闻学》，"至少十分之七相同"，断定伍著有抄袭之嫌。但孙中山写的序言，却不能当作假冒而加以否定。

越南中法学生杂志题词

(一九二三年十二月)

越南中法学校学生,以该校杂志社将发布特刊,来书索余弁言。越南,余旧游地也,而中法学校又为余夙所称许,余可无一言以为诸君告乎?顾中法学校成立之历史,学生之成绩,与夫学校规模应如何扩充,学科应如何改善,观第一期杂志所载,蔡元培、陈肇琪、程祖彝诸君言之綦详;又览诸君所为文,则关心侨胞教育有人,以宣传新文化为己任者有人,学成归祖国效力者亦有人,志愿宏而识见远,无俟余言矣。虽然,诸君亦知自身之责任尚有未尽者乎?在诸君之意,以为今日当学生时代,苟能尽心求学,以宣传新文化为事,即已尽吾天职,不问其他;甚或以国中高谈政治、空言无补者为殷鉴,宁甘独善,不问政治。若果如斯,未免大误。夫在学生时代,政治虽若与己身无关,而政治之理想与智识,实为学生要素,乏兹要素,而谓将来能救国者,未之敢期也。昔者日本未维新以前,伊藤博文、井上馨等留学欧洲,科学以外,并悉心考察政治,故归国后,卒能使日本成维新之业,为东亚之雄。瞻彼前哲,实为我师,特在学生时代而研究政治不可无一定标准;非然者,鲜不望洋而兴叹。今可为诸君研究之标准者维何?固莫三民主义与五权宪法若矣。余为学生时,即研心于此,年来旧学商量,益加邃密。关于此二者,曾演讲多次,热心之士,已将其印成小册,散布海内外,度诸君必已见之,望于课余取而加之研究,尤望诸君知现在与将来之祖国,非与此二者为药石不为功。树信仰之心,持坚决之志,则祖国有赖于诸君,诸君亦不致有负祖国矣。抑余犹有言焉,余所提倡之三民主义,今所达目的者不过民族主义,而民权、民生则尚有待也。且民族主义亦仅达到推倒满清一部分,若夫融五大民族为一炉,成一大中华民族,比于不列颠、美利坚,则时期尚早,而未逮焉。五权宪法亦然,虽信其良法者大不乏人,然非廓清军阀,统一告成之后,殊难实行,此则愿与少年英伟如诸君者共相努力也。

据《中法学生杂志题词》,载《中央党务月刊》第十九期(南京一九三〇年二月)

张鹏云编《英汉习语文学大辞典》序
(一九二三年)

时至今日,非学术无以救国,非参考外籍,资为牖钥,厥学术不能跻于高深。顾其名流著述,大都玄微奥衍,而一章之中,辄成语数见,僻句数见,在彼国人,苟非沉浸于历史风俗典章文物者,读之尚觉其难;矧在吾国,盖读不终篇而神志沮丧,中道而画者比比然也,此诚吾国学者之所深憾。成语辞典,国〈人〉有辑之者矣,然率皆简而弗详;至文学辞典,及辞典之详于俗语格言者,则颇鲜觏。新中国印书馆张君鹏云前辑汉英大辞典一书,已风行于世;近复编译英汉习语文学大辞典,其书部别为三:首成语,次文字,又次俗语格言,穷其流,溯其源,较诸往籍详博精审,洵创作也。学者苟能各手一编,以读外国名流著述,庶几乎无不可读之书,而足以遂其极深研幾之志,然后用其学术以改造社会,发展实业,则是书之有裨于国人者,讵有量哉。

孙　文

据中国国民党中央文化传播委员会党史馆藏一般档案054/40

祝澳洲《雪梨民报》出世词

洪维贵报,揭橥民治。风行海裔,名扬绩懿。于兹改组,日新月异。迁地为良,规模益备。奋励精神,宣传主义。五权实现,三民咸遂。文字收功,国福民利。贵报前程,发达无涘。贵报运命,垂诸万禩。谨祝《雪梨民报》出世。

孙　文

据秦孝仪主编《国父全集》第九册(台北近代中国出版社一九八九年版)

祭　悼

祭明太祖文[①]

（一九一二年二月十五日）

中华民国元年二月十五日辛酉，临时总统孙文，谨昭告于明太祖开天行道、肇纪立极、大圣至神、仁文义武、俊德成功高皇帝之灵曰：

呜呼！国家外患，振古有闻，赵宋末造，代于蒙古，神州陆沉，几及百年。我高皇帝应时崛起，廓清中土，日月重光，河山再造，光复大义，昭示来兹。不幸季世俶扰，国力罢疲。满清乘间入据中夏，嗟我邦人诸父兄弟，迭起迭踣，至于二百六十有八年。

呜呼！我高皇帝时怨时恫，亦二百六十有八年也。岁在辛亥八月，武汉军兴，建立民国。义声所播，天下响应，越八十有七日，既光复十有七省，国民公议，立临时政府于南京，文以薄德，被推为临时总统。瞻顾西北，未尽昭苏，负疚在躬，尚无以对我高皇帝在天之灵。

迩者以全国军人之同心，士大夫之正议，卒使清室幡然悔悟，于本月十二日宣告退位，从此中华民国完全统一，邦人诸友，享自由之幸福，永永无已，实维我高皇帝光复大义，有以牖启后人，成兹鸿业。文与全国同胞，至于今日，始敢告无罪于我高皇帝，敬于文奉身引退之前，代表国民，贡其欢欣鼓舞之公意，惟我高皇帝实鉴临之。敬告。

据胡汉民编《总理全集》第一集（上海民智书局一九三〇年版）

[①] 上海《民立报》1912年2月17日载："谒孝陵礼节如下：（一）奏军乐；（二）总统率军民人等恭谒明太祖陵祝告光复成功民国统一；（三）宣读谒陵文……"此件为祝告文。下篇为所宣读的谒陵文。

谒明太祖陵文

（一九一二年二月十五日）

维有名〔明〕失祀之二百六十有七年，中华民国始建。越四十有二日，清帝退位，共和巩立，民国统一，永无僭乱。越三日，国民公仆、临时大总统孙文，谨率国务卿士、文武将吏祗谒大明太祖高皇帝之陵而祝以文曰：

昔宋政不纲，辽元乘运，扰乱中夏，神人共愤。惟我太祖，奋起草野，攘除奸凶，光复旧物，十有二年，遂定大业，禹域清明，污涤膻绝。盖中夏见制于边境小夷者数矣，其驱除光复之勋，未有能及太祖之伟邵〔硕〕者也。后世子孙不肖，不能继厥武，委政小人，为犹不远，卵翼东胡，坐滋强大，因缘盗乱，入据神京。凭肆淫威，宰制赤县，山川被其瑕秽，人民供其刀坫。虽义士逸民跋涉岭海，冀拯冠裳之沉沦，续祚胤于一线，前仆后起，相继不绝。而天未悔祸，人谋无权，徒使历史编末添一伤心旧事而已。自时厥后，法令益严，罪罟益密。嗟我汉人，有重足倾耳、嵌〔箝〕口、结舌以葆性命不给。而又假借名教，盗窃仁义，锢蔽天下，使无异志。帝制之计既周且备，将借奸术，长保不义。然而张曾画策于私室，林清焱起于京畿，张李倡教于川陇，洪杨发迹于金田，虽义旗不免终蹶，亦足以见人心之祈向矣。降及近世，真理昌明，民族民权，盎然人心。加以房氛不竞，强敌四陵，不宝我土，富以其邻。国人虽不肖，犹是神明之胄，岂能忍此终古，以忝先人之灵乎？于是俊杰之士飚发云起，东南厥始发难，吴樾震以一击，徐锡麟注弹丸于满酋之腹，熊成基举烽燧于大江之浒，以及萍乡之役、镇南关之役、最近北京暗杀之役、羊城起义之役，屡起屡蹶，再接再厉，天下为之昭苏，虏廷为之色悸，蕴酿蝉蜕，以成兹盛。武汉首义，天人合同，四方向风，海隅景从，遂定长江，淹有河淮。北方既协，携手归来，虏廷震惧，莫知所为，奉兹大柄，还我国人，五大民族，一体无猜。呜乎休哉！非我太祖在天之灵，何以及此？昔尝闻之，夷狄之运不过百年，满清历年乃倍而三，非天无常，事会则然。共和之制，亚东首出，事兼创造,时异迟速。求仁得仁,焉用怨讟。又闻在昔,救时之士,尝跻斯丘,勖励军志,俯仰山川,歔欷流涕。昔之所悲,今也则乐。郁郁金陵,龙蟠虎踞,宅是旧都,海宇无吡。有旆肃肃,有旅振振,我民来斯,言告厥成。乔木高城,后先有辉,长仰先型,以式来昆。伏维尚飨。

据《临时政府公报》第十七号(南京一九一二年二月二十日)《大总统谒陵文》

祭蜀中死义诸烈士文

(一九一二年二月二十二日)

维民国纪元之二月二十有二日,蜀都人士以民国新成,大功底定,乃为其乡先烈士开追悼大会于新京,以慰忠魂。文既获与斯盛,谨以芜辞致祭于诸烈士之灵曰:

呜呼!昔在虏清,恣淫肆虐,天厌其德,豪俊奋发,共谋倾圮,以清禹域。惟蜀有材,奇瑰磊落,自邹迄彭①,一仆百作,宣力民国,厥功允多。岷江泱泱,蜀山峨峨,奔放磅礴,导江干岳,俊哲挺生,厥为世率。虏祚既斩,国徽矹建,四亿兆众,同兹歆羡,魂兮归来,瞑目九原。呜呼哀哉!尚飨。

据《临时政府公报》第二十二号(南京一九一二年二月二十五日)

祭革命死义诸烈士文

(一九一二年三月一日)

中华民国元年三月朔,临时大总统孙文,率国务卿士、文武将吏,以清酌

---

① 自邹迄彭,邹为邹容,彭为彭家珍。

致奠于近二十载以迄今兹革命死义诸烈士之灵：

呜呼！古有死重泰山，宝逾尺璧。或号百夫之防，或作万人之敌，竞雄角秀，同归共迹。企阅水于千龄，督冲飙于一息。有明庇天下之大赐，而不尸其功；有阴定社稷之大绪，而不露其迹。先改弦易辙之会，而涤其苟网，去其螟螣，还国家几顿未顿之元气，开中外欲泄未泄之胸臆。吁嗟群灵，宁或痌之。维灵从容，尚鉴在兹。日月烨烨，不谓无旹，前仆后继，不谓无基。孰闳厥积，而诎之施，孰丰厥遇而促之期，孰为成而孰为毁，羌维灵其知之。

粤以畴曩，甲乙岁纪，外侮内讧，丝纷丛委，尤有蟊贼，拊心为疣。猗欤群灵，南服崛起，灼烁其眸，龙麟其趾。辟彼太阿，一出刿兕；朱、陆、邱〔丘〕、程①，竭蹶支掎。万古晨昏，山岳蝼蚁，白日青天，寸衷可指。奈一丝而妒阱，冢万载之交毁，拮据匍匐，顿成疣痕。当道豺狼，毒虺封豕。呜呼群灵，何为罹此，失意伤心，魂魄遂褫。怀抱冤阻，天崩地圮。此岂犹曰天道不远而伊迩邪？又孰知乎精神洞契，而成合乎千古之知己邪？

嗣乎筚路蓝缕，草莱以修，人亦有言，声应气求。去秕与蠹，不尽不休，嘘枯植弱，俾之出幽。联袂翩翻，异地同舟。轰轰杨、禹②，煌煌史、邹③。滟滟沪江，隆隆惠州。梁、洪④彭彭于岭海，吴⑤弹烜烜于燕幽。奚皆天阍未膺，天听无繇。呜呼彼苍！念兹悠悠。云何群烈，为国宣猷，而乃美弗终逮，果靡与收，歿不㡾下，殓不安辀。岂真不屩我衷，而卒值其尤。乃有徐、熊⑥竞兴，联缥袭紫，冠佩珊锵，烽燧煊涨。厥楔如机，轧轧寸累，锋颖芒寒，敛以越砥；荃竟不须，瞑不视只。繇是四海遄听，颈延踵企。萍乡标蠹，钦廉焱起，雄飞镇南之关，鹘突珠江之浜。赫矣温侯，雠揄悠扬，而何先驱乎黄花之冈之七十有二也。

---

① 朱、陆、丘、程，指朱贵全、陆皓东、丘四、程奎光。
② 杨、禹，指杨衢云、禹之谟。
③ 史、邹，指史坚如、邹容。
④ 梁、洪，指梁慕光、洪全福。
⑤ 吴，指吴樾。
⑥ 徐、熊，指徐锡麟、熊成基。

虽然,燴蘃武汉,髟綳聿渲,漫渀大江,漩漩来还。南部陆离,旬月之间,而我老彭,收功弹丸。翳夫战云暧濛,起于江关,我师我旅,駁遝駢闐,熊罴虎貔,以逮裨偏。其血膋雪,赤心烁金,坚者又何可胜覼缕也。今也,言合南朔,相与噢重,殷念群灵,进予一言。

呜呼,此日何日,此恩何恩,殷念群灵,生死骨肉。岂惟凉温,抚我芸芸。微灵其何以朝饔而夕飧,何灵之去,而无与解簪赠珮,以佐其輀绋之辕。大年何靳,大化何旋。呜呼!剸剔固艰,孤特尚焉。彼论者或犹求全,曾不知匪劳岂爱,有缺斯圆。兹也既生既育,苟合苟完,夫孰非我灵之所延。呜呼!可谓贤矣。第化莫巧于推迁,物不逃乎机缘。值其泰,虽凡卉其昭苏;比其屯,虽芳华而颠连。夫安谂宙合,轧阴阳荡,孰使之然而自然。余愿灵之衎衎,偕物化其连蜷。余弗获拥灵而执鞭,而拂鞭,乃徒修芜词而祝豆笾。呜呼!訾矣惟然,灵有知乎?岂其无鉴乎余之拳拳。尚飨。

据《临时政府公报》第二十八号(南京一九一二年三月三日)《大总统追悼革命死义诸烈士文》

吴禄贞烈士追悼词

(一九一二年三月十四日)

荆山楚水,磅礴精英,代有伟人,振我汉声。觥觥吴公,盖世之杰,雄图不展,捐躯殉国。昔在东海,谈笑相逢,倡义江淮,建牙大通。契阔十年,关山万里,提兵燕蓟,壮心未已。滦州大计,石庄联军,将犁虏廷,建不世勋。狻猊磨牙,蜂虿肆毒,人之云亡,百身莫赎。下□同袍,惟周与张,庶相民军,恢复汉疆。邦基始建,公目未瞑,敬奠椒桂,以酹忠魂。

据上海《时报》一九一二年三月十七日

祭武汉死义诸烈士文

（一九一二年三月十七日）

维中华民国元年三月十七日，国民公仆孙文，谨致祭于武汉死义诸烈士之灵，而告以文曰：

中夏不吊，满夷窃乱，盗憎主人，府尤丛怨。岂曰无人，摧仇奋患，时不可为，热血空溅。乃及辛亥，火中成军，武汉飚发，胡虏土崩。既攻既击，椓我弟昆，虽椓我昆，大功则成。人生有死，死有重轻，死以为国，身毁名荣。漠漠沙场，烈骨所暴，崭崭新国，烈士所造。千祀万禩，俎豆馨香，魄归蒿乡，魂在帝旁。伏维尚飨。

据《临时政府公报》第四十三号（南京一九一二年三月二十日）《大总统追悼武汉死义诸烈士文》

祭江皖倡义诸烈士文

（一九一二年三月二十日）

中华民国建立之元年三月二十日，国民公仆孙文，谨致祭我江院〔皖〕倡义赵、吴、熊、倪①诸烈士之灵，而奠以词曰：

呜呼！莽莽神州，山川大佳，绣错膏沃，曰江曰淮。是生哲人，文光湛湛，何期沦胥，武装璀璨。亦以族类，敢异其心，行同窃铁，号等摸金。昆冈既炎，则莫克遏，怀襄之流，靡或不没。崇山嵪崃，横心所兵，鞶鞳宫羽，横声所鸣。滟滟江淮，壮人之泪，化碧激哀，剖心作气。呜呼！京江汤汤，戎衣锵锵，剑胆诗心，痛疸肺肠。椓我常山，天胡不牖，丽尔仙城，三月念九。呜

---

① 赵、吴、熊、倪，分别指赵声、吴樾、熊成基、倪映典。

呼！征我兵士,本我爪牙,觥觥倪英,复我邦家。亦越赵烈,曰有熊裔,在江之滨,爰举烽燧。呜呼！孰辟草莱,惟吴季子,瀹濛燕云,霹雳而起。血衅金汤,脂敷窳峃,权舆椎轮,先觉是倚。呜呼！英烈多多,有名无名,大化消息,孰摄缄縢。畀我英烈,手造江山,如此江山,英风不还。滔滔东流,夹流耸翠,手提掷还,群灵之惠。有酒在尊,有肉在俎,为女歆歔,披沥丹府。悠悠我思,股肱心膂,为我告哀,九泉之下。尚飨。

据《临时政府公报》第四十五号(南京一九一二年三月二十二日)《大总统追悼江皖倡义诸烈士文》

祭黄花岗七十二烈士文

（一九一二年五月十五日）

维民国元年五月十五日,乃黄花岗七十二烈士殉义一周之辰,文适解职归来,谨为文致祭于诸烈士之灵曰：

呜呼！在昔建夷,窃夺中土,凶德腥闻,天神怨怒。嗟我辕孙,降侪台隶,含痛茹辛,孰阶之厉。种族义彰,俊杰奋发,讨贼义师,爰起百粤。觥觥诸子,气振风雷,三日血战,虏胆为摧。昊天不吊,忽焉殒踬,碧血一坏〔抔〕,歼我明懿。寂寂黄花,离离宿草,出师未捷,埋恨千古。不有先导,曷示来兹,春雷一声,万汇蕃滋。越有五月,武汉师举,荡荡白旄,大振我旅。天厌胡德,乃斩厥祚,廓清禹域,腥膻尽扫。成仁之日,距今一周,民国既建,用荐庶羞。虔告先灵,汉仪光复,九京有知,庶几瞑目。呜呼！尚飨。

据胡汉民编《总理全集》第一集(上海民智书局一九三〇年版)

对咸马里将军的赞词(译文)①

（一九一二年十一月六日）②

咸马里先生的躯体不幸畸形，但他具有非凡的才智，他虽不是军人，却是一位伟大的军事哲学家，对革命问题有卓越的见解。在与革命有关的军事策略问题上，他给了我全面的帮助。他对军事有深远透彻的见解，是两部有关军事战术与战略著作的作者，有好几位杰出的军事学家对他的专著都十分赞赏，罗伯兹将军就是其中最钦佩他的一位。他为人真挚诚恳，为中国革命贡献了全部心力。他忠厚的举止，富于同情心的谈吐，坦率与果决，赢得了许多中国友人。他在南京协助我直到他去世。

> 据中国社会科学院近代史研究所中华民国史研究室等合编《孙中山全集》第二卷（中华书局一九八二年版）（译文据黄季陆等编《研究中山先生的史料与史学》中吕芳上《荷马里档案简述》所附英文原文（转录一九一二年十一月六日英文《大陆报》The China Press））

史坚如烈士墓碑文③

（一九一三年七月）

君番禺人，生前清己卯年五月五日，以庚子秋起义于广州，不克，九月十八日死之。越十有二载，辛亥革命告成，同人等追维先烈，造像刻石，以

---

① 咸马里于1912年4月15日因病离华，返美国休养，11月1日去世。孙中山闻讯至为悲痛，除专函咸马里夫人表示哀悼外，还在上海《大陆报》上发表了这篇赞词。
② 此件所标时间系上海《大陆报》发表日期。
③ 1912年4月28日孙中山出席广州各界追悼史坚如烈士大会，倡议为史坚如烈士造像建祠，并颁令追赠史坚如烈士为上将军。此件刻石碑文标题为《史坚如像》。

垂不朽。

> 孙文等公建
> 中华民国二年七月

据陈旭麓、郝盛潮主编,王耿雄等编《孙中山集外集》(上海人民出版社一九九〇年版)

祭陈其美文①

(一九一六年六月十九日)②

　　民国五年六月〇日,孙文谨以清酒庶羞,敬奠故都督陈君英士之灵曰:
　　呜乎！英士。生为人杰,死为鬼雄,唯殇于国,始与天通。亡清季年,呼号奔走,濒死者三,终督沪右。东南半壁,君实锁钥,转输不匮,敌胥以挫。孤怀远识,洞烛奸宄,好爵之縻,避之若浼。贼恶既淫,更张义师,奔虽云殿,自讼责辞。惩后惩前,文厉主张,彼恧文者,缪诋为狂。君独契文,谓国可救,百折不挠,以明所守。疾疢弥年,未偿逸暇,我志郁伊,赖君实写。君总群豪,与贼奋搏,百怪张牙,图君益渴。七十万金,头颅如许,自有史来,莫之或匹。君死之夕,屋欷巷哭,我时抚尸,犹弗瞑目。曾不逾月,贼忽暴殂,君傥无知,天胡此怒？含笑九原,当自兹始,文老幸生,必成君志。呜乎哀哉！尚飨！

据上海《民国日报》一九一六年六月十九日《陈英士先生哀诔录》

---

① 本文原载上海《民国日报》1916年6月19日,翌年又载于上海《中华新报》5月13日,但文字有误。
② 此件所标时间系上海《民国日报》发表日期。

祭陈其美及癸丑以来殉国烈士文

（一九一六年八月十三日）

民国五年八月十三日，孙文等谨以玄酒菜香，奠陈君英士暨癸丑以来诸殉国烈士之灵曰：

维建房之冯陵兮，尚复仇于九世；岁重光大〈渊〉献兮，复故物戎以弭。薄尧舜之禅让兮，承华林之偃武；冀一治而不复乱兮，法美实导夫先〈路〉。昊天不吊兮，再降鞠凶；神奸窃国兮，四海嚣穷。彼小人之窬偷兮，或为蜮以作伥；大何烈士之劲奋兮，诅时日与俱亡。忽赣宁之赫怒兮，义甲渐夫湖湘；粤蜀愤而桴应兮，思饮马兮燕京。胡钧天之沉醉兮，告晋阳之败绩。纵桀纣之昌披兮，淫操莽使陵恣。虎豹蹲于九关兮，豺狼噬人于通邑；兰蕙漫化而为茅兮，哀众芳之生荆棘也。翳群憝之汇毛兮，谅独夫之郁酿；中诇煽其毒螫兮，虞候亦张其罗网。朝饮士以弹丸兮，夕系人以幽〔囹〕圄；苌弘胝以前陨兮，朝涉斩而后继。破镜翔以刺天兮，鸳凤哀鸣而敛翼；虽九死其犹未悔兮，锲而不能舍也。愿为牺以飨胤族兮，岂唯殉名之故也；何曲士之夸毗兮，竟哗世而取宠。微斯人之死直兮，将众惑其嚣讼；嗟鹈〔鹛〕鸩之先鸣兮，既鹍鸡之豫警。时聩聋而莫知兮，嗛念呷之无病，蝇营营以进谗兮，犬狺狺而吠怪。宁焦〔憔〕萃〔悴〕以流亡兮，固不忍见夫此态也；怙恶而畜祸兮，变常而乱纪。慕狄亚之拥权兮，景拿坡之称帝；浸稽天而泯夏兮，终屈戚而自毙也。悲逆贼之狂攘兮，窃独赖此国殇；揽刍束以掩涕兮，沾臣〔颐〕臆之浪浪。

重曰：天晻地闭，晦噎霾兮。狐蛇饮血，蝮蛇骇兮。魑魅甘人，逐驱驱兮。圣哲范醢，拯群黎兮。精灵不设，日重闉兮。魂兮归来，载云旗兮。呜呼哀哉！尚飨！

据上海《民国日报》一九一六年八月十四日《追悼先烈大会记》

祭黄兴文①

（一九一六年十二月十三日）

中华民国五年十[一]月三十一日,黄公克强卒于沪上,越四十有三日将归葬湖南。昨(二十三〔十二〕日)晨黄花岗同人等,念公一生勋节彪炳,志行艰烈,要以广州一役为最。爰集当时与其事者,谨致祭于灵前,而哭曰:

呜呼!革命义昌,多士来同,身倡行危,孰若我公。湖湘首难,一蹶而东,春申江上,网离飞鸿。镇南方败,河口兴戎,屡兴益厉,虽败犹雄。爰及阳夏,首当其冲,亦越癸丑,挞彼昏蒙。被推自众,义不恤躬,十年百战,九死成功。永念生平,慨慕何穷,羊城一役,厥功尤隆。某等无状,提挈相从,敢忘累德,允播高风。繄昔辛亥,清政攸敉,狡英西逞,强俄东迫。公乃愤起,时不再获,周咨同志,获踪定策。袭彼南粤,奠兹禹宅,虽在偏隅,鹿死何择。西极川滇,北从沙碛,义士遝至,皆公远辟。东自扶桑,南遵海舶,转械筹饷,皆公擘划。既张我旅,既修我戟,公自为帅,探穴入泽。不意腹心,自藏奸逆,弹药输止,先期诇刺。大索三日,群情诉诉,公曰毋尔,有死无惜。若惜其死,于何逃责,当机迅赴,举义一夕。米聚作垒,肩乘斫栅,公临奋哮,以一当百。一日两夜,雷飚霆者,清军河上,束手辟易。终以寡挫,势分援隔,枪空丸荚,街陈骸骼。公犹不挠,冒阵身只,勇入督署,犁求豺貘。迨公之出,兵来络绎,公屹不动,擎枪四射。连发俱中,重围始擨,公亦丧指,裹创投适。背城殉义,七十二魄,公之不死,天脱其厄。天不死公,公责未释,曾不五月,共和遂辟。辟而复塞,几移盗蹠,公敢告劳,再事扶掖。扶掖不胜,精诚感格,西南继起,卒致赫赫。人方思公,公乃委迹,邻帮惊悼,空国踊擗。呜呼,哀哉!谓天厄公,屡蹶不覆,谓天右公,功成不禄。前成之艰,后夺之速,茫

---

① 1916年12月13日,黄兴遗体自沪归葬原籍湖南。因其业绩以黄花岗之役最为伟烈,该役同仁聚集致祭。

茫彼仓,是祸是福。呜呼,哀哉!□黄秋老,碧血犹渍,歇浦潮咽,大星遽坠。吾侪后死,将安成志,瞻望灵辆,惟余涕泪。呜呼,哀哉!

孙文、宫崎寅藏、谭人凤、陈炯明、朱执信、胡汉民、姚雨平、何天炯、李肇甫、方汉城、苏慎初、柳聘农、陈方度、胡毅生、徐维扬、马育航、宋铭黄女士、赵光、李栖云、钟秀南、黎仲实、陈达生

据上海《中华新报》一九一六年十二月二十五日《黄花岗同人祭黄公文》

祭黄兴文二件①

（一九一六年十二月二十二日）

一

民国五年十二月二十二日,孙文、唐绍仪、岑春煊、章炳麟、李烈钧、柏文蔚、谭人凤、陈炯明、胡汉民等谨以玄酒菜香,遣〔遥?〕奠黄君克强之灵:

呜呼!哀哉。洞庭以南,奇材所并,嵋江北亘,大横庚庚,而农首出,言为国屏,黄书噩梦,除惑解酲,旷三百年,遗兹典型,曾胡特起,悉尔攸生。烈烈黄君,允文伊武,忾是齐州,而载索房,内纠楚材,上告黄祖,踔行万里,瀛海〈窭〉阻。有械百挺,有众一旅,同盟初起,揉此兆民,义从荟集,郁如云屯,繄君材武,善循军人,智勇参会,叱咤扬〈尘〉,南暨赤道,西讫洮崏,束发受书,悉为党伦,乃临番禺,深入其阃,死士七十,并命和门,气矜之隆,天下归仁。赫赫黎公,振威江夏,寇如犬羊,义师弱寡,弹丸雨注,渚宫为赭,君自南岛,走集其野,坚守之旬,寇疲不暇,群帅反正,房无存者。南都草创,朔方假器,以彼屠夫,而歆帝制,僭志未伸,民亦小墅,林宋既钼,戎心聿肆,秣陵兴师,三方陵厉,虽知败挫,新我民气。江河异味,惟麦与秔,文化既别,更为

---

① 第二件祭文以同盟人孙文等名义。

柔刚，孰是中[鸣]原，而忘故常，如彼飞蝇，走热去凉，方君得志，假威猖狂，兵挫亡奔，詈语伈伈。呜呼哀哉。飘风骤雨，势不崇朝，三岁克捷，亦覆〈其〉巢，遗孽未翦，俊民萧条，如何我君，既尽贤劳，曾不宿留，以靖桀枭，国亡元老，江汉沮消，呜呼哀哉。乱流不证，善人〈缄〉齿，闻君弥留，不谈国事，遗言满牍，伊谁所志。呜呼，哀哉！尚飨！

二

年　月　日。同盟人孙文等谨致祭于黄先生克强之灵曰：

呜呼！哀哉。夷夏之防，国家之纲，烈士之血，小人之舌。天降之殃，绝纲决防，有血已碧，有舌如簧。贪天之功，其炎熊熊，奔啸都市，击鼓撞钟。国有天子，歌功拜起，土崩瓦解，以惑当世。爱憎之间，若操斧钺，以逆乱顺，如鬼如蜮。小人道长，君子道消，颠之倒之，丧我人豪。呜呼！哀哉。缅怀当年，汉地胡天，攘夷存夏，孰为之先。亦有圣贤，为国大盗，割裂诗书，异族是保。义旗一拂，君臣变色，老生小儒，诋为大逆。公与吾侪，如骖之勒，河山百战，乃有今日。曰在东京，刑马作盟，櫜矢擐甲，以入国门。投鞭断流，河口惠川，众庶梦梦，谁与为谋。公与吾侪，声应气求，师期一误，蹶于房酋。巍巍羊石，天南半壁，负海阻山，国之岩邑。公与吾侪，斩关而入，一夕黄花，染为血色，大獝狖狖，两湖三江，中部同盟，若网在纲。公与吾侪，逐北追亡，舆榇衔璧，旗门受降。六合既一，聿修文德，漏网吞舟，坐滋国贼。公与吾侪，陈师以出，一击不中，修其羽翼。申椒既夷，萧艾离披，功满天下，毁谤随之。悠悠海内，若成若败，玉垒初光，金瓯未碎。谁为长城，岳岳英英，谁树典型，炳炳灵灵。崎岖十载，天壤一人，怀此民物，以及友生。

呜呼哀哉！尚飨！

据上海《民国日报》一九一六年十二月二十三日《黄先生开吊第二日纪》

陈母倪节孝君墓碑铭并叙

（一九一七年一月一日）

　　中华民国五年八月，余再入浙，观虎林山水，遂登会稽，探禹穴，修秋禊于兰亭，泛娥江而东迈。从我游者，二三子外，惟吴江陈子去病与焉。舟行多暇，每为余述其母夫人倪节孝君之贤，余既闻而志之。及归，因复以表墓之文请。去病能词章，才名满天下，泷冈阡表，庐陵自优为之。不敏如余，尚乌庸缀？徒以十年袍泽，患难同尝，知去病者宜莫余若，爰为之言曰："从古节母之后无弗昌，子既自树以振家声，则昌大之说，信有征矣。而余所尤望于去病者，当只承先训，敦品立行，以达贤母之孝；坚持雅操，勿敚于邪，以彰贤母之节；毁家纾难，毋纵于欲，以葆贤母之义；亲亲博爱，物与民胞，以广贤母之仁。夫如是而去病为人益用竺实，节母贤孝益以光辉，宁非显荣其亲之至计乎！不然，蹈履颇侧，以危厥身，志虑苟且，以辱厥亲，吾知虽甚盛德，亦弗荫兹，夫又何恃而不恐惧也哉！"既以勖去病，遂书之石，俾过斯地者知矜式焉。系以铭曰：玄黄剖判，两仪攸分，媪壤滋植，冰蟾代明。命不常融，道无终否，蒙难艰贞，事乃有济。猗嗟陈母，千乘之英，孝侔齐女，节媲陶婴。寡鹄休歌，丸熊益励，翼卵完巢，绸缪庶几。遭时板荡，倬彼弘谋，用财自卫，倚柱沉忧。遗孤彬彬，徽音用嗣，我铭其幽，永诏来禩。

中华民国六年一月一日
前南京临时大总统香山孙文撰
南林周觉书

据《陈母倪节孝君墓碑铭并叙》墨拓，载《吴江陈氏褒扬录》（一九三一年版）

祭黄兴文

（一九一七年四月十四日）①

惟公之生，为众所瞻仰，远迩所震惊，群竖所疑忌，国家所尊崇。惟公之死，疑者信之，亲者哭之，无老无幼，无新无旧，皆知今日中国不可无此人。呜乎！是非得丧，本无足论。公殚一生之心血，历二十余载之艰辛，身涉万险，政经三变，国势犹如此，将来或更不止如是也。公虽赍志以殁，公之目岂瞑。文等今日遥望哭公，遵礼祭公，身虽衰老，志犹如昔。起四千余年之古国，挽四百兆涣散之人心，是犹赖公在天之灵。公志其可作耶，尚有以鉴之。呜呼，痛哉！尚飨。

据上海《民国日报》一九一七年四月二十二日

祭陈其美文

（一九一七年五月十二日）

民国六年五月十二日，孙文谨以清酒庶〔庶〕羞敬奠故都督陈君英士之灵曰：乌虖！生为人杰，死为鬼雄，唯殇于国，始与天通。亡清季年，呼号奔走，濒死者三，终督沪右，东南半壁，君实锁钥，转谕〔输〕不匮，敌胥以挫。孤怀远识，洞烛奸究，好爵之縻，避〈之〉若浼。贼恶既淫，更张义师，奔走云殿，自讼责辞。毖后惩前，文历主张，彼綦文者，谬衹为狂。君独契文，谓国可救，百折不挠，以明所守。疾疚弥年，未尝逸晦，我志郁伊，赖君实笃。君总群豪，与贼奋搏，百怪张牙，图君益渴，七十万金，头颅如许，自有史来，莫之或匹。君死之夕，屋欷卷〔巷〕哭，我时抚户，犹勿瞑目。曾不逾月，贼忽

---

① 此件所标时间系致祭日期。

自殂,君倘无知,天胡此怒。含笑九原,当自兹始。文老幸生,必成君志。呜呼哀哉!尚飨。

据上海《中华新报》一九一七年五月十三日《孙中山祭文》

焦心通先生暨崔太君行状书后

（一九一八年三月）

自古贤者多渊源于家学,而母教之孕育,关系尤伟。是以教子贵有义方,贤母令妻,为女教之典范。易堂焦君,秦中杰士也,为国事奔走有年,于民国创造颇有功焉。其为人也,端直温厚,不类近世子。予每觉其立身,必有所自,及读易堂所述其先德心通先生暨崔太君行状而益喻。嗟乎!自欧风东渐,家教之美几绝,于是社会之风趋下,而国脉日微,爱国者宜思有以救之。

民国七年三月　香山孙文

据中国国民党中央文化传播委员会党史馆藏一般档案 054/13

致祭程璧光诔词

（一九一八年四月二十八日）

维中华民国七年四月二十八日,海陆军大元帅孙文特派胡汉民谨以清醴庶馐之荐代致祭于故海军上将①、海军总长程公之灵曰:呜乎!自叛督耀兵,国会中绝,大法陵夷,海内震扰,于是而公援枹以起,羽檄既布于沪江,楼船旋下于南海,扬护法之旄,壮讨逆之气。于是西南义旅继之群起,而倚公

---

① 程璧光生前是海军中将。1919年1月20日军政府命令追授程璧光海军上将。1922年7月21日北京政府黎元洪总统又发出追赠程璧光海军上将令。

为长城。我武维扬，顽凶日蹙，逆乃咻万端，欲摇公志，而公卒不动。于是狙奸骤起于江干，钢丸横注于胸膺，流血五步，一瞑不视，于是而公死。夫不有公首揭义旗，则国民方慑于凶渠淫威，犹豫徘徊，未必果于从义，是无公即无民国也。不有公桓武之众与舰队之精锐，以褫诸逆之魄而夺之气，则义军以新集之卒，当逆骁敚之师，以脆敌坚，以散应整，安能必其战胜攻取而所向无前，是不有公之举义，即有诸义师之克堪大难，犹未足以维民国于不坠也。民国肇建，政变三见，海军举足左右，动为全国重轻。自公赫然树义，而后成败之局定，而顺逆之势益明。国会既集于粤中，义帜翻飞于全国，斮①此鲸鲵，扫其欃枪②，非所谓以劳定国者耶！奋其慷慨，力遏横流，备履艰难，挽回沦胥。逆怆创既深，于焉切齿，因间窃发，忽然遘害，以死勤事，薄海悼心。今逆渠虽犹稽显僇，而公之大义已格于国人之心。奉辞伐罪，誓不回兵。方将风泛彗扫，剪伐肃清。公身虽逝，而耿光灏气，犹翊卫我民国，越百世而昭明。公之神固将凌清都，载云旗，骖飞龙以游行。陈词荐觞，侑此芳馨，灵驾匪遥，庶几来歆。呜呼，哀哉！尚飨。

据程璧光追悼会筹备处编印《程玉堂先生荣哀录》诔文

祭黄花岗七十二烈士文

（一九一九年三月二十九日）

维民国八年三月二十九日为大祭黄花岗诸烈士之墓之辰，余以事羁海上，不获亲扫邱草，乃命执事述意为文，以奠我诸烈士之灵。辞曰：

呜呼！烈士不惜涂地以膏血，以造我民国，民国未成而烈士死于民贼，民贼经烈士之创，而心战胆裂，气为之丧，锋为之折，而民国以立，是以民国之造，皆诸烈士之宏力。然而烈士之愿，欲来者心贞志坚，以振我民德，张我

---

① 斮，音错，意为斩杀。
② 欃枪是古书的彗星别称，意指妖星。

国权,意曰如是,方慰吾烈士于九泉。今兹何时,忽忽者八年,泯泯纷纷,虎狼为群,魍魉为邻,国之为国,以私利合离,日异而月新,黩武自残,以戕杀良民。长此万恶,何以慰我烈士,烈士先余辈而亡,余辈后烈士而死,誓当竭余辈之精神,扫除恶氛,一我宏旨,然后尽余辈之责,烈士有知,当为色喜。呜呼!烈士英气灵魄,临风想望,乌能忘情。念烈士之不可复见,写哀一奠,不知涕泪之纵横。尚飨。

据林森编《碧血黄花集》(出版者不详,一九一九年铅印本)

山田良政君建碑纪念词①

（一九一九年九月）

　　君兄弟俱尝致力于中国革命事业,而君以庚子惠州之役死。后十年而满洲政府覆。初,余以乙未图粤不成,走海外,既休养数岁,党力复振。余乃使郑士良率先入惠州,余偕日本军官多人,拟由香港潜往内地,君实随行。已而奸人告密,不得登陆,乃复往日本,转渡台湾。时台湾总督儿玉氏②,以义和团乱作,中国北方陷于无政府状态,则力赞余之计划,且允为后援。余遂令郑士良举兵。士良率众出攻新安、深圳,败清兵,尽获其械;转战于龙冈、淡水、永湖、梁化、白芒花、三多祝等处,所向皆捷;遂占领新安、大鹏至惠州、平海一带沿海地,以待余与干部人员之入,与武器之接济。不图惠州义师发动旬日,而日本政府更迭。新内阁总理伊藤氏③对中国方针与前内阁异,则禁制台湾总督不得与中国革命党通,又禁武器出口及日本军官投革命军者,而余内渡之计划,为之破坏,遂遣君与同志数人,往郑军报告情形,饬

---

　　① 日本友人山田良政,1900年受孙中山之命参加兴中会发动的惠州起义,英勇牺牲。1918年,山田良政胞弟山田纯三郎从惠州埋葬山田良政的地方带回一抔黄土(尸骨未获),葬在家乡。次年9月,纯三郎又拟在家乡弘前菩提寺为其兄建碑,孙中山应约为山田良政书此篇纪念词。
　　② 儿玉氏,即儿玉源太郎。
　　③ 伊藤氏,即伊藤博文(1841—1909),日本政治家,1900—1901年第四次出任首相。

其相机便利行事。君间关至惠,已在起事后三十余日矣。士良所部,连战月余,弹药告尽,而集众万余人,渴望干部、军官及武器之至甚切,忽得君所报消息,不获已,下令解散,间道出香港,随者犹数百人。而君以失路为清兵所捕,遂遇害。盖外国义士为中国共和牺牲者,以君为首。

论者皆曰惠州之无功,非战之罪,使日本政府仍守前内阁方针,则儿玉氏不至中变,即不为我援助,而武器出口及将校从军者不为禁制,则余内渡之计划不破,资以利器,复多知兵者为之指挥,方其时士气方张,鼓行而前,天下事宁复可量;而革命军无此挫折,则君断不以不幸而被戕,抑不待论。然而君曾不以政府之忻厌为意,衔命冒险,虽死不辱,以殉其主义,斯真难能可贵者。

民国成立七年,君弟纯三郎始以君骨归葬,今复为君泐石以示后人。君生平行谊,君之亲族、交游能述之,无俟余言。余重惜君,故独举君死事本末表而出之,更为之祝曰:愿斯人为中国人民自由奋斗之平等精神,尚有嗣于东国!

中华民国八年九月　孙文

据中国国民党中央文化传播委员会党史馆藏一般档案054/3

祭刘建藩①文

（一九二〇年九月十四日）

维中华民国九年九月十四日,护法政府总裁孙文代表周震鳞,谨以羊一、豕一、香花酒醴之仪,致祭于陆军中将、零陵镇守使刘公崑涛之灵席

---

① 刘建藩,字崑涛,湖南醴陵人,同盟会员。1916年后,刘由日本归国在湘任职,后参加护法战争。1918年春,第二次南北战争起,刘首先率部反攻北军。5月初,在往南退却时,不幸于株洲落水殉难。刘遗体先葬于醴陵乡间,1920年驱逐张敬尧后,谭延闿等将刘的灵柩于9月8日运回长沙,14日在岳麓山举行国葬,周震鳞代表孙中山宣读此祭文,广州军政府追赠刘为陆军中将。

前曰：

呜呼！督军团造反，解散国会，破坏约法。文率海军欢迎国会入粤，开非常会议，建设军政府，誓讨国贼。当时桂系假名自主，盘踞广东，不知正义为何物。独我刘公，与二三同志，奋起零陵、衡阳之间，提携偏师，首张义帜，宣言护法。于是海内晓然于立国根本至计，非法武人不加诛锄，真正法制民国无由实现。旬日间克衡山，复长沙，所向披靡；西路各省，乃纷起援应。桂系乘之，驱其土匪游勇入湘，盗取联军名义，把持湘局；顿兵长沙一月，贻误戎机。公则定计让权桂人，湘军专力前驱杀贼，而岳阳遂一鼓而下矣。是时敌畏湘军如虎，望风逃遁，武汉已在掌握中。桂系则主张停战言和，百计阻挠湘军发展，深恐护法政府之成功；复多方破坏，引其奸党，出为把持，使敌援四集，反攻岳州。当湘军苦战获胜之际，桂军不服调遣，无端溃退，扰乱军心，遗累全局不可收拾，岳、长相继不守。公等百战争来之土地，尽付东流矣！义军退守衡州，北敌穷追，云集攸、醴、衡山下游。公乃决疑定计，提师回攻，约桂军居守，俟公长驱破敌。桂则背约，任意撤去后防，使公孤军陷入贼中，公乃不能不死矣。固守湘南三军，不能北进一步，西南不战不和之局成矣。文追念公之报国捐躯，文尤不能不太息，痛恨桂贼之误我公、误湘人、误护法大业也。呜呼！公虽死于桂人，公之护法精神则永留于湖〔湘〕人。试观湘军忍饥耐困，规复全湘，使今之湖南，非北敌之湖南，非桂系之湖南，实为湖南〈人〉干净之湖南，实为护法到底之湖南，实为欲竟护法全功之湖南也；则公虽身死，公之灵魂真不死矣！尚飨。

据上海《民国日报》一九二〇年九月二十日《孙总裁祭刘故使文》

与唐绍仪等祭朱执信文

（一九二一年一月二十三日）

呜呼！执信而至是耶，一柱颓毁，万夫咨嗟。惟君之生，钟灵河岳。濯濯须眉,崭崭头角。君之秉德,实毗阳刚。高视阔步,不狷而狂;獬豸触邪,薑椒躅秽;有不如意,唾若蝼蚁。沉沉黄梦,亦越千秋。扼腕屑涕,虎睨鹰眸。谈张民权,与余同志。只手空拳,不假指臂。崎岖粤峤,奔亡扶桑;艰难险阻,与君备尝。天命不违,卒伸民气;还我自由,廓清专制。中更事变,又历岁年;再蹶再兴,不磷弥坚。晚顾维桑,豸屯虎穴。君曰歼旃,义旗斯揭;气吞桂孽,目慑岑孱。国人望岁,迟君东还;荆棘锄耰,来襄义举。奈何睢盱,忽生龃龉;虎门突兀,日黩风厉;枪急人呼,歼我良士;虼蜉撼树,鬼蜮射影;赍志夭年,死宜不瞑。呜呼!生死患难,最感余心;倾河注海,有泪沾襟。呜呼执信,而今已矣,朱家亡侠,缓急谁恃?呜呼执信,身殉名称,生则为英,殁则为灵。丹荔黄蕉,长与荐馨。尚飨!

孙　文　唐绍仪　伍廷芳　唐继尧

据《朱公执信哀挽录》(手抄本,广东省社会科学院藏)

挽朱执信文

（一九二一年一月二十三日）

嗟天道之无知兮,哲人早摧。诚民国之不幸兮,失此旷世之逸才。早岁读书兮,既于学无所不窥;惟文章与道德兮,为朋辈所交推。既嫉恶其如仇兮,复见义而勇为。誓以身殉我祖国兮,革命之役无不追随。广州之战幸免于难兮,伤黄花岗荒冢之累累。满清之既覆亡兮,偕自由以来归。民军累万兮,凭君如意之指挥。早知袁氏之不可恃兮,无以破国人之迷痴。学问之猛进兮,君乃处亡命之时期。以文章发挥真理兮,君实为国民之导师。护法南下兮,遂朝夕以相依。逢强寇之抵抗兮,致百事与愿相违。自治之战争既起兮,复挺身以为先驱。虎门之坚垒已下兮,喜恢复之可期。以一身为媒剂兮,欲调和群帅之参差。降军之反复无常兮,痛长城之崩颓。生物莫不有死兮,君之死则举世所共悲。山川变其颜色兮,日月失其光辉。世界之奇才必早死兮,若文学界之摆伦①,物理学界之赫支②,音乐界之苏伯特③,政治界之拉沙儿④,前例既历历可举兮,世称为自然界之忌才。惟君之死乃以身殉祖国兮,树永久之模范于将来!

孙 文

据《朱公执信哀挽录》(手抄本,广东省社会科学院藏)

祭黄花岗七十二烈士文

(一九二一年五月六日)

中华民国十年五月六日,为黄花岗七十二烈士殉国十周之期,大总统孙文谨以清酌庶羞到祭于烈士之灵曰:乌乎!青山之泪,碧血之灵,一日之变,千秋之心。昔者胡虏,入此室处,操杖以兴,惟我与汝。为虫未僵,为牛虽瘠,贼臣助之,乃延残息。时维义师,斩木揭旗,鸱鸮厉吻,无枝可依。镇南泥封,黄岗云重,三十三季,落花如梦。爰及谘诹,爰修戈矛,有事天下,宜耻其酋。巉巉百粤,如虎之穴,表里山河,可以立国。孰为吾俦,九州之尤,奋斗而入,破釜沉舟。穷巷血浴,大堤肉搏,七十二人,成此一局。呜呼哀哉!白骨嶙峋,或践以登,十季之内,貍鼠成村。呜呼哀哉!昔尝相语,生死与俱,念我中年,或先于汝。今来汝前,墓草芊芊,兴复之责,乃集我肩。大盗善终,小盗以起,孰整师干,以狝以薙。是非失据,理义不扬,孰为文章,以纪以纲。呜呼!白马潮来,生憎易逝,黄花春老,应许重开。尚飨!

据中国国民党中央文化传播委员会党史馆藏一般档案 353/33

---

① 摆伦(George Gordon Byron,1788—1824),今译拜伦,英国浪漫主义诗人。
② 赫支(Heinrich Rudolf Hertz,1857—1894),今译赫兹,德国物理学家。
③ 苏伯特(Franz Schubert,1797—1828),今译舒伯特,奥地利作曲家。
④ 拉沙儿(Ferdinand Lassalle,1825—1864),今译拉萨尔,德国工人运动领袖。因主张通过普选等方式过渡到社会主义,被马克思、恩格斯批评为机会主义。死于决斗。

祭蒋母王太夫人文

（一九二一年十一月二十三日）

维中华民国十年十一月二十三日，孙文谨以清酌之仪，致祭于蒋太夫人之灵前曰：

呜呼！文与郎君介石游十余年，共历险艰，出入死生，如身之臂，如骖之靳，朝夕未尝离失，因得略识太夫人之懿行。太夫人早遭凶故，恩勤辛苦，以抚遗孤，养之长，教之成，今皆岩岩岳岳，为人伦之表率，多士之规模。其于介石也，慈爱异常母，督责如严师，裁其跅弛，以全其昂昂千里之资，虽夷险不测，成败无定，而守经达变，如江河之自适，山岳之不移。古有丸熊画荻，文闻其语，未见其人。及遇介石，识其根器之深，毓育之灵，乃知古之或不如今。幸而见于今，复不令其上跻耄耋，长为闺壶之仪型，是非特郎君辈所悼痛，亦足令天下闻之而失声。呜呼哀哉！尚飨！

附录　谭延闿记

蒋太夫人之丧，孙先生方督师桂林，为文以祭。越今五年，而孙先生之丧亦期年矣。日月不居，光景犹昔，此仁人孝子所为泣血椎心攀慕无已者也。介石兄特检此文令延闿书之，其固有深恫于中也乎？古人事师如其事亲，今介石行成志立，足以继先生之志，慰贤母之心，使后人读先生此文，信其非溢美。记有之曰：所谓孝子者，国人称愿，然曰信哉！有子如此，则于母也贤乎，介石盖知此矣。延闿搦管之际，与有荣焉。十五年二月、谭延闿谨记。

据中国国民党中央文化传播委员会党史馆藏一般档案120/89

祭林修梅文

（一九二一年十二月十八日）

惟中华民国十年十月十五日，陆军中将总统府参议代理参军长林君浴凡病殁于广州，出师未捷，遽殒干城。呜呼痛哉！十二月〈十〉八日广州诸同志设位追悼，本大总统特派陆军部次长程潜，敬谨致祭于浴凡之灵，并为文以诔之。诔曰：

唯君之生，曼珠方恣，翳君之逝，国难未已。君之一生，艰难历史，宝剑长埋，英雄何恃。君始从戎，志切西封，谋抗充因，彼皆如聋。发张愤楚，辛壬之际，茧足三湘，功存经制。国有元凶，酝凤贼龙，空山伤足，东海栖踪。济济平社，助予同功，护法讨贼，转战千里。三度衡阳，屡仆屡起，岳云昏昏，湘流泚泚。振臂一呼，鼓声不死，疮痍载途，民亦劳止。律如秋霜，壶浆咏喜，惟食如货，为民之天。豪强抢夺，人乃颠连，君目如炬，其论蔼然。军人宝筏，仁者之言，政府草创，祭酒军谋。方赖明达，宏我远猷，溘然长逝，何不少留。天湖此醉，抑予之尤，我不遑宁，驾言西适。挞彼群凶，以安四国，徒御戎行，君方绵缀。语出呻吟，不忌跋涉，以此励军，士气弥炽。君志必成，我行未已，靖国弭兵，君固不死。呜呼哀哉！尚飨。

据上海《民国日报》一九二一年十二月二十五日

祭黄花岗七十二烈士文

（一九二二年四月二十五日）

维中华民国十一年四月二十五日，当旧历壬戌三月二十九日，为黄花岗七十二烈士殉国纪念之期。本大总统谨具清酌庶馐，特派参军长徐绍桢致祭于七十二烈士之灵曰：

呜呼！臧洪遘难，轰传烈士之名，孔融捐躯，景仰男儿之节，白刃可蹈，青史难忘。苟大节之不渝，虽俎醢其奚恤？然未有丰碑屹屹，苌宏之碧血千年，青冢累累，田横之健儿五百，如我黄花岗七十二烈士者，猗欤壮哉，不亦烈乎！共和肇兴，祸乱未已，民无宁岁，国谁与立？诸将士喋血殉身，艰难缔造之民国，至今犹在危疑震撼之中。本大总统抚今追昔，良用慨然，恨未能掬泪，与诸烈士一通罄欬也。惟是国家兴亡，吾党之责，背民之贼，誓不两立。本大总统率师致讨，未敢苟安。以诸烈士之英灵，至今凛凛，犹有生气，秉此以战，幸而得克，则悲愤忧伤者有限，而精元会合，天人相庆者无穷矣。呜呼！素车白马，见天上之灵旗；丹荔黄蕉，荐南中之佳果。生为人杰，死作鬼雄，惟诸烈士，其昭鉴之。尚飨。

据《广东群报》一九二二年四月二十七日

祭伍廷芳文①

（一九二二年十二月十七日）

维中华民国十一年十二月十七日，国人为故总长伍公秩庸于上海设立致祭，孙文谨以素馨清醴，告公陵曰：

呜呼！国运逆遭，老成有几？作贼者谁，迫公于死！昔在六年，群雄毁法；公坚却署，犹无敢劫。越溯开元，有清违拒，凭公之告，亦免漂杵。嗟彼鸱鸮，独悖于人；既眈于欲，遂噬其亲。国本之摧，梁栋先折；徒法不行，矧今法绝！缔造艰难，英俊弗少；曰有典型，蟠蟠元老。大勋未集，继以来兹；公为国死，痛乃无期。系图存亡，藐躬未敢。义之所在，责无能逭。我不敢死，公不欲生；愿持此志，证之冥冥。呜呼哀哉，尚飨！

据上海《民国日报》一九二二年十二月十八日《伍公廷芳追悼大会纪》

---

① 伍廷芳追悼会于1922年12月17日在上海九亩地新舞台举行，由孙中山主祭，他并致挽幛"天下愁遗"，题写挽额"人亡国瘁"，以示悼念。

重修安庆烈士墓祭文

（一九二三年三月十二日）①

维中华民国十有二年，安庆烈士墓重修工竣，士绅祀之以礼。中国国民党总理孙文乃遣张秋白以清酌素羞之奠，为文以祭之曰：

胡虏猾夏，八表同昏，毁室取子，致我彝伦。天道周星，物极必反，犬羊运终，神眷皇汉。民族自决，适应潮流，匪势之因，亦曰人谋。惟我先烈，力回乾轴，凤不永栖，龙不终伏。投袂而起，剑及履及，前仆后兴，再接再厉。江淮奥区，代产人豪，光复旧物，濠泗功高。虏廷惧亡，愚民自饰，爰有吴君，奋身一掷，丁未义军，耀武挥戈，腹地兴师，此为先河。血不虚流，流者必获，百年腥膻，以除以祓。大业之隆，有开必先，及兹淳熙，亦念辛艰。崇德报功，万邦维宪，矧乃国殇，民极庸建。郁郁佳城，英灵式依，贞珉纪勋，用诏来兹。长江若带，皖江若砺，于万斯年，粢盛勿替。尚飨。

据《总理函稿》，载《中央党务月刊》第七期（南京一九二九年二月）

祭黄花岗七十二烈士文

（一九二三年五月十四日）

维中华民国十有二年五月十四日，孙文谨以庶馐清酌，致祭七十二先烈之灵曰：

民国建始，武汉首义，大勋之集，实诸先生之义烈，有以寒胡贼之胆，而夺其气。荏苒于今，十有二载，余孽猖狂，靡克有届。帝制复辟之祸，几摇国

---

① 时间据题墓额日期。

本。我民憔悴呻吟于恶吏、悍将之淫威,而莫或问。护国护法,虽屡举义旗,国贼未除,而民望终虚。今兹军阀已毒痛于四海,蜀闽苦兵,我粤复撄其毒螫虿,幸我将士用命,天夺逆魄,不旬月而戡定大难。诸江报捷,惟我忠勇之袍泽同志,伏尸流血,乃尔盈千,是诚能继诸先生之烈,无忝后贤。文以不德,思康国步,觍然苟生,以蕲最终之鹄,抚今追昔,惟有雪涕,念一瞑之不寐,期千龄而永誓。尚飨。

据上海《民国日报》一九二三年五月二十一日《孙大元帅致祭广州七十二烈士文》

祭居母胡太夫人文①

（一九二三年六月一日）

中华民国十二年六月一日,侍生孙文谨以玄樽素俎致祭于居母胡太夫人之灵曰：

文自与令子为友,于今二十余年,患难相从,莫或尤怨,试以大事,众佥曰贤。平居与我,雅谈便坐,淑则懿仪,知有贤母。母德愔愔,母教醰醰,江回汉抱,忠义之门。时值倾覆,绝裾而走,颠沛流离,不遑回首。谁无兄弟,如金如玉；谁无父母,多寿多福。孝子之心,百年不足,乃为国家,天涯地角。生不视药,死不凭棺,虽非我故,我则何安。呜呼哀哉！自起义师,血流如水,我故我旧,死者相继；天留郎君,安母窀穸,母而有知,庶几目瞑。呜呼哀哉！尚飨。

据《中央党务月刊》第五期（南京一九二八年十二月）

---

① 此系居正之母去世后孙中山的祭文。

祭开国讨袁护国护法各役诸先烈文

（一九二三年十月十日）

惟中华民国十有二年国庆日，孙文遣代表彭素民，谨以香花纯醴致祭于开国、讨袁、护国、护法各役诸先烈之灵曰：

呜呼！国有共和，伊谁之力？流血断头，曰惟先烈。大功不竟，罪又谁尸？除恶未尽，我责奚辞！军阀官僚，安知有国，武力金钱，安能有法。国法之亡，实匪自今，袁、黎、冯、徐，僭乱相寻。下逮于曹，横流已极，今复不图，后其何及！艰难再造，幸有微基，先灵不泯，尚其相予。呜呼！尚飨。

据《总理于十二年国庆日致先烈文》，载《中央党务月刊》第五期（南京一九二八年十二月）

祭尚天德①文

（一九二三年十一月十日）

维中华民国十有二年十一月十日，孙文以同志众议院议员尚君天德之丧，致名花清酒于尚君之灵而告之曰：

夫惟哲人，邦国之宝，虑其不寿，以颂以祷。然而国人所欲杀者，每如荆刺之滋蔓，欲生者每见芝兰之折夭，倘非人力易穷，不应诉诸天道。几年以来，文以国步之艰，负任之重，死伤者之日多，叛离者之可痛，将欲简练国人，奋策义勇，作庶民之朝气，登治理于极峰，而君逝矣！呜呼！文所痛哭者不始于君，文所期望者不出于君，而君则昔为文所期望，今为文所痛哭之一人。呜呼哀哉！尚飨。

据上海《民国日报》一九二三年十一月十一日《尚镇圭君追悼会记》

----

① 尚天德，即尚镇圭，国会议员，中国国民党党员，因抵制曹锟贿选离开北京，在上海病逝。

追悼列宁祭文

（一九二四年二月二十四日）

中华民国十三年二月，俄国苏维埃政府领袖列宁先生之丧，孙文既与同人追悼，乃述哀词曰：

茫茫五洲，芸芸众生。孰为先觉，以福齐民。伊古迄今，学者千百。空言无施，谁行其实？惟君特立，万夫之雄。建此新国，跻我大同。并世而生，同洲而国。相望有年，左提右挈。君迈千艰，我丁百厄。所冀与君，同轨并辙。敌则不乐，民乃大欢。邈焉万里，精神往还。天不假年，于君何说。亘古如生，永怀贤哲。

据《广州民国日报》一九二四年二月二十五日《追悼列宁详情》

祭黄花岗烈士文

（一九二四年五月二日）

维中华民国十有三年五月二日，海陆军大元帅孙遣参军长张开儒致祭于黄花岗七十二烈士之茔前曰：

炎黄代徂，汉族中熸。张我义声，实起西南。百夫同力，风激霆迅。以我血肉，回兹劫运。志则以申，身则同命。求仁得仁，抑又何恨。在清末造，神州倾否。畴俊云兴，前仆后起。斗智为怯，角力已穷。歼厥渠魁，庶几有功。维此珠江，犬羊所窟。中贵恣睢，莫敢先发。壮哉先烈，回此阳九。虎穴衔力，仇牧陨首。杀气连云，元精贯日。武昌继之，遂夷清室。当其壮往，脱然生死。及其成功，一瞑不视。迨遭至今，中原鼎沸。群盗犹张，夫岂初志。余亦有言，知难行易。以寡敌众，乃克攸济。桓桓诸公，百夫之特。愿起九原,化身千亿。风云犹壮,岁月如新。抚往思来,倏及兹辰。东山之阡,新宫翼然。昔时血骨,今日山川。士女济跄,荐羞醹酒。匪曰报功,惟以劝后。尚飨。

据《大元帅祭文》,载《中国国民党周刊》第二十期(广州一九二四年五月十一日)

祭夏重民文①

(一九二四年六月十六日)

中华民国十有三年六月,大元帅孙文遣大本营建设部长林森致祭于烈士夏重民中将之灵前曰:

呜虖!元霜霄物,松筠后凋。旃檀经热,芬烈弥昭。宙合茫茫,材贤堙阏。繄惟英名,千禩不没。觥觥吾粤,革命先河。黄岗先烈,花邑尤多。君生是邦,气同沉瀇。始露夙积,不辞犴狴。十年奔走,党谊宣扬。刲心瘏口,正论斯昌。壬岁屯蒙,变生肘液〔腋〕。猰貐纵横,磨人咂血。君播其罪,笔伐口诛。卒撄毒焰,茹愤捐躯。天心助顺,重光日月。存尚有为,亡不可作。呜虖烈士,蕴蓄未施。崧〔嵩〕山岳降,倘或助予。岁星再周,追悼兹日。英灵有知,来歆来格。尚飨。

据《大元帅祭文》,载《中国国民党周刊》第二十六期(广州一九二四年六月二十二日)

---

① 6月16日,夏重民殉难二周年纪念会在广州召开,孙中山未到会,林森代表孙中山致祭文。

祭伍廷芳文①

（一九二四年六月二十三日）

呜虖！南纪陬区，扶舆磅礴。笃生哲人，树立岳岳。艰难国步，天弗憖遗。老成殂谢，日月不居。追念勋贤，岁星再阅。尚有典型，九原可作。呜虖博士，学究人天。昔持旄节，遍历瀛寰。樽俎折冲，中外仰止。笑却熊罴，神完有恃。中原多故，护法南来。崎岖险阨，赞我宏规。落落其祁，温温其貌。铁石肺肝，强不可挠。壬岁之变，忧愤填膺。一瞑不视，巷哭相闻。爰整义师，重奠百粤。艰巨纷投，谁与商榷！后死之责，敢告英灵。馨香用荐，祈傥来歆。尚飨。

据《大元帅祭文》，载《中国国民党周刊》第二十七期（广州一九二四年六月二十九日）

祭巴富罗夫文②

（一九二四年七月二十三日）

维中华民国十三年七月二十三日，中华民国陆海军大元帅孙文致祭于高等顾问高和罗夫将军之灵前曰：

维天生材，辅佐斯民，郁郁高君，百战奇英。来佐我华，羽扇纶巾，运谋设策，颇见经纶。方冀辅弼，克缵乃勋，何期无命，中途殂殒。渺渺水天，绵

---

① 1924年6月23日系伍廷芳逝世二周年纪念日。广东善后委员会假高等师范大礼堂公祭，孙中山特派胡汉民代表致祭，并撰写祭文及挽联。
② 巴富罗夫，即帕维尔·安德列耶维奇·巴富罗夫（Павров），又名高和罗夫（Говоров），1892年生于沙皇军官家庭，曾任苏俄第十三集团军军长。1924年4月来华，被孙中山聘为大元帅府总军事顾问。同年7月18日，在石龙视察战场时失足溺毙，遗骸21日送省垣成殓。追悼会在广州东校场举行，祭文由伍朝枢宣读。

绵长恨,英灵不昧,默启后人。呜呼!哀哉!尚飨。

据《广州民国日报》一九二四年七月二十四日《追悼俄高将军之详情》

伍廷芳葬礼祭文①

(一九二四年十二月六日)

中华民国十三年十二月六日,故外交总长兼财政部总长、广东省长伍公秩庸举行国葬礼,陆海军大元帅孙文谨以酒醴告虔。其词曰:

维我贤辅,明德通玄,周流瀛寰,海纳百川。哲理湛深,法学精研,所学既邃,道力弥坚。时遭裉沴,转坤旋乾,始终弗渝,大节凛然。如何苍昊,夺我元老,飘风发发,逝水浩浩。怆怀忠义,中心如捣。灵爽在天,陟降斯邱。前有先烈,济济与俦。亿万斯年,遗芬永留。

据《广东七十二行商报》一九二四年十二月八日《孙大元帅祭伍故总长文》

伍廷芳墓表

(一九二五年一月)

公姓伍氏,讳廷芳,字文爵,号秩庸。广东新会县人。考讳荣彰,贾于南洋星加坡,以前清道光二十二年六月二十三日生公。年四岁归国,自胜衣就傅,已不屑为帖括之学。年十四,肄业香港圣保罗书院凡六年。卒业,供职于香港法曹。然非其志也。节衣缩食,积俸余,为他日留学之资。复以暇晷,与友人创《中外新报》。吾国之有日报自此始。

---

① 12月6日,广州举行伍廷芳国葬典礼,胡汉民代表孙中山致祭。

年三十三，遂赴英伦，入林肯法律学院，治法学，越三载，应试得大律师，以奔父丧归国。旋至香港操大律师业。越四年，被任巡理府，复受聘为立法局议员。论者谓国人得为外国律师者，公为第一人。香港侨民得为议员，以公为嚆矢，任法官者，公一人而已。

然公自幼时，已怀经世之志。觌中国积弱，发愤以匡救自任。会合肥李鸿章闻公名，屡招致之。公遂舍所业，就鸿章幕府。鸿章方督直隶，治新政，津沽铁路、北洋大学、北洋武备学堂、电报局，皆次第经始。公多所赞襄，于外交缔约尤尽力。

既而出使美、日、秘三国，保护华侨，力争国体。庚子义和团事起，周旋坛坫间，多所补救，尤翕然为世所称。任满归国，为商约大臣。驻上海，与各国缔约，树整顿圜法，裁厘加税，收回领事裁判权，画一度量衡之基础。寻迁商部左侍郎，再迁外务部右侍郎，复与沈家本同任修律大臣。成民刑律草案。旋颁行刑律，凡前清凌迟、连坐、刑讯等条皆汰去，为中国刑法开新纪元，公名由是益重。然公居京师久，洞知前清不足与有为，根本窳败，非摧陷廓清，末由致治。意郁郁，遂谢病去。年六十五矣。

其明年，再被任出使美、墨、秘、古诸国。耆年长德，所至想望风采；既受代，经历欧洲诸国归。憩于上海寓庐。而辛亥革命起，公遂蹶然兴，倡议请清帝退位，一时所谓缙绅士大夫，皆惊异之，而不知公匡时救国之志蓄之已久，故有触即发也。

其时，南方光复已十余省，公被推为外交总代表，驻上海，代表光复诸省，与各国交涉，各国由是认光复诸省为交战团体。旋兼议和总代表，公揭橥主张，以为今日之事，当合南北，共建民国。及南京政府成立，文被举为大总统，以公为司法总长，议和总代表如故。卒订定《清室优待条件》，清帝退位，民国遂以统一焉。

南京政府既移于北京，公退休凡五年。及黎元洪继任为大总统，征公入京，任外交总长。未数月，兼代理国务总理。时武人毁法，以兵胁迫大总统，下解散国会命令，公坚拒不副署，恫吓万端不为动。元洪竟解公代理国务总理职，以江朝宗继之，副署解散国会命令。

公愤大法之凌夷，念丧乱之无日，毅然出京谋所以戡乱讨贼。其时，文已与故海军总长程璧光定议，率舰队至广州，开"非常国会"，建军政府，以"护法"号召天下。公继至，同心匡辅。而两广武人阴怀异端，务龃龉之，使不得行其志。文以七年间辞大元帅职去，公仍留广州，改组军政府，任总裁兼长外交、财政，终以跋扈武人不可与共事，弃而归上海，国会议员相率从之。

九年冬，粤军自漳州回师定广州。文乃偕公回广州，复军政府。十年五月，国会举文任大总统，以公为外交总长兼财政总长。其年冬，文赴桂林督诸军北伐，以公代行大总统事。其明年四月，因陈炯明阻挠北伐，回师广州，免其职，以公兼任广东省长。自赴韶州督师，入江西，克赣州，走陈光远，江西全省将定。而陈炯明嗾所部谋叛，文自韶州率轻骑回广州镇摄之。六月十六日，叛兵遂围攻大总统府，且分兵袭韶州大本营，北伐事业因以蹉跌。而六年以来，护法事业亦功败垂成。公感愤得疾，遂以二十三日薨于广州省医院，春秋八十有一。弥留时，犹谆谆授公子朝枢以护法本末，昭示国人，无一语及家事。盖其以身许国，数十年如一日，故易箦之际，精明专一，有如此也。

公生平好学，政事之暇，手不释卷。其始研究卫生之学，蔬食，绝烟酒，自谓寿可至二百余岁。继治灵魂学，视形骸如逆旅，以为留此将以有为耳，故能于危疑震撼之际，泰然不易其所守。自以与于缔造民国之役，不忍见为武人政客所败坏，故以耄耋之年当国事，犯危难无所恤，卒以身殉。悲夫！其对于社会，如提倡国货，倡剪发不易服之议，以塞漏卮，皆有远识，能造福于国人。夫人何氏，贤而有寿。子朝枢能继述志事。孙竞仁、庆培、继先，以民国十三年十二月十日葬公于广州东郊一望冈。

文自元年与公共事，六年以后频同患难。知公弥深，敬公弥笃。谨揭其生平志事关系国家之大者，以告天下后世，俾知所楷模焉。

中华民国十四年一月吉日
孙文撰文

据《伍廷芳奉安实录》①插页《伍秩庸博士墓表》碑文拓片

---

① 该书未署编者、出版者及时间，据书中照片及卷首文字判断为广州1925年版。

祝 词

祝参议院开院文

（一九一二年一月二十八日）

中华民国既建，越二十有八日，参议机关乃得正式成立。文诚忻喜庆慰，谨掬中怀之希望，告诸参议诸君子之前而为之辞曰：

人有恒言：革命之事，破坏难，建设尤难。夫破坏云者，仁人志士，任侠勇夫，苦心焦虑于隐奥之中，而丧元断脰于危难之际，此其艰难困苦之状，诚有人所不及知者。及一旦事机成熟，倏然而发，若洪波之决危堤，一泻千里，虽欲御之而不可得，然后知其事似难而实易也。

若夫建设之事则不然。建一议，赞助者居其前，则反对者居其后矣；立一法，今日见为利，则明日见为弊矣。又况所议者国家无穷之基，所创者亘古未有之制。其得也，五族之人受其福；其失也，五族之人受其祸。

呜呼！破坏之难，各省志士先之矣；建设之难，则自今日以往，诸君子与文所黾勉仔肩而弗敢推谢者也。矧为北虏未灭，战云方急，立法事业，在在与戎机相待为用。破坏、建设之二难，毕萃于兹。诸君子勉哉！各尽乃智，竭乃力，以固民国之始基，以扬我族之大烈，则不徒文一人之颂祷，其四万万人实嘉赖之。

据中国第二历史档案馆藏《国史馆档案》原件

中华民国四周年国庆纪念大会祝词(译文)①

(一九一五年十月十日)

文以不德,猥随国中仁人志士之后,张皇国事,卅有余年矣。

辛亥之役,武唱〔昌〕首难,卒底成功。爰定此日为国庆,纪念其盛典也。于美有七月四日,于法有七月十四日,而于吾中华民国有此十月十日。中西媲隆,何其懿也。此皆所以求永矢于共和于弗替,一日之泽,万礼之庆者也。乃者神奸窃国,妄希非分,民权善对,毁灭无遗。至敢籍〔藉〕口筹安,变及国体。同时遂有废罢国体庆之令,告朔饩羊,摧残靡击,叛逆不道,至斯而极!而吾国人于此日其亦念缔造艰难,国光之不易,爱护之,斥勿失坠乎?抑但凄怆伤心,坐视民国之亡破,以为凭吊事也?庆吊唯吾自择,充斯义也,虽与天地同庥可也。爰为祝曰:觥觥民族,为国民之柢。共和纪元,千岁一遇;眷兹嘉辰,国以永府〔固〕。彼元恶者,与民为仇。既坏我权,又绝我庆。覆载不容,人神共愤。招〔昭〕示大义,由绖讨□。百尔君子,念诸先烈。

据俞辛焞、王振锁编译《孙中山在日活动密录(1913.8—1916.4)》(南开大学出版社一九九〇年版)(转录日本外务省档案《中国革命党问题》第十七卷,乙秘第一九八〇号《中华民国四周年国庆纪念大会之事》)

---

① 1915年10月10日下午2时,在东京的革命志士季执中、覃振、戴天仇等在曲町区大手町大日本私立卫生会,召开中华民国四周年国庆纪念大会,与会者1300人左右。季执中致开会词后,刘大同宣读了孙中山送来的贺词。

国会非常会议开幕祝词①

(一九一七年八月二十五日)

中华民国国会,厄于暴政,横遭摧残,今二度矣。国会诸君以责职所在,不避雷霆万钧之威,再仆再起,以肇我共和之丕基。今北部为叛党所据,遏绝民意,乃相率而会于粤东,举行非常会议,由此而扬谠论,纡嘉谟,建设真正民意政府,起既绝之国运,以发扬我华夏之光荣于世界,大辂始于椎轮,皆以诸君今日为之始矣。爰进芜词,以摅欢庆,於戏诸君,民昊尔瞻。纲维共和,匪躬蹇蹇,万魔张目,百折弥奋。大声锽锽,来会羊城,昭苏民治,再造宗邦。壮猷阆谟,烂兹光光。孙文谨祝。

据上海《民国日报》一九一七年九月三日《孙文祝词》

澳洲国民党恳亲大会纪念词

(一九二〇年四月三日)

吾党肇建,自兴中会以迄今日,廿余年矣。中间三变,始有兴中会,时党员极稀,外界压迫极大,以极少之同志,战极大之压迫,以求达最大之目的,其难可知也。自兴中会而为同盟会,则加盟者愈多,所受外界压迫较少矣。由同盟会而为国民党,人愈多,所受外部压迫更少。二次革命败后,国民党涣散,而中华革命党始生,其地位又有似于同盟会初建时,海外同志以中华革命党之精神,支持国民党之名义,以至今日。夫以人数论,则国民党初起时为最盛矣,而论其功业殆无可征。同盟会时,以人论虽少逊,而其功业概

---

① 1917年8月25日国会议员一百二十余人,在广州广东省议会召开非常会议,孙中山莅会祝贺。

非他时代可及。中华革命党立后,庶几复其旧观。论党员结合之固,信服主义之笃,趋事之勇,兴中会之少数人已为卓绝,然而成功犹有待于同盟会甚矣,群策群力之足恃也。而其结合虽曰多多益善,其各党员相互感情之密接通洽,有如兄弟父子,实为同盟会之精神。国民党所以初见涣散,中华革命党所以能复振,亦以党员相互感情之亲疏异也。由是观之,欲以一党谋中国之幸福,先须各党员日淬励其互助之精神,而导之向于同一之目标,可无疑也。澳洲同志自同盟会时始盛,其间虽经国民党时代,亦未尝有涣散之虞。及中华革命党成立,则益猛进矣!盖将来中国之运命,系于三民主义之能否实行。二十年来,吾党志士先仆后继,百折不回,非趋一党之私,实以为中国四万万人公共利益,且以为世界平和能否实现,亦一视此。今民族主义虽略得贯彻,民权、民生之建设,尚见阙如。所以人民困苦,国势日颓,岌岌之形,不可终日,吾党责任,此后更重。牺牲之决心,互助之精神,万不容稍为松懈。澳洲党势既日隆,则党员责任心必随之日富,而以其群众之力,将有以战胜凡百困难,以入于成功之途。其坚抱三民主义而不渝,又吾所深信者。今兹恳亲大会之开,更使党员固结之精神,以此益加固结,而有以复同盟会时代之旧,且加亲密焉。则以今日多数同志之力所能成就,必远胜于昔者同志较少之日,而以其互助与牺牲之旨,益多致同志以趋于救国之途,此则真吾所跂而祝之者也。万里遥隔,无由列席,聊书所怀,以代颂祷。

据胡汉民编《总理全集》第一集(上海民智书局一九三〇年版)

菲律宾碧瑶爱国学校祝词

(一九二一年一月二十三日)

嗟乎!廿世纪之国民,一科学互竞之国民也。国于今日,而弗克俾其青年学子循涂齐轨,作而育之,则国民可安事此尸居余气之当局为哉?我国年来神奸攘政,盗财垂罄;戎车屡警于通衢,弦诵斩然于四境;少数青年之犹得苟且学问者,不远涉重洋,问业于异邦之学校,即因陋就简,负笈于外人教会,以教为用之学科,学风不昌,文化阻塞,于以欲企图人材之蔚起,国势之振兴,亦戛戛乎难乎!本党海外菲律宾碧瑶埠支部同志,有见及此,毅然起而振之。经营拮据,煞费苦心,历时两载,遂庆厥成,定其名曰"爱国学校"。盖将以作育吾国侨菲之青年子弟,由非涂轨进,而为他日研钻高深之学科,以与世竞,抑以供献祖国也。语云:椎轮实大辂之始,则于其落成典礼也,能不致其最大之属望于未来者耶? 是为祝。

孙 文

据中国国民党中央文化传播委员会党史馆藏一般档案 412/14

中国国民党全美洲同志恳亲大会祝词

(一九二一年二月)

　　芸芸众生,原属平等,合群互助,生存之本。强权竞张,公理斯泯,种种阶级,为进化梗。西方民族,猛起于前,争自由战,奋斗百年。东陆同胞,尚在倒悬,不有先觉,谁与救援。巍巍我党,顺天应人,大业富有,盛德日新。肇迹兴中,发祥美洲,东西南朔,声应气求。光复旧物,改建共和,鼎新之力,吾党独多。九载以还,丧乱频纪,吾党牺牲,不知凡几。百夫扶拾,自强不息,再合大群,同心戮力。多方多士,济济一堂,磁吸电感,斯道大光。苍苍青天,皎皎白日,烈烈赤云,洪潮四激。金山在望,共申盟誓,只进一辞,同人万岁。

孙文暨本部同人谨祝

据《中国国民党美洲同志恳亲大会祝词》,载《中央党务月刊》第七期(南京一九二九年二月)

美利滨①分部党所落成并开恳亲大会训词（一）

（一九二一年十二月）②

天下兴亡，匹夫有责。文以一介平民，当满清末造，起而革命，虽备历诸艰，然革命卒底于成。厥故何也？良以二十世纪之潮流，民治主义之潮流也。潮流既瀰漫于全国，吾人起而顺应时势，以推翻彼专制魔王、人民公敌，自易如反掌。譬诸水到渠成，瓜熟蒂落，事有必至，理有固然；非文有特殊异能，乃出人心趋向之所致，亦即主义最后之获胜也。

我海外同志，昔与文艰苦相共，或输财以充军实，或奋袂而杀国贼，其对革命之奋斗，历十余年如一日。故谈革命史者，无不有"华侨"二字，以长留于国人之脑海。今值文率师北巡，谋所以竟革命全功之时，适全澳及南太平洋群岛中国国民党有开恳亲大会之举，将以联党员之情谊，策革命之进行，于焉本互助之精神，下讨贼之决心，胥于此举是赖。文虽军书旁午，一日万几，闻讯之余，辄为之肃然起敬，欣然以喜。何敬乎尔？敬其对革命事业始终如一也。何喜乎尔？喜其不惟对革命事业能始终如一，尤能协同动作以收群策群力之效也。

诸同志勉旃！作革命事业必须彻底，如半途而中止，必养痈而贻患。故法兰西之革命也，曾经数次；美利坚之独立也，血战八年。以吾国袁世凯虽死，而现今之小袁世凯尚无数。若不亟谋根本之解决，则共和国脉必致中斩，民治主义无由实现，故不避险阻艰难，非俟澄清中原，我革命党人决无图卸仔肩之时，文本斯志，愿诸同志亦同斯志也。尤有进者，共和国家，主权在民，而现今之潮流，又在于人民自决自动。故担当天下之大事，非异人任；吾

---

① 美利滨，即今澳大利亚墨尔本。
② 此训词有两件，胡汉民编《总理全集》均定为1921年12月，而秦孝仪主编《国父全集》分别标为1921年12月和1922年1月1日。今据秦孝仪主编《国父全集》。

党同志,人人皆有革命救国之责任。旷观各国革命史,无不具此深切著明之印象。诸同志留居异邦,睠怀祖国,感外潮之激荡,谅咸知非革命不足以救危亡,即应人人皆抱匹夫有责之义。将何以起而实行革命、起而赞助革命,固与文同一责任,文所期望于诸同志者,亦至厚也。以诸同志平日爱国之热烈,再接再厉,百折不回,葆其固有之精神,再发扬而光大之,将来革命史中,诸同志之荣誉,尤必有大过于今日者,盖可断言。

恳亲会开会在即,特征训词于文,因本所见以质诸同志,虽海天万里,而精神遥相贯注,即不啻聚首一堂。愿诸同志前途努力!革命之责任,固与文暨海内诸同志共负之耳。

中国国民党总理　孙文

据《美利滨分部党所落成并开恳亲大会总理训词》,载《中央党务月刊》第七期(南京一九二九年二月)

美利滨分部党所落成并开恳亲大会训词(二)

(一九二二年一月一日)

维中华民国十一年正月一日,中国国民党澳洲美利滨分部党所落成,并开恳亲大会,驰书请以一言为训。文曰:

溯自革命成功,吾党应时势之要求,为远大之组织,将谓与中华民国永保无疆之福矣。顾国基初建,付托非人,袁逆叛国,帝制自为,以其所以祸国者祸吾党,于是阴谋百出,贼吾元良,坏我丕基,利诱我弱者,威迫我健儿,于是有癸丑之役。文惩前之失,改造斯党,海内之士,颇引为难。然海外同志,努力坚持,未闻有因失败而自馁者。讨袁之役,美洲一隅,集款多至百万,其他各埠,莫不踊跃输将,争先恐后;忠义之俦,徒手奋呼,愿以身殉,奔集革命军旗下,转战齐鲁闽粤间,以血肉之躯与逆奴相搏,前仆后继,不可毕举。内地之士,闻之奋起,其鼓舞群伦,有如是者。澳洲僻处海陬,国人侨是邦者,为数亚于南洋群岛,然勤朴习劳苦,爱国爱党,出乎至诚。美利滨分部成立后,同志益自策励,协力前进,建兹宏宇,蔚然大观;诸同志任事之忠且勇,矢志之远且大,方兴正未艾也。兹者大盗窃国,毁法灭纪,举国鼎沸,莫可终日。吾海外同志回顾宗邦,蹙额疾首,其奚能已!文兴师护法,再造政府,辱承国会推戴,职居元首,当本吾党为国牺牲之志,殄彼大憝,戡乱图治,使艰难缔造之民国由文而手创,由文而中兴。嗟我同志,责任在躬,曷能旁贷?维钦维敬,毋怠毋荒,念之哉,慎厥后,于是保之,以永终誉。

孙 文

据《美利滨分部党所落成并开恳亲大会训词》,载《中央党务月刊》第七期(南京一九二九年二月)

欢迎苏俄军舰祝词①

(一九二四年十月八日)

中华民国十三年十月八日,为苏维埃联邦共和国军舰抵粤之期。苏维埃联邦共和国与中华民国关系最为密切。且苏维埃联邦共和国以推翻强暴帝国主义,解除弱小民族压迫为使命。本大元帅夙持三民主义,亦为中国革命、世界革命而奋斗。现在贵司令率舰远来,定使两国邦交愈加亲睦,彼此互相提挈,力排障碍,共跻大同。岂惟两国之福,亦世界之幸也。

敬祝苏维埃联邦共和国万岁!

中华民国大元帅孙文敬祝

据上海《民国日报》一九二四年十月十九日《大元帅欢迎俄舰祝词》

---

① 苏联巡洋舰沃罗夫斯基(Воровский)号于10月7日驶抵黄埔港,运来了广州大本营所定购的枪炮弹药一批。这是孙中山在韶关写给该号舰长的祝词,由何应钦宣读。

其 他

教友少年会纪事①

（一八九一年六月）

辛卯之春，二月十八，同人创少年会于香港②，颜其处曰"培道书室"。中设图书、玩器、讲席、琴台，为公暇茶余谈道论文之地；又复延集西友于晚间在此讲授专门之学。盖以联络教中子弟，使毋荒其道心，免渐堕乎流俗，而措吾教于磐石之固也。

溯夫圣道之传诸我邦，始于唐代，当时风行海内，上下尊崇，帝皇敕以建寺，庶士乐而朝宗，固不可谓不盛矣！乃竟如种之播乎硗地，苗之长于棘中，一时即英华发外，浸假而本实销磨，奕祀而后泯灭无存，此岂非人心之未植、道种之失培者乎！尝读景教残碑，辄为之唏嘘不已。方今中西辑睦，圣道昌明，欧洲教士航海而来，复传圣道于我邦，印书建堂，遍于直省，数十年来，日见兴盛。然而人心不一，硗沃无常，习俗移人，邪僻易染，世情奸恶，窄路难循。始非不虔心恪守，及乎与世周旋，多为所诱。趋势利，慕声名，竟致讳道媚人，猥投时尚，此真为吾教之大可忧也。

日③自出山中，游学海缴〔徼〕，每询教会兴衰。当闻某文人，某职道，其幼固从游于教中而虔心向道者，乃一旦显达，则随俗毁誉，忌道如仇。呜呼！是岂道之不足重哉，亦适以见其人之可羞耳。又每见教中子弟与恶少交游，

---

① 此件系孙中山早年在香港求学时期所写的一篇文章，署"后学孙日新稿"（"日新"是孙中山的号，以号代名），1891年6月发表于上海广学会出版的《中西教会报》。
② "辛卯之春，二月十八"，为1891年3月27日。1891年春，孙中山正在香港西医书院读四年级，出席了"教友少年会"的成立大会。
③ 日，孙日新自称，下同。

以致流入邪途而不悟。父兄虽作道干城,而子弟之邪淫莫挽,斯可慨矣。夫人不能无交游也,朱赤墨黑默移于不觉,习焉成性,善恶斯分,少年交游,讵可不慎哉!此培道会之所由设也。甚矣!道之不可无培也。一人所守之道,固可由渐而失;一代所尊之道,亦莫不由渐而亡。景教其足鉴已。况人心惟危,道心惟微,不有善机以诱掖、良法以奋兴,安望其固守而毋替也哉。此会之设,所以杜渐防微,消邪伪于无形,培道德于有基。集俊秀于一室,交游尽属淳良,备琴书于座右,器玩都成雅艺。从此耳濡目染,有不潜移默化,油焉奋兴,发其苗于沃壤,结实以百倍者乎!

是晚为开创之夕,同贺盛举,一时集者四十余人,皆教中俊秀。日叨从其列,喜逢千古未有之盛事。又知此会为教中少年之不可少者,望各省少年教友亦有仿而行之,故不辞谫陋,谨书之以告同道。

据陈建明《孙中山早期的一篇佚文》,载《近代史研究》
一九八七年第三期

与梁士诒等联名主张琼州改设行省理由书

(一九一二年)

　　为琼州改设行省事:窃琼州一岛,孤悬海外,面积十万方里,人口数百万。其位置在北纬十八度二十二分,东瞰小吕宋,西连东京湾,南接安南,北倚雷州半岛。四面港口,星罗棋布,南有榆林、三亚之险,北有海口、铺前之固,东有清澜、博敖,西有洋浦、英潮。贸易船舶之所辐辏,商贾货物之所云集,山海物产之所鳞屯,此固海疆之要区,南方之屏障也。只以行政区划隶于广东,位为外府,政府轻视之,故居民安陋就简,因循苟且,不能应时势而发达,有形势之险而不知固守,有天然之富源而不知利用。法国垂涎是岛,历有年所,前清时代,尝有海南岛不割让之条约。频年以来,各国政府皆注意此土,故各国学者、政治家、旅行者不绝于道,探险者纷至沓来,而吾国人昧然也。夫以中国之大,仅有台湾及海南二大岛。甲午之役,台湾割让于

日,日人经营十年之久,自铁道开设,行政、教育制度整理以来,昔者硗确之区,今变为膏腴之府,旅行台湾者,不胜今昔之感焉。夫同一物也,视管理之才不才,而地位自异。爱惜而保护之,则其势可以参天;轻视而废弃之,则朝不保夕矣。凡物既然,国家之领土,何独不然。今台湾既去,海南之势甚孤,倘一旦为外国所占领,微特该岛人民受蹂躏之祸,恐牵一发而动全身,即神州大陆亦必受其影响。此同人所以有改设行省之议也。

夫琼州宜改设行省,其理由有五,试为诸位先生缕析陈之:

其一,巩固海防,琼州宜改设行省也。夫琼州位置极南,为大西洋舰队所必经之路,南洋之门户也。昔日俄战争之际,巴尔梯克舰队东来,经过该岛,吾国人所共闻而共见矣,而榆林、三亚二港正当其冲。查该港广袤,能容巨舰,可以避风,外有诸小岛环之,为天然之海军根据地,德之基尔、日之佐世保莫是过也。吾国海军诸港如旅顺、威海、胶州湾、广州湾等地,次第借租于外国,其余可为海军根据地者无几,倘再舍此而不顾,恐后患有不可胜言者。自世界大势变迁,国力之盛衰强弱,常在海而不在陆,其海上权力优胜者,其国力常占优胜。德国人口迅速增加以来,昔该国之海军与英国较在一与六之比例,今则骎骎发达,变为一与二之比例矣。英国朝野上下,遑遑焉保其二国标准主义而不息,其余如美、日、俄诸国海军皆长足进步,争先恐后,观诸国海军表,其国力竞争之消息,可以默喻矣。今我国海军虽不克与列强争胜,然有海军根据地,置而不顾,甚非国家永久之大计、巩固边防之政策也,倘改为行省,则琼州之军港易于建设。其理由一也。

其二,启发天然富源,琼州宜改设行省也。吾国天然富源之地虽多,而琼州富源尤为各地之冠。是地富于矿产,有金、银、铜、铁、铅、锡、煤炭、煤油诸矿。甘蔗蕃茂,取汁可以制糖,森林阴翳,伐木可以为舟,钓鱼之丝,鱼塭之场,胶树、蚕桑、槟榔、椰子、婆萝、龙眼、荔枝、芝麻、番薯、橄榄、茄楠、沉香、橙柑、黄皮、芭蕉诸植物,不能胜举。地广人稀,牛羊成群,牧畜之场在焉;丛林峻岭,麋鹿、猿、豹、猿、兔、狸、獭、山猪栖息其间,狩猎之区存焉。总之,琼州一岛,动、植、矿三界莫不丰富,只以交通不便,一切货财,自生产地以至于市场,其运搬之费不赀,其价不足以偿生产费用,人情乐于苟安,故任其天然物产自生自灭而不顾。加以法律行政制度未能完备，保护未周，故投资者视为畏途，是以该岛富源，至今未启发耳。今民国成立，振兴实业，诚为急务，倘不改为行省，则实业之发达无由。其理由二也。

其三，文化政策，琼州宜改设行省也。琼州黎、汉杂处，黎居中心，汉处四围，一切言语、风俗、习惯、宗教、道德、感情、思想与汉族异。虽黎有生、熟之分，生黎犷猂，熟黎驯良，要之皆上古之苗裔，而文化最低之种族也。自古迄今，皆为汉族之患，而生黎尤甚，政治家献平黎之策者，指不胜屈。同人以为宜开道路以通之，熟黎驯良者，则招而抚之，辟其地为州县，与之杂居，十年教育之后，必与我同化矣。熟黎既化，则生黎势孤，久而久之，必就范围。今共和宣布，五族平等，断无有异视上古遗族之理。倘歧而视之，必为子孙之患，使之同化，必收指臂之助。文化政策宜行于黎者此也。且琼州居民，普通教育，尚未普及，又限于一府，故大学及诸种高等学校，不能设备。以海防要地，而人才不足以副之，甚非保卫之策。然则，欲发达该岛文化，非改设行省不为功。其理由三也。

其四，国内移民殖民政策，琼州宜改设行省也。夫殖民、移民有二：外国殖民、移民及国内殖民、移民是也。琼州人口甚稀，而广州等处人口过剧，因生计困难，故近来移往海外者，实繁有徒。国力不振，故各国对我华侨不以同等相视，设诸种条例以苛待之，其惨状有不堪言者。夫我有地利而不自启发，流居异域，使外人牛马视而奴隶贱之，甚非得策也。同人非谓海外移民、殖民为不必要，但吾国今日状态，国内移民、殖民为尤必要。倘改琼州为行省，则人口过多之地，必源源而来，资本亦因之而流入，不久必变为富庶之区。其理由四也。

其五，行政之便宜上，琼州宜改设行省也。琼之地理、风俗、言语与各府不同，由琼至省，必经海道千余里之遥，**由省御琼**，有鞭长莫及之叹。地方情形，长官不必周知，长官命令，早**发不能**夕至，其不便一也。且该岛风俗、言语、习惯与广州异，以言语、风俗、**习惯**不同之人民合为一省，行政区划之分配，甚不得当，不便二也。倘改**为行省**，则无上述之弊。其理由五也。

琼州之宜改为行省，既如上所述矣。或者曰琼州土地狭小，财力不足，不宜改省者一。且一改为行省,恐各省纷纷效尤,何所底止,不宜改省者二。昔江北改省之议,不能通过,琼州与江北,何异其选,不宜改省者三。是说也似是实非。夫台湾一岛,其幅员与琼州相等,自日本经营之后,每年岁入数千万。倘琼州改为行省,数年经营之后,其收入必有可观,无庸疑也。且欧美诸小国,其面积不如琼州之广,人口不如琼州之多,尚自立为一国,以数百万之住民,十万方里之土地,而不能划为一省直隶中央者,断无是理。是第一之驳议,不足信也。琼州宜改行省,既有上陈五大理由,他省之欲效尤者,无从藉口。是第二之驳议,不足信也。琼州与江北不同,查江苏面积最狭,江北改为行省,则江苏必受其影响,而琼州改省,广东不受其害,反得其益,其不同一也。琼州系海外孤岛,文明各国,其政府皆重视岛地,诚以岛地有特别视之理由在焉。美国诸岛,皆自为一州,若夫落利大、檀香山等岛,其面积不若海南,而自为一州,其故可知。而江北则非岛地,其不同二也。前清时代,张之洞督粤时,尝倡琼州改省之议,后岑春煊督粤,亦有是议。夫以前清因循苟且,尚因琼州地理重要,不能漠视,况民国成立,凡百设施,在发奋有为之时代乎？而江北则不然,其不同三也。由是观之,第三之驳议,亦不足信也。昔唐贞观五年置都督府于琼州,是改省之说,乃所以复古制,非创议也。民国百度维新,行政区划宜亟改良,以固边防而启利源,兴文化而奖殖民,乞诸位先生赞成琼州改设行省。琼州幸甚,民国幸甚。

发起人:孙文、梁士诒、易廷熹、陈治安、梁孝肃、潘敬、陈发檀、吴栋周、徐傅霖、谭学夔、张伯桢、钟毓桂、卢信、吴铁城、冯拔俊、陈定平、陈振先、陈复、林格兰、林瑞琪、司徒颖、陈启辉、吴瀚澄、黄毅、杨永泰、张汝翘、林国光、韩禧丰、郑宪武、金溥崇、黄有益、邢福基、刘元桦、祁耀川、冯裕芳、伍宗珏。

据中国国民党中央文化传播委员会党史馆藏一般档案001/16

游普陀山志奇①

（一九一六年八月二十五日）

　　余因察看象山、舟山军港，顺道趣游普陀山。同行者为胡君汉民、邓君孟硕、周君佩箴、朱君卓文，及浙江民政厅秘书陈君去病，所乘"建康"舰舰长则任君光宇也。抵普陀山，骄阳已斜，相率登岸，逢北京法源寺沙门道阶，引至普济寺小住，由寺主了馀唤□将出行，一路灵岩怪石，疏林平沙，若络绎迎送于道者，纡回升降者久之。已登临佛顶山天灯台，凭高放览，独迟迟徘徊，已而旋赴慧济寺，才一遥瞩，奇观现矣。则见寺前□矗立一伟丽之牌楼，仙葩组锦，宝幡舞凤，而奇僧数十，窥厥状似乎来迎客者！殊讶其仪观之盛，备举之捷，转行转近益了然，见其中有一大圆轮，盘旋极速，莫识其成以何质，运以何力？方感想间，忽杳然无迹，则已过其处矣。

　　既入慧济寺，亟询之同游者，均无所睹，遂诧以为奇不已。余脑藏中素无神异思想，竟不知是何灵境？然当环眺乎佛顶台时，俯仰间，大有宇宙在乎手之概！而空碧涛白，烟螺数点，觉生平所经，无似此清胜者！耳腮潮音，心涵海印，身境澄然如影，亦既形化而意消。呜呼！此神明之所以内通。

　　已下佛顶山，经法雨寺，钟鼓镗鞳声中急向梵音洞而驰，暮色沉沉，乃归至普济寺晚餐。了馀、道阶，精宣佛理，与之谈，令人悠然意远矣。

　　　　　　　　　　　　　　　　　　民国五年八月二十五日　孙文志

据《逸经》第十七期影印原件（上海一九三六年十一月五日）

---

① 据冯自由推断，此件为陈佩忍手笔，经孙中山鉴定后付石刻。

勉中国基督教青年书

(一九二〇年四月三日)①

中国四万万众向成一片散沙者,非其性然也。以亡国二百六十余年,备受异族专制之毒,集会有厉禁,言论无自由。遂至习非成是,几将吾人乐群之性、团结之力,消灭净尽,此散沙之象所由呈也。第自海禁初开,基督教国以条约要求废去传教习教之禁律,于是中国之基督教徒始有集会之自由。清廷以既不能禁教徒之集会,而对于一般人民集会之禁令,亦渐放去。此中国人民之得集会自由,初实多教会之赐也。由是风气渐开,民智日进,至今竟能恢复中华、创立民国,其影响所至,不为不大矣。独惜专制之余毒,仍未尽除;清朝之官僚,依然作恶。而中国人民犹日在水深火热之中。是无异昔时之以色列人民,虽得摩西之超度,脱离唉及②奴隶之厄,而尚未至加南乳蜜之地,以享幸福之情况也。然教会之入中国,其直接间接之有造于中国人心社会,其结果既如此矣。继教会而兴者,则有青年会,其仪式制度比教会为宽,其普及招徕比教会尤捷。青年会以德育、智育、体育为职务,吸收青年有志之士以陶冶之,而造成其完全之人格。此本基督救世之苦心,行孔子自立立人、自达达人之美意。如是青年会者,乃以团体而服务于个人者也。是会之设于中国,至今二十有五年,推行几遍全国,发达之速,收效之大,志愿之宏,结合之坚,洵为中国独一无二之团体也。今当二十五年庆祝之辰,予欣喜而为青年会贺,更欲进而为青年诸君勉焉,诸君皆曾受基督教青年会之

---

① 底本误为1924年。查天津《大公报》所载,自1920年4月1日起,中国基督教青年会在天津召开第八次全国代表大会,适值天津青年会25周年纪念,与会代表竟达千余人之多。在3日下午的大会上,由有关人员"宣读孙中山先生勉中国基督教青年会辞"。4日,天津《大公报》摘要刊登了孙中山的勉辞。故此文的发表时间应为1920年4月3日。(参见吴元康《〈孙中山集外集〉等书勘误四则》,载《安徽史学》2003年第2期。)

② 唉及,今译埃及。

德育、智育、体育之陶冶,而成为完全人格之人也。合此万千完全人格之青年,为一共进互助之团体,诸君之责任重矣,而中国基督教青年会之责任更重矣。夫教会之入中国,既开辟中国之风气,启发人民之感觉,使吾人卒能脱异族专制之羁厄,如摩西之解放以色列人于唉及者然。以色列人出唉及而后,犹流离困苦于荒凉沙漠间四十年,而必待约西亚以领之,而至加南之地。今中国人民既由散沙而渐结团体,卒得脱离清朝之专制矣。惟脱离专制之后,反陷于官僚武人腐败横暴政治之下,如水益深,如火益热,困苦比前尤甚,其望约西亚之救也诚切矣。然统观中国今日社会之团体,其结合之坚,遍布之广,发达之速,志愿之宏,孰有过于中国基督教青年会者乎?是欲求一团体而当约西亚之任,以领带中国人民至加南乳蜜之地者,舍中国基督教青年会其谁乎?予既有望于青年会之深,而不禁勉青年诸君之切也。诸君既置身于此高尚坚强宏大之团体,而适中国此时有倒悬待救之人民,岂不当发其宏愿,以此青年之团体而担负约西亚之责任,以救此四万万人民出水火之中而登之衽席之上乎?中国基督教青年其勉旃,毋负国人之望。

孙　文

据北方杂志社国父遗墨筹印委员会编《国父墨宝》影印原稿(北平一九四八年版)

褒扬张俞淑华文

(一九二五年二月五日)①

尝以贞松秉节,翘柯能拒夫严霜。良玉含精,粹质无伤于猛火。巴台特筑,史家传利物之贤。漆室沉吟,女子且仁民之抱。惟番禺县节妇张俞淑华,凤娴德象,爰适清门。克孝无怨,相庄匪懈。玉麟方兆,琴鹄旋嗟。搴帷传韦逞之经,画荻授庐陵之字。柏舟矢志,篝灯勤恤纬之功。板屋同仇,藻

---

① 此件所标时间系《中国新闻报》发表日期。

绘助扶创之药。贞心卅载,善行百端,匪惟桓孟之徽音,具〔且?〕有陶欧之懿范,载稽国典,宜予褒扬。於戏!绰楔风清,咸识女宗之式;芳型日焕,弥敦礼教之原。特锡嘉言,用彰淑行。

据《中国新闻报》一九二五年二月五日

论　　诚[①]

宁愿天下人负我,不愿我负天下人。天下人可以欺伪成功,我宁愿以不欺伪失败。予读中外史册,凡圣贤英雄,皆以诚率成功,及身有不成功者,而成功必在身后,吾人有千秋之业,不在一时获得之功名荣辱也。传曰:"修辞立其诚"。古人言语文字,尚以诚意为要,况事业乎?耶稣曰:"诚实者无后患";孔子曰:"正心诚意,不诚未有能动者也"。华盛顿昭大信于美洲,唐虞格有苗于干羽,诸葛亮七擒孟获而不诛,贞观放囚徒归而皆返,虽汉高祖之漫骂,朱元璋自述父行乞,而已为僧,亦不失真率之道。此予读中外史,知其所以成功,而底于灭亡者,诚则有物,不诚无物而已。历代以欺世伪术而得大业者,灭亡不及其身,及其子孙,此篡弑攘夺残民以逞者,可不惧哉!予之律己,对人无虚言,驭人无权术,一本诚率,人皆谅我,予一人已成功矣。

据刘成禺《先总理旧德录》,载《国史馆馆刊》创刊号(南京一九四七年十二月)

谈练习演说的要点[②]

(一)练姿势。登上演说台,风度姿态,即使全场有穆肃起敬之心。开口讲演,举动格式,又使听者有安静详和之气,最忌轻佻作态。处处出于自

---

① 此篇成文时间不详。
② 此篇成文时间不详。

然,有时严重,唤起注意,不可故作惊人模样。予少时研究演说学,对镜练习,至无缺点为善。

（二）练语气。演说如作文,然以气为主。气贯则言之长短、声之高下皆宜,说至最重要处,言与声,掷地作金石声。至平衍时,恐听者有倦意,宜傍引故事,杂以谐语,提起全场之精神,谠言奇论,一归于正,始终贯串,不得支离,动荡排阖,急徐随事。故予少时在美听有名人演说,于某人独到之处,简练而揣摩之,积久自然,成为予一人之演说。

（三）笼罩全局。凡大演说会,有赞成,必有反对。登台眼观四座,在座有何党何派人,然后发言,不至骂题。吾国所谓座上有江南,出言不慎,座中忽起怪声,此演说家之大忌。必使赞成者,理解清晰,异常欣慰;反对者,理由折服,亦暗中点头;中立者,喜其姿态言语,易为左袒,万不可作生气语,盛气凌人。予在华盛顿,见有议案,本可照例通过,某登台,议员忽骂及他党,致招否决,此一例也。演说纲要,尽于此矣。诸公他日归国,有志政治,要在演说,故为汝等告之。

据刘成禺《先总理旧德录》,载《国史馆馆刊》创刊号(南京一九四七年十二月)

译　著

赤十字会救伤第一法[①]

（一八九七年六月中旬前）

赤十字〈会〉救伤第一法再版序

古之良将与士卒同甘苦，军有疮痍，为之裹伤、吮痛、附药，此谓父子之兵。斯道少衰，而幕府文书，日不暇给，于是始有军医、有卫生队，以司扶伤治疾之事。要之通国治军，艺士众多，故织悉足以备举，非奋起草泽者所能为也。余友孙君少习医事，译柯士宾赤十字会救伤第一法，用之辄应。既奔走国事，医术亦侵寻废阁。革命军起，君则持故书示余曰："兵者所以威不若，固非得已。攘胡之师，为民请命，庶几前歌后舞，而疆寇桀逆未遽倒戈，伤痍者犹不得免。义师之中，庶事草创，固不暇编卫生队，良医又不可得，一受创伤，则能全活者寡矣。其以简易之术，日训将士，使人人知疗治，庶几有济。是书文略易明，以之讲解，不过数日而能通知其意，其为我宣行之。"余念上世善治兵者，若神农、轩辕、伊尹、曹孟德诸公，皆以善解医方，拊循其

[①] 《赤十字会救伤第一法》是孙中山唯一的一部翻译作品。原书为英文 *Ambulance Lectures*: *First Aid to the Injured*，著者英国医生柯士宾 Samuel Osborn（1848—1936，英国红十字会的主要创建人之一），于1896年冬委托孙中山"代译是书为华文，以呈君主，为祝六十年登极庆典之献"，此书的翻译当即始于此时。当时要做登基庆典60周年的英国君主维多利亚女王于1837年6月20日威廉四世去世后继任王位，故是书如要献给她，正式出版日期应在1897年6月20日之前。另据孙中山在伦敦结识的日本朋友南方熊楠记，1897年6月28日下午5时许见孙中山，"赠我以他译的《红十字会救伤第一法》三本……另外，呈送英国女王及沙利斯柏利爵士各一册。"（《南方熊楠日记》2，1897—1904，第26页）故此书的出版时间当在1897年6月20日之前。1906年冬，孙中山对该书作文字修饰，并改变若干名词的译法，凡"红十字会"均改译为"赤十字会"，于次年2月由民报社在日本东京再版发行。本书译序及标题均据再版本。

众,故其士气壮盛而无夭札,师旅辑和,威谋靡亢。今天下更始之际,军人、艺人未暇分业,宜求所以自卫。舍是而求良工,则犹十年之病,求千年之艾,必不活矣!抑中国略识医方者所在多有,然所守不过伤寒金匮,以至世俗金疮之法,犹不适用。柯氏是书。诚所谓急救者哉!并世豪骏之士,期于见危授命,而不欲宛转啼号于生死之际者,于是当葆之重之也。乃付印刷人为治再版,且志其始末云。

丙午十一月

章炳麟序

译　　序

孟子曰:"恻隐之心,人皆有之。"是以行路之人相值于患难之中,亦必援手相救者,天性使然也。虽然,恻隐之心人人有之,而济人之术则非人人知之。不知其术而切于救人,则误者恐变恻隐而为残忍矣,而疏者恐因救人而反害人矣。夫人当患难生死俄顷之际,施救之方,损益否当,间不容发,则其理不可不审求也。此泰西各国通都大邑,所以有赤十字会之设,延聘名师,专为讲授一切救伤拯危之法,使人人通晓,遇事知所措施;救济之功,成效殊溥。近年以来,推广益盛。吾师简大理前在香港亦仿行之,创有香港赤十字会,集其地之英商、军士及巡捕等而督课之,艺成而领有会照者己〔已〕百数十人。

英医柯士宾君,伦敦城赤十字会总医员也,著有《救伤第一法》一书,言简意赅,剖理精当,洵为济世之金针,救人之要术。其书已译有法、德、义、日四国文字,更蒙各国君后大为嘉奖,鼓励施行。去冬,与柯君往游英君主云塞行宫,得观御跸之盛。柯君道君主仁民爱物之量充溢两间,因属代译是书为华文,以呈君主,为祝六十年登极庆典之献。旋以奏闻,深蒙君主大加奖许,且云华人作挑〔桃〕源于英藩者以亿兆计,则是书之译,其有裨于寄英宇下之华民,良非浅鲜。柯君更拟印若干部发往南洋、香港各督,俾分派好善华人,以广英君主寿世寿民之意。呜呼!西人好善之心,可谓无所不用其极,此其一端也。

译毕,爰记数言,以弁卷首。

西历一千八百九十七年
中国孙文谨识

原　　序

是书深蒙大雅赏识,早已不胫而走,重刊之本亦已告尽,今当三刊之,方足以应求者。《救伤第一法》为用甚宏,人多欲知其理,故各国好善之士亟为推广,已将此书译有法、意、德及日本文,今又译为中国文。按照《圣约翰赤十字会章程》,凡联班隶会者,当以此编为读本,每课讲授以一点钟为限。兹仅撮其简要,分列六章。而"论运血功用"本在首章,因篇幅不能容,故附论于第二章"论血脉"题下较为合宜也。末附以"裹扎须知"及"问题",学者幸玩索焉。

伦敦赤十字会总医生柯士宾识

救伤第一法目录

第一章　形体功用

第二章　论血脉

第三章　受伤上编

第四章　受伤下编

第五章　移病各法

第六章　妇人侍病法

附　录　裹扎须知　问题

第一章　论体格并功用

此书之旨,乃示各人略知救伤之法,俾遇意外之事,可即行设法施救,而被伤之人由此可保性命于危急之顷,并解痛楚于医者未至之时。

教授游医之要法,近已视为通行之知识,在陆兵、水师、巡捕、车路司事、火夫及民人等,常有联斑〔班〕学习者。

因在大场广众之中,如赛马场、会操地及街上巡游胜会等,多遇意外伤创之事,故特设立圣约翰游医会,又名赤十字会。此系招集经练得有执照之会友而成,其收效甚宏大也。

教授之课。包括各等止血之法、分别伤折肢体之法、调理伤折肢体之法与及调理绝气之法,如溺水等症是也。

意外误伤之事为日所常有,讲求如何为调治之初法,诚极要之事。

各人所学,用以施助于被伤者,必立呈功效。受伤而不遇医家救济,以致死亡者常多,此即我辈所为欲各人由今日所讲之课而得知识,以杜绝此苦也。在我辈为考师者,于讲完各课之后,即严为考试,方给执照与之。盖伤者之性命,全托于此等略识医法者之手也。

有云"一知半解",系属险事。故我辈之职分,在察尔等之学,虽或不能有益,亦必无致害,乃庶乎可耳。

但尔等不独能为有益,且可成大益,故我辈乐而教尔等。惟须知此课程非教尔等成为专门之医,又非能使尔等救伤而不借医家之助,不过欲尔等暂救危殆,暂解痛苦,以待医之至耳。

如流血而不立即施救,则性命在顷刻之间,此欲尔众特为留意也。伤脉流血不能待医至而施救,而肢体之伤折可待。故极要之端,为止血各法。凡欲赴考者,当知如何用指或器,以压四肢之流血;否则,不能领给圣约翰游医会执照。欲知流血之何来,及用止血之方法,当略明全体之部位及功用。

今讲义先从人身起。其一为骨格,而丽于骨格者为肌肉,其寓骨肌之内为数个要紧之脏腑,生命动作系焉。

骨格为肌肉本末附丽之基，又为收藏及保卫脏腑之穴，如心、肺、脑等是也。

骨为身体最坚硬之质，而同时又轻而具弹力。其轻者，皆由各骨之中心尽如蜜房或海绵质，内藏骨髓及养骨血管，骨面则实如象牙。有骨之轻者如额骨，内空而藏气。鸟骨皆属如此，故能轻而易飞。倘额骨全为实骨，则重不可当矣。此显而易见，如伤风时觉头重异常，因空穴之内为痰所积也。

骨之弹力最显者见于胁骨，当呼吸时，易于舒缩。亚刺伯国童子常有以驼胁作弓为玩，此显骨之弹力也。

骨本质内涵生质三分之一，土质二分之一。少时生质为多，老年土质为多。故少年人多患骨软之症，老年人多患骨折之症。

各等长骨之坚而有力者，皆外面起有坚脊直贯头尾。故骨非如常人意料以为圆柱体，实为三菱体，如轮辐之柱，此造物者特成之以抵力也。

骨格之顶为头颅(1)①，外视似为一骨，其实八骨合成；而面则为骨十四。头骨俱不能动，惟下牙床骨(2)能运动，以便食物及言语。如欲拆散头颅各骨，其法入小豆于内煮之，则豆发胀而骨散矣。

头颅乘于脊柱之上，脊柱为二十四骨所成，每骨有脊凸于后，故统名曰脊骨。而分为数段：在颈者为骨七，曰颈骨(3)；在背者为骨十二，曰背骨(4)；在腰者为骨五，曰腰骨(5)。各骨由上而下逐渐加大；其名亦由上而下，多照数目名之。如首颈骨名曰托骨，以其为头颅之托也。次曰枢纽骨，以其为头转动之枢纽也。其三至七，皆以数称。至背骨亦以数为名，曰一，曰二，至十二。继以腰骨，亦如是云云。

分别各脊骨之法，如左背骨两边有垫，颈、腰等骨无之；再以腰骨之大，较之颈骨之小，便能分别二骨矣。

在脊柱之下有一尖形之骨，名曰勾骨(6)，为五骨所成。其下更有一骨，名曰尾闾骨，此骨与兽尾相同。

---

① 原书有插图41幅，本书均略去。( )内数字或英文字母，原为指示插图中各部位之用。下同。

由背骨两傍而出者为胁骨（7），每边十二，共二十四，男女俱同。而俗传女多一骨者，非也。在上之七对胁骨，有肕骨续之，引前联于胸骨（8），名曰真胁骨。其余五对，不联于胸，名曰假胁骨。在下二对，因无所附丽于前，故名曰浮骨。

上肢较下肢相联于正体之骨少，其故因上肢须运动灵活，而下肢须坚实有力，以扶托全体之重也。

锁柱（9）为独联于上肢，与正体之骨。丽于胸骨外边之上。此为臂骨上最弱之骨，常时断折，多由于伸张手而跌所致也。

此骨更有一最要功用，系撑开上肢，至离正体合宜之度，俾得运动自由，以成各等大用。

在胁骨之后而联于锁柱，有翼形之骨，名肩胛骨（10）。上悬此骨之臼者，即臂骨也（11）。

由手睁下至手腕为前肘，有二骨在外者为副肘骨（12），在内者为正肘骨（13）。所云内外，其分别之法，系于人鹄立时，两手垂低，大指向外，小指帖裤缝，从身中作一垂线，近线为内，离线为外。

手腕（14）为八骨所成，排置两行。腕骨之前有五骨，名曰掌骨（15）。

手指（16）共有骨十四，每指着三，大指得二。

下肢之骨，较上肢为更大而有力，因受全身之重也。

胯骨（17）为骨二，起于钩骨两傍，相合于前，成为骨盆。在此骨之下面，有杯形凹联于此凹者为髀骨（18），是为骨格中最大之骨。此下则为胫骨（19）。在胫骨之外有小骨，名曰副胫骨（20），此骨最细弱，常易断折。此二骨相联甚紧，形如扣针。在节有盖形骨帖于前，名曰膝盖（21）。

脚较有七骨，总名曰踵骨（22）。在前为脚掌骨（23），有五枚，成脚之形。脚趾（24）骨有十四枚，每指着三，大趾得二。

脚底有二拱，一由前至后，一由内至外。又由生长时失去此拱者，名平板脚，粤呼为"鸭乸蹄"是也。

由此观之，上肢与下肢骨之相类也明甚：在上则有腕骨、掌骨、指骨，在下亦有踵骨、掌骨、趾骨。

各人再观各骨相联而成脏腑之穴,其数有二:其一系头骨与脊柱所成,内藏脑体、脑髓。其二为正体所成,中有隔膜,分之为二,上曰胸膛,下曰腹。

胸膛之界在后为十二背骨,两傍为十二对胁骨,前为胸骨。下为隔膜,此穴内藏心、肺。

腹之界限:上为隔膜,后为腰骨并钓骨,在前及两傍为胯骨及腹肌;在下为骨盆。腹内所藏之脏,有胃、肠、肝、脾、甜肉、内肾及产具、溺具等是也。

骨盆为保护膀胱及产、溺具之外,更为乘托肠脏,及乘全身之重于下肢。

所谓脏穴者,内非空穴,俱实以脏腑。盖物性忌空,而其因吸气入肺及食物入腹而变大其形者,由于胸腹各肌有舒缩之性也。

此三穴,每穴有包膜,全然包之,不与外通。其包括脑体、脑髓者为脑膜,包肺者为肺膜,包腹者为腹统膜。此各膜若发炎,在脑者为脑膜炎,在肺为肺膜炎,在腹者为腹膜炎,俱常患之症。各脏功用:脑为灵性之府,肺为呼吸之府,心为运血之府。各脏后更详论之。

骨与骨相联而成节,有筋系之,见图二之(1)。节有三等:其一为梗节;其二为活节;其三为半梗半活之节,如脊骨节是也。

活节生成,各就其运动之多少。故常见有牵铰之节,有球臼之节。手臂节及脚铰节,即牵铰节也。肩节及腿节,即球臼之节也。骨与骨相接之端,有脆骨盖之,名曰节肋,其用为挡两骨相触之势也。在脊骨者曰脊间质,其用如软垫,以阻各等跳跃之触势。在节之内有节包,生清液以润节,令之运动自由。此液有因患病而生多者,如纽〔扭〕伤等症是也;有因患病而减少者,风湿等症是也。

肌为运动之器。身中与肢体各肉,俱是肌也。

各肌皆由骨起本,其末亦粘于骨。其质如胶,带有缩力,动时则缩实而短。

肌之名,或由其动作而称,如节之伸肌缩肌是也;或由部位而称,如胁间肌是也;或由其本而称,如双头肌,因起于二头也。

肌质之异,各因其属意使与不属意使而别,故有意使之肌质,有不属意使之肌质。意使肌质又曰线肌,为无数之肉条束合而成,外包以套,用显微镜察之,见裂为条,如图三之(1);又如煮熟大黄,纵横分开,如(2),故名曰意使肌质。凡从意而动者,即属此类。

肌肉之包,两端伸长而成筋,系粘于骨。

如此筋有时因伤凸出,切勿割去,须要将断处缝合,纳回原位。有时治此须开阔伤口,亦要为之。曾见有无识者,将一少年凸出之筋割去,彼因之指梗,遂致不得投军,岂不误事!

不属意使之肌,又名无纹肌,系长尖珠所成。中有珠结联合,如碎石街砖,血管及肠,为此等肌所成。其实各脏,人意不能运动之肌,俱为此类。独心则异此,心为有纹之肌,而其抒缩之力,亦不由人意。

肌肉之奇者,非独不因用而消耗,且反加增之。常见劳动之人,体加壮健是也。

肺体置于胸膛之内,包以肺膜,分为五叶。图十六之(2),三叶在胸之右,二叶在胸之左;余此之位,则心体占之。肺膜上已言之,系有二重,一重帖于胸膛,一重帖于肺体,中成为一密袋,内生津液,使肺于呼吸时易于抒缩。

声音之器在声管,图四之(2)。管上为会掩(1),吞物时掩盖声管,免食物错入气喉。

肺之质为气包所成,见图五之(6)。有气管系之,见图四、图五之(5),如树叶之系于树枝,近树身者渐大。气管总喉亦由小而大,见图四之(3)(4)。总气管之下,分作两枝,其右者大于左,故常有外物如钱或假牙等误入气管,必落于右,此不可不知也。

气包之外,围以微丝血管网。在两气包之间不过一层,故入此间,则两面俱收养气。

气包之内,常藏满气,不歇从呼吸变换新气。此呼吸之事,为肌肉伸缩而成,而呼略长于吸。

吸气之器,为气管之抒性、胁间之肌肉并隔膜等。隔膜一缩,将腹推下,而肋肌一缩,则将胁骨抽起,如是胸膛由上至下之积加大,而气则由气管冲进,直入气包矣。

呼气则各肌收缩及腹肌推压,故成相反之功而为呼。

每次呼吸所变换之气,名曰平常呼吸气(每秒①十四至十八次)。而再用力努出之气,名曰足额之气。尚存而不能出者,名曰余剩之气。而余剩之气,则从和法而变换。

大约言之,清洁天气中,淡气有四,养气着一。此为气之合质,常由呼吸而入于肺气包者也。

微丝血管之血散布于气包之外,收取养气入血,放出炭养气及水气。此炭养气系肺分化之余质,由呼气除出。人身之热,则由此分化之气而生也。

或问:"天气中之淡气,有何用处?"如各人曾听过化学讲课者,必见过养气之烧物,比之寻常天气更烈而速。由此推之,倘吾人独生于养气之中,生命必促。故淡气者,特用以和匀养气,而制其烈也。

但肺回管积血之症,医家有用吸净养气之方而治者。

呼吸之变端有二:其一血变,使淤紫之回血,由养气而变为鲜红,再适于养体。其二气变,收取气中之养质,而放出炭质,变空气为炭养气及水气。

脑部之功用,即主一切运动、呼吸、行血、消化之事也。

脑质有二种:一如白线,名曰脑筋;一为灰体,名曰脑结。脑筋传感动于脑结,如电线之传震动于电机。脑筋亦有二种,曰运动脑筋,曰知觉脑筋;分别甚清,各主其用。

每脑结自能生力,由相连之脑筋传递,以成运动。而知觉之脑筋,则能由外体而传感动于脑结。如以针刺手而觉痛者,则知觉之脑筋傅〔传〕此痛痒于脑也;而手即时自能离开者,则运动之脑筋使之然也。

脑部再分而为二:一曰自和脑部,一曰脑髓部;各有联结,并知觉运动之脑筋连之。

自和脑部,乃主不由意使之运动,并消化生津养身各功用。如食物入胃,自和脑筋即令胃内生津,以助消化。此由于食物在胃,惹动知觉脑筋,而使运动脑筋因感而生津也。

---

① 秒,英文原文为 minute,今译"分"。下同。

又如脚手被伤，其知觉之脑筋为伤惹动，亦感起运动之脑筋，而令伤处之血管散大，而得多血，以助伤口复痊。

脑髓部，即头脑及脊髓，是为脑之正体。知觉运动各脑筋，由此所发。而连于此部者，更有特等功用之脑筋，即司臭、司视、司闻、司味之官是也。

头脑为一团之脑结、脑筋而成者，分为三部，曰大脑，曰小脑，曰脑蒂。

大脑如图六之(1)，为智慧感悟主义之府，在于头胪之上前。小脑如图六之(2)，在于头胪之后，为司运动之府，使人行步有度，而无劳思虑者是也。若以一鸽而割去小脑一半，则其飞偏于一翼矣。

脑蒂如图六之(3)，为大脑与脊髓相连之中体。脑筋由头脑而出，至此作交线，故身之左半偏瘫，其病源则在脑之右半也。

此最须记忆：如脑受伤积血，至身瘫痪，即瘫痪之对边，是为脑体之受病也。

脊髓为脑筋、脑结合成，为一图柱体。由此生出脑根三十一对，散布身体各部。如脊骨受伤，则身体各部由伤处以下之脑根所散布者俱瘫。

折脊骨之症有未必死者，而折颈骨亦有不即致命者，惟稍伤其中之脊髓，则危险极矣。

脊髓断折于第四颈骨之下，亦不立死，惟随毙于呼吸不通。脊髓断折于第四颈骨之上，即立能毙命，如缢死是也。由图六视之，便见各部瘫痪，皆由其脑筋之来原处有所伤也。

脚脑筋由钩骨上之脑纲而来，散布于膝下。其脑筋由腰脑纲而出者，则分布于膝之上。

其脑筋由背骨之上而出者，则分布胁间之肌。倘此处之上受伤，则胁间肌之呼吸功用失矣。

手脑筋由颈骨以下而来，倘此处以上受伤，则手及以下各部俱瘫矣。

隔膜脑筋由第四颈骨而出，倘此处之上受伤，则立能绝呼吸而毙命。因别等助呼吸之肌如胁间肌等，其脑筋由背部而来，亦与隔膜同时俱瘫也。

第二章 论血脉

此章所论之流血及止血各法,为用最大而最紧要之学也。伤者当流血之际,顷刻可以致命,故必当明用指急压之法也。

身体各部恒有所消耗,赖运血之功以补所缺。血有二种:一为脉血,有生新之功;一为回血,有去淤之用。脉血鲜红,涵有养气;回血紫黑,涵有炭气。前章论呼吸之功用,已详之矣。

血之质为血轮、血液,血轮流动于血液之内。

血轮有二种,曰红轮,曰白轮。红者多,而白者大。

血之有色,则红轮所呈也。其形为扁体,两面皆凹,侧而视之,似窄腰纱灯,如图七。血轮流出体外,大有牵合之力,垒合如贯钱,血之能凝结者半由于此也。若血中有外物如线,或血管内面有不平处,血亦能就此凝结。

白轮为球体,体中有核。白轮散裂,则变而为红轮。血液涵有明汁并溶化之肉丝,露于天气,则变为胶质。此亦为血流出体外凝结之一故也。

$$\text{流动血质}\begin{cases}\text{血轮}\\\text{血液}\begin{cases}\text{肉丝}\\\text{明汁}\end{cases}\end{cases}\text{凝结血质}$$

全体之重,十分之一或十二分之一为血。

心为肌肉之器,吸血运行于周身者也。其管由心载血于全体者,曰脉管;其管由身载血回心者,曰回管。脉管连于心之下,回管连于心之上。

心之形如莲蕊。其大之比例,适如其本人双拳对合等。

心在于胸之左傍,其尖约在左乳寸半之下,离中线约八分之度,居于胸际第五、第六胁骨之间。心内分为四房:曰左上房、右上房,如图之九(1,3)是也;曰左下房、右下房,如图九之(2,4)是也。

同边之上下房,两皆相通。但两下房则大有分别,左者之血运行于肺,如图九(6),然后入心之左,二上房同时收缩,逼血入二下房,而二下房收缩,则将血逼进相连之血管。若将耳就听心部,则闻有二声,其音立嗒。血由上房入下房，中有倒掩门隔之，使血不能复回上房。回管之内，亦有如之半圜门，如图八(A)，后当详论。同式之门，亦设于心与血管相连之处，阻血复回于心。

二下房同时收缩，每次其右者将紫血逼进于肺，以收养气而变鲜血；其左者则逼鲜血运行周身。其血浪名曰脉。所谓脉者，各人当祛除俗见，勿以脉独在手腕；须知凡有赤血管者，皆是脉也，如额角脉于老人为更现。其脉每秒跳有一定之数，可见运血之序有条不紊。

幼孩脉跳之数，至多约一秒一百四十次。中年七十至七十五。至老年减少。女子之脉常较男子略快。

在腕际诊脉，取其便也。其法以指按于正肘脉。

其不用大指诊脉者，因大指之脉大于小指，有时错误己脉为病人之脉也。

诊脉须要轻按，不可用力太过，太过则脉随而止息。其计脉之至数以十五息近①为度，以四乘之，则得一秒之数矣。

脉管为圆筒管，其用为由心下房运血，遍行周身。脉管之质为无纹肌所成，有抒缩力。其肌质为使脉管能随血浪抒缩，又能使脉管随肢体运动。设使脉管为梗质，则肢节屈动，必至破折矣。

血离脉管，则流行于微丝血管，然后进入回管。微丝管为体甚微，每管约三千分寸之一，可见其体不过可容一血轮经过而已。

血入微丝血管时，其色鲜红，过管时渐为变动，出管而入回管则色为紫矣。

回管之质如脉管，惟不及脉管之厚耳。其功用与脉管相反：脉由心运血于遍体，此从遍体载血返心。其内有倒掩门，如图八(A)，使血倒上而行入心，不能回下。此门之形为半圜，弯凹如杯，其边向内上，如是其血充盈时，若有下往，门之两边即合以阻之，如图八(B)。

脉管之血浪，行到微丝管，即便止息，故回管无脉。

---

① 息近，英文原文为Second，今译"秒"。下同。

血之循环由心之左下房起,如图九(2)。从总脉管(f)而散布周身脉管,从脉管而入微丝血管,由微丝管入回管,从回管而入总回管(g),以复心右上房(3),从上房入右下房(4)。此循环谓之遍身循环(5),又曰大循环。

回血过肺脉管(b)而入肺(6),以清淤淬;既清,即从肺回管(a)而返心左上房(1)。此谓之肺循环,又曰小循环。

心之右为紫血,心之左为赤血。

更有一次等循环,谓之肝循环。血从肠脉管(c)入肠(7),在肠吸上养体之质,从肠回管(d)入肝(8)以隔化,复由肝而出肝回管(e),以入回管。

食物之有益者,则变其质而为血以养身。但食物之中,多有不合养身者,故未入血之前,先由肝隔滤,如水隔之海绵焉。

欲明其理,宜细视图九,则见三循环之后面也。

血循环之用,乃从脉管载运养气及养质而入周身,从回管载运身内用完之渣淬于外,故脉部与回部之间必须有腑以化回血而为脉血,肺之为用即此也。

分布周身之脉管,各有其名,若各人能记之更佳,但非必要一定如此。其最要者,须知各大血管之部位(第一图红线即各大血管之部位也)。

身之大血管由心左下房而出,名曰总脉管,如图九(f)。

总脉向上拱,至身中线处则弯下,由胸腔入腹,故得名三:其一曰总脉拱,二曰胸总脉,其穿过隔膜之下者则名曰腹总脉。

由总脉拱发出脉三枝,往头及手。在右一枝曰无名脉,在左两枝曰左颈脉、曰左锁柱脉。

此处为身体中两边不对之特异者,即无名脉,独右边有之。此脉到胸锁节处则分为二,一为右颈脉,一为右锁柱脉,与左边相对。而左边则直由总脉拱而出,无此无名枝间之。

以下所论各脉管,俱皆两边相同。颈脉行至喉榄处,则分为二,曰内颈脉、外颈脉,其内者入头颅内及脑体,外者往颅外及面。

锁柱脉出锁柱骨后,而入腋下之中。过第一胁骨之下,则名曰腋脉。由胸界以下之脉,名曰臂脉,丽于双头肌之内廉。行至胕下约一西寸处,此脉分为二枝,其外为转肘脉,其内为正肘脉。

正肘脉直行至手掌,遂弯外与转肘脉一小枝相连,作成掌脉拱。若大指伸开,与掌成为直角形,从大指尖作一线。横过掌面,即掌浅拱之处也。由拱上横出各枝,即各指脉也。此为医家要诀:若割治掌部,切宜避此脉拱,跟指向而割,转肘脉直行至手腕,然后向后而过大指与食指之中;倘在此处有伤,则波及脉管矣。

转肘脉之末拱而向内,与正肘一小枝相连,作成掌脉深拱。此拱在浅拱一西寸之上,与腕相近。

兹论腹脉。此脉终于第四腰骨之下,分为左右二胯脉,行至钩胯节,此脉复分而为二,名曰内胯脉、外胯脉,其内者行布骨盆之内,其外者布散于髀脚。此脉行过骨盆之下,则名曰髀脉。跟腿正面之中,直行尽腿上三分之二,然后转入内面,至下三分一之中,则向后而行于腘部,是为腘脉。此脉在于膝后深处,两边有腿肌护之。

约二西寸腘脉之下,分为二枝,曰胫前脉,曰胫后脉。胫前脉从两胫骨之中而出,散布前面各肌。后者则供养脚肚各肌。

胫前脉出脚背时,先分出一脉拱,以供养各趾,然后穿大趾与二趾之间,而下脚底。胫后脉在脚铰之内,而出脚底,与胫前脉相连,而再成脚底之拱,如手掌焉。由此发出脉枝,以养脚趾。

此等脉拱,如身内各件,大有用意,请细观之便明其底蕴矣。如立时全身之重注于足,又手紧拿各物,俱可压滞血管,而致麻木不仁。故此等拱脉,特备以一端有阻,血可由别端而行,此足见造化之妙用也。

各人更观吾前所论上下两肢体,不独骨格各各相同,而脉管亦两相符合。如由身而出,至手睁及膝,皆是一骨一脉。由睁膝而至手脚,则皆两骨两脉。而至脚与手,则此两脉皆由枝而相连,以成各拱。以上所论脉管分布之道乃为常者,但须知人之生长,间有不同者。再观脉管之布置,皆避出险处,非深藏于肌肤之间,则丽于骨体之后。

回管多处与脉管同名,如脚之胯回、髀回、腘回,手之无名回、锁柱回、腋回、臂回、正肘回、转肘回是也。

间有一二不同者,如腹脉曰腹总脉,回即曰下总回是也。又有曰伴脉回,因与脉管同行也。

所有下体之回管,皆载血入下总回;而上体各回,则载血入上总回。二者皆流进心右上房,如图九(3)。

但回管所载实为浊血,则令之运归于心,愈速愈妙。故脚手之回管,比脉管更增一倍,有浮面回管,有深回管。

浮面回管,即现于体外之蓝筋是也。

脚之二浮面回管,甚为要件,因常易起回管瘤之症也。脚长回由脚而起,行经胫内,至髀而入于髀回管。脚短回由脚外而起,行至腘部,在腿中处而入于腘回管。此部之体学须紧记之,因此为辨〔辩〕论束袜带宜在膝上或膝下之一难题也。

血脉循环运行全体,若有阻滞,则生出病端甚多。如脑中欠血,则起头晕;脑内血崩,则变失魂;肢体失血,则成枯腐;腠里流血,则生肿胀;因伤而破血管,则患流血。今特详论治各种流血之症。

各紧要血管之方向,曾经论及,今各人宜知者,为何处为最易止血之部位,并何以施用指或用器压治之法。

用指、用器二法各有所宜,兹略言之。用指之法不能长久,因易生倦也;故须多人替换,医院治脉管瘤及脉管各症,常用此法。但病人须运移别处,则指法无可用,而以用器为宜矣。若用之合法,则血可尽止,而病人可迁运无虞。

指压之法,为用最大。如值无器时,可即用手压于流血脉管之上以止之,以待寻得器具然后替之。

用指法之要如此,故我尝于考试各生时,若有不明此法,则别项虽精,亦恒不给发精通之照与之。

指压而止血不流,于下有二紧要事:一、血管必在外面;二、须与骨相近。如此方可抵当指势,而止血流也。

合施指压之部位有五,此五处见于图一。有箭向于骨格者是也。有议当兵者,宜用墨记此五处,以便于战场之中若有受伤,则同侣可用止血之压器救之。

各骨当压之部位,分论于下:

用指向后、向内压于颈背骨处,能止总颈脉之血。凡割颈或伤颈上之脉,宜用此法治之。若压左傍用右指,压右傍用左指,如图十。

各指贴于病者颈后,大指与食指之间,适环绕于颈。

不可直压向后,以捏折颈肉,此无益也。但尔所压之势向后,亦兼而向内,以压颈骨。

压锁柱之手势,亦与此相同。

此各图绘所压之手势,俱系露体。但尔等须要习连衣而压之法,其功效亦同。

压锁柱脉,乃用大指向下内压于第一胁骨,其处在锁柱骨正中之上,见十一图。此法于止腋下流血,为用甚大。设有一仆因在阶级上洗窗跌下,而手插入玻璃窗内,被玻片割伤腋脉,当以此治之。

压锁柱脉,以门匙压之,较手更能耐久。其法将布缠于匙柄,手执匙尾,以力将匙柄压下于脉。

若血管伤于手臂以下,用手将臂脉压于臂骨,更为容易。

平常讲习,多以衫袖之缝处为臂脉之部位,但衫袖之缝各有不同,而多过于太前者。最善之法以压臂脉,乃将指拿于臂之内,然后扪有如绳之物在其下,此为脑筋及脉管在中也。用大指在臂外,掌在臂后,以力紧握,则脉管压矣,如十二图。此法较向前握于双头肌者为更妙,因有肌肉厚大之人,则血管常不能压也。又压势当用指面非指尖,庶不致紧摄病人之肉也。

髀脉甚易压之于胯部无名骨处,即骨盆之边。直压向后,此略要用力,故大指胜于小指,有时两大指齐用者。此法用以施治髀上流血,如割脚时是也。应考者压之太上,或压于腹之软处,则失其取矣。故定其部位,宜先扪中胯骨之前上凸,由此至身中线之间作一中点,离中点二西寸之下,则脉之位矣,如十三图。

若流血在髀之下,髀脉可压于髀骨上中二节交界处,用大指压向后外,大指与小指所成之凹环,绕握于髀,如十四图。

讲此课时,将一童子之身,画以红油,以表脉管之道,亦一妙法也。学者可将指习压各脉管,以演纯熟。如验所压之度有准否,试一扪以下之脉有无跳动,则便明悉矣。观腕脉有无,便知上节所压之处之准否;观胫脉之动息,便知髀上之血曾否压止。

压脉之器有数种,有如马甲者,有如圆环者,其用处随人自择,最为合宜。

用手巾包裹一片碎煤或石子或小刀等物,俱可作压脉之器。将所包之物置于臂或髀脉道之上,盖此为独用器压之处也。将手巾略扎于肢体之外面,结处或系一柴或伞柄或鼓槌俱可,遂将柴转纽〔扭〕数次,巾则紧绞,而包垫则切压于脉,而其流绝矣。

学者须小心将扎垫于脉道之处,考试者一见此垫之置于何处,便知晓脉之部位与否矣。

绞带之柴其端须另用手巾扎于肢体之下,以免移动病人时返松,如十五图。

此压脉之器,其材料随处可有,一遇有伤,可以立时制就。如在车路遇意外之灾,一片碎木、一条手巾或号旗、一枚石子或煤碎便足矣。

置压于髀中,须置于髀之上半,当切记在心。髀脉在下,髀节之中,则转而向内,而为腘脉。

将树胶带张开,捆扎于肢体,末用布条缚之,其用亦与各项压器同。树胶带有用以缠扎肢体,由下而上,以逼出此肢之血入体,再用圆带扎于上节,俾松带后免血复回,此为医家最大用之一法也。如此,则割治失血过多之人,或久积弱之症,可以不失滴血,无虑危险矣。

当枕臂而卧,或交膝而坐,久则觉肢体麻木不仁,暂失自主,此则同于血脉被压之情形也。转觉如针刺,则抒申时血复原位也。

流血之形状,各随其所伤之血管而异。

被伤之血管,分两端而论,曰近端,曰远端。其近者即连心之端,远者即离心之端。

血由脉管而流者,其色鲜红,由近端伤口而来。流势跳射,因受心缩之力也。但每射之间,血亦非停止,仍是长流,因脉管缩力使之然也。

血由回管而流者,其色紫黑,由远端伤口而出。若回管无病者,其流血独由远端耳。

脉管中有特异不载赤血而载紫血者,肺脉管是也,图九(b)。由心右下房而出。又肺回管(a)由肺(6)载赤血而入心左上房(1)。

微丝血管流血,则其血非由一处而发。伤口全面俱有血渗漏而出,乃由无数微孔而流也。

今先说明血管体质,然后详论止血各法。血管有肌层、抒缩层及外套层,各层俱有结合伤口自行止血之功效。当血管受伤,有数事随之变动,其抒缩层即缩上于外套之内,肌层亦缩而收窄血管之口,血流过此粗粒之伤口则凝结。如上所言之理,故常有血管受伤而不流血者,因外套卷扭,而管口自缩,全行止绝也。此弹丸所伤,及车路受伤,多有不立时致命,因其所伤之血管系扭伤可自行全缩,非如刀割也。但血流时另行加多凝结之势,因心力减少,而前行之血亦少,此为天然止血之性也。由此观之,则有因流血而晕者,切不可施以行血之割矣,因行血则必增其流血也。

止血之法,分而为二,有暂止之法,有恒止之法。

暂止之法如下:

其一直压伤处;其二压伤处上流之血管。

恒止之法如下:

其一用冷敷,或冰或冻水;其二用敛药;其三用火烙;其四用压;其五扭血管;其六缚血管。

直压伤处,即用指压于伤处。故凡可落指之处,流血皆可不畏也。如面部流血,用一压垫便能止之。腮胲流血,用一指入口内,一指在外,便能压制之矣。

压伤处上流之血管,上已详论之,有用指压,有用器压。

用冷敷之法,因冷能令血管肌收缩,以细血管之口。若细小血管,此法已足全止之。

用敛药,亦是使血管肌衣收缩。最易得之敛药为醋、白矾、火、酒和水等。此多用以漱口,以止牙血。铁缘水及铁绿水亦多用止血,但不甚合宜,因铁能致肉变为黑色也。

火烙之法,为古昔独用之法,今略少用之。其法将铁条烧红烙于伤处,凡身上软处流血不能用线缚者,或微丝管渗血,用此止之。

压法,多用以治微丝管及回管瘤穿破流血,其法用布带缠扎而已。

回管瘤在皮之下,看之似虫,常有因烂或伤而穿破,此症厨妇常患之,因多近热处也。其治法:用垫全压于伤口或伤口之上下,及用布带紧缠于足,由下而上。此症血管两端俱有血流,因其管患病,管内胀大,如图八(c),而阻血回流之门,失其功用也。须切记此症有时足以致命,因受病之血管胀大,直透至心右上房,则流血时甚速,损失全体之血。故流血之脚当要举高,免其下垂。

无病之回管流血,无甚紧要,因管内之门,自足阻塞其血由心反流也。

常有以一片生肉,扎于皮外流血或肿眼或伤肿处,亦即用压之一法也。而生肉之冻,更为多一用处。

又常见取一牙而流血不止,变出极危之症者,若于用过冻水或冰及敛药之后,而血仍不能止,则须用压法。以软布作一尖塞,塞入牙穴,遂用带紧扎上下牙床,如裹扎图(10)是也。其塞须用小绳缚之,拉出口角,而系于耳,免睡时其塞跌入喉内。

压颈脉管,以止面及牙流血,甚属无谓。因此处脉管与头上各脉相联,非压所能止也。

钳扭血管,上已言之,与车路受伤同理。但此法独要医者方能用之。

缚血管,为医家割症止血之妙法,凡喷射之血须用此法止之。所用之线,有用丝线,有猫肠线。近多以用猫肠线为宜,因在伤口内能自行消化,不用再行解取也。

鼻中流血,为颅底骨受伤之一据,但无伤亦有流血者。在少壮之人流鼻血无甚大碍,而老弱者即宜立行施治,速呼医生用法,以塞鼻前后孔止之。

用冻水或冰袋敷额,常足以止鼻血。而同时,患者不可垂其头于盆,须仰首而卧。又举同边之手于脑后,亦有时足以止之者。

舌中流血,如小孩伸舌于口外而跌,有时亦危。昔曾见一因跌而在舌中伤一三角孔洞穿两面者。治此症用缚法殊属不宜,吞冰及饮冻牛乳已足止之。倘流血过多,即用双指压禁之可也。

以上所论,皆是体外流血。此外更有体内流血者。

体内流血,乃在体内各穴如头、胃、肺、腹等,或因破伤,或因有病。此等症外视不见流血之状,但见皮色转白,头晕昏迷,并同时受伤,则其证也。

流血入头当分两种而论:有受伤而成压血者,有因病而成积血者。呕血从胃而出,谓之吐血,其色紫黑,因胃津杂之也。咳血从肺而出,谓之破金,其色鲜红。治体内流血之法,宜将病者安卧,使心体俱静,头宜置低,衣宜放松。

病人宜吞冰块,或饮冻水和敛药。流血之处,宜敷以冻水或冰袋;切忌投行血之剂,虽病者觉晕,亦不可以之。

第三章　论受伤(上编)

今首先论受伤及其治法:

伤有数种:其一割伤;其二刺伤;其三破伤;其四撞伤;其五毒伤。

割伤者,即利器之伤也,如小刀、玻磁片、剃刀等。此多见于割喉之症。

刺伤者,其伤口之深过于其阔,如被尖刃及枪所伤是也。

破伤者,其伤口不齐,如被钝器所伤或擦伤是也。

撞伤者,其皮不破而现肿,及内里受伤。其肿为流血于皮内,其色由红而黑而黄,遂自消散。此症之最危者为铁路撞伤,常有破伤内脏如肝、胃、肠等是也;如此之伤,患者必立损元气。

弹丸所伤者,其伤为两种,即破伤与撞伤是也。

毒伤者,多属刺伤,而刺器有毒在焉,如蛇咬、蜂刺是也。各种伤由于毒器者皆成此伤,如被剖尸之刀所伤是也。而既伤之后,伤口为毒所沾,亦成毒伤。分别伤之轻重,则以其伤之浅深,其深者常伤及内里之脉管及脏腑。

如遇此等重症,宜候医者到来施治。

破伤比割伤更难痊愈,而多成血蛇症。因破伤之伤口,其肉多拉烂,而必要作脓消去此肉,方能完肤。而割伤则伤口整齐,可立时结合伤口。

割伤流血,常较破伤更多,因割伤者血管全行割断,而破伤者血管多扯烂而扭转,如上所论扭血管之法焉。

兹将治理各伤之总法详论之:

首要为止血。照前所讲止脉血、止回血之法,分别施治。流血为生死所关,故施治必先于此也。

如属微伤,乘起肢体,敷以冻水,便能止之。

其次,为除清伤口之物。察致伤之器有无破损,若然,则寻缺碎何在。有时衣碎及各物,亦能随器而搀入伤口,俱宜除之,否则大有碍于结口之功也。

人常有用口吸其伤处,此亦甚妙之法也。吸至止血,并除净各污物,将伤口结合,如此则甚易全愈也。

受伤若久,宜用药棉引水,浇淋伤口,除去四围干血,洗净伤口,则重伤亦化作微伤而告愈矣。

若为刺伤而未损及内脏者,宜用水唧筒纳清水冲洗;若有损及内脏,即忌用之。因所入之水,必积于内,无益而反加害也。

若伤口为有毒之器所伤,如割过腐肉等物之刀等,则宜先以煮极热之糊麻敷之,以除其毒,然后令之结口。

其三,宜令伤口两边贴合,以助其结口之功。其法或用结口膏贴之,或用线缝之,或用布带扎之,或用胶药盖之俱可。

伤口用连布或白绒蘸油贴着之,然后用布带裹之,其裹之之法,另详裹扎编。至用连布,须要用滑面贴伤口,不可用毛面。因毛沾粘肉芽,替换时必致损之而流血。

用油或加布力药油蘸连布,而盖于流血之伤者,其用甚大。倘不用油,则布沾血,必胶粘伤口,而难于脱除矣。

若不流血之伤,有以干布盖之,如滑面连布亦甚妙也。敷治伤口,医家常有冷敷、热敷之目。冷敷者为敷各伤之常法,热敷者用治腹中受伤、毒伤并发炎之伤。冷敷者多用冷水或冰或化气水,至制化气水容后论之。

热敷者用连布或棉布,蘸热水而敷于患处,日换三四次。布之上用油布或油纸以盖之,免其化气;此油布宜阔于热布四围半寸之多。倘用结口膏之处有毛发,宜剃去伤口四围之毛,庶膏药易于粘合,且于退际不致胶粘于发而致痛。若头有伤而不能得膏药,宜将伤口两边之发牵合,打结缚之。

用结口膏粘伤口,不可全行贴密,膏药条之间宜离隙以消脓水。

除膏药亦如粘药,皆有一定之法。宜先向两端起之,及至伤口,则两面一齐退除,方不致扯伤肉芽。不熟手退膏药者,常扯一头直过伤口,必扯起伤口而复裂之。

兹论及各等伤口之专门治法:

面伤流血较别处常多,但其血易于施治,用一垫及巾带便可制之。

伤口有宜速用法完结之者,如上下唇之伤,速宜结合之,免其变成兔唇也。故当用线缝合,此事宜待医者为之。但有时医者或未易致,则用缝针穿丝线或头发缝之,打一实结,如图四十一(A)。

掌受刺伤,常因用刀切果或切饼所致。治之之法,最妙用布或纸作尖垫,若一寸之厚,其尖向伤口,其平底向上,然后用布带横扎之,如裹扎图(28)。或用指屈禁之俱可。

用一球放于掌中,而屈指拿之,亦同此理。

倘渗血不止,宜将衫袖卷起至手睁处,遂屈手于臂而缚之,使压臂脉于睁,而血止矣。

脚掌流血,亦可照法将脚屈缚于大腿。但此法殊为阻碍,故不能久压。

各等伤口在脚手处,如水夫等常赤足造作,须要盖护之,免为铜毒或外物所入,故常宜以糊麻敷之。

其余身体各部鲜受刺伤,而独臀处则常有误坐于刀、剪、针、钉之上而被伤者。此各种伤,俱宜照上详之法治之,即除外物、止流血、用垫压及布带扎之。

割喉之症，当别论之。此属于割伤之一，而治法有一要处与别不同，即不必用线缝合，或用粘膏以结其口。

第一要着即为止血。此症流血常多，而颈大血管被割，则有立时致命者，幸此不常见。因愚民以为人如风箱，气泄则毙，故多割破气喉。而伤气喉可无大碍，因医家亦常有开此治喉症者。但有自刎，其甚者不独气喉，以食管俱断，而颈骨亦伤。

止血之法，可用指向后对颈骨压之。宜小心，不可压于喉管。

伤口可令之撮合，由垂下颔〔颌〕近胸前，然后用粘膏粘于头帽及胸前之布带以牵之。

用此法以撮合割口，防喉偶有阻塞，可即速解之以吸气。若用针线缝之，则不能如此之速也。

喉之割口，宜用药纱盖之，以免寒气及外物入肺；并用纱带扎之，如裹扎图（29）。病者宜置于温润之房。其致温润之法，可置水壶于房中之火炉，得蒸汽薰之。寻常气从口入，亦可清隔外物，并口水足以润气，口内之热足以温气。此天然补缺之妙用也。

胸腹等处所受刺伤，最为危险，因并伤内脏也。若遇此等伤，其伤口不可盖密，只宜轻敷之。须将病者之膝略屈向上，以舒腹前之肌，以待医者到来施治。

腹中受伤，常虞腹穴并肠内亦破，以致粪毒流入腹穴。若有肠由伤口流出，宜用暖水洗之，用佛兰绒护之，轻轻送回入腹。若肠内有破粪流于外，此可由臭而辨之，则用佛兰绒略盖，以待医至而缝破口。

略知内脏之部位，亦为极要之事，因各脏常有受刺伤也。

观第十六图便易明白矣。

1.心，2.肺，3.肝，4.胃，5.肾，6.腰骨，7.脾，8.大肠，9.小肠之位，10.膀胱。

以上各脏，部位因盈亏略有不同，如胃饱时占体积多于饿时，故饱多易受伤。

又如膀胱男大于女，满时常胀至脐位，如图下之中圈是也。

由此观之，食饱饮足，最忌狂动。因胃或膀胱满胀时，易为破裂。此等之患，常见于猛用力之踢球者。

外物入眼，须用妙手方能取出。上眶可使反出向外，则内皮全面可以察验。但要熟手方能为之，是以最稳莫如待医生到来治之。

反眼皮之法：用笔或钗，以右手执之，压于眼盖之上，离睫毛半西寸之度；以左手执睫毛，使患者眼下视，便可反之矣。

眼下眶用指压下，便能全见内面，用手帕或毛笔抹之便可除其外物。

须记有外物在眼时，切忌擦抹，并宜合眼。

外物在眼，常惹动流泪以冲除之，此则天然除外物之法，殊为效验。如用辣气冲鼻，则泪更为加增。

泪管通连于鼻，若努力吹鼻，便能将外物扯近于眼之内角而除之。

拉下上眶三四次，则外物亦能被下睫毛扫除。

间有石碎或钢碎紧贴眼球，则必要待医者用器以除之。

除去外物之后，宜用杯形之海绒蘸冻水或冻茶敷之，为散炎最妙之法。

若石灰入眼，即时宜用淡醋洗之，若久则用榄油敷之可矣。

外物入耳，亦宜照医家妙法治之。

耳之外孔，其深约一西寸零四分之一。其孔之底有膜隔之，名曰耳鼓。

鼓之内面仍有一孔，名曰耳内孔，通连于口。故聋人常有开口以闻声，如此则声能入鼓之内面，如外面焉。

用水唧筒洗耳，切忌猛射并筒嘴插入太深，阻水不能回流，必致耳鼓破裂。

耳鼓被掌所击，或为大炮所震，亦能致裂。被裂之后，耳常觉响鸣，如置海螺于耳焉。欲免炮震，可开其口，使震声同时入内孔，则耳鼓两面之气均匀，而无震裂之患。有用棉花塞实外孔，殊属无益，即欲用之，亦宜松塞，以略阻猛震，不宜过实也。

倘有豆或别等软物入耳，切不可用水唧筒洗之，因水能将其物发大，取出更难也。

外物入鼻，有时甚难取出，此亦宜待医者治之。用鼻烟使患者打喷，无妨试之。

若其物在鼻孔之下,用手塞无患之孔,努力吹之,亦为妙法。若其物在上,则此法不可用,因反使之愈入也。

骨节因扭、击、踢俱可致伤,令节肿大,由于节胶生多也。此症名为节炎,如鹤膝是也。

骨节受伤之甚者,则其节之筋络,常有拉松或破烂。

或云扭伤骨节更甚于折,即此故也。此等症宜令久为安静。即痊好之后,亦宜时加保卫,宜用弹套护之,加膝盖套、脚较套等是也。

敷冻及静卧,为调理扭伤之妙法。敷冻之法,可用水淋,或敷淡火酒,盖其化气而生冻也。而最妙莫如冰袋,其法或载冰于海绒袋,或载冰于猪羊膀胱,或包冰于油绸,敷于肿节,然后用布带扎之,如裹扎图之(11)(27)是也。

倘有大痛,宜用热敷,或热水或糊麻俱可。若无痛,则常以冻敷为妙,因易消肿也。

骨节重伤,俱宜用弹套以护之。

骨节之伤,最甚者为相接之骨离其原位,而筋络亦从而破烂,此名曰脱关节。至于治脱关节之伤,不必多论,总以立速延医施治为宜。愈快续之则愈快痊好,倘为时过久,多有成终身之废疾者矣。

学者或曰:"如此何不由我等续之,何必久以候医?"但不可不知此疾有甚难续者,非具妙手不能也。间有血管及别质,反为之被伤。曾见一疾:因治者术稚,而用力过度,致全节俱断,故不可不慎也。

今当先论明如何分别脱关节与折骨之法,然后详论折骨之症。在两症有变形及痛楚,但折骨则受患之肢体活动常增,而脱关节则肢之运动多梗。

在脱关节,各因其骨之离位,致肢体或缩短或增长者。若脱于下,如十七图之左。

边肩臂节,则其增长之度,适如臂骨离关节穴之度。若脱于上,如右边之脾节,则其缩短之度,适如前肘退上之度。在折骨之症,则肢体常缩短,因折处之骨两相交叠也。其最大分别者,即折骨提动则有声,而受患之处在骨干;脱关节则提动无声,而受患之处在骨节。兹将辨二症异同之状,表列于后：

折骨之状	脱关节之状
一、变形而痛	一、变形而痛
二、扪之有声	二、扪之无声
三、运动改常	三、运动有阻
四、易复原形	四、难复原位
五、肢体缩短	五、或短或长
六、伤在骨干	六、伤在骨节

更有一要诀须记之：无论何等之伤，可将伤肢与好肢比较，必能分别外面改变之形、梗活之异、长短之差矣，如十七图。

折骨之症，其故有二：一因外力，一因肌力。外力有直势、曲势之分，直势者如马踢鼻而伤鼻骨，曲势者如人伸手从马而跌，而伤锁柱骨是也。

肌力折骨者，最显于膝盖之折。如人下阶级未尽时，误为足已履地，及觉恐跌，急而缩脚，则腿前各肌之无情力，立能抽折膝盖，如受棍击焉。

老人多患骨折之症。因年老骨内土质加多，而弹力减少，首章已言之矣。老人常有由床上跌下而折骨者。而幼年之骨，虽受重伤至曲，而亦不折，此症名为青枝折。因其如青枝，虽曲而不至全断也。

骨折之症，分为两种：一为净折，一为兼伤。净折者，骨独一处被折，而外皮完全不伤，如十八图。

兼伤者，骨独一处被折，而外皮亦伤；其伤有同时而伤，有随后为折骨所刺伤，如十九图。

若以上二症，其骨之折不止一处，则谓之重折。有净重折，有兼重折。

有所谓合笋折者，则折骨之尖端，插入彼端。

有所谓波累折者，则骨折而累及别脏，如头被折累及脑体，或脑衣胁骨被伤而累及肺体，或肺膜骨盆被伤而累及膀胱及溺具。

骨折之症，有斜折、横折、直折之分。斜折者多见于长骨，而锯牙折则见于扁骨。

骨折之症，其伤与痛随处而异，而其相同之状则有三：

一、变形;二、异动;三、有声。

变形:因于骨折而失却齐整,如十八图。肢体短缩,由于折骨两端相叠。

异动:独见于骨折之症,因骨断作二段,而成为假节也。

有声:由折骨两端之粗面而生,略将肢体提动,便可觉也。

治折骨症之要法,乃使肢体安静。所以病者宜置于恒静之区,待骨生合。使病者不动之紧要,学者不可不知。常有忽略于此,以致折骨之尖端因动而插穿外皮者,则变净折而为兼伤矣。此多见于脚骨,因其处之皮极薄也,如十九图。若变出此症,则为患非轻,病者本一月可愈,今则须延至数月矣。如此则劳动工人,必大为废时失业也。

骨折之处多生新质,环绕骨端,以胶粘之,如图二十之(A)、(B)是也。此新质先松软,渐变坚实而成骨。其成骨之迟速,随骨之小大而异,有二礼拜至六礼拜之久者。

绕环骨节之新质,于骨生合之后渐行消散。倘骨续合得所,则能生复原形,如二十图(B)。此则折骨生复之理也。

续骨即将骨所折之两端撮合于自然之位,而使之久静,待新质变而成骨。其最大碍于此者,则丽于两端之肌肉常时收缩,而使折骨彼此作叠,而阻两端之生合。间有症之重者,必须将两端之肌割断,以减此收缩之力。但常症只用法安静其肢体,便不须用此重治矣。

当续骨时,而骨安置不妥,则其后患必至如二十图(A)之形。此又要再加外科割治之法,方能使之平复矣。

若续骨而不使之妥合,又不安静,则永不能复原,寻而成为假节矣。使骨安静之法,其甲板须用软物垫之;但遇意外急救之法,则可用附近之衣服为之。而伤骨上下之节,务要使之不动,盖稍为不静,便大有阻碍矣。

各等折骨之治法,皆以安静为第一要义。若安静,则骨便能自然生合矣。

急用之甲板,各物皆可为之,如鞭竿、箒柄、短棒、伞柄、厚纸、竹壳、剑鞘、树枝、枪尾、枪竿等是也。

无论何物所成之甲,必须用布带扎其两端,而留回伤处不扎。因伤处常有肿痛，故留回此位，可用冻水或冰敷贴以止之。又带之结，须于甲板之上肢体之外作之，免被压伤皮肉。

若折脚扎好之后，更须用布带一二条，将伤脚扎于好脚，如此则移动时更多一靠力矣。凡治折骨，必先将骨续扎，然后移动。

折骨之症，无流血症之危殆，故可待医者到来施治。暂时可用软枕或软垫垫之，用手巾扎其上下，并用沙袋或手压于腿上，可免折骨跳动之痛。此法于受伤时并扎好后，俱可用之。

今将遇折骨症续法各法，及医未至之时如何调理论之：

折骨有三等不用甲板者，头骨、锁柱骨、胁骨是也。

头骨受伤，或因跌或因物击。被伤之时，必失灵性，其久暂不等，因受震或被压而致也，后当分论之。此等为甚危之症，因累及脑体或衣随而发炎也。

更有危殆者，则头底骨受伤。人跌于硬地，或被坚物所击，则伤在头顶；若跌于软地，则伤在头底矣。如人从屋架而跌于泥墩，则全身之重力聚于头底而伤之矣，随即昏迷。此症鼻、口、耳皆有血流，眼睛皮亦有积血，并有清汁从耳渗出，此即脑髓液也。

脊骨被折，则其下之体必失去运动知觉之功用，首章之末已言之矣。

骨盆被折，常累伤膀胱及溺具。此症多见于铁路上受伤。患者不能企立，身体觉碎，咳时及移动俱有大痛。

此症宜将病者用移床移往静处，头宜略为乘高，用冷水敷之。最宜安静，不可稍动，以候医者到来施治可也。又切忌用行血之药，倘病人脚冷，可用热水瓶或热砖炙之。须用连布包裹，免烙伤皮肉。因病者不能运动，又失去知觉，虽烙亦不自知也。

胁骨被折，不必用甲，因呼吸常动，不能使之全静。此等折骨，常因胸膛受击或被压所致，多起后患，即肺体、肺膜同时受伤而发炎是也。用手按于伤处，令病人打咳，便觉有声。摄理之法，只可用布带绕身扎之而已。若牵累之伤，如肺体被折骨刺破，此可由口中流血杂有痰泡者认之，则布带亦不能用，体中之衣带及碍呼吸之物，亦当尽除之。止口中流血，可以冰块吞之。

下牙床被折,见裹扎图(10),由于受击或跌于下颌〔颔〕而致也。口合而不能开,与下牙床关键脱离,口大张开,正为相反,其下牙之行,成为不整,而外体之形亦变。

治法:用窄布二条、厚纸一块,作一甲,如二十一图。其下半照点线屈曲成为颌〔颔〕尖之盖,上半照口割凹,其布带一由颌〔颔〕下辫上至头顶绑之,一由颌〔颔〕中辫至脑后,复拉至额前而缚之,如裹扎图(10)是也。其耳不可遮盖,可将布带辫作一三角形,以耳为中央,其布带之端或同打一结,或分作两结俱可。其不摇之功,则多于上牙床之妙用,使之靠合,非仅扎布于头顶而已也。病者忌行动,宜食糜化之物,如粥、水、肉汁等。

锁柱骨被折,见裹扎图(33),常由伸手而跌所致。肩膊低垂,手不能举,病者常用好手托伤胫。治法用一尖垫,将底向上置于腋下,用布带绕两肩,作8形缚之,相交于背中;再用一带将手曲绑于怀抱,使之不动。若病者之肩甚阔,宜用两带缚之作成8形,推肩膊向后。

又有一治法:用垫置腋下,以布作大手挂悬手,然后用带扎之身边。此法容有未善之处,若施于小儿,类多伸动则腋垫跌下,而带松上全为无用矣。故以8形之扎法为妙也。

臂骨断折,见裹扎图(2),由受直击或跌于手胫而致。治法用甲板三,一前、一后、一外,其长如肩至胫之度。内面不用甲板,因血管由此经过,免压之也。各甲板用窄带二条扎之,以布作小手挂,将手曲悬于胸前,如裹扎图(24)是也。大挂悬手,常令手胫缩上太高,易致折骨打叠,故大挂不宜于臂胫等伤。若前肘有伤,则宜于大挂。

无论安置大小手挂,须小心将胫曲成直角形。切忌将手低垂,若略为曲上,亦无大碍。

裹扎此等症,手胫不可伸直,盖不自然也;宜曲而用挂悬之,甚为自然。独于火烧伤,则宜直之,因恐结痂将手挛缩也。

若臂骨下半被折,而近于胫,或前肘之骨亦同有所伤,宜用直角形之甲板置于内面,使手曲成直角;外面亦用甲板。此直角甲板,可用二木横直扎之。

手睁受伤之后,则运动必失灵活。倘遇有此症,宜将病者之手曲而扎之,则愈后生梗,亦不致大碍。

肘骨被折,见裹扎图(12),常因跌而致。治法:曲手成直角形,用二甲板,在内宜长由睁至指尖,在外由睁至腕,用二带扎之,用大挂悬之,如裹扎图(4)。

掌骨或指骨被折,系因直击而致。治法:用窄长甲板,由腕上至伤指之尖置在掌面,长竹刀甚合此用,其手则用或大或小之挂悬之。如裹扎图之(4)、(24)是也。更有一极自然之治法,即将指屈拿一球,而用带扎之。

髀骨被伤,见裹扎图(16),由跌而致,老人患此更多。治法用甲板二,其一在外,要甚长,由腋下至脚底;在内者用短的,由腿罅至膝下。用阔带四条,一打8形,扎于脚底甲板之末;一扎折处之下,膝节之上;一扎折处之上,愈近髀之关节愈妙;一扎于身,令甲板上节与身相贴。更将伤脚扎于好脚,则靠力更大矣。

洋枪可作续此伤之外面甲板,用枪头致于腋下,枪竿跟枪管向地。须记紧吾前所论:安置折骨,使之不动,必于折口上下二处扎之,方能保其不动。由此观之,用衣斯麦巾扎折髀,其下带扎于膝之下,殊不合理,因不能免骨下节不动也。

膝盖被折,见裹扎图(14),常因肌力狂抽,或间受直击而致。治法:用一阔甲,置于膝上下,约长八西寸;用二窄带,一由膝下起扎,过甲板后而扎于膝上,打结缚之,一由膝上起作8形扎之,绕甲板后而过膝下打结缚之。所折之骨,有相离甚开,由此法及助其肢略举,可使碎骨复合。膝节露之不扎,可用冰水或冰袋淋敷,以消肿痛;此症之肿,常多紧要者。

脚骨被折,见裹扎图(1),多因受直击,间有错扭脚之关节而致者。用二同度之甲板,一外一内,由膝上而至脚底,用二带一作8形绕脚底而扎,一扎于膝之下,便能阻止各等运动矣。

剑壳可作此症甲板,或用两枪尾颠倒相插亦可。

若副胫骨被折,则正胫骨已足作为靠板之用,故虽折而尚能行动者,其治法与两骨俱折同。

脚掌骨被折,多因直击而致。此症须用专制之甲板,以配合脚。其板一分托于脚掌,一分托于脚肚。但施急救之法,只将脚乘高,并淋冻水而已。

第四章 论受伤(下编)

失元,为所遇意外重伤,震动脑部而致也。有受割治而不能复元者,因震感全部也。此等症于昔未有蒙药之时,较近日更多。撞伤常至失元,此为因脏被伤之证据,如肝体破裂是也。又病人因手被夹裂,而需割治以除之者,则震感为加倍矣。一为被伤时之震感,一为受割时之震感,其割处愈近体者,则震感愈大。如割肩臂节,则震感较胫节尤大也。

失元又常名震感,其轻重随人不同,同时受伤大小与震感轻重亦无比例。有独因震感而致命者。女人、孩子及易受感动之人,虽受微伤,而震感甚大。而精神振刷之人,如士卒临阵时,奋气正锐,虽受大伤,亦不觉也。

人受伤而致震感者,则生寒发颤,脉实而不匀,呼吸艰弱,身冷而汗,心力困悴,病者不安,自觉时刻难过。

倘遇有此症,其原因由肢体受伤流血所致。于未止血之时,切不可施以行血之剂,若然则必速其死也。血止之后,若病人能吞食,可服以热茶或淡酒;若不能,则用轻三淡水触鼻,以壮心力。病人不能吞而施以药,必致错入气管而塞之也。

病人宜睡下,用毡包裹,并用热水磗熨脚。

失元之症,无论由重伤或割治或惊慌,皆以此法治之。

兹从而论不省人事之各缘故,与失魂、中风、羊痫、眩晕各症,以及辨别醉与将死之不同。

此等症甚难分辨,医家亦间有不认真者。若尔等时有错误,亦不能过为疵求也。

但我所欲各人切记者:则错亦须错于小心一边,方为无碍。若以头伤而治醉汉,较胜于以醉汉而待真头伤者。盖此亦常有酒气逼人,因醉而并伤头也。倘独以醉汉待之,则贻误非轻矣。

故凡有不省人事之症,皆当以最小心之法调理之,并速觅医家施治。

当吾为圣妥马士医院掌院医生时,吾从不谢绝不省人事之症。因在医院住宿一夜,总较差馆为妙。若平明察实其为酒迷者,可舍之出院,则亦未尝非行方便之一道也。

不省人事之症,缘故有六:

一、脑受伤,头骨或折或否;二、脑受病,积血或羊痫;三、中毒,如鸦片、麽啡等;四、醉酒;五、肾病毒入血;六、心失力或流血过多之震感。

分别不省人事症之原由甚为紧要,因治法各有不同也。今将各故分而论之,使各人易于辨别。

其一,脑受伤。或有头骨破折,或无头骨破折,俱足致不省人事,因受震或受压也。

受震即脑体受伤,因击或跌而致。其昏迷之久暂,与伤之轻重同。有不久而过者,有数时而过者,有因而毙命者。病人有觉略晕者,有全不动而失知觉者,间有唤之则醒,寻而复昏者。

瞳人常缩,脉甚弱,呼吸缓而呻吟,身面俱冷而白,将醒时四肢乱动,兼有呕吐并瘫痪。

若安静及调理得宜,便能全愈。头用冷敷,如冰袋等。脚用暖熨。但伤脑之症不得以为小故,因虞从此发炎,变成松脑脊髓受病。亦照法治之。

受压,或因积血或因折骨而致。

其病状与中风同,皆属受伤之症。

全身瘫痪或半边身瘫痪,其患处即在受压之对边,前章论脑部已言之矣。其脉缓而满,呼吸重,瞳人不等,不随光势舒缩,此为最显之病状,与中风同,治法亦同。

其二,脑受病。如中风、羊痫,中风为重,而二症皆起于发昏。所谓发昏者,即肢体忽而抽缩,面发红,口出泡,若诊视病人于发昏之后,只见不省人事之状。此症多见于壮年之人并血气过多者。

积血因血管破裂,流血积压脑体,以致身上多少瘫痪,呼吸重响,一眼半开,瞳人不等口偏扯,脉满而速。若病人半醒,言语乱而不清。倘举起瘫边之肢体,则必从而复跌。其瘫痪之结局,则运动知觉俱失也。

不可将病人粗率移动,须小心,各事听医者定夺。宜将病人背平置,头略举,衣领宜松,用冻水或冰敷头,用泻济以利大便。如不能吞服,可用射管或以鹅毛笔之毛尾点巴豆油一滴于舌上,此为投泻剂最妙之法。切忌投行血之剂,即使病人能吞服,亦不可用之,因此等药必使心力加速,而致脑上流血更多也。在羊痫之症,常于发昏之时忽发狂声,但其声不联续,非如脑痴症者也。

病人于此发昏之现象:能知其来,常置身于稳处;间有不觉而至,则跌而受重伤矣。

此症之抽缩,较中风尤甚。甚至有时舌伸于口外,被下牙床抽缩忽合,咬伤流血者,其血与口中痰泡相杂;眼球扯侧,瞳人相等,但不随光势舒缩;知觉全失,发昏后随而大睡。

在兵家常有因饱饮黑酒而致此症者,则其治法最善为吐剂矣。于发昏时最要之事,则免病人自伤。用木或连布一束插入牙内,置病人于清气之中,松其颈中各物。

无赖之徒常有诈作此症以欺人者,须细察之。在伦敦城中,曾有一诈羊痫,冀人施济以钱者。当发作时,街上有人以麦草垫之,防其受伤。及医者至,见无发痫之状,疑其为诈,特发语使其闻之曰:"痫症最著之状,当有一时病者必转身于左,而搔右耳。"诈者以为然,而欲效足其状也,寻而照行之。医知其伪,即举火焚草,其人遂起而奔。

诈痫之症,昔日陆军与水师恒多,盖欲作废疾而食长粮也。

用专酒或鼻烟入眼,或用指甲压于病者之甲上,俱能致刺痛而无伤,为察此伪症之法。

有三症俱有发昏之状,而非必兼有抽缩,即晕眩、脑痴、发冷是也。

晕眩之昏,由于弱极,或心力震感。病人先觉冷热,再觉眼花,寻而面白、唇蓝、脉微、呼吸弱,终至不省人事,即晕眩也,甚似已死。曾见一最危之症,为一少年人由浴池而起,坐于更衣之座而发作,无人知将其人摊卧于地以救之。

其失灵性之故,由于脑内欠血。故宜将病人平卧于地,略举其足。

若在神堂或戏园座内,不能将病人倒卧,又不能即移于清气之内,宜用手扶于病人脑后,将其头压低至膝,如人俯低着头之状,则血亦可流入于脑。然总以即移之为是。此症宜用行血之剂,如依打酒、浓茶、架啡、葡酒等。又如病人不省人事,宜用指蘸罢兰地酒,搽入口唇。

间有等症,其全身之血已消耗于久病,则所余之血宜留以养心及脑,故宜用连布带以扎四肢,推其余血以入急需之脏腑。

常见之发昏症,以脑痴昏为最多。其发昏之状,多有手足乱动及用手椎胸者。此症妇女常多。有故意而为,引人观看者:其面发红,颈回管胀大,知觉似失非失,眼虽合而常偷看;若睁其眼盖,用指扪眼,其眼常流动,此见知觉之未失也。脑痴发昏之实据,为大声之长叹,又或忽笑而忽哭。

用全桶冻水淋其颈面,足令病人大觉不安,而其复原殊速。常见在医院内之病妇人,间有发此症,亦不过止于一次而已。足见以上之治法,功效甚灵也。

疟症发昏,为甚少见之症。其状冷而颤震,无抽缩,知觉不失。治法用桂拿丸及以暖被盖之。

其三,中毒。或鸦片,或麽啡,或绿养。后再详之于"论毒"编内。

其最显之病状,为瞳人收缩及不省人事。

其四,醉酒。此症毋容详论,其显状为酒气呈于呼吸。但此症常错误,盖有因醉而起别症之发昏者,故须小心详辨而始定为独醉也。

醉酒之热度常有低二三度者,此与中风大为分别矣。因中风之症,热度比常人尤高也。

醉酒之不省人事,有欢呼狂笑者,有丧气昏迷者。瞳人散大而两眼俱等,随光势而舒缩,呼吸慢而无响,皮冷而汗。

呕吐常能使之复醒,故宜施以吐剂。然天然常能使之呕吐,以收此效。故宜将病人侧睡,此为至要。因病人不省人事,若正仰而睡,则呕吐时恐为吐物塞于气喉上而隘之也;若侧睡,则吐物可由口角流于外。

醉酒之症实与中毒无异,故治法亦用吐剂,如盐水、芥茉水等及吸胃筒。

又宜用力擦其皮肤，并用暖毡密盖其体，因此症甚易感受风寒也。

其重者甚致于用电气施治，然仍有不能免于致命者。

其五，肾病毒入血。因此有不省人事者，其状甚难分辨。然此等症甚鲜遇之。

肾由病而失却功用，以致溺从而入血，遂成溺毒之症。

病者呈年老之态，并现浮肿之形，呼吸之气有溺臭，身有鼓胀，肢体皆肿。如遇此症，其最善之治法，莫如即移往医院。否则用暖毡盖身，冷冰敷头，服泻剂并热气治。

其六，心失力并流血过多之震感。由震感而致不省人事者，上文论受伤失元已言之矣。

凡遇不省人事之症，首宜察脉以观心尚运动否，并察呼吸有无，如二事尚存，则更细视脉之壮弱，并呼吸之出于自然或辛苦或作响。

次察其头有无肿起或破伤，如有破伤，宜用指探察头骨有无破裂。细观耳鼻两孔有无血水从此流出，则知头底有无所伤矣。

察其瞳人，或舒或缩或大小不等，并观其随光势舒缩否。若巡捕于夜间见有不省人事之人，宜用其灯以察此。

察其口中有无出泥或流血，并观病人有无呕吐。

宜臭〔嗅〕病人呼吸或呕吐之气。

并将病人两边手脚相较，以观其运动相同否，抑一边瘫痪。

所有不省人事之症，宜将病人之背平睡于地，头侧一边，解松胸颈之衣，并阻止众人不可围近其人。

切忌急于用酒并别种行血之剂，须先将其病源察确，然后照以上之法，各因其症治之。

被癫兽咬伤，多恐由此而成癫症。此症常见于狗，而猫亦或有之，而牡多于牝。此症发于被伤六礼拜或数月之后，其症一成必至致命。故凡被兽咬者，俱宜治以杜癫之法。若隔衣而咬，其患较少，因其毒有为衣所隔去也。

此症之治法，与治蛇咬同。蛇咬为常见之症，有致命之症，曾见于生物院中之管理蛇房者。

其首要之治法,则阻其毒入心;倘毒已入,则按其发出之病状而对治之。治毒入心之法,有用口吸者,如乙活王第一,其后用此而救其命。此法施于亲属中,已为难能而可贵,此外则鲜有行之者。然须其人之唇舌无损伤,方可行之,庶免毒累也。

毒之入心,随血从回管而入。故治之之法,可用手巾将伤处之上紧扎,免血回心。旭氏论犬之书,载彼屡将癫狗之毒种入其身,即用火烙其伤口,毒遂不发。此可见火烙之法,足以治此症也。

对治病状之极弱者,宜多用提补之剂,如罢兰地酒、轻三淡水等是也。

被蜂所刺,虽无大碍,然痛疼难当。其刺可用匙末之孔倒压而出之。若头面被多蜜蜂重伤,可用蜜糖搽之,或用花土连膏亦同,俱可即时止痛。

讲求急治水浸或别项绝气之法,为大要之事。因除依水谋生之人之外,恒有在水面为乐以消暇日者,如泛舟、履冰、沐浴等游戏是也。故在水遇意外者常多也。

绝气之症,有由煤气、炭烟或别种毒气。其治法宜速移置病人于清气,解松颈钮,以冷水洒面,用温巾打胸,并立时宜施以助呼吸之法。其法下再论之。

吊颈致毙之故有二:或由颈骨脱离而压破脊髓,如第一课所论者是也;或由绝气。

须紧记若遇此症,宜速将绳割下。但有时巡差亦忽略于此,多舍之而去,误执必待验尸官到看然后动之之成见。

解松颈胸各物,打开窗户,俾病人多得清气;即施助呼吸之法,以复其呼吸。

食梗或外物入喉内,如一枚钱或一块肉,俱能塞喉而致绝气。亦须记之:若细小外物跌入喉内,必入于右气管,因此较左为大,见四图。

此症病人面忽转蓝、猛咳、作呕、眼睁、全身狂动,若不解救,必至不省人事矣。在小儿,用掌突击其背,有可令外物退出者;或以食指插入喉内,有可将物勾出者。如不然,则亦可令小儿作呕,将物吐出。此法不效,宜立延医施治,将喉在前面正中处割开,以通呼吸。

若钱或外物已经入胃，不宜用泻剂。反宜用敛结之药，以交结其物，使得带粪而出，免留滞于肠之折。

溺水之症，其沉没时，虽与人能入水之久同，而随施以助呼吸之法救之，其效验亦各不同。若其入水时，竭力图脱，则每一呼吸，必吸气与水同而入肺，二者混成痰泥，则救复之机大减；若其人入水时，因恐而震感，以致不省人事，则气管塞密，无水可入，而救复之机有望。

由恶气而绝气，如中煤气、哥罗方、依打等毒，则救生之机多有可望。因身之热度不减，并无水入肺也。

凡遇绝气之症，无论由何而致，须施助呼吸之法至一二点钟之久，或为医者指明为无济于事，方可罢手。

由水捞起之人，宜将头放低，俾肺之水可从口流出。或于用助呼吸法之先，解去其衫，作为一卷，垫胸膛之下，侧置其面，则肺中之水亦可从口角流出，此与前法同功。

凡遇此症，宜即着人往延医生到治，并即施以助呼吸之法，及换干暖之衣，用热砖或热水礶熨身。其砖、礶俱宜以布包裹，免烙伤皮肤。

阻止各人逼近伤者。胸腹各衣带俱宜解松，庶用助呼吸之法，其气可直入于肺。

其背、口、喉等处之泥，宜擦抹干净。其舌常因瘫痪而缩，阻闭呼吸，宜用巾隔手拉之出外；所以用巾隔之者，免滑而易脱也。又或用一扎信之树胶带，将舌并下颔〔颌〕扎之亦可。

助呼吸之法，每秒十三至〔下〕至十五至〔下〕，效天然之法而行之。其一呼一吸，速率皆同。

其法有二：一为马氏之法，一为薛氏之法。二法皆有可贵，宜先试马氏之法，再用薛氏之法。

马氏之法，则其肺之水易从口而出，惟其法须要三人方能行之。而薛氏之法则一人便足，易而稳当。

马氏之法，将病人俯置，以一臂曲而枕额，用衣卷而垫胸；其对边之手，则用一手执其腕，一手按同边之肩胛，将其身转侧，将其手举于头上，如此则成一吸矣。遂复俯其身,将手略压胸际,便足驱气复出,是成一呼。用二人相助,一扶头,一捧足,随之转动,以俯仰其身。

薛氏之法,将病人之背平卧于地,用衣物托其肩胛,使胸膛略高,俾肺内之水可由口中流出。施法者跽于病人头侧,用手捉病人腕上伸,而拉之至头上,如二十二图,此则舒胸肌而举胁骨,以成吸气之势。停二息近之久,则将手内屈,而下于胸前,如二十三图,手睁向内,而压于胸膛两傍,逼出其气,而成一呼。

间有捉手于睁而施此法者,则手必四向摆动,因已失自主功用而瘫痪,此不善之法也。

当施助呼吸之法时,更可用轻三淡或烧禽毛嗅之,或用鼻烟;或以冷热水轮番打之,皆能助其呼气。倘有暖水浴盆,更可置病者于内而施此法,可兼收外敷暖水之功;但施此以有医者在场为稳。

当呼吸初回,必起短叹,救者见此必有不胜其喜矣。是时病者之肢体宜设法擦之,以令多生热为妙。

擦四肢之法,宜向上而擦,俾回血反流入心。又宜用毡手套或绒布隔手,庶免擦破皮肤也。

若病人已醒而能吞物,宜投以热茶、架啡或罢兰地酒等。但未醒切不宜用,恐加水量于肺也。

病人醒后宜用毡包裹,用芥茉敷胸,置卧床上。

汤火等伤,为常遇之事,如碰倒沸汤及沸油,或汽镬炸裂。或用口吸内盛沸汤之壶嘴,此于小儿常多见之。

衣裳着火,宜即时卧低。若救着火之人,首宜倒卧之,然后设法灭火。因火势上升,着火之处多于下体,若不即卧,片时便着全身及燃烧内服,则为害非轻。纵及时而救,不至致命,然亦烧烂头面,大不雅观。若倒卧,则火上升于空际,而不及身;而所着之余火易于扑灭,或转身滚地,或用衣物扑之,或用水淋俱可。总之燃势不猛,则施救有时。若立而不卧,则危险万分。试以二假人,一立一卧,同时举火而焚之,则危险之状大有不同矣。此显而易见,须记之勿忘。

烫伤与烧伤之不同者,惟轻重耳。烫伤不过发红及起泡,烧伤者由发红而至成焦炭。被油烫伤者则较水为重,因油粘于皮肤为更贴也。

烧伤有六等:其一令皮发红,其二起泡,其三烂皮,其四烂腠,其五烂肌,其六全肢俱烂。

烧伤、烫伤,各因轻重而起震感。但震感之轻重不关所伤之浅深,而关伤处阔窄。如脚或全燋烂,而震感有不甚大者;若胸面虽或仅发红,而震感较甚,职此故也。

其震感之治法,则照前课所讲之法而施之可也。

治烧伤之法:先将衣服小心除脱,切勿拉伤患处,须轻手起之;倘有不便于除脱者,则宜剪去之。立时宜用和灰水之生油蘸布敷之,再用棉花盖密,免露风为妙,后用三角布带扎之。

若烧伤在于关节等处,宜用甲板将关节伸直扎之,免结痂收缩而阻运动。若手指烧伤,则须每指分扎,免其联生而成鸭掌指。

若在厨中受伤,此为常有之事,则急救之法可就近取面粉敷之,为甚妙之品,不必远求物药,而使伤处久露风也。

若口熨伤,宜速延医施治,盖此症甚易阻碍呼吸而致命也。用油或牛乳含于口内,用热水外敷,可以解痛而待医者之至。

若起泡,宜用针刺穿,俾水流清则可复原。倘水泡不穿,则敷扎之后,生水更多而压伤处,则必要再行撤去各物,此更增一层无谓之辛苦矣。

若水泡为擦伤而起,则宜刺穿之,用合口膏贴之。

若水泡为油及酸质或碱质所致,宜先用冻水洗之。须知酸质与碱质性情相反,故为酸所伤宜用苏打或石灰和水,为碱质所伤宜用醋和水洗之,然后照上治烧伤之法敷之。

烈日所伤。由于身倦时暴露过久,如士卒重负战衣而遄征远道。

其病状:头晕,作闷,作渴,皮干,脉数沉而不省人事。

宜将病人移置阴处,解松胸颈各衣,令病人睡下,垫高其头,用冻水或冰敷之。忌投行血之药。

雪伤。由于久露严寒,所伤之处生机顿减,皮转紫蓝,若不设法施治,则渐变实而终成死肉。身体遇极冷之际，则觉呆重，唵唵欲睡，倘一睡则从此不省人事而毙矣。救治之法，宜用雪擦之，以成反感之效。病者宜置冷房，不可升火，投小许罢兰地酒和水而服之。若已不省人事，宜用连绒擦之，并施助呼吸法。

中毒。毒之为物，多服则必致命。

毒有数种，欲施解救之法，必先知为何毒所伤方可。故须将载毒之器，细察其气味。若有呕吐，亦宜察其所吐之物。

服毒有误服者，有故服者。其误服者，常多将外用之药内服，或误食有毒之蔬菜。故各人须谨戒：切不宜置药瓶、药箱于睡房之内，盖有时夜间思食药，倘于黑暗中误取别瓶服之，则为害不浅矣。若药物不在房中，则虽思食，必多惮烦而中止。

毒为故意而服者，多属不生痛苦之药。故自寻短见之人，多用醉品。毒分三种：曰醉毒，曰醉触毒，曰触毒。

醉毒者：如鸦片、䗪〔吗〕啡、依打、哥罗方及绿养冰等是也。

醉触毒者：如士的年、松节油、毒草菇及巅茄等是也。

触毒者：为矿酸、加布力酸、加路米、锑质、磷质、信石是也。

中醉毒之状：先起欲睡，继痴呆及不省人事，终而毙命。其人重睡而不醒，有不胜痛楚之态，瞳人缩小。

救治之法：宜急施吐剂，并速延医并带吸胃筒至。须将病人扶起走动，用冻巾击面，饮以浓架啡，用电震体，宜尽用善法，使病人常醒；若昏迷已深，宜施助呼吸之法。有自尽者，因吞服太多反可免危，因多可致全然吐出也。故吐为极要之治法，须尽力致之，用温水开芥茉或盐水，或用毛搅喉内俱可。锃磺养四二十西厘至三十西厘作一服，或依不格酒一二汤匙，此为医家常用之吐药也。

各等触毒，俱能令口、喉、胃各内皮生极烈之炎。又有其毒所到之处，体质因而全烂者。

中触毒者，胃内抽缩，痛楚有泻，并大失脑力。此等症宜服榄油、牛乳、生蛋，以卫护喉胃内皮。

若症为吞服矿酸或碱质，须记酸碱各有反治之功，故中酸毒者宜投碱剂，如苏打、灰养、镁养，或以砖灰开水皆可。若中碱毒者宜施酸剂，如醋、柠檬及柠盐开水俱可。

兹将各种毒药并解毒药开列于后，可按症施之；而仍以速延医生到来，用吸胃筒施救为妙。

酒毒：解救用吐剂。用醋和水饮之，并暖外体。

碱毒：解救用酸剂。醋水、柠柑等汁、生菜油及吐剂。

铁毒：解救用茶或炭匿酸，及令呕吐。

铅毒：解救用吐剂。泻盐。

信毒：解救用炭粉、牛乳、生蛋、泻油、菜油、吐剂。

汞毒：解救用蛋白、牛乳，及令吐。

酸毒：解救用镁养、砖灰、灰锢，及令吐。

菇毒：解救用盐水作吐泻油，牛乳热磚暖体。

醉毒：解救用吐剂。炭粉、架啡，敷冻，令行动。

银毒：解救用盐水。

磷毒：解救用锑养水及多饮水作吐。忌油。

北叻酸毒：解救用冷水敷面，施助呼吸法，服地酒并轻三淡。

士的年毒：解救用吐剂。地酒轻三淡，施助呼吸法，热磚暖胃并四肢。

为触毒所伤，切不宜用吸胃筒，因口喉已发炎，若再惹动之，为害更甚。

但我又切实戒尔等，不可自用吸胃筒，须待医者用之。虽有书曾教人用软胶喉一码，套入口内；用漏斗充水入胃，约三四升之多；然后将喉倒转，令水流出，如是者数次，便可将胃洗清云云。但此言之甚易，而施之则难甚也。设思自吞一码之胶喉，为易事乎，为难事乎？况病人常拒各物入口，须用支撑方能使口张大。而以熟手之医家，吸胃之管亦属硬物，且不容易；况是软喉，又为生手乎！故凡要用器施治，切不宜轻于尝试，恐不独无益，而反害之也。

第五章 论移伤之法

受伤之人既得照救伤各法调治之,后此即宜自行或着人移之归家,或移之医院及附近施医之所,以待医者调理,则尔之义务毕矣。

运病移伤之法,按助者人数多少,各有不同。

先论一人独运之法:

其一,若为幼孩,无论省人事与不省事,俱可用,一手托于肩胛,一手托于腿,伸直其身而抱之。若为稍大之人,则此法不易。

苏总管教救火者抱二小儿下梯之法:一为用双臂各挟一小儿于腋下,双手仍得自由而下梯;一为更妙之法,用左臂挟一,用左肩托一,用以左手执之,如此则右手全空,可用以下梯。

其二,若伤在脚或膝节之下,而其人不重,可用背负之法移之,将病人二手过负者之颈。若伤在肢上,则此法难用,因恐加其痛楚也。

其三,若病人脚上受伤,而神尚清醒如故,可用并肩之法移之。如左脚伤,则用右手过于移者之背,移者手执之,再用他手抱于病人身上,如二十四图。此可将病人跳行而运之。

但最要之法,为如何能以只手运动不省人事之人。以下之法为救火人常用者。

其四,将昏迷之人伏卧于地,伸其手向头,负者跪于病人头上,将病人托起跪于地,负者遂以右肩帖于病人半身,将右手过跨下挟右腿,用左手执病者左腕,围过颈及左臂之下,而至于右手,遂以右手执其腕。此则全身之重乘于右肩,而左手无事;易位而施之于左,则右手无事矣。

其五,有将上法略为更变,其次如下:病人伏卧如前,扶之起跪于地,用手入腋,遂抱病人之腰,举之直立,乘其头于肩,执其一腕横过对肩,而将身抽于胻上,用对边之手拿其足。

其六,将病人坐于地,用带在胭部穿过腿后及两臂之下,负者与病人背坐,将带置于额上,遂起,而重则负于肩及背;臀下之带可免其身不跌,病人屈作尖锥之形，阔处在上，尖项在下，即臀也。如此则负者两手皆可无事矣。

次论二人移动之法，此为较易。

其一，用小儿作抬轿戏之法，互握于腕，如二十五图。二人先各将左手自握其腕，遂将右手互握左腕。此法要病人清醒，能自将其臂绕倚负者之项，方为可用。

其二，又有四手之坐，系负者先将己手横搭，然后互握。但此法不妙，因病人若重，则手所横之处必易作痛，则负者必要放下病人以舒其痛。

其三，又一法：负者先将一手交握托于病人腿下，而以他手围抱于腰，病者以手抱倚二人之项。此法亦不甚妙，俱不及前者。

其四，倘病人不甚清醒，不能靠其自扶，宜用三手之坐，如二十六图。而空一手之人，则将其手置于用双手者之肩，如此则成一有背之座矣。

其五，有背之座，又可由此而成，负者将手互握托病者之腿下，而将他手互置于肩。此法不如上法之妙。

其六，二人移一昏迷之病人，以有力者托上半身，将两手过病人腋下，而交握于胸前；无力者在病人两脚之间，以背向头，两手各执一脚。若脚有所伤，再用一人以扶伤处。

其七，倘病人须伸直而移之，则负者二人宜以左脚各跪于病者左右，将手过病人身下而交握，一在肩胛，一在臀下，负者从缓起立，蟹行而移之，头与脚各用一人扶之。倘只有一人，若病者清醒，宜扶其头；若足有所伤，则宜扶其足。置病人于移床，即用此法。

用一膝跪下之故，盖以免病人摇动也。倘两膝俱跪下，则起时难免摇动矣。

至于交互握手之法，负者常多错误。负者须先观其对面之人如何入手于病者之下，遂照样反而行之。如彼为仰掌而入，此则必覆掌而帖病人之身，庶彼手可入此手之下，即互握如二十七图，此为交握之正法也。常有用指交插，此不善之法，因病人若重，则指罅及掌背易于作痛。惟前法以掌互握，则虽重而无碍。

若病人要移运远处，则宜用抬床。

抬床之式各有不同，今所用者为夫里所制，已属甚妙。其重不过二十八磅，卷之甚细，占地位不多；开之床下有脚，可免病人帖地。如二十八图。为质甚坚，又无零碎之件。凡能收窄之床，不碍病者，且便于经过窄门。其握手处为套筒所成，矿井车路营盘多用之。其一头有袋，以衣物充之，自成一枕。此床更可以双轮联于其下，名曰"阿士福车"，后当详论之。

在矿井地方有限，不能容床卧置，即用编带，名曰老门背心，如二十九图。扎于床上，便能将病人立置各等斜度。此法船上并斜地亦多用之。

更有一极妙之抬床，名曰"夫里较床"，如三十图。此系专便于骡马背运者，每骡可负七张。

抬床中有配以各件，用以遮日，或免人骇异者。其最简而妙者为各医院常用之床，为一阔红油布所成，边有折筒可穿以棒，两端撑以铁枝；以其红色便可遮血，以其油布易于洗濯，又弃其棒并铁枝，置于医生割枱之上，可作油衣之用。

急用之抬床，可以门板或短梯为之，用包布或草敷盖其上，然后使病人卧之。更有用西人水衣二件亦能成一抬床者，将其两袖反于内，领置床之两端，扣其衫钮，用棒或坚枝穿入于袖并衫之内，便可作抬床矣。用包二个亦可成之，将包角作孔，包口在中，用棒穿之，亦同一理。

用毡或被亦可作为抬床。置二棒于傍，用毡卷之，每边二人用手握于毡棒，在中之手宜拿近中间，则轻重均匀矣。若抬之上梯，则头必先行，而用一人再扶其足，免其惊跌。用椅抽病人上梯亦照此法，将背向上，而用一人扶面，免其俯跌。抽举并移动抬床各法，更详论于简医生所著之《游医演习》一书，为法美备，施之营阵之间、都邑之内无所不宜。

凡移动抬床，若为制就者至少宜用二人，能得三人更妙。二人抬之，一人扶顾伤处，并指示号令。若为门板及毡所成之抬床，则至少宜用四人。凡选抬病之人，必以同高矮者为妙，否则用高大有力者抬前，因头与肩为全身之最重也。更用过胛之带，以其助手力并能致远也。

当第三之人发号曰"置抬床"，则第一人扛床头，第二人扛床尾，将床尾置于病人之头，此于地方宽广处方可为之；若地方狭窄则置于病人身边，须择受伤之边而置床。

当抬床已置，第三之人再发令曰"就位"，则第一、第二之人各就病者之侧，第一者在左，第二者在右。及令曰"整备"，则抽之如前所云之法，跪下左脚，又须记用手抱时须交握于腕，非交插其指；第三者扶顾病人，将双手托于伤处之下。

及令曰"抽"，则三人齐立。令曰"行"，则缓步侧行，待病人之头至床枕之上。令曰"止"，则止。曰"放"，则轻置放床上。

若抬床不能直置于病人之头，则平行而置于其傍。若抬者四人，则第四之人发令，先令曰"安置抬床"，再令曰"就位"，则第一、二、三三人就立于病人之侧，在头、身中及脚之位。第四之人则面向三人，而立于抬床之侧。如是则床与病人在各人之中矣。令曰"整备"，则一、二、三跪下，用手下抱病人。次令曰"抽"，则将病人抽高至右膝，第四之人用左手拿床近边，用右手拿远边。当其令曰"抽"时，即将床抽置病人之下。看头若与枕齐，则令曰"放"，三人即将病人小心轻放于抬床上。若只有三人而行前法，则第一、二、三三人当令曰"抽"，则抽起病人；令曰"放"，则膝行于抬床，因无第四人置床于下也。号令则仍由第三之人发之。

不论照以上何法，若已妥置病人于抬床，则再发令曰"就位"，此时第一人则往抬床之顶，面向病人之头而立，第二人则往床脚，背向第一人而立。号曰"整备"，则俯低执床。曰"抽"，则抽之起立。曰"行"，则前行，用短步，约二十四寸之度；并用不整之步，即第一人以左脚先行，第二人须用右脚先行，第三之人则就床边而行，然必于患者受伤之边，若有第四人则每边一人。

用不整之步而行，亦为甚要之事，因此可将病人移运而无左右摇动也。若用整齐之步，则两左脚同时而动，必侧左边，两右脚同时而动，亦侧右边，如骆驼焉。两脚齐行，使所乘之人如乘船之摇荡。

扛抬病人行时，须要端正缓步前进。

到步时则号曰"止"，曰"下"，再曰"整备离抬床"。扛者如前跪低，曰"抽"则将病人抽起，令曰"行"则用侧步移病人离抬床而至睡床，到床时令曰"止"、曰"下",则放置于床上。又有一扛法专为矿井窄处之用者,只可用二人行之。扛者面向病人,骑之而立,第一在上身,第二在下身。第一发令曰"整备",则用手下抱病人;曰"抽"而前进,则抽之行前。至所置于头之抬床,若病人能用手抱于第一人之颈,则为助良多矣。

扛抬床切不可置于肩膊,因抬举太高,第三之人不能顾及,恐其反侧而跌也。若上山则以头在前,下山以头在后。独脚骨、髀骨断折之症,则反而行之,免身下压而生痛楚也。

若遇围篱或水沟,则先到之人将抬床之柄置于篱上,逾过围篱则抽床过之,在后之人亦将床柄置篱而过之。若有第三之人,则可先助前者过之,再助后者。然属要症,则宜专顾病者,不必理他为妙。

若为过沟,则下抬床于去沟边一步之地,第二、第三两人下沟,将床移过彼边;床柄已过沟,则第二人上彼边,以顾其床,而第一人则下沟,与第三人将床移进;至全床已过,则再上而扛之前行。若水沟甚阔,则将床下于沟,适如过篱之法而行之。

若运病人于远方,则宜更用别法,如夫里游医车,见三十一图,伦敦城街上多用之,为益甚大。若于阵上,有用龟背车、龟背营,如三十二、三十三图,普法军医中多用之。

此等大车置于街头屋后,近于有事之场,以作医院之用;各小车则用以运伤人到此。小车中,以阿士福车为最有用可乘。夫里抬床与车,皆可随意拆开独用,如三十四、三十五图。此车之方便处,在扛者可将床通过两轮之间放于当中,不用抽高逾过车轮;又扛者二人,甚易将车连人抽高,以过数尺之阻碍物;又一人亦能推动,因不甚重也。近又出一新车,名"夫里床车",为用更妙:卧则乘一人,坐则乘二人,如三十六、三十七图,其床为帆布并二棒而成,帆布两边有帖边以穿棍,如三十八图,此为最方便之物。因病人抬至睡床或割枱之上,不用加扰以脱离之也。其棒有折铰之铁条撑之,抬床置于车上,如三十九图。车有二铁线轮,套以树胶圈;其粗者或为木轮套以铁圈。其车之脚则联于轮轴,为钢条所成,能随意使之长短,停时放之下地,如三十六图;行时掣之使缩上,如三十七图。

抬床置于车能使其不跌者,有起胁之树胶乘之也。

车之两傍各有轻筒二条,举之于上,联以弯铁便成一架,可张帆布盖。

床车如此布置,乃用以移一偃卧之人。但常有微伤之人,移运时不欲低卧而欲起坐者,此则无论一二人,俱宜用夫里床车运之也。

备此妙用,故于帆布帖边离棒两头约十五西寸之度,开有一口以穿出床棒,留回中间,从中缩之,使两头帆布凑至棒之黑圈。横撑之铁条遂联于黑圈,以撑固其床。两边撑帆布盖之轻筒,今举之合于帆布之中,用铁条联之,则与帆布合成椅背。再用帆布一条,悬于棒之两端,便可托病人之足矣。

其床盖即收而卷之,置之床侧。各等骨甲、布带,俱宜预备。置于床下之袋,随之而往。在英国未有如大陆各国之运病火车之妙法,故运病各事,仍宜留意讲求。

在各等铁路客车,难入寻常抬床,故须将床略抽起一边方可入。在此等处,则夫里抬床大为有用,因其能随意大细也。若抬床已入车内,宜用绳横悬之于帽架之下,其绳不可过松,松则摆动;亦不可过紧,紧则随车受震。若不悬之,则置之二等客车为更妙。用木二枚横置椅上,离门尺许,此则一椅之上可放抬床一二张。若病人能坐,宜置之头等车内,择有扶手之座用板架对座,用垫铺之,便成一床矣。如此则病人不过略有少许傍边之摇动,其与车同向,则无横置震动之大也。

若在乡间,用货车运载病人,宜择一有后板者,用草铺垫之,然后小心安置病人于上。

若用抬床悬于车上,宜依悬于火车之法。至上车、下车之法,适如过沟、过篱之法行之。

若遇多人受伤,则运家具之车以运之甚妙。因此车可载多人,而车盘不高,易于安放病人,而少扰动之苦。

第六章　论妇人侍病法

此章吾欲以调理割治之症一二要诀宣示而已,至于侍病各法当于进级之章详之。

本章大旨，欲使人智识足以服侍平常割治之症，并可作侍病学之始基。但各人欲以侍病为事业者，须知此等工夫为最难能烦苦之事，非生而具救人之慈心不能为也。纵有此心，亦要心力血气俱壮，方足任此重要之事。

敏捷、齐整、洁净三者，为侍病之要事。在割治之症，则洁净尤为紧要。倘有忽略于此，多致割口腐烂，或起血蛇也。又当将病人起居详细记之，以报医士。如每日饮食如何，睡时久暂，朝晚热度，及大小便数等情，一一记之，以呈医者观览。

预备房舍以接病人，则外科之症不必如内科之多烦琐也。房内家具不宜过多，而房内宜有火炉，其理下当详之。宜择一易进之房，无弯曲深隧，庶抬床易入。房外枱椅各件须先移之，免阻进行。

病床不宜太高太阔，大人用西度三尺六寸阔、二尺六寸高、六尺长，如此则易于抽举病人及换替床布。若小孩槽床，宜放低两边以成此用。

床宜置于房中，庶侍病者可两边走动。床以铁床及毛縟〔褥〕为妙。

若为骨折之症，縟〔褥〕下宜用板乘之，方无凸凹不平之弊。每枚宜钻五六孔，以通縟下之气，此谓之为折骨症床。

在縟〔褥〕之上铺以床布，下不宜用毡，因易缩绉并生热。若病人久睡恐易烂肉，可用长枕垫之，至头之高低，宜因病而施。其失血及气弱者，头宜低；而头骨及脑有伤者，则宜高，以减少其血。

床縟〔褥〕、床布宜用火炙干，然后铺垫其上，更用一盖布，此盖布系将床布四叠而成，盖于床中，上至病人身半，下至于膝；此防病人遗溺，易退除而换之也。盖布之下，再用一油布更妙。

将床铺好之后，卷起被一边，用热水礶藏入以暖之。如是，则床齐备以接病人矣。致于替换床布，若病人不能起者，略须妙手，先将残布一边卷起至床中，然后将新布卷起一半铺上此位，移病人过之，便可全撤残布而展开新布矣。

更有等症宜用专制之床，如病人属数月不宜起立者。床之中宜开孔，以除大小二便。又若下肢瘫痪、脊骨被折、脑体被压，宜用气床或水床睡之，因此等症甚易作烂也。

若遇有以上各章所讲意外之伤，吾欲尔等能亲手救之，将附近之物变通为用。如未有衣斯麦三角带，可将尔身中手帕或颈巾卷之，以作布带之用。此教尔等将左右各物变为救急之用，凡制好之甲板、血压等器，皆可用别物代之，以作同功效之用也。以冻水如入千分一之汞绿水，便可作去毒之药；以药纱包裹药棉，便可作止血海绒之用。致连布、油绸、加布力油、麻筋、结口膏药，皆为常用之件，自宜备之。用沙袋以安扶折脚，或置于折脚之上节，以免跳动，亦不可少者也。

伤处常有因身上之所盖被压下而生痛，故须将被用架乘之，或用法吊起，免压其处。

甲板切忌直压于肉，而无软垫铺之。在救急用之有置于衣上者，此则以衣作垫之用，其余则宜用麻筋或棉花作垫，用连布盖而缝之，或用胶药粘之。每板之头尾及中间各置一垫，垫宜略阔于甲板。若用手巾扎甲板，须打结于板上，切勿打结于伤处之上，因压之而致不安也。

测准房内朝晚之热度，宜用寒暑表置于离病人床头二尺之处以测之。宜令其热度常在六十至六十三度之间。若为割喉之症，则令之高三四度。房宜暖又宜润，故宜置一升气壶，或常用之壶而加一皮管于壶嘴，使水气散布房中。用湿巾张于火炉之前，亦能化气而成同等之功。此见房中火炉为用之要理也。

房既暖，又宜通气，使气常清爽。每病房中宜有通气管，但最善之法仍莫如窗户。宜略开其上，用布廉遮之，免病人感受风寒；不宜开窗户之下，因寒气直中病人也。

兹论察病人寒暑表，若尔等明此寒暑表，则其余各式寒暑表不难识也。察病之表以能自记其度者为妙，因不随水银退下而忘其度也。

察病之寒暑表，用以知人身之热度，而定其有无发炎之症也。此表为玻筒所成，大如笔管，下端略大，载以水银，上为渐小之干。

下端用置腋下。其干则分度，自九十度至百十二度。法兰海寒暑表，每度再分作五分，有细画间之，每分即十分之二；在九十八度四分，有蔚矢间之,即人身之常热度也。观表时,其度由水银升上计之,如四十图即其度为一百度零六分也。未按表之先,宜将表中水银摇低,过于常热度之下,然后按之。

将寒暑表置病人腋下,拉其手曲于胸前,则两边皮肉挟表于中,留五秒时之久。病人胸前宜用被盖之。每日宜察热二次,早在八点钟至九点之时,晚亦在八九点之时。每日热度用表记之,此为占病兆甚要之事也。

若与受伤之人替换衣服,切宜小心,勿稍忽略。因粗心常有折骨插穿皮外而成两伤,则绵延甚久而难全也。其法先将不伤之脚手衣服除去,其伤傍之衫袖,则跟缝处割开。着衣服时,宜先穿受伤之手脚,即与前法反而行之也。

若为穷人,则不宜轻毁其衣服,故宜跟缝处割之,仍可复用也。靴难亦宜割之,切忌拉而除之,以加其伤也。

在烧熨等症,伤面甚阔,则不宜吝惜衣服,宜割碎片片除之。每除一片,即以灰水油或别等药敷之,切不可使全伤面一时尽露也。

洗浴,病人亦甚要之事。其益有二:一、令病人安,二、令身体健。若属劳动之人,则一入医院之时,宜临床与之洗浴。洗时宜按部位分先后洗之。每洗一处,用隔水布铺盖于床,免湿被缛。洗完一处盖好,再揭别处洗之,不可一齐揭露全身,以致感寒也。

移病人上床,极宜小心。若病人清醒,彼可将手抱靠侍者之颈,则所助多矣。若病人昏迷,则以横置病人于床上为妙法,将脚吊下一边,然后扶正之。若病人已卧于毡上或布上,则甚易为力,用助者数人各执一角抽之上床。

若病人由抬床抬至,其头宜照床之向抬进。若地方足用,宜将抬床与床直置一行,然后抽之上床,如前章所讲之法。若不能行此,宜将病人置于床侧,或将抬床横向于床,如上法抽之横上于床;或将抬床平拍于床,二人立于其外,一人用手抽其膊,一人用手抽其臀,抬之行前,安置于床,同时再以一人撤去其架。

病人饮食服药,皆宜有一定之时。其饮食之物及所服之药,俱由医生选定。

凡不能起立之病人,宜用稀粮。当饮食时,侍者宜用左手抱病人之颈或脑后,挽而起之,右手则投以食物。其物用半盖嘴杯进之,或以小茶壶灌之亦可。

食不省人事之病人,宜将之侧置一边,用匙纳食物入口,然后渐将头转侧他边,则食物可缓流入喉内矣。

有等病症,行血气之剂为不可少之药,然必医者允之方可用也。

行血之剂宜令日服数次,又宜留些以待夜间之用。

须记:受伤受病之人,若惯服行血之剂而忽然止之,常多变出谵语之症。

凡各等药物,皆不宜置于病人房内,恐病人夜间发迷误取毒剂服之也。又如各等手枪及危险器械,亦不宜置病人之侧。曾见两发迷之症,因此致命。此则医生与侍病之人皆不能辞其责也。

敷糊乃用以留热,及润以助炎症之速熟,并净除烂肉之脓毒也。

作面糊之法:用旧面包碎投入沸汤,所载之器宜密盖之,置于火侧数秒之久,然后将水倒去,用细布包之。作麻糊之法:用盆先以沸汤热之,然后置麻粉于内,随冲沸汤,用箸搅之;若作大糊,宜将麻粉置沸汤中搅之,至足用为度。其糊则用细布包之。

其糊未敷之先,宜以面试之,以观其热如何。因手皮厚硬,未能为准。有时手不觉热,而敷于身上,薄皮已足起泡矣。

敷糊之法,宜用右手托之,从下帖上。而除之之法,则宜从上牵下。除去之后,宜用布抹干皮肉,用棉花盖之。

芥茉糊专为引病出外之用,有全用芥茉者,有用一半麻粉者。

芥茉乃用冻水或暖水开之,用纱布包帖。每用不得过十五秒至二十秒之久,过此则必起泡矣。

敷热水亦与敷糊同功,此更为轻便。用法以佛兰绒蘸水为妙,因其藏热较别布为更久也。

用佛兰绒浸入沸汤或婴粟壳汤,扭干帖于肉上,稍冻则替以别布。用油布盖之,留热更久。

敷水或为化气水。如前所论。或为涵铅锞、鸦片等,各因所治之症而施之。

若为受伤而往请医生,须对医者言明所伤之情形,俾他带备所需之物,其为刀伤、火伤、骨折,各有不同。又宜多备冷热水及旧巾,旧布以抹血,备盆以载血布、血水。并备纸笔墨,以便开药方、写授方法。

倘要割治之症,于未割时四点钟之前皆不宜食物,恐施蒙药时致呕吐也。又须预备一长枱置于油布或油蓆之上,免血染地。枱面整备如床,惟不铺上布。又铺一隔水布于割处之上。

总而言之,此书之要旨尽见于所附课题之内。吾欲各人留意研究之,此则本会考试之蓝本也。

〈附录〉

裹 扎 须 知

在急救之用,各人只当知扎三角带之法可矣。

至扎卷带之法,可由经练之看护妇为之。因卷带非常有,而三角带则可随时用身上手巾或颈巾代之。

扎续折骨之法,第三课已经论之,今只教尔等用三角带以扎伤处,并包裹所敷伤处之药于身上。

吾今将扎衣斯麦巾之法略变其一二,以教尔等扎三角带。故绘成一图于编首,略仿衣斯麦图,其法数与之无差别,而所论各法皆可与衣斯麦图参观也。

扎三角带之法,圣约翰游医会与圣安得列游医会各有不同,但余概以衣斯麦法为祖,略变更之便适于用矣。

三角带为一三十五西寸之方棉布或竹布斜分对角而成,故用大方巾对角折之亦同此用。

三角带之三边,其长边则为底,其上角则为顶,谓之尖,其余两边角则为端。

此带有折而用之，有不折而用之。其折者则将尖反向于底，然后至再至三，重叠之至适用之度为止。

其带之两端有用扣针扣之，有打结缚之。结有真假之分：其真结者如四十一图之（A）是也，此结不能松，凡打结当照此；假结者如图之（B）是也，此结常退松，不经练之人多打此结，须记而戒之。细观其图，便易明白矣。

凡伤处先须将血泥各物洗净，方可用布带扎之，照前论治伤之法而行。又须用连布或白布碎，蘸冻水或油敷帖伤处，然后扎之。扎后其结不可打于伤处，除非流血，特用此以压之者。

扎头盖以裹头伤，见裹扎图之（9）并（21）。用三角带较卷带更易而妙，且甚通气。将三角带之底折之成一帖边约半寸之阔，置于额前，帖近眼眉。带体则盖于头上。而带尖则垂于颈后，由耳上拉两端包围于后，两端交会于带尖，复拉于额前打结缚之。遂执尖扯平全盖，至不起折角为度。再将尖拉至头顶，用针扣之。

扎额前之伤，如图（22）。面伤（10）、眼伤（8），皆将布带折窄，置带中于伤处，而于对边打结缚之。

扎头傍之伤，如图（17）。如有太阳脉流血，则用纸或连布作一实垫，压于流血之处，将带折窄，置带之中腰于对边，拉两端交会于伤处，即拉一端于头上，一端于颔下，会于带之中腰打结缚之。此带又可反而扎之，先置带中于伤处，拉两端交横于对边，复至伤处打结以压之。

扎胸前之伤或敷糊，如图（20）。用三角带平置身上，将尖并其一端向下，带之底斜过胸前，一端拉过肩上，一端过腋下，即将带尖并两端打结于后，如（19）。

若背后有伤或敷药，亦如法置带于后，而打结于前。扎骨盆盖，如（25），则将带底围于腰，拉带尖过髀下，而打结于后。

扎肩膊伤或敷药于关节处，如图之（5）及（32），将带底作一帖边，而围置臂上，带中则盖于肩，尖至于颈，两端拉绕于臂打结缚之。再以一带折窄，过伤边之胛对边之腋而打结，如图之（30）。首带之尖则绕过之，而下扣于臂上。

扎髀上关节伤或敷药,如图之(31),与扎带肩膊之法同,惟其次带围绕于腰,而带尖扣于腿傍。

扎手伤(28),已详四十八页"论伤"课。

扎手臂伤(18)、手脝伤(27)及肘伤(26)各法皆同:将带折窄,置带中于伤处,围绕而缚之。

扎掌伤或敷药,如图之(3)及(7),将带铺开,作一帖边于带底,遂将掌覆其上,而指向带尖,腕在带帖,反带尖于掌背而扯至腕带,则逐边覆上掌背,而两端则绕腕打结缚之,拉带尖反扣于掌背。

作大手挂,如图之(4),用三角带先置一端于对膊,带尖则拉出手之下,其次端则包托伤手,而拉上同边之膊,与首端交缚于颈后,带尖则包绕手脝而扣于前。

作小手挂,如图之(24),将带折窄如前法,先置一端于不伤之肩,其次端包托伤手过伤肩,而与首端交缚于颈后。

又作急用之挂,又名扣挂,用衫之一角或折一袖上扣于胸,亦可悬托伤手。扎髀伤(6)或敷药于膝(11),将带折窄,照扎臂、扎脝之法为之。

敷药于脚,如图之(15)及(23),将带铺开,置脚其上,趾向带尖,将尖拉于背,带底帖边,挽上踵后两端绕缚于脚腕,遂将带尖反扣于脚背。

问　　题

第一:

一、请将人身骨格、形体、功用略为论之。

二、请将长骨之一,论其形体合质。

三、何为骨盆? 并有何骨成之?

四、请名胸膛各骨并要肌。

五、请名腹穴之各体。

六、骨节以何而成?

七、请论体内各等之节。

八、请论肌肉之质。

九、请论肺之形体。

十、请将呼吸之器并功用论之。

十一、请举平常天气并呼气所变之质。

十二、何为平常呼吸之气、满额之气、多余之气？

十三、请论自和脑部之功用。

十四、大脑与小脑功用中之差异。

十五、请论脑脊部之功用。并脊髓若在第三颈骨处割断，如何结局，在第一背骨处如何结局，在第一腰骨处如何结局，试一一详论之。

第二：

一、请言血之合质，并言如何为天然止血之事。

二、请论心之部位、形体、功用。

三、请将行血循环由心左下房起至复入右上房止，详而论之。

四、请论如何为脉，并速率几何？婴孩与老人有何分别？回血管之无脉，其理为何？

五、血环之为用如何？

六、何者为不载赤血之脉管及不载紫血之回管？能举其名并详其故欤？

七、脉管与回管之形体、内容及功用有何分别？

八、请言人身何处为压血最有效验之部位？

九、设欲压大腿脉，如何可作一急用之血压？

十、脉管、回管及微丝管流血有何分别？

十一、如何知其为脉管、回管抑微丝管受伤？手掌流血如何止之？

十二、脱牙后流血不止，如何为次第止血之法？

十三、请论各等止血之法。

十四、回管瘤流血如何止之？由伤口之何端流血为多？并详其理。

十五、小儿因跌、咬伤其舌而流血，用何法止之？

第三：

一、请名各等伤症，并论腹受刺伤施治之法。

二、请论各等伤症。

三、遇割喉以何者为施救之第一法？

四、割伤与破伤何者较为速愈？以何伤流血为多？并详其理。

五、请论调治各伤之总法。

六、何为扭伤？即时如何治法？过后如何治法？

七、折骨与关节脱离如何分别？

八、请将折骨之状、所致之故、并折骨之类，详而论之。

九、骨折时何以知之？骨折之后，倘忽略移之，有何变幻？髀骨被折，如何续之？

十、请将受直势、曲势及肌力而致骨折之症，各举一例。

十一、何为治骨折之要诀？

十二、治骨折以何法为先？并如何施于髀折、肘折、下牙床折？请道其详。

十三、如何为单折、叠折、波累折、青枝折、研碎折、插笋折？能分别之否？

十四、头骨折、胁骨折为何独重于他骨？能详其故欤？

十五、单折与叠折何以明之？设使胁骨受此等折，如何按症施治？

第四：

一、何者谓之为震感？并用何法治之？

二、中风昏、羊痫昏、脑痴昏、晕昏，如何分别？

三、各等不省人事之故，如何别之？

四、设有人在火车内发羊痫昏，请详其状并施治之法。

五、脑受震动其状如何？何以治之？

六、请详胪底折之状并治法。

七、有人从木架跌下，清醒如常，但不能行并下肢失去知觉，其伤在何部位？并用何法治之？

八、狗咬之症何为急治之法？

九、有童欲取蜂窝，为蜂刺伤头颈，何为急救之法？

十、溺水者被拯,当用何法治之?

十一、若有人衣衫着火,如何灭熄之?如何脱衣?并如何理伤?

十二、设有小儿口吸壶嘴,为沸水熨伤口喉,用何法治之?

十三、请将毒症类而名之,并何为各症之第一治法。

十四、请详中鸦片毒之状并解救之法。

十五、若有人误服外用之松节药酒,何为急救之法?

第五(专课妇人):

一、先用何法使房温暖通气,以备收接割喉之症?

二、请论折骨症之床,并如何预备,以服侍此症。

三、请详论如何备床并各物,以接髀骨折之症。

四、若遇忽然中风之症,如何预备床以接之?

五、如何铺垫甲板?

六、病房当以何等热度为宜?当置寒暑表于何处?用何法令通风而不减热?

七、请论察病寒暑表,解明其用及如何安置。

八、若有助者四人,当用何法由抬床抽病人上床?

九、重受火伤之人,当用何法与之脱衣?并如何预备以理创?

十、脚骨被折之症,如何与之脱衣?如何与之洗浴?

十一、惯饮酒之人,当用何法以限制之?

十二、如何以作面包糊、麻粉糊、芥茉糊?

十三、热水敷如何用之?其法为何?

十四、如何配制冻敷或化气水?

十五、病人不能行动,何为善法以替换床布?

据柯士宾著,孙文译《赤十字会救伤第一法》(东京民报社一九○七年再版)

遗　　嘱

国事遗嘱[1]

（一九二五年三月十一日）

余致力国民革命凡四十年，其目的在求中国之自由平等。积四十年之经验，深知欲达到此目的，必须唤起民众及联合世界上以平等待我之民族，共同奋斗。

现在革命尚未成功，凡我同志，务须依照余所著《建国方略》、《建国大纲》、《三民主义》及《第一次全国代表大会宣言》，继续努力，以求贯彻。最近主张开国民会议及废除不平等条约，尤须于最短期间促其实现。是所至嘱！

中华民国十四年二月二十四日

孙　文　三月十一日补签

笔记者　汪精卫

证明者　宋子文　邵元冲　戴恩赛

　　　　孙　科　吴敬恒　何香凝

　　　　孔祥熙　戴季陶　邹　鲁

据北京《晨报》一九二五年三月十四日影印遗嘱原件

---

[1] 孙中山于3月12日在北京逝世。此遗嘱及下一件家嘱，"孙文"二字系3月11日夜9时由孙中山亲笔签署。

家事遗嘱

（一九二五年三月十一日）

余因尽瘁国事，不治家产。其所遗之书籍、衣物、住宅等，一切均付吾妻宋庆龄，以为纪念。余之儿女已长成，能自立，望各自爱，以继余志。此嘱。

中华民国十四年二月二十四日

孙　文　三月十一日补签

笔记者　汪精卫

证明者　宋子文　邹　鲁　邵元冲

孔祥熙　吴敬恒　何香凝

孙　科　戴季陶　戴恩赛

据北京《晨报》一九二五年三月十四日影印遗嘱原件

致苏联遗书[①]

（一九二五年三月十一日）

苏维埃社会主义共和国大联合中央执行委员会
亲爱的同志：

我在此身患不治之症，我的心念此时转向于你们，转向于我党及我国的将来。

你们是自由的共和国大联合之首领。此自由的共和国大联合，是不朽的列宁遗与被压迫民族的世界之真遗产。帝国主义下的难民，将藉此以保卫其自由，从以古代奴役战争偏私为基础之国际制度中谋解放。

---

① 原稿为英文，孙中山于3月11日签字。

我遗下的是国民党。我希望国民党在完成其由帝国主义制度解放中国及其他被侵略国之历史的工作中,与你们合力共作。命运使我必须放下我未竟之业,移交与彼谨守国民党主义与教训而组织我真正同志之人。故我已嘱咐国民党进行民族革命运动之工作,俾中国可免帝国主义加诸中国的半殖民地状况之羁缚。为达到此项目的起见,我已命国民党长此继续与你们提携。我深信,你们政府亦必继续前此予我国之援助。

谨以兄弟之谊,祝你们平安!

孙逸仙(签字)

据《向导周报》第一○八期(杭州一九二五年三月二十八日)《孙中山致苏俄遗书》

附录　致苏维埃社会主义共和国联盟中央执行委员会书(译文)

(一九二五年三月十一日)

中国　北京

亲爱的同志们:

我身患重症,或将不治。此时我念及你们,念及我党及我国的前途。

你们领导着自由的共和国联盟,这是名垂千古的列宁留予世界诸被压迫民族真正的遗产。在帝国主义重轭下历尽苦难的人民,凭着这份遗产,定能争得自由,摆脱世世代代国际间那种建立在奴役人民、战争讨伐和非正义基础上的制度。

我就要离国民党而去了。原希望这个党,在谋求中国和一切被压迫国家摆脱帝国主义统治的具有历史意义的工作中,同你们携手合作,但命运迫使我放下未竟的工作,将其交与恪守国民党的主义和教义的人,由他们去组织真正拥护我的人。

故此,我嘱咐国民党继续国民革命运动,俾中国摆脱帝国主义加于中国的半殖民地状态,而获得自由。

为达此目的,我已嘱国民党与你们长期保持联系。相信贵国政府将把业已开始的对我党的援助继续下去。

当此诀别之际,亲爱的同志们,我想表达我殷切的希望:曙光就在前面,苏联将以朋友和同盟者的身份欢迎一个强大独立的中国,两大盟友将携手并肩,走上为世界被压迫民族的解放而进行的伟大斗争胜利进军的道路。谨致

兄弟般的问候!

孙逸仙
1925年3月11日签署

当面见证者:

宋子文　汪精卫　何香凝　孙　科　戴恩赛　邹　鲁　孔庸之①

据俄罗斯国家社会政治历史档案馆,全宗514,目录1,案卷125,第18—19章(李玉贞译)

---

① 见证者七人均为亲笔签名。孔庸之,即孔祥熙,字庸之。